金融审判前沿

FINANCIAL TRIALS VOL.5

第 5 辑

赵红 主编

上海金融法院文库

法律出版社
LAW PRESS·CHINA
北京

图书在版编目（CIP）数据

金融审判前沿. 第5辑 / 赵红主编. -- 北京 : 法律出版社, 2025. -- ISBN 978-7-5197-9689-1

Ⅰ. D927.510.228.05

中国国家版本馆CIP数据核字第2024EZ9538号

金融审判前沿(第5辑)
JINRONG SHENPAN QIANYAN (DI-5 JI)

赵 红 主编

策划编辑 沈小英
责任编辑 刘晓萌 鲁 安
装帧设计 李 瞻

出版发行 法律出版社
编辑统筹 法治与经济出版分社
责任校对 王语童
责任印制 吕亚莉
经　　销 新华书店

开本 710毫米×1000毫米 1/16
印张 26.5 **字数** 426千
版本 2025年7月第1版
印次 2025年7月第1次印刷
印刷 中煤(北京)印务有限公司

地址:北京市丰台区莲花池西里7号(100073)
网址:www.lawpress.com.cn
投稿邮箱:info@lawpress.com.cn
举报盗版邮箱:jbwq@lawpress.com.cn

销售电话:010-83938349
客服电话:010-83938350
咨询电话:010-63939796

书号:ISBN 978-7-5197-9689-1　　**定价:**146.00元

凡购买本社图书,如有印装错误,我社负责退换。电话:010-83938349

《上海金融法院文库》
编辑委员会

金融司法助推国际金融中心建设的实践和展望
（代序）

在国际金融中心的建设中，金融高水平开放的司法保障体系发挥着不可或缺的作用，其完善与否直接关乎市场主体的长期信心以及金融规则的全球影响力。上海金融法院作为全国首家金融专门法院，在支撑上海国际金融中心建设中探索了一系列服务保障举措，取得了一定成效。面对当前全球经济金融发展新形势，国际金融中心链接全球、推进对话的功能更明显，金融司法应该在提升解纷质效、稳定市场预期、优化营商环境、保障改革开放等方面发挥更大作用。

一、上海国际金融中心建设中司法的定位和角色

国际金融中心的核心吸引力在于其能够汇聚全球资本、促进金融交易并有效管理金融风险。信任是维系这一系统运转的关键。市场主体在进行跨境投融资时，权利能否在纠纷发生时得到高效、公正、可预期的司法保障，是其评估投资风险与营商环境优劣的核心考量。伦敦、纽约、新加坡等成熟金融中心的发展历程清晰表明，一个具有国际声誉、高效专业且公正独立的司法系统，尤其是处理复杂跨境金融案件的金融审判机构，是塑造并维持中心地位的核心基础设施。上海要建成具有全球影响力的国际金融中心，一流的涉外金融司法保障体系是重要支撑。

涉外金融司法保障体系的主要作用体现在以下三个相互关联、逐层递进的层面：一是定分止争，维护交易安全与合同执行的基础保障功能。高效、公

正地解决具体纠纷,为跨境金融交易提供明确的规则适用和权利保障,使“纸面规则”转化为现实约束力,是司法的本源职能。当发生跨境债券违约、信用证欺诈、衍生品合约争议等纠纷时,一个具备专业能力的法院能够精准识别法律适用、厘清权责边界,并确保最终裁决得到有效执行。二是稳定预期,塑造法治化营商环境的信任构建功能。公正、透明、稳定的司法环境是吸引和留住国际资本的关键。涉外金融审判的专业性、公正性以及可预测性直接影响国际市场主体对该地区整体法治水平的评估。调研显示,在华外资企业将法院处理涉外纠纷的能力视为重要投资决策因素。国际投资者确信,如果能在一个尊重国际规则和金融市场惯例的规则框架下化解纠纷,其长期投资意愿和风险承受能力将显著增强。反之,司法的偏颇、低效或不可预测,将成为阻碍金融中心发展的重大隐患。三是规则供给,引领金融高质量发展的行为规制和引导功能。司法裁判不仅解决个案,也能通过澄清法律模糊地带等方式,实质性地引导市场主体行为。同时,司法建议、保障意见等各类司法文件的制定,也能够推动金融市场朝着更加健康有序的方向发展。在快速迭代的金融创新领域,法院的立场尤为重要,起到划定合法边界、遏制违规套利、引导创新发展的作用。司法裁判和司法文件不仅能够对违法行为进行否定性评价,为市场主体划定行为“红线”,对于合规创新的包容审慎态度也能为金融发展提供空间和确定性。

二、上海金融法院在国际金融中心建设中的探索与实践

上海是改革开放的前沿阵地,是深度链接全球的国际大都市,也是中央确定并支持建设的国际金融中心。全国首家金融专门法院选址在上海,体现了我国在法治轨道上深化金融改革的深远用意,以及通过金融司法服务和支撑金融开放的坚定决心。建院以来,上海金融法院立足金融审判职能,通过专业化、国际化、数字化的探索,审结了一批具有规则创设和示范引领意义的典型案例,形成了一批可复制、可推广的机制,不断提高中国金融司法的国际影响力,为上海国际金融中心建设提供更有力的金融司法保障。

一是稳定规则预期,服务世界一流的金融市场。完善的金融法律和市场规则体系是金融市场健康发展的重要前提,案例则是“中国规则”的载体。上海金融法院聚焦金融改革开放对规则确定的需求,通过对具有规则创设意义案件的审理,发挥典型案例在稳定裁判预期、传递价值导向、规范行业行为等方面的积极作用。例如,在全国首例外国人隐名代持上市公司股份股权转让案中,确立了外国人在境内不违反禁止性规定的投资应依法予以保护的规则。审理的全国首例涉“维好协议”案,认可中国香港特别行政区法院支持“维好协议”效力的判决在境内的可执行性,得到彭博新闻社等世界主流财经媒体的充分肯定,被认为有效提升了中国企业海外发债信誉。当然,金融制度型开放需要与国际高标准经贸规则对接,上海金融法院坚持依法准确适用国际条约和国际惯例,平等保护中外当事人合法权益。例如,在一起涉国际金融衍生品交易案件中,充分尊重金融衍生品交易特性和国际交易惯例,确认提前终止净额结算条款的效力,保障了跨境掉期交易市场的健康发展。为进一步凝聚全球金融法律共识,构建更加协调统一的国际金融法治框架,自建院之初,上海金融法院就注重加强国际司法合作,与世界银行、上海合作组织等 50 多个国家、地区和国际组织代表团对话交流,强化与域外金融中心所在法院互学互访,特别是连续 5 年在威科先行等国际知名法律信息平台上发布典型案例,让世界全面了解中国金融司法观点和态度,共同应对金融改革开放面临的司法机遇和挑战。

二是强化金融审判,提供世界一流的司法服务。针对涉外金融案件跨域广、类型新、影响大的特点,上海金融法院致力于构建审理公正、程序高效、诉讼便捷、裁判可预期的涉外金融司法保障体系。为提高审判专业性,加强与国内高校的合作交流,联合建立涉外法治人才协同培养基地、金融法治协同创新实践基地,通过组建涉外金融司法译研社、涉外专项审判团队等举措,打造一支具备全球金融视野、熟悉国际规则惯例、具备外语工作能力、富有涉外审判经验的高素质司法人才队伍。为保障司法程序的高效,上海金融法院创设了金融纠纷多元化解、大宗股票协助执行等 30 余项金融审判执行工作机制,通过机制创新降低诉讼成本,提高解纷效率,在全国法院得到适用和推广。例如,针对证券群体性纠纷,形成了以示范判决、代表人诉讼、专业诉调对接为核心的证券纠纷系统性解决路径,探索符合中国国情、引领国际的投资者权益保护最佳方案。上海金融法院聚焦诉讼便捷,强化数据赋能力度。通过现代科技打破跨地域跨时区阻隔,实现语音实时转换和中英文同步翻译,成功促成了横跨两国三地超亿美元的涉外担保纠纷等多起重大跨国纠纷在线化解,辅助外国驻沪总领事和领事官员等外籍人士旁听案件庭审,为中外当事人参与诉讼和境外市场主体了解中国金融司法提供便利。

三是涵养法治生态,打造世界一流的宜商环境。上海处于改革开放最前沿,金融市场创新开放程度高,需要司法将保障做在纠纷发生之前。上海金融法院在全国首创金融市场案例测试机制,通过对金融业务中具有前沿和重大性、影响金融改革开放、亟待法律明确的问题进行测试,提供更具示范性的规则预期、更具前瞻性的风险防范和更具专业性的源头解纷。测试首案围绕上海清算所违约处置合法性问题展开,为中国内地和香港市场“互换通”项目提供法治支撑,入选了“全球中央对手方协会年度案例”,实现了我国在该领域“零”的突破。制定服务保障设立科创板并试点注册制、服务保障设立自贸区临港新片区相关意见,高效落实集中管辖相关案件、参与建立“一站式”争议解决中心等41项保障举措。针对金融风险隐蔽性高、传播速度快的特点,建立风险“预防—发现—控制—修复”全链条司法保障机制。研发重点案件监督管理系统,实现涉风险案件自动识别、精准标注、实时预警、智能监管。打造金融风险预警司法数助平台,对来自法院、仲裁、金融市场等多元渠道的数据进行多因子智能组合分析,多维度智能揭示预警。牵头18家金融监管部门、重要金融基础设施建立金融司法和金融监管协同机制,通过司法建议、信息共享等,进一步打造金融治理新格局。

三、新格局下金融司法助力国际金融中心发展的任务和使命

在经济全球化趋势下,金融市场互联互通深化,涉外金融交易规模持续扩张,同时,受全球经济形势和地缘政治影响,当前全球金融稳定风险显著上升,涉外金融领域的稳定性进一步关系国家经济安全与发展根基。在该背景

下,国际金融中心在建立和维持全球联系、推动区域对话、保障金融稳定和健康发展方面的作用就更加举足轻重。新形势新任务,金融司法要发挥上海国际金融中心的区位优势,进一步发挥审判职能作用,积极参与涉外金融法治建设,为我国金融高水平对外开放提供服务支撑。

一是聚焦规则创设,树立金融司法"中国标准"。国际竞争越来越体现为制度、规则、法律之争,需要通过涉外金融审判,助力我国金融、法律标准走出去,为全球市场治理体系建设贡献中国司法智慧。应积极行使涉外金融案件管辖权,推动《证券法》《期货和衍生品法》等金融法律域外适用条款落地,支持当事人协议选择在中国处理跨境金融纠纷,通过典型案例树立"中国标准"。在案件审理中,应注意恪守善意履行国际条约的义务,准确适用国际金融市场惯例,增强国际条约在复杂国际形势下的稳定性和适应性,持续优化法治化营商环境。稳步加大"法律互惠""推定互惠"标准适用力度,依法平等保护中外当事人合法权益,促进民商事判决的跨国承认和执行。应围绕科技金融、绿色金融等金融"五篇大文章"发展前沿领域,及时明确审判理念和裁判规则,同时加大金融市场案例测试机制适用力度,积极参与全球金融治理,提升在新兴金融发展中的公信力和话语权。此外,在涉外金融审判中还面临应对单边主义、保护主义等问题,应严格依照我国《对外关系法》等法律法规,加快研究我国法域外适用规则、《反外国制裁法》司法救济等重点问题,更好发挥金融司法在反制裁、反干涉、反"长臂管辖"领域的作用,保障我国企业海外投资利益,坚定维护国家主权、安全和发展利益。

二是加强机制创新,打造涉外金融纠纷解决优选地。受涉外金融案件特点影响,纠纷化解存在域外法律查明难、"送达难"、"周期长"等难点,在一定程度上影响当事人金融司法的获得感。需要进一步深化金融司法改革,加强涉外金融审判执行机制建设,推进科技对金融司法的长效赋能,进一步降低诉讼成本、提高解纷效率。例如,仲裁化解跨境金融纠纷的作用日益突出,司法需强化对仲裁工作的监督和支持,保障"三特定"临时仲裁制度落地。又如,在涉外送达方面,应积极探索电子送达、当事人转交送达、委托海外侨团和商会送达等机制,努力实现"流程最少、用时最短"。此外,近年来,当事人选择域外法律、中国法院解决纠纷的需求增长,人民法院要进一步健全外国法查明机制,依托高校、研究机构域外法律和案例库资源,提高查明效率和精度。在数字法院建设上,针对中外当事人存在时差和地域阻隔的特点,应持续强化全流程网上办案应用,通过语音实时转换、中英文同步翻译、在线庭审质证等,为中外当事人参与诉讼提供便利。同时,还应该进一步完善数字化金融风险预警机制,打破司法与金融监管、金融基础设施之间的数据壁垒,及时发现、准确预警、有力防范金融风险跨境传导。

三是强化经验传播,提升中国金融司法影响力。做好涉外金融司法传播工作,增强中国法治道路的感染力、感召力,是习近平法治思想和习近平文化思想在法院工作中的深刻阐释和具体落实。需要加大对金融精品案例翻译力度,健全英文版典型案例常态化发布机制,推动更多精品案例上线国际知名法律平台。加强向联合国国际贸易法委员会等国际平台的案例推介,让更多域外金融法律界人士了解和认同我国金融司法裁判规则,提升中国在国际法律事务和全球金融治理方面的话语权。还应积极搭建国际交流平台,通过召开或参与学术论坛、国际会议等,吸收借鉴人类先进法治智慧,阐释好中国特色金融司法理念、主张和成功实践。要建立融媒体传播矩阵,以更广阔的传播范围、更活跃的用户互动以及更多样的传播形式,为海外受众呈现真实生动、充满魅力的中国金融司法形象。

赵红[*]

2025年6月8日

---

* 上海金融法院党组书记、院长。

目　录

专题：上海国际金融司法中心建设研究

司 法 实 务

前沿探讨

他山之石

典型案例

专题：上海国际金融司法中心建设研究

中国式科创金融发展司法保障相关问题研究

上海金融法院课题组*

一、科创融资法律结构及金融纠纷类型

金融案件是金融发展的风向标和晴雨表,通过分析科创企业融资纠纷中的法律风险,有助于及时向科创企业预警,规范融资行为,促进科创企业高质量发展。本文以上海金融法院 2018 年 8 月 ~2023 年 9 月审结的涉科创企业融资纠纷案件为实证样本,对其中案件数量占比高、法律争议比较突出的纠纷进行讨论。

(一)新类型担保之下的借款纠纷

债权融资包括向公司外部各种金融机构、个人借款和向公众发行公司债券。债权融资筹集的资金具有使用上的时间性,需到期偿还。公司采用债权融资方式获取资金负有到期还本付息的义务,从而形成公司的固定负担。涉科创企业的债权纠纷主要发生于企业与金融或非金融机构签订的贷款合同。该类纠纷的主要争议在于新类型担保的效力、适用的借贷利率上限等问题。《中华人民共和国民法典》(以下简称《民法典》)对我国原有的物权担保制度进行了较大的改造,特别是对动产及权利担保制度做了较大的变动。因此,

---

* 本课题由上海市高级人民法院党组成员、副院长,时任上海金融法院党组成员、副院长林晓镍主持,课题组成员有朱颖琦、张娜娜、李瑶菲、祝彧。本文节选自 2023 年上海法院优秀重点调研课题、2023 年度上海全面依法治市调研课题优秀奖"中国式科创金融发展司法保障相关问题研究"。

《民法典》背景下票据、基金份额、信托财产等可用以融资的新型财产担保可能产生的争议问题亟待明确。

1. 私募基金份额流转不畅的问题剖析

从金融市场管理运作基金的规模来看,我国当前私募基金市场以私募股权投资基金发展为主,并且发展迅速,实践中逐渐出现了以私募股权基金份额作为质押物进行质押融资的方式。基金份额是用来表示投资者根据所持有份额数量对基金财产享有收益分配权、清算后剩余财产取得权和其他相关权利并承担相应义务的凭证,从信托的角度来说,可以将私募基金份额视为一种有价的、具有信托性质的财产,因此私募基金份额具有用以融资的可流转性。私募基金的发展主要分为"募集—投资—管理—退出"四个阶段,本文所讨论的主要集中于投资者在退出阶段以基金份额为交易对象所产生的纠纷问题。

从目前的整体环境来看,私募基金份额的流转交易并不活跃。这其中存在多种原因:第一,基金份额的登记尚不统一,难以做到产权清晰,保障交易安全。对于私募基金份额的设立、变更登记,合伙型基金的份额在市场监督管理局登记,而契约型基金目前还缺乏统一的登记机关,主要有赖于基金管理人自身建立的份额名册。在交易相对人难以准确核查股权及份额权利的情况下,产权交易存在风险,易引发法律纠纷。第二,我国当前还缺乏成熟有效的私募份额估值体系,定价难问题突出。份额估值是交易流转的前提,有效的估值体系建立是增强金融资产定价权的内在要求,也是资本市场聚焦支持科技创新的关键。由于中小型科创企业在发展阶段的高成长型价值核心为知识产权,但知识产权的定价本身专业程度高、不确定性强,难以确定价值,同时目前私募创投领域尚未形成大规模系统性的估值中介服务评价体系,因此估值成为财产性权益流转的难题之一。第三,全国范围内缺乏统一的基金份额登记、交易流转平台,基金份额持有人的资金融通渠道受限。2022年6月22日,上海市人民代表大会常务委员会审议通过的《上海市浦东新区绿色金融发展若干规定》第21条第2款规定,"本市区域性股权市场运营机构组织建立私募股权与创业投资份额转让平台,开展私募股权和创业投资份额的托管、转让、质押登记等业务",这是全国首个明确由区域性股权市场开展私募股权和创业投资基金份额质押登记业务的地方立法。上海股权托管交易中心(以下简称上海股交中心)在私募股权和创业投资份额转让平台上线试运营后,又于2023年4月27日增加上线了契约型私募基金份额托管、质押登记业务。但目前该平台的基金份额转让、质押业务局限于上海地区的企业份额,无法满足其他主体的登记需求。从上线后的效果看,份额质押登记的数量还偏少,截至2023年6月,累计完成10单份额质押业务,质押份数为17.90亿份,融资金额22.65亿元。第四,基金份额交易过程复杂,环节过多,不确定性较高。从上海股交中心私募股权和创业投资份额转让平台的运营情况来看,转让规模和频次还不高。截至2023年7月,私募股权和创业投资份额转让平台共计成交47笔,成交总规模为53.31亿份,成交金额约为54.85亿元。在交易流程中,各方因基金合伙人行使优先购买权,交易双方税费承担等易出现争议,同时合伙型私募份额登记在市场监督管理局,囿于业务流程的需要交易环节期限过长导致估值变动,影响最终交割。

2. 基金份额质押登记效力的司法认定现况

在基金份额可质性日益凸显的背景下,私募基金的自我管理特点就成为质押交易的一大阻碍。详言之,公募基金的登记备案管理公开透明,基金用途、持有份额等信息在统一的平台公开可查,权属明确;然而私募基金依靠基金管理人内部登记,无公开途径可查。

《民法典》第443条第1款规定,以基金份额、股权出质的,质权自办理出质登记时设立。基金份额质押以登记公示为生效要件,公示是质权创设的前提条件,质权人得以对抗第三人。然而,因以有限合伙企业形式设立的私募股权投资基金登记机关不明确,实践中缺乏制度依据,证券登记结算机构与市场监督管理部门可能会拒绝私募股权投资基金出质登记的申请。证券登记结算机构私募股权基金份额出质与公开募集基金相比,私募基金在基金管理人、运作方式、登记备案等方面信息公开程度相对较低,确实给私募基金份额质押登记造成一定的不便,主要有三方面问题:第一,重复质押情形下的基金份额权属认定问题。基金份额登记质押合同的成立与质权成立的时间往往不一致,如私募基金份额持有人重复质押基金份额,部分办理登记或者倒签质押合同时间将造成权属难以确认的困境。第二,基金份额登记机关难以对登记内容真实性审核。私募基金份额的变动往往最先体现在基金管理人内部名册登记中,所以基金份额登记机关无法审核质押信息的真实性。第三,未经登记的私募基金质权人举证困难。在私募基金持有人将持有份额出质后未办理登记的情况下,需要质权人举证基金管理人内部名册登记中的权属,质权人作为自然人通常不具备调取基金管理人内部名册的能力,这无疑加大了质权人的举证责任,不利于盘活私募基金财产存量。鉴于此,实践中曾有观点认为私募股权基金份额质权的成立应适用动产质权的规定,在交付质押财产时设立。①

本文认为,2020年修正的《最高人民法院关于人民法院办理执行异议和复议案件若干问题的规定》第25条第1款第5项规定的基金份额的所有权属凭登记信息确认,没有登记的以合同文件或相关证据判断,间接确认了基金份额登记的公示效力。对于基金份额所有权的归属,有登记的,应当按照登记机构的登记判断;无登记的,应当按照合同等证明财产权属或者权利人的证据判断。私募股权投资基金不同于证券投资基金,目前并无强制性法律规定要求私募股权投资基金必须按照《中华人民共和国证券投资基金法》的规定进行份额登记。基金管理人出具转让说明,确认系争基金份额转让协议签订的事实及基金份额权益的归属的,应当认定基金管理人已经对系争基金份额进行了内部登记。新的托管人对系争基金份额进行的内部登记,不能否认基金管理人之前对基金份额的确认。

3. 信托受益权担保功能限制及集中化的信托产品登记

信托受益权与信托财产的性质有所不同,从法律原理来看,信托财产属于受托人的特别财产,而受益权属于受益人的财产,两者分别属于不同的人。如果信托没有终止,那么原则上不能对信托财产采取强制措施,而只能对受益权采取措施。② 信托受益权与信托财产内部形态的复杂性以及融资应用形态的灵活性,广为应用。

---

① 参见刘晓夏:《私募基金份额质押权成立的条件》,载《人民司法》2014年第12期。

② 参见赵廉慧:《信托财产独立性研究——以对委托人的独立性为分析对象》,载《法学家》2021年第2期。2022年6月最高人民法院公开《民事强制执行法(草案)》,其中第100条将基金份额、资产管理产品份额、信托受益权等纳入了被执行人的责任财产范围,可予强制执行。

(1)信托产品登记的历史发展

信托作为现代社会财产管理工具的主要优势在于独立性,完善的登记公示制度则是公示信托财产独立性的重要方式。囿于信托财产登记的难行,实践中出现了通过信托产品登记来功能性代替信托财产登记的探索。信托财产登记是对归属信托的财产做出的具有财产对抗性效力的登记,而信托产品登记是对一项(商事)信托法律关系的当事人、标的物做出的登记,可能仅具有描述功能。统一化的信托产品登记具有独立于信托财产登记的制度功能。这是因为总体上,信托产品认购金额下限高,发行以私募为主,缺乏二级交易市场。各家信托公司披露尺度不一,产品统一性弱,标准化程度低,缺乏可比较性,往往陷入销售时单纯比较预期收益率,销售后"刚性兑付"成期待的怪圈。信托登记的制度功能主要在于以下三个方面:一是界定财产范围、隔离风险,通过信托财产登记解决信托财产在我国实体法律关系上的独立性问题。二是约束受托人、委托人,保障受益人权益,防止非法处分信托财产。三是减少交易运作成本和风险,有利于推进非实体财产权利的统一登记系统建设。

较早之前,有限的存量信托产品转让依照上海陆家嘴国际金融资产交易市场、北京金融资产交易所、用益信托网等平台或个别信托公司自家平台各不相同的规则和估值标准,流通性差,信托受益权的债务清偿功能受限。此外,由于信托产品发行呈单兵作战的模式,出现过多起冒用信托公司名义兜售假信托产品的事例。因此,信托产品登记至少能起到备查防伪的作用,进一步形成统一的查询系统后,也能便于投资者在购买时予以比较和实现市场化的转让。但要因此起到有法律意义的公示作用,则较为困难。对于信托产品登记的早期组织化努力主要有上海市浦东新区人民政府于2006年设立的上海信托登记中心等,但一直成效不大。下文关于中国信托登记有限责任公司(以下简称中信登)在合法性和商业性两方面的缺陷,同样甚至更明显地体现在了地方信托登记部门身上。

中央国债登记结算有限公司(以下简称中债登)一直是探索全国性信托产品登记的主力。2012年,中债登启动了信托产品的合同登记,建立了全国信托数据库一期暨信托产品登记系统,要求所有信托公司按时递交所有信托产品信息。2014年,原中国银行业监督管理委员会(以下简称原银监会)启动了信托产品登记系统二期升级暨信托非现场系统整合工作,要求信托公司新发产品在成立后在该系统进行登记,并向监管部门报送数据,但实践效果不大。

2016年12月,中信登在上海揭牌,由中债登绝对控股,中国信托业协会、中国信托业保障基金有限责任公司和10余家行业领先的信托公司等联合出资设立。中信登董事长、总裁和监事长等高层直接由原银监会和财政部官员担任。作为一个明显具有官方背景和独一性的准中央性专门机构,中信登可以作为的空间较大。自2017年9月起,原银监会《信托登记管理办法》(以下简称《登记办法》)施行,为同时上线的信托登记系统提供了主要的规范化依据。信托主管机构期待中信登成为信托产品及信托受益权登记与信息统计平台、产品发行与交易平台及监管信息服务平台。具体而言,在制度预期上,中信登将从信托产品统一登记和披露平台起步,成为集合信托计划的唯一合法发行平台,再逐步细化关于登记规格的统一行业性管理规范,在此基础上发展出发行、交易、转让、结算、估值服务功能。在市场基础设施和监管权威成熟后,中信登对内将成为信托产品标准化一级发行和二级交易的集中化场所;对外可提供法律权属的信托查询和认证。以上海自由贸易区为注册地,以公司为运作载体,也意味着中信登可以有更多市场化操作的灵活探索空间。①

(2)信托受益权和信托财产担保限制

在法律上,信托受益权份额属性虽然近似于股份、基金份额,但囿于物权种类和内容法定之原则,仍然不具备法定可质押性,中信登亦不构成法定的质押登记部门。中信登如果想将业务拓展到信托受益权的个别转让,就会涉及更多数量与类型的中小型投资者。而且,中信登只是得到了信托监管部门的支持,即便业务模式日后能够成熟,要成为财产权登记的主管部门,尚需得到法律、行政法规的合法性支持。

信托财产登记的客体疑难:信托财产的确定性、唯一性不足。从财产方

---

① 参见缪因知:《信托财产登记制度功能的实现路径》,载《暨南学报(哲学社会科学版)》2022年第2期。

面来看,信托财产登记的前提是财产的特定化。但对于动产而言,若不能在技术上实现一物对应一个永久固定编码,就连一物被受托人挪用,被两次设定为信托财产的基本法律风险都无法解决。信托登记的财产公示本身不能代替对受托人义务的要求。和不动产登记一样,我国的信托登记侧重于服务行政管理职能,对财产权利登记公示公信的私法价值的关注不足,较注重信息保密性,对信托登记查询的主体和客体均予以了高度限制。这既形成了对信托当事人的过度保护,又大大增加了交易当事人的风险,抑制了信托担保功能的发展。

目前的信托(产品)登记制度无法解决"一物二托"的风险,《登记办法》第 34 条第 1 款第 1 项规定,受益人仅可以查询与自身权利、义务直接相关且不违背信托文件约定的信托登记信息。如甲信托产品在发售受益权份额时宣称信托财产是某财产,投资者未必能通过查询来排除该财产已经是乙信托产品的财产。登记系统也未必能排除新成立的信托产品中的财产已被用于其他存续信托。鉴于信托登记机构难以有效实质审查,不同的信托登记机构还可能对信托财产做出内容冲突的登记,进一步制约了信托登记的法律效力空间。

(二)融资租赁纠纷

科创企业的融资租赁纠纷争议主要可能集中在以下方面:一是租赁物的适格性。科创企业以轻资产为主,科创类高新设备是否可以作为租赁物存有争议。二是租赁物的真实性。如果存在租赁物低值高估的情况,可能会构成租赁物虚假,影响融资租赁合同法律效力。三是企业破产时债权人的救济途径。科创企业发展具有高风险性,在破产后租赁物能否由出租人主张取回权或是按照抵押债权处理实现优先受偿等,实践中仍有争议。

关于租赁物的适格真实性,本文认为,如果融资租赁出租人和承租人通谋,共同订立合同的外观,却不使该合同本应产生的法律效果发生,则构成虚伪表示。通谋虚伪因为违反私法自治的理念,当属无效并无异议,但隐匿的意思表示作为双方当事人的真实意思表示,它的有效性则须依具体情形予以判断,并非当然无效或有效。《民法典》第 146 条第 2 款对此已经明文规定。

因而依照体系解释,虚构融资租赁物而订立的融资租赁合同当属无效,但合同背后的隐匿行为须适用《民法典》第146条第2款的规定进行判断。司法实务中,在判断租赁物是否适格,是否构成"名为融资租赁实为借贷关系"的合同时,应当结合具体情况审慎分析。不仅要看租赁物是否违背了法律法规的强制性规定,还要看租赁物是否违背了相关主管部门的监管要求,同时还要看租赁物是否具备真实存在、权属清晰、能持续产生收益、所有权可转移等特性。如果确实构成借贷关系,亦应按照真实法律关系认定借款合同有效。

关于企业破产时债权人的救济途径,实践中存在不同的司法裁判逻辑。一种观点认为,出租人作为租赁物的所有权人,享有对租赁物完整的处分权,为自己创设抵押权并不违反法律规定。融资租赁合同是具有担保功能的非典型担保合同,出租人对租赁物享有的所有权是对租金债权的一种担保,在承租人无法支付租金等款项时,已经办理抵押登记的出租人可以就拍卖、变卖租赁物所得价款优先受偿。另一种观点认为,在融资租赁关系中,为避免租赁物被善意取得而设立的自物抵押不同于传统物权法上的抵押权,因为这并非为融资租赁合同项下的债权提供担保,不存在设立抵押担保的合意,出租人不应就抵押的租赁物行使抵押权并就所得价款优先受偿。本文认为,出租人作为租赁物的所有权人,享有对租赁物完整的处分权,为自己创设抵押权并不违反法律规定。而出租人能否主张就拍卖、变卖担保物所得价款优先受偿,取决于出租人对租赁物享有的所有权是否已办理登记。根据《民法典》第745条的规定,出租人对租赁物享有的所有权未经登记的,不得对抗善意第三人,因此在出租人对租赁物享有的所有权未办理登记时,对于出租人以拍卖、变卖租赁物所得价款优先受偿的请求,不应支持,而应当仅支持出租人以拍卖、变卖租赁物所得价款受偿的请求。

(三)股权转让、股权回购合同纠纷

股权融资是公司的股东通过出让部分股权的所有权来引入新的股东或投资商为公司的发展增加投资金,从而使公司的总股本得到增加的一种融资方式。主要的股权融资方式有股权质押融资、增资扩股融资、私募股权融资。

随着私募股权基金的快速发展,在股权融资的模式之下,对赌协议条款

屡见不鲜。对赌协议又译为估值调整机制,系指投融资双方的一种创新型融资约定,是股权投资领域重要的估值调整方式和风险控制工具。在多数对赌协议中,若目标公司估值未达预期,融资方就向投资方承诺给予未达预期估值的补偿,即"单向对赌"。近期审判实践中涉科创企业的新型对赌协议"双向对赌"凸显了新颖性,亟待关注。"双向对赌"协议一方面对投资方的资金回报给予了保障,另一方面亦对融资方起到了激励作用。在"双向对赌"协议下,投融资双方当事人权利义务及法律责任合理界定存在疑难,亟须研究。

"双向对赌"条款,不仅赋予了融资方未达预期后须给予投资方补偿的义务,还赋予了投资方在融资方达成对赌条件后豁免某一债务的义务。通常情况下,因为融资方有可能豁免债务,"双向对赌"条款会赋予融资方更重的回购义务,但过重的回购义务是否会造成权利义务的失衡,是否需要司法介入进行调整或是尊重商业判断值得探究。

1."双向对赌"条款下内心真意的确认

在涉及融资方和投资方两方对回购条款产生争议的情况下,如何准确识别双方在签订合同时候的内心真意?通常认为,根据对赌利益调整对象的不同,对赌可以分为单向对赌和双向对赌。单向对赌,是指当标的公司未能实现对赌协议约定的业绩目标时,融资方按照约定给予投资方补偿或者回购、收购股权。双向对赌则是在单向对赌基础上,如果标的公司实现了约定的业绩目标,则投资方另行给予融资方奖励。既然融资方有可能因达成约定条件另外获利,在双向对赌的情况下,可以对融资方约定较单向对赌更为严苛的回购条款。但是,即使在尊重双方意思自治的情况下,融资成本仍不宜过高。回购条款各项金额虽然名目和计算方式不同,但整体而言,均系融资成本。当投资方选择回购,即选择了低风险的固定收益回报时,人民法院在尊重商业意思自治的基础上,仍应兼顾公平合理控制融资成本,将融资成本控制在合理范围内。

2. 合理确立融资成本

在已探究双方签订合同时内心真意的基础上,仍要结合实际情况判定是否过分加重一方责任。举例说明:在(2022)沪 74 民初 2992 号案件中,原、被告对签订的《投资协议》中有关双向对赌条款的回购公式是否存在笔误发生争议,具体来说,回购价格计算公式为"P(回购价格)=M(投资方对标的公司投资总额)×(1+10%)×T-以前年度累计已支付的现金补偿金额",原、被告对于计算公式中的"T"置于括号内还是括号外存在分歧。法院认为,合同双方在签订对赌协议时难以预料到原告会于7年后提起回购合同纠纷诉讼,如果按照合同约定严格落实回购条件,则实际上被告所应承担的回购义务将达到签署合同时所融资款项的7.7倍,实属过分加重被告责任。首先,原告主张的"双向对赌"模式在该案对赌协议履行过程中已经发生了变化。原告在《投资协议》第6.1条、第6.5条中约定的借款系上市奖励,符合双向对赌情形。但在出现被告未达成2015年业绩承诺的情况后,双方在《投资协议补充协议》中明确借款提前到期,且该借款偿还不视为现金补偿,不能在回购价款中予以扣除。因此,此时对赌协议不再具有融资方对赌成功后获得奖励的属性。原告向被告提供的借款在被告未达成业绩承诺时即予收回,被告并未因此而享受额外的利益,故原告可以主张更高回购价格的依据不足。其次,从逻辑上并不能得出双向对赌在对赌失败时融资方要负担更高回购价格的结论。在对赌成功情形下,融资方利用资金更好地实现标的公司的发展,投资方持有标的公司股权,双方均实现了资产增值,系双赢局面,投资方提供的奖励属于"锦上添花";在对赌失败情形下,融资方丧失了可能的奖励,同时还要履行对投资方的回购义务。双向对赌中的奖励条款起到的作用更大程度上是激励融资方完成业绩目标,实现双赢,当对赌失败时奖励条款并不存在激活可能,因此,融资方仅因存在奖励条款而负担更高回购价款,并无充分依据。从该案对赌协议约定可以看出,若标的公司未达到设定的对赌目标,投资方事实上可以在不承担任何股东的经营风险,要求张某某返还全部投资款的情况下,得到回购溢价;而张某某在此情形下,除返还投资款,支付溢价外,还需承担股权回购违约金。上述各项金额虽然名目和计算方式不同,但整体而言,均系融资成本。当投资方选择回购,即选择了低风险的固定收益回报时,人民法院在尊重商业意思自治的基础上,仍应兼顾公平合理控制融资成本。

二、新三板、科创板上市公司融资纠纷相关法律问题研究

(一)新规施行后证券民事侵权案件新特征

2022 年 1 月,《最高人民法院关于审理证券市场虚假陈述侵权民事赔偿案件的若干规定》(以下简称《虚假陈述若干规定》)正式施行。该规定的重要修订之一,为取消民事侵权诉讼的前置程序,即取消将行政处罚或刑事判决作为民事侵权诉讼的立案条件。在前置程序取消后,证券民事侵权案件出现新特征,审判实践也出现新的审理难点,特别是出现了首例科创板领域证券虚假陈述案件,亟待解决。一是涉诉上市公司大幅增多,被告范围明显扩大。例如,上海金融法院 2018 年受理的证券虚假陈述责任纠纷案件涉及 7 家上市公司,2019 年为 2 家,2020 年为 5 家,2021 年为 2 家。新规施行后,同比被诉上市公司显著增多,2022 年受理的案件涉及 14 家上市公司被诉。此外,亦受理了首例科创板领域证券虚假陈述案件。二是重大性判断问题成为新的审理焦点。根据《全国法院民商事审判工作会议纪要》第 85 条①的规定,虚假陈述已被监管部门行政处罚的,应当认为是具有重大性的违法行为。故在之前的案件审理中,双方往往不就此展开辩论,被告多提出关于因果关系的抗辩意见。前置程序取消后,重大性问题成为双方争议的主要阵地之一。尤其是对于仅受到“警示函”等行政监管措施、“通报批评”等交易所自律措施,而后续未受到行政处罚的行为,上市公司往往提出,虽然违反了交易规则或规范性文件,但不属于违法行为,不具有重大性,由此也形成法院新的审理难点。三是投资者举证能力不足导致事实难以查明,案件审理周期拉长。为弥合投资者举证能力较弱之问题,证券民事侵权案件适用因果关系推定原则,但前提是投资者能够证明侵权行为具有重大性。前置程序取消后,

---

① 《全国法院民商事审判工作会议纪要》第 85 条规定:审判实践中,部分人民法院对重大性要件和信赖要件存在着混淆认识,以行政处罚认定的信息披露违法行为对投资者的交易决定没有影响为由否定违法行为的重大性,应当引起注意。重大性是指可能对投资者进行投资决策具有重要影响的信息,虚假陈述已经被监管部门行政处罚的,应当认为是具有重大性的违法行为。在案件审理过程中,对于一方提出的监管部门作出处罚决定的行为不具有重大性的抗辩,人民法院不予支持,同时应当向其释明,该抗辩并非民商事案件的审理范围,应当通过行政复议、行政诉讼加以解决。

投资者普遍无法提供监管部门监管措施或立案告知书以外的证据。尤其是在仅有监管部门的立案告知书作为证据的情况下,由于立案告知书上仅载明上市公司"涉嫌信息披露违法违规",并未列出具体行为,投资者也无法明确虚假陈述行为的具体指向,因此法院难以查明侵权事实。如果单纯以举证不能判决驳回诉请,则消解了前置程序的意义;而如果等待监管机关处理结果,客观上就导致了审理周期的大幅延长和不确定性。

(二)涉科创板上市公司证券侵权民事赔偿纠纷的司法审查要点

涉科创板上市公司金融纠纷一般包括两类:一是证券侵权民事赔偿案件,含操纵市场、内幕交易、虚假陈述等侵权行为引发的群体性诉讼;二是其他普通金融案件,该类案件与普通民营企业可能之纠纷所涉及的法律问题类似,本文已在前一部分予以讨论。该部分主要对第一类证券侵权民事赔偿案件涉及的典型争议法律问题进行研究分析。发行债券、股票、资产支持证券等是科创企业公开融资的主要模式。在向不特定公众公开募集资金过程中发行人需要履行严格的信息披露义务,接受证券市场"零容忍"的监管要求,禁止从事虚假陈述、内幕交易和操纵行为,否则将面临刑事、行政、民事立体追责和群体性侵权诉讼的法律后果。

有效的信息披露能够降低资本市场的信息不对称程度,降低交易双方交易成本,提高交易透明度,保护投资者利益。传统的资本市场信息披露规则一味强调详尽性,效果并不理想。从信息提供方的角度来看,信息披露成本给中小企业造成了沉重的负担。由此,不少国家和地区的监管部门已经在披露要求上作出了改变,以解决信息披露效率低、成本高的问题,注重从实际效果出发,使相应信息能够为投资者真正理解并接受。新加坡、加拿大、澳大利亚、新西兰等都要求对金融产品的信息披露使用简单的语言,其中,新加坡、加拿大还进一步强调要使投资者容易理解。在倡导普惠金融的背景下,我国的金融监管也已经开始提高对信息披露的要求。修改后的2019年《中华人民共和国证券法》(以下简称《证券法》)设专章规定了信息披露制度,在2014年《证券法》规定信息披露要"真实、准确、完整、公平"的基础上,专门增加了"及时""简明清晰""通俗易懂"等要求,并鼓励发行人进行自愿披露。

1. 预测性信息重大差异民事责任的司法认定

预测性信息，是指在决策有用观念的指导下，企业在传统的以面向过去为主体的财务报告或者公司报告中，增加对未来期间的财务或者非财务信息的披露。科创企业为了提前介入市场主体对公司的判断，也会适时发布预测性信息。而证券市场涉盈利预测、发展规划等预测性信息属于发行人自愿披露范畴，与客观存在且确定已发生的事实陈述有所不同，预测性信息具有内在的不确定性和风险。因此，2022 年实施的《虚假陈述若干规定》明确预测性信息与实际经营情况存在重大差异的不构成虚假陈述，但存在"三个除外"情形。随着证券监管层面对预测性信息的监管力度加大，判断与现实情况存在差异的预测性信息是否构成虚假陈述，发行人是否因受到监管措施而承担民事赔偿责任成为迫在眉睫的司法问题。

证券市场预测性信息与客观事件的确定性表述不同，通常属于具有不确定性的意见、预测和主观评价。信息披露制度在理论中可区分为强制披露和自愿披露，两者的区别在于发行人是否可以自愿选择披露。预测性信息披露属于信息披露制度中相对特殊的一种披露义务，不是纯粹的强制披露，与定期报告、临时报告不同。但是由于发行人一旦决定披露预测性信息，就会对投资者的投资决策和股价产生非同小可的影响，因此我国证券法律法规对预测性信息披露的形式、程序、风险提示以及对预测会计年度结束后预测性信息能否实现的监督，都具有强制性和法律上的可归责性。[①] 我国的预测性信息披露责任承担的原则性规定主要体现在《虚假陈述若干规定》第 6 条，原告以信息披露文件中的盈利预测、发展规划等预测性信息与实际经营情况存在重大差异为由主张发行人实施虚假陈述的，人民法院不予支持，但有下列情形之一的除外：第一，信息披露文件未对影响该预测实现的重要因素进行充分风险提示的；第二，预测性信息所依据的基本假设、选用的会计政策等编制基础明显不合理的；第三，预测性信息所依据的前提发生重大变化时，未及时履行更正义务的。该规定确立了预测性信息安全港原则，同时明确了存在三个不受保护的例外。

① 参见李国光主编，最高人民法院民事审判第二庭编著：《最高人民法院关于审理证券市场虚假陈述案件司法解释的理解与适用》，人民法院出版社 2015 年版，第 181 页。

(1)除外情形之一:风险提示

风险提示涉及是否对影响某预测实现的重要因素进行充分风险提示,是否需要对不确定事项予以提示。

(2)除外情形之二:会计编制基础的合理性审查

判断公司营业收入和净利润的信息所依据的会计编制基础是否明显不合理,需要结合合同权利义务、通常的会计处理原则、一般的操作惯例等进行审查。

(3)除外情形之三:是否及时更正

当预测性信息所依据的前提发生重大变化时,应审查发行人是否及时履行更正义务。

除对于上述三种除外情形的考量外,科创板业绩预告准强制披露规定也需纳入考量范围。比如,《上海证券交易所科创板股票上市规则》第6.2.1条第1款第3项规定,净利润与上年同期相比上升或下降超过50%的,应在会计年度结束后1个月内进行业绩预告;第6.2.2条规定,上市公司预计不能在会计年度结束之日起2个月内披露年度报告的,应当在该会计年度结束之日起2个月内披露业绩快报。虽然公司发布的《业绩预增公告》《业绩快报公告》确属预测性信息,但本质上该信息系交易所规则强制要求披露的"业绩预告",这与发行人主动进行的关于未来盈利预测和发展规划的披露还有所差异。

2. 行政处罚缺位时应否承担民事责任

在《虚假陈述若干规定》施行后,出现了大量未有行政处罚径行起诉民事赔偿的案件。其中出现了以科创板公司会计差错更正后股价应声下跌为由申请民事赔偿的纠纷,该事项也尚未得到行政处罚,仅有交易所的自律监管文件,在行政处罚缺位的情况下,如何正确处理民事赔偿案件,值得探究。

行政处罚与民事赔偿所保护的法益并不完全相同。行政处罚更多地针对社会管理秩序,功能在于惩罚和预防;而民事赔偿所保护的利益主要是私人利益。① 在个案中,行政执法与司法审理所依赖之证据,二者间常有所关

① 参见李响:《证券法的执行——比较视角与中国叙事》,中国社会科学出版社2020年版,第69~99页。

联，为了避免行政执法和司法审理在认定行为人是否违法的结论上有矛盾，从而给证券市场造成不应有的困惑和负面影响，应就个案建立必要的沟通协调机制。法院可聘请监管机构的相关业务专家担任法院专家委员会成员，就相关重大、疑难、复杂和新类型案件提供咨询意见，对法院工作提出意见和建议。在行政执法尚未启动或调查结果尚未公布的情况下，法院若经由独立审理，确定行为人确有侵权行为发生，在审理过程中可向行政机关发送司法建议书，告知行政机关相关案件线索及审判结果。当然，行政机关是否开启行政执法以及对于涉诉被告是否给予行政处罚均有赖行政机关自行判定。行政机关作出判定后也应及时予以反馈，促进证券行政处罚与民事赔偿的进一步协调。

（三）新三板公司证券侵权民事赔偿纠纷中的司法审查要点

新三板即全国中小企业股份转让系统，主要为创新型、创业型、成长型中小微企业发展服务。新三板设立创新层、基础层和精选层，将符合不同标准的挂牌公司分别纳入创新层、基础层和精选层管理。境内符合条件的股份公司均可通过主办券商申请在新三板挂牌，公开转让股份，进行股权融资、债券融资、资产重组等。新三板股票转让可以采用协议方式、做市方式、竞价方式或其他证监会批准的转让方式。与主板市场相比，新三板市场的投资者均为专业投资者，场内流动性偏低。因而在司法实践中，新三板融资相关案件，存有疑难之处。一是新三板市场定增投资者损失与证券侵权行为之间的因果关系判定。二是交易型操纵证券市场行为民事赔偿的损失计算规则。三是新三板公司司法估值。

1. 操纵新三板市场投资者损失与操纵市场行为之间因果关系的司法认定

操纵市场行为人实施操纵行为往往主观上存在过错，客观上具有违法性，而认定操纵市场行为人是否需要对投资者损失承担赔偿责任，主要在于因果关系的判断。因为并非证券市场投资者的所有损失都与证券侵权行为关联，只有那些直接由侵权行为造成的损害方是侵权行为人承担民事责任的范围。[①] 关

① 参见贾纬：《证券市场侵权民事责任之完善》，载《法律适用》2014 年第 7 期。

于证券侵权行为与投资者损失之间因果关系的认定,2022年实施的《虚假陈述若干规定》承继了2003年《最高人民法院关于审理证券市场因虚假陈述引发的民事赔偿案件的若干规定》规定的推定因果关系原则,即虚假陈述行为对市场产生的诱导影响始于实施日,终于揭露日,只要是在此期间买入与虚假陈述直接关联的证券的,就推定受到虚假陈述行为的诱导,交易因果关系成立。该原则源于欺诈市场理论,旨在保护以集中竞价方式进行交易的证券市场上不特定的市场投资者的权益。

在操纵市场民事责任中是否能类推适用因果关系推定原则在理论与实务界存在争议。主张在操纵市场民事责任认定中采用推定因果关系的理由在于,操纵行为对价格造成了影响,误导了投资者,但投资者对此很难举证,故应对举证责任进行重新分配,降低操纵市场案件原告的举证难度。相反观点则认为,推定因果关系的正当性在于基础事实之间具有因果关系的客观逻辑性,而不能仅因为一方难以举证而作出改变。操纵市场行为与投资交易行为之间的关联实际上是模糊的、不确定的,因此在操纵市场民事责任中推定因果关系的正当性较弱。[①] 本文认为,将推定因果关系适用于以集中竞价方式进行交易的证券市场,旨在保护公开有效的证券市场上不特定投资者的权益,这点与虚假陈述行为并无二致,但不同类型的操纵行为对投资者交易及损失的影响存在逻辑差异,需具体进行分析。就信息型操纵行为来说,由于行为人以信息误导操纵股价,信息的发布类似于虚假陈述行为,该信息必然会在相关的股票价格中得到反映,所以投资者受信息误导而投资,可视为受操纵行为的影响。信息型操纵行为可适用因果关系推定原则,即认为从信息误导直到信息更正为信息操纵期间,在此期间交易的投资者交易损失与操纵行为之间存在因果关系。而交易型操纵行为系以行为影响股价,具体表现为以各种交易手段拉高或打压股价,行为人对投资者的欺诈体现在对价格的影响上。在证券市场上,股票价格是公司各项经营指标的集中反映,行为人对价格的影响会误导投资者作出投资决策。并且,在交易型操纵行为中,如果没有行为人对价格的人为影响,投资者就有可能不会买入或卖出股票,说明

① 参见缪因知:《操纵证券市场民事责任的适用疑难与制度缓进》,载《当代法学》2020年第4期。

在交易型操纵行为上也存在符合“若无……则不……”(but……for……)特征的交易因果关系,也可以适用因果关系推定原则。具体而言,在交易型操纵行为中,可以操纵证券市场交易影响时期作为因果关系判断标准,即认定在该时期内进行相应交易的投资者的交易损失与操纵行为之间存在因果关系。

当然,因果关系推定规则的适用存在例外情形。一般认为,“欺诈市场理论”仅适用于股价能够立即并且充分反映公司所有公开信息的“信息有效率”的市场,虽然市场效率很难存在可靠的测量标准。[①] 同时,对于通过协议转让方式进行的证券交易,由于投资者主体确定且通常为大宗交易,往往存在单独议价磋商过程,也一般不认为适用交易因果关系的推定。2003 年《最高人民法院关于审理证券市场因虚假陈述引发的民事赔偿案件的若干规定》第 3 条规定,通过协议转让方式进行的交易是除外情形。尽管 2022 年《虚假陈述若干规定》不再将协议转让、定向发行等交易方式排除在外,但考虑到该司法解释在适用范围上的广阔性,并非纳入《虚假陈述若干规定》适用范围的交易均适用因果关系推定的规则。该司法解释对于以实施日到揭露日区间判断因果关系认定的,只限于以集中竞价方式进行的证券交易。2020 年,广东省高级人民法院审理的“保某某案”[②]直接体现了非公开进行的证券交易不适用因果关系推定的规则。该案判决明确指出,只有针对公开募集股份的发行市场和通过证券交易所报价系统进行的“非面对面”(impersonal market)证券交易,才需要适用交易因果关系推定原则,以减轻不特定投资者的举证责任,实现实质公平。向特定投资者发行股票与协议转让等“面对面”证券交易,属于普通侵权,应由原告自行举证证明交易决策受到虚假陈述行为影响。

有关研究指出,在“推定信赖原则”发源地的美国,该原则本就是用来解决在“非面对面交易”的证券市场上,投资者经由交易所的集中竞价系统或者做市商交易机制进行证券交易,此时客观上无法承担举证证明交易因果关系

---

① 参见耿利航:《欺诈市场理论反思》,载《法学研究》2020 年第 6 期。

② 广东省高级人民法院民事判决书,(2019)粤民终 2080 号。该案被评为 2020 年全国法院十大商事案例。

的负担这一问题的。[①] 而从另一角度来看,在"一对一交易"中,价格是由双方自行磋商决定的,不存在竞价系统中"价格"与"公开信息/行为"的高度关联性。

在推定因果关系不适用的情况下,特定投资者在民事索赔中要举证证明存在因果关系,具体到交易因果关系上,原告应举证证明自身投资决定受到了操纵行为的影响。这种证明应当特定并具体,并符合逻辑和一般交易常识。

值得一提的是,关于专业投资者在证券侵权的认定中是否应负有更高注意义务的问题,实践中存在争议。本文认为,在证券虚假陈述侵权中,对于以集中竞价方式开展的证券交易,一般不区分专业投资者和普通投资者,这是因为虚假陈述行为人公开进行的信息误导对于整个市场的全部投资者都是一样的,专业投资者的投资决策也是基于对公开信息的信赖。而交易型操纵行为主要是通过操控证券交易价格和交易量对投资者形成误导和欺诈,投资者的注意义务因自身专业能力、所处的交易市场和交易方式而有所差别。与普通投资者相比,专业投资者在证券交易量价判断上能力更高,注意义务应与自身专业能力相匹配。同时,新三板市场流动性和定价功能的特点也影响投资者在价格判断上的注意义务。对于向特定投资者发行股票的"面对面"证券交易,因投资者在交易决策时主要通过财务分析、前景预测、尽职调查等方式对投资可行性进行分析,同时由于投资门槛高、期限长,定增投资者在投资时应负有更高的注意义务。需要指出的是,一旦原告完成对交易因果关系的举证证明义务,举证责任就发生相应转移,如果操纵市场行为人认为专业投资者未尽到注意义务,则应由操纵市场行为人承担举证证明义务,从而推翻投资者合理信赖的主张。

2. 交易型操纵证券市场行为民事赔偿的损失计算规则

关于定增投资者损失与证券侵权行为之间因果关系的判定,操纵市场行为人实施操纵行为往往主观上存在过错,客观上具有违法性,而认定操纵市场行为人是否需要对投资者损失承担赔偿责任主要在于因果关系的判断。

---

① 参见樊健:《我国证券市场虚假陈述交易上因果关系的新问题》,载《中外法学》2016年第6期。

新三板市场的投资者系以“面对面”签订认购协议的方式参与投资，应对行为人实施的操纵证券交易市场行为与自身遭受的损失之间存在因果关系进行举证，不能直接适用因果关系推定原则。关于交易型操纵证券市场行为民事赔偿的损失计算规则，《虚假陈述若干规定》采用了毛损益法作为证券虚假陈述侵权赔偿损失计算的基础方法，逻辑在于证券虚假陈述侵权行为造成的投资者的差额损失既包括证券虚假陈述行为实施后投资者买入价格虚高的损失，还包括证券虚假陈述行为揭露后股价下跌造成的投资者损失。因此，投资者的投资差额损失应为从实施日到揭露日期间的买入价与揭露日后的卖出价（或基准价）的差额。而交易型操纵证券交易市场侵权与证券虚假陈述侵权存在不同，交易型操纵证券市场行为对投资者损失的影响主要在于交易行为的影响期。在该期间内，操纵行为影响了股价，导致投资者买入或者卖出股票的价格偏离了正常价格；在交易行为影响期后，由于操纵行为不再继续进行，操纵行为的影响逐渐消弭，股价逐渐回归正常价格。

3. 关于新三板公司的市场估值

在缺乏流动性市场的新三板公司估值问题上，法院审查的范围不应局限于对相关合同文本的法律判断，而要着眼于目标公司的实际情况，在综合考虑目标公司所处的发展阶段、行业特点、经营情况、财务状况等因素后，选择金融市场普遍认可的、适当的估值方法判断企业的公允市值或估算出公允市值的区间。在估值方法的选择上，可以通过不同估值方法的交叉验证减少估值偏差。同时，在条件允许的情况下应充分发挥专家辅助人制度的积极作用，从专业背景、形式要件及程序完整性的角度分析专业人士意见，以作出更符合市场及投资者预期的估值结论。

三、金融司法服务保障科创金融发展

（一）融资交易文件中的法律风险揭示

根据不同发展阶段的科技型企业的融资需求，以银行科技贷、融资租赁、股权投资等不同类型的融资合同文件作为重点讲评对象，司法部门应组织有融资需求的、不同发展阶段的科技创新型企业参加融资法律风险讲评会，揭示融资交易合同中潜在的限制企业股东权利、影响业务发展的法律风险,为科技型企业提供全生命周期的多元化接力式司法保障。

(二)依法妥善处理科创企业融资类纠纷

金融司法需要积极回应科创金融领域的金融生态变化,对金融交易的基本法律原则加以归纳提炼,从金融纠纷典型特征出发,总结整理司法实务中裁判不一的问题并加以统一,实现金融服务实体经济的宗旨和本源。一是规范信贷业务中的费用合理化收取,切实降低企业融资实际成本。支持银行持续完善"科技履约贷""科创助力贷"等科技专属信贷产品设计,扩大专利许可收益质押融资模式、科创企业专属评级授信模型等创新成果应用范围。二是依法支持科技保险的保障赔付作用,促进科技创新带动保险升级,发挥科技保险在科技成果转化中的风险管理功能。三是审慎研判涉科技创新型企业的股权投融资对赌协议等创新条款下当事人权利义务及法理责任边界,合理化解纠纷矛盾。四是公正高效化解科创上市企业证券类纠纷。在司法实践中进一步探索完善多种证券群体性诉讼制度,通过科技赋能提高投资者维权效率和成本。在涉科创板、新三板纠纷中结合不同市场流动性及价格连续性的差异实际,充分听取专业意见,探索适用合适的估值方法确定投资者损失。

(三)为私募股权和创业投资份额转让平台建设提供司法保障

对股份有限公司股权、私募股权份额的权利界定、交易流转、第三人权利保护等问题开展法律研究,为股权中心完善交易流程,提高登记准确性和权威性,提升交易流转的效率提供行之有效的法律意见。此外,强化典型案例的规则引领,引导市场主体在私募股权和创业投资份额转让过程中对交易文件涉及的份额价值确定、份额变动登记、交易税费分担等核心条款进行有效磋商,明确交易主体司法预期,缩短投资份额交易周期,为建立私募股权和创业投资份额转让平台,建立科学高效权威的股权份额估值体系提供全方位、高水平、前瞻性的司法保障。

（四）规范引导科创型上市企业依法合规开展经营及融资

一是加强与证券监管机构信息互联互通，及时反馈涉科创板、新三板上市公司纠纷中的公司治理问题，推动执法理念统一，形成保障合力。二是发挥保荐机构、会计师事务所、律师事务所等证券服务机构的资本市场“看门人”角色，提高发行人信息披露质量审核，加强行业自律，提高执业质量。三是依法严厉打击涉科创板、新三板、北交所市场违法犯罪行为，将在民事赔偿案件中发现的通过财务造假等方式实现挂牌上市的犯罪线索及时移交公安部门查处。

涉外法治重大问题研究

上海金融法院、华东政法大学联合课题组*

一、研究背景及形势

坚持统筹推进国内法治和涉外法治，是习近平法治思想的重要内容，是在维护国家主权与根本利益基础上积极参与全球治理，推动构建人类命运共同体规则体系的重大战略判断。党的二十大报告提出要加强重点领域、新兴领域、涉外领域立法，统筹推进国内法治和涉外法治，以良法促进发展、保障善治。

当今世界正经历百年未有之大变局，国际社会经济发展发生深刻变化。近年来，我国不断健全完善涉外法律法规体系，出台了《中华人民共和国反外国制裁法》(以下简称《反外国制裁法》)、《中华人民共和国外国国家豁免法》(以下简称《外国国家豁免法》)，修正了《中华人民共和国民事诉讼法》有关涉外诉讼的相关条文，加入了《取消外国公文书认证要求的公约》，积极应对长臂管辖、外国制裁等，充实涉外法治斗争的法律"工具箱"。

人民法院作为国家审判机关，肩负宪法法律赋予的司法审判职能，发挥着有效解决各类涉外法律纠纷的重要作用，是平等保护各方当事人合法权益、积极维护国家安全和司法主权的重要主体。作为统筹推进国内法治和涉

---

* 本课题由上海市虹口区人民法院党组书记、院长，原上海金融法院党组成员、副院长肖凯；华东政法大学国际法学院院长、教授杜涛主持。课题组成员有符望、徐玮、沈竹莺、杨晖、徐佳云、刘蒙、赵丹阳。本文节选自最高人民法院2022年度司法研究重大课题优秀研究成果"涉外法治重大问题研究"。

外法治的关键环节，涉外司法审判工作是涉外法治体系不可或缺的重要组成部分。近年来面对新形势，应对新挑战，我国不断完善涉外司法审判机制建设，强化涉外司法审判职能，提升涉外司法公信力。

二、研究主要问题

本文拟解决的主要问题是，如何充分发挥人民法院在涉外法治建设中的积极作用，提高司法应对国际复杂多变形势的能力，为服务双循环新发展格局提供更有力的司法服务保障。

（一）我国涉外法治的司法应对机制体系化尚需提升

总体而言，需要准确把握统筹推进国内法治和涉外法治的总体要求，充分发挥人民法院的审判职能，进一步明确我国法域外适用、国家主权豁免、反外国制裁等涉外法治重点难点问题的司法实践路径，不断完善我国涉外法治的各项司法应对机制，以补齐涉外法治的司法短板。

（二）我国法域外适用规则与路径有待调整完善

法律域外适用的司法逻辑有待明确，适用路径有待拓展，落实技术有待强化。首先，实现我国法的域外适用，先管辖权后准据法的程序展开需要进一步厘清。当前，民诉法尚未建立与实体法域外效力条款的衔接，虽已确立相关案件中国内司法管辖权冲突的解决机制，但应对国际司法管辖权冲突的各项制度还有待完善。其次，在法律域外适用中，将会面临与国外执法程序、破产程序等之间的对抗和配合问题，有待司法实践进一步加强对策研判，同时在法律域外适用的实现路径中，需进一步重视当事人合意。此外，我国司法辅助技术创新尚未充分应用于涉外诉讼，在一定程度上限制了涉外司法审判职能的更好发挥。

（三）国家主权豁免司法程序有待加强完善

《外国国家豁免法》出台后，如何推动该法在司法实践中更好适用成为关键问题。《外国国家豁免法》明确了我国相对豁免主义的立场,就相应实体法律问题进行了规定,进一步健全了我国的外国国家豁免制度,由此也产生了需进一步明确涉外国国家豁免案件司法程序的现实需求。该类案件司法程序与现行普通涉外民商事案件诉讼程序的衔接,以及豁免资格审查、外交意见效力等问题,均有待进一步明确。因此,需对国际公约及外国司法实践进行比较研究,结合我国实际,探索构建审理执行外国国家豁免案件的司法程序,从而为实施《外国国家豁免法》奠定基础。

(四)我国反外国制裁司法救济机制有待细化完善

我国虽逐步建立起了包括《反外国制裁法》《阻断外国法律与措施不当域外适用办法》等法律法规在内的中国特色的反外国制裁法律体系,但聚焦反外国制裁司法救济机制的相关规范体系尚待完善,亟须加快推进具体裁判规则及配套实施措施的完善,推动其早日落地实施并发挥积极作用。因此,需要比较、借鉴域外司法实践,立足我国审判实际,明确反外国制裁司法救济案件的审理机制,完善管辖、立案审查、期间和送达等审理程序,注意协调处理外国法院裁判、国际商事仲裁的承认与执行,明确歧视性限制措施、制裁条款效力、损失赔偿责任等核心实体性问题的认定。

(五)涉外司法人才培养储备急需形成整体机制

涉外审判人才是做好涉外审判工作的基础,打造高素质的涉外审判队伍是高效完成涉外审判任务,应对境外司法挑战的必然要求。目前,涉外审判人才选拔、培养长效机制还不健全,与涉外审判工作发展需要不适应,高素质专业化涉外审判队伍建设成为紧迫任务。如何培养、使用涉外审判人才缺乏整体规划,人才梯队储备不足。随着涉外新类型和疑难复杂案件不断涌现,一些审判人员应对新情况、新问题的能力不足,复合型国际化涉外审判人才仍存在较大缺口。因此,需进一步完善涉外司法审判人才培养机制,做好顶层设计与具体机制措施的衔接,创新培养模式,提高人才管理使用效率。

三、研究对策建议

本文针对以上问题,分析、借鉴域外经验,结合中国特色,理论和实践相结合,提出相关建议和转化成果,具体各部分的对策建议及转化成果如下。

(一)统筹推进两个法治的总体要求和司法应对

在更加深刻具体地理解统筹推进国内法治和涉外法治的总体要求基础上,解读涉外法治的新时代内涵,补齐涉外法治建设短板,明确推进涉外法治的方向。在探讨司法应对路径时,既应坚持正确的政治站位,同时也应审慎思考国际形势的复杂情况、双循环新发展战略的迫切司法需求以及当前的司法实践。针对目前存在的问题要明确司法应对路径:一是应优化涉外审判工作内外部机制,包括完善涉外审判及服务机制,建立涉及国家安全、主权及发展利益的重大涉外案件识别、层报机制并进行集中管辖,完善外国法查明机制及专家支持机制,完善涉外民商事纠纷多元化解机制;二是应推进重点领域的司法应对机制,包括加快构建我国法域外适用规则,完善外国国家豁免相关司法程序,构建反外国制裁法的司法救济机制,加强涉外司法人才培养储备;三是应加强国际司法交流合作,包括拓展国际司法合作形式和渠道,加强涉外司法信息共享等,全面构建比较完备的司法应对机制体系。

(二)构建我国法域外适用的司法路径

构建我国法域外适用规则制度,需要准确区分管辖权确立和法律适用两个阶段,同时拓展法律域外适用的实现途径,并充分考虑司法辅助技术的助推作用。具体而言,在管辖权确立方面:应当关注涉外管辖的特殊性,区分管辖权的国际分配和国内分配两个层次,关注司法管辖的国际法依据、实体法域外效力与民事管辖规则的承接、实际联系原则在现阶段的适用调整,也需要关注不方便法院原则和禁诉令对管辖权的调整和保护。在法律适用方面,应当准确理解我国法律域外直接适用和间接适用条件。在直接适用方面,应当充分考虑证券法、期货和衍生品法及其他相关侵权法等域外适用所面临的国内外限制,并加以完善。在间接适用方面,应当意识到在域外仲裁裁决、法律判决的承认与执行中,公共政策的考量实际构成我国法律的域外适用,但不能等同于直接适用而不加限制;应提高我国当事人对法律选择条款的重视程度,大力推动当事人合意选择中国法作为准据法,推进我国对于国际金融交易标准文本制定的话语权。在司法科技方面,要完善我国法域外适用的司法科技配套机制,充分发挥我国法院线上立案审理等司法科技在便利涉外诉讼、降低成本方面的积极作用,更好提升我国司法的国际吸引力与竞争力。

(三)完善国家主权豁免司法程序

外国国家豁免案件司法程序的设计应兼顾该类案件的特殊性和涉外民商事诉讼程序的体系性。在立案阶段,该类案件应由特定区域中级人民法院集中管辖,并建议在采取立案登记制的前提下,对于被告明显属于外国国家的案件,明确起诉人应提交初步证据材料证明被告存在豁免例外情形。在主权豁免审查环节,建议人民法院以答辩期届满作为时间节点,采用依当事人申请审查为主,依职权审查为辅的豁免资格审查程序。在审判环节,人民法院应对外国国家缺席审判采用审慎态度,并严格限定相应条件。建议建立外交意见采纳制度、案件层报和备案制度,以及飞跃上诉制度,以期确保涉外国国家豁免案件审判质量、效率和效果相统一。在执行环节,在3个月内被执行人未履行,当事人请求法院强制执行的,应向人民法院提供被执行人位于中华人民共和国领域内且符合《外国国家豁免法》规定的可供执行财产的证明材料,并详细探讨强制执行措施和强制执行程序的制度设计。形成《人民法院审理涉外国国家豁免案件司法程序问题的若干规定(建议稿及条文说明)》,供司法实践参考。

(四)优化完善反外国制裁司法救济机制

反外国制裁司法救济机制的运行,既要站在国际法体系下考量,也要站在我国立场下思考,依照我国的法律法规特别是涉外法律法规以及我国缔结、参加的国际条约处理,全方位统筹以有效维护国家主权、安全、发展利益,保护我国公民、组织的合法权益。关于功能定位,反外国制裁法的司法救济机制具有独特的政治定位和实践功能，体现为国际层面针对外国国家的反制功能和国内层面针对我国主体的救济功能。关于基本原则，应当明确反外国制裁司法救济机制是涉外交事务的特别诉讼，应当坚持中央事权原则、威慑原则和比例原则。在程序性问题方面，建议采取集中管辖，由最高人民法院指定相应区域中心城市的中级人民法院和专门法院作为涉制裁案件集中管辖法院，设置飞跃上诉机制，建立层报制度，通过最高人民法院与相关行政部门形成协商机制。诉讼期间和送达应当在程序正义原则上与普通涉外民商事案件的规定一致，但也应根据特殊情况予以快轨处理确保实效性。若涉及外国法院裁判和国际商事仲裁的承认与执行，需依照我国关于承认与执行的基本原则，并就涉制裁因素按照我国反制裁、阻断法律法规具体分析，坚守维护国家权益底线。在实体性问题方面，涉制裁案件实体问题的法律适用，一般以我国法律为准据法，在具体审理中应当要求当事人明确诉请和请求权基础，结合具体案件情形处理歧视性限制措施、合同中约定制裁条款的效力以及最终损失赔偿的认定等核心问题。梳理比较借鉴域外司法实践，形成《关于审理反外国制裁司法救济案件的若干规定（建议稿及条文说明）》，供司法实践参考。

（五）加快涉外司法人才培养储备

明确涉外司法人才培养的目标是培育具备过硬的政治素养、综合的专业素养和较强的实践素养的涉外司法人才，相关人才的总体定位是专业复合、实战经验丰富、高端人才。应探析涉外司法人才的培养路径，并探讨相应创新机制，形成自上而下、纵横联合、循序渐进的培养格局，构建院校联合培养机制，发挥各自长板优势，采取灵活培育方式，建立科学的培育体系，推动建设涉外法律争议解决职业共同体，优化涉外司法人才的选拔、培养、交流、使用各项机制。形成《关于加强涉外司法人才培养的方案（建议稿）》《关于建立涉外实习法官助理制度的若干规定（建议稿）》，供司法人才培养实践参考。

全面注册制下证券交易所自律监管的法律责任承担

上海金融法院课题组*

在证券市场全面实行注册制背景下,证券交易所职能较之核准制时代有所变化。本文聚焦证券交易所自律监管责任,旨在发挥人民法院审判职能作用,保护投资者合法权益,规范证券市场交易秩序和自律监管行为,为证券市场健康发展提供有力司法保障。本文立足审判实际,梳理注册制下涉证券交易所案件纠纷反映的问题,分析注册制下证券交易所的法律地位和自律管理行为性质,针对不同自律监管场景分析相关行为法律性质和责任承担的司法裁判标准。本文研究完善相关司法保障机制与相关规则,推动完善注册制下证券市场监管体系,促进明晰证券交易所和中国证券监督管理委员会(以下简称中国证监会)的职责分工,提出全面注册制下证券交易所的涉诉风险防范建议,规范证券交易所自律监管行为。

---

* 本课题由上海金融法院党组成员、副院长单素华主持,课题组成员有许晓骁、杨晖、徐佳云、赵丹阳。本文节选自上海市高级人民法院研究室、发展研究中心和上海司法智库学会联合开展的上海司法智库重大调研课题"全面注册制下证券交易所自律监管的法律责任承担"。

一、全面注册制下证券交易所自律监管法律责任承担的背景分析

(一)全面注册制下证券交易所自律监管责任承担的实践变化

1. 注册制改革实质上是对政府与市场关系的调整

注册制改革将审核主体从中国证监会转化为证券交易所,通过充分贯彻以信息披露为核心的理念,使发行上市全过程更加规范、透明、可预期。首先,此次改革大幅优化发行上市条件。改革后,仅保留了企业公开发行股票必要的资格条件、合规条件,将核准制下的实质性门槛尽可能转化为信息披露要求,审核部门不再对企业的投资价值作出判断。其次,此次改革强调切实把好信息披露质量关。实行注册制,绝不意味着放松质量要求,审核把关更加严格。审核工作主要通过问询来进行,督促发行人真实、准确、完整披露信息。同时,综合运用多要素校验、现场督导、现场检查、投诉举报核查、监管执法等多种方式,压实发行人的信息披露第一责任、中介机构的"看门人"责任。最后,此次改革坚持开门搞审核。审核注册的标准、程序、内容、过程、结果全部向社会公开,公权力运行全程透明,严格制衡,接受社会监督,与核准制有根本的区别。

2. 注册制意味着证券交易所的自律监管权扩大和较高的自由裁量权

我国证券交易所正处于自律监管职能转型中,比较分析证券交易所在国际成熟证券市场的功能定位和我国证券市场不同发展时期的历史定位,不难发现,注册制改革统一和完善了以信息披露为核心的注册制安排。注册制总的思路是,保持交易所审核与中国证监会注册的基本架构不变,进一步明晰交易所和中国证监会的职责分工,提高审核注册的效率和可预期性。在交易所审核环节,进一步压实交易所发行上市审核主体责任,由交易所对企业是否符合发行条件、上市条件和信息披露要求进行全面审核。中国证监会应同步对发行人是否符合国家产业政策和板块定位进行把关,并对交易所在审核中遇到的重大问题及时指导。在中国证监会注册环节,中国证监会应基于交易所审核意见依法履行注册程序,在 20 个工作日内对发行人的注册申请作

出是否同意注册的决定。

3. 证券交易所自律监管职能转型需要加强权力制衡与司法保障规范

在全面注册制背景下,证券交易所自律监管职能的作用空间扩展,直接影响资本市场稳定运行。因此,一方面,要完善监督制衡机制。中国证监会应加强对证券交易所审核工作的统筹协调和监督考核,督促证券交易所提高审核质量,把好资本市场入口关;建立健全覆盖发行、上市、再融资、并购重组、退市、监管执法等各环节全流程的监督制约机制,对腐败"零容忍"。另一方面,针对证券交易所的自律监管措施,有必要建立完备的救济体系,不仅包括由证券交易所业务规则和配套的实施办法确立起来的内部救济渠道,还应包括证券交易所外部的行政监管和司法救济。

(二)证券交易所自律监管法律责任承担的司法实践

1. 涉证券交易所纠纷的司法介入情况

人民法院长期以来充分发挥司法审判职能作用,保护投资者合法权益,为证券市场注册制改革提供有力的司法保障。

《最高人民法院关于对与证券交易所监管职能相关的诉讼案件管辖与受理问题的规定》于2004年审议通过并于2020年修正,该司法解释主要是为了正确及时地管辖、受理与证券交易所监管职能相关的诉讼案件。该司法解释明确了以下几点:一是明确了管辖法院,以证券交易所为被告或第三人的与证券交易所监管职能相关的第一审民事和行政案件由所在地中级人民法院管辖。后金融专门法院成立,相关专门法院管辖规定出台,该类案件由金融专门法院管辖。二是明确了与证券交易所监管职能相关的诉讼案件范围。三是明确了不予受理的案件范围,对涉证券交易所监管行为案件的受理采取较为谨慎的态度,确立了有限受理的原则,明确了投资者在证券交易所履行监管职责过程中对证券发行人及相关人员、证券交易所会员及相关人员、证券上市和交易活动做出的不直接涉及投资者利益的行为提起的诉讼,人民法院不予受理。

以上海金融法院为例,根据《最高人民法院关于上海金融法院案件管辖的规定》第4条的规定,上海金融法院对以上海证券交易所为被告或者第三人的与证券交易所监管职能相关的第一审金融民商事和涉金融行政案件进行集中管辖。2018 年 8 月 ~2023 年 12 月,上海金融法院共受理涉上海证券交易所(以上海证券交易所为被告或第三人)案件 8 件,总体进入司法程序的案件数量并不多,可见对于涉上海证券交易所的纠纷相关主体可能采取投诉或复议等行政手段予以解决(案件具体情况详见表 1)。

就立案时间而言,2019 年立案 1 件,2020 年立案 2 件,2021 年立案 1 件,2022 年立案 3 件,2023 年立案 1 件。

就案件类型而言,行政处理或行政行为纠纷 3 件,其他侵权责任纠纷 3 件,证券登记、存管、结算纠纷 2 件。早年主要是民事案件,2022 年后逐渐出现行政案件。

就原告主体而言,以投资者为主,原告为投资者的纠纷 6 件,原告为上市公司的纠纷 2 件。就被告主体而言,以上海证券交易所为被告的纠纷 7 件,其中单独以上海证券交易所为被告的纠纷 2 件,以上海证券交易所和证券公司为共同被告的纠纷 3 件,以上海证券交易所和中国证监会为共同被告的纠纷 1 件,以上海证券交易所和中证指数有限公司为共同被告的纠纷 1 件,以上海证券交易所为第三人的纠纷 1 件。原告为上市公司的纠纷,均是针对终止上市决定;原告为投资者的纠纷,除了 1 件针对证券交易所相关投诉答复和 1 件针对证券交易所相关信息公布外,其余主要是基于相关证券交易登记、结算,被告也会涉及相关证券公司等。

就具体争议焦点而言,主要集中在对于证券交易所作出的终止上市决定是否符合法律规定,上海证券交易所投诉答复是否属于行政复议受案范围,证券交易指令或证券登记问题导致的纠纷,证券交易所是否应当承担赔偿责任上。

就案件的裁判结果而言,2 件原告撤诉,4 件判决驳回原告诉请,2 件裁定驳回起诉。

表 1　上海金融法院 2018 年 8 月 ~ 2023 年 12 月涉上海证券交易所案件情况

序号	案号	案由	原告	被告	争议焦点	裁判结果
1	(2022)沪 74 行初 1 号	行政处理	厦门某公司	上海证券交易所	上海证券交易所作出的终止上市决定等监管决定是否属于行政诉讼受案范围,相关终止上市决定是否符合法律规定	判决驳回原告诉请
2	(2022)沪 74 行初 3 号	行政处理	新疆某公司	上海证券交易所	上海证券交易所作出股票终止上市的决定是否符合法律规定,后原告破产重整	裁定驳回起诉
3	(2021)沪 74 行初 1 号	行政行为	郑某	上海证券交易所,中国证监会	投资者不服上海证券交易所投诉答复内容,向中国证监会申请行政复议,上海证券交易所作出的投诉答复和中国证监会作出的复议决定是否属于行政复议受案范围	裁定驳回起诉
4	(2020)沪 74 民初 1803 号	其他侵权责任纠纷	郑某甲	某证券公司某证券营业部,某证券公司,中国证券登记结算有限责任公司,上海证券交易所	投资者办理证券账户注销业务期间产生交易损失,证券公司、证券交易所是否应当赔偿损失	判决驳回原告诉请

续表

序号	案号	案由	原告	被告	争议焦点	裁判结果
5	（2022）沪 74 民初 3352 号	其他侵权责任纠纷	郑某乙	某证券公司，上海证券交易所	投资者在午间非交易时段向证券公司发送的卖出和撤单指令，案涉股票在下午开市后即进入上海证券交易所主机并按照“价格优先、时间优先”的原则撮合成交，造成投资者损失，证券交易所、上海证券交易所是否承担侵权赔偿责任	判决驳回原告诉请
6	（2020）沪 74 民初 1437 号	其他侵权责任纠纷	张某某	上海证券交易所，中证指数有限公司	上海证券交易所、中证指数有限公司发布的沪深 300 指数数据错误，导致投资者交易损失，其是否应当承担赔偿责任	撤诉
7	（2023）沪 74 民初 719 号	证券登记、存管、结算纠纷	袁某	某证券公司，上海证券交易所，中国证券登记结算有限责任公司	投资者持有 1995 年上海证券交易所发放的纸质股票凭证，但相应股票未登记于该投资者名下，是否属于该投资者股票	撤诉
8	（2019）沪 74 民初 1108 号[1]	证券登记、存管、结算纠纷	陈某某	某证券公司，某证券公司某分公司，某证券股份公司某证券营业部	证券公司是否篡改交易记录，不执行委托指令侵权，将上海证券交易所列为第三人	判决驳回原告诉请

〔1〕该案第三人：上海证券交易所，深圳证券交易所，中国证券登记结算有限责任公司深圳分公司。

2. 司法实践反映的相关问题及原因剖析

一是证券交易所行为的可诉性存在争议。针对证券交易所的自律监管行为提起诉讼的主要有三类主体：上市公司、投资者以及其他受证券交易所的监管行为影响的主体。上市公司直接受证券交易所监管，且证券交易所的监管行为如终止上市、强制退市、停牌等行为均以上市公司为相对人。对于原告为投资者的情况，依据《最高人民法院关于对与证券交易所监管职能相关的诉讼案件管辖与受理问题的规定》，证券交易所监管行为中与投资者利益不直接相关的行为，既无法进入行政诉讼也不能纳入民事诉讼，从而在一定程度上构成了相对于普通投资者的诉讼豁免。司法实践中出现了部分主体先向证券交易所投诉举报，而后再就证券交易所的投诉举报答复行为，向法院提起诉讼的情况。此类案件中的投诉举报事项并不直接涉及投资者利益，如果直接起诉，应当不予受理，但是经由投诉举报后再起诉，可能引发是否应当受理的疑惑。

二是行政诉讼和民事诉讼的区分存在争议。我国司法实践通过区分证券交易所监管行为与非监管行为决定诉讼类型，而监管行为与非监管行为的明确界分存在困难。证券交易所日常行为包括监管行为、服务行为及普通民事行为等。其中，证券交易所的监管职能主要源于法律法规的规定、行政授权及契约约定，包括一般事务处置行为、行使处罚权的行为以及同时行使处置权与处罚权的行为。依据《最高人民法院关于对与证券交易所监管职能相关的诉讼案件管辖与受理问题的规定》，证券交易所行使处罚权的行为可以纳入行政诉讼的受案范围，处罚权本身的行为界定也较为清晰；但诸如授予会员资格，组织证券交易，公布上市公司年报等行使一般事务处置权的行为，与证券交易所的民事行为、服务行为等很难区分清楚。由于目前缺少相关的司法案例或解释，《证券交易所管理办法》第7条、第9条、第10条规定的证券交易所职能是否涉及监管难以明确。①

三是证券交易所责任义务范围界定不明。证券交易所自律监管行为的权利来源和性质是多样的，既有来自立法规定与行政授权的权利，也有

---

① 参见肖梦黎：《证券交易所行为的可诉性与民事豁免研究》，载《证券市场导报》2018年第9期。

与证券市场参与主体签订契约获得的权利。在部分案件中证券交易所抗辩称,其责任义务,纠纷与其无关。例如,投资者因办理证券账户相关业务提起诉讼将证券公司和证券交易所列为共同被告,证券交易所抗辩称,证券交易所为证券集中交易提供场所和设施,组织和监督证券交易,并不参与证券账户管理,投资者因办理证券账户注销业务产生的相关纠纷,与证券交易所无关。[①] 针对退市纠纷,相关案件相对成熟,可形成相关规则指引。

二、全面注册制下证券交易所自律监管的范畴梳理和司法介入的实践思路

(一)全面注册制下证券交易所自律监管行为的法律性质

1. 证券交易所自律监管行为的类型划分

对于证券交易所自律监管的权源,学界有三种学说,即立法授权说、行政授权说、契约授权说。立法授权说认为,证券交易所自律监管的权力来自法律的规定和授予。行政授权说认为,证券交易所自律监管的权力为行政主体对行政权力的转让,证券交易所进行监管的权力来源为行政权力,证券交易所实施的监管行为不应属于自律监管,而属于行政监管即他律监管范畴。契约授权说认为,证券交易所的自律监管权来自证券市场参与者之间签订并认可的契约。综上,在自律监管的三种权源中,立法授权应视为对证券交易所固有的、应然权利的确认;在行政授权中,证券交易所实行的是他律监管,不属自律监管范畴;因契约产生的权力即契约授权是自律监管权最根本的来源,也最能反映证券交易所自律监管权的特征。从我国证券交易所自律监管的实践来看,我国证券交易所的自律监管的权源主要为立法授权和契约授权。

目前,《中华人民共和国证券法》(以下简称《证券法》)主要规定了证券

① 参见上海金融法院民事判决书,(2020)沪74民初1803号。

交易所上市审核[①]、退市审核[②]、停复牌[③]、证券交易异常情况的处置[④]、限制交易[⑤]、重大异常波动的风险处置[⑥]6项自律监管职能。依据中国证监会颁布的《证券交易所管理办法》第7条,证券交易所的职能总共涵盖11项内容[⑦],其中涉及自律监管的职能主要体现在第2~4、6~9款,涵盖了从上市审核到市场交易再到退市决定三个环节。

2. 证券交易所自律监管行为法律性质的判断标准

证券交易所自律监管行为法律性质的界定,是区分决定行政诉讼救济路径和民事诉讼救济路径的关键因素。学界普遍认为,证券交易所不同的自律监管行为具备不同的法律性质,需要进行区分,但对于区分标准持不同观点,并呈现从主体标准主导向行为标准主导的转变趋势。

---

① 《证券法》第47条规定:申请证券上市交易,应当符合证券交易所上市规则规定的上市条件。证券交易所上市规则规定的上市条件,应当对发行人的经营年限、财务状况、最低公开发行比例和公司治理、诚信记录等提出要求。

② 《证券法》第48条规定:上市交易的证券,有证券交易所规定的终止上市情形的,由证券交易所按照业务规则终止其上市交易。

③ 《证券法》第110条规定:上市公司可以向证券交易所申请其上市交易股票的停牌或者复牌,但不得滥用停牌或者复牌损害投资者的合法权益。证券交易所可以按照业务规则的规定,决定上市交易股票的停牌或者复牌。

④ 《证券法》第111条规定:因不可抗力、意外事件、重大技术故障、重大人为差错等突发性事件而影响证券交易正常进行时,为维护证券交易正常秩序和市场公平,证券交易所可以按照业务规则采取技术性停牌、临时停市等处置措施,并应当及时向国务院证券监督管理机构报告。因前款规定的突发性事件导致证券交易结果出现重大异常,按交易结果进行交收将对证券交易正常秩序和市场公平造成重大影响的,证券交易所按照业务规则可以采取取消交易、通知证券登记结算机构暂缓交收等措施,并应当及时向国务院证券监督管理机构报告并公告。证券交易所对其依照本条规定采取措施造成的损失,不承担民事赔偿责任,但存在重大过错的除外。

⑤ 《证券法》第112条规定:证券交易所对证券交易实行实时监控,并按照国务院证券监督管理机构的要求,对异常的交易情况提出报告。证券交易所根据需要,可以按照业务规则对出现重大异常交易情况的证券账户的投资者限制交易,并及时报告国务院证券监督管理机构。

⑥ 《证券法》第113条规定:证券交易所应当加强对证券交易的风险监测,出现重大异常波动的,证券交易所可以按照业务规则采取限制交易、强制停牌等处置措施,并向国务院证券监督管理机构报告;严重影响证券市场稳定的,证券交易所可以按照业务规则采取临时停市等处置措施并公告。证券交易所对其依照本条规定采取措施造成的损失,不承担民事赔偿责任,但存在重大过错的除外。

⑦ 《证券交易所管理办法》第7条规定:证券交易所的职能包括:(1)提供证券交易的场所、设施和服务;(2)制定和修改证券交易所的业务规则;(3)依法审核公开发行证券申请;(4)审核、安排证券上市交易,决定证券终止上市和重新上市;(5)提供非公开发行证券转让服务;(6)组织和监督证券交易;(7)对会员进行监管;(8)对证券上市交易公司及相关信息披露义务人进行监管;(9)对证券服务机构为证券上市、交易等提供服务的行为进行监管;(10)管理和公布市场信息;(11)开展投资者教育和保护;(12)法律、行政法规规定的以及中国证监会许可、授权或者委托的其他职能。

判断行为究竟是民事法律行为还是行政行为，法律渊源和行为性质是最重要的衡量因素。此外，法律行为与法律效果具有对应关系，通常情况下只有实施某一特定行为的主体，才会被科以特定的法律效果，这是法律正当性的应有之义。故而，法律行为的性质与法律效果的性质一般应当是统一的，某一民事法律行为所产生的也应当是民事法律效果。因此，下文从来源标准、性质标准以及效果标准三个视角对证券交易所的自律管理职能进行分析。

一是来源标准，又称渊源标准。来源标准即作为诉讼标的的证券交易所自律监管行为权源是法律法规规章的授权，还是交易所制定的业务规则。有学者认为，法律对于证券交易所依据业务规则履行的自律监管职能是一种确认与保障，即使在《证券法》中规定证券交易所依据业务规则可行使某种行为，亦应视该行为权源为业务规则而非法律授权，进而认定该行为是民事法律行为；[①]亦有观点认为，倘若法律法规明确规定证券交易所享有某种权力，则该行为是行政行为。

二是性质标准。性质标准即证券交易所实行的特定自律监管行为是否具有公法性质，是否会对公共利益造成影响。如在英国“女王诉并购委员会达特芬单方案”中，英国上诉法院认为，应当扩大行政司法审查的范围，将以民营机构履行公法职权为目的的实际权力纳入其中。作出这一判断的理由有二：第一，民营机构履行公法职权，实际上是“将公权力下放于无形”，并购委员会其实承担着意义重大的公众责任，即监管并购市场。第二，虽然并购委员会未经法律授权，但可以实际、间接地处罚监管对象，因此并购委员会其实“大权在握”。并购委员会虽未经公法授权，但归根结底具有公法职权。[②]

三是效果标准。效果标准即证券交易所是否承担相应的民事法律责任。《证券法》规定证券交易所履行部分自律监管职能享有民事责任相对豁免，而法律责任又是法律效果的主要表现形式，因此这种民事责任豁免条款可视为对相关行为民事性质的佐证。如《证券法》第 111 条、第 113 条之规定，证券

---

① 参见艾博：《新〈证券法〉下证券交易所自律管理职能的厘定与转变——以司法介入的诉讼方式为视角》，载《金融法苑》2021 年第 1 期。

② See R v. Panelon Takeovers and Mergers, exparte Datafin plc[1987] 1QB 815(CA).

交易所采取限制交易、技术性停牌等处置措施的,非因重大过错,对所造成的损失不承担民事赔偿责任。前述措施的典型特征就是均属于证券交易所组织和监督证券交易所中的市场管理措施,这些行为既然在法律效果层面享受民事责任豁免,在法律性质上就属于民事行为。

在司法实践中,往往同时混用行为标准下的三类审查标准对交易所的自律监管行为性质进行审查。

(二)规范司法介入的实践思路

1. 明确司法介入证券交易所自律监管行为的合理定位

一方面,注册制下,证券交易所的自律监管行为不仅仅是资本市场主体自主接受管理的一种私权利让渡,证券交易所对市场进行监管,稳定市场秩序,防范化解市场风险,更多是一种围绕保护投资者的公权力属性的行为,因此司法介入证券交易所自律监管具有必要性。从司法审判职能的指引、规范、保障社会秩序的特点以及证券交易所的自律监管属性两方面来看,司法介入具有正当性基础。另一方面,应坚持司法有限介入原则,包括确定适当的受案范围,充分考虑行业专业性特征,明确对证券交易所依照业务规则进行自律监管引发的纠纷,一般应作为民事案件立案审理的原则,进一步统一证券交易所履职案件的受理标准。此外,要设置司法介入的必要前提条件,加强司法审判的重点审查程序正当性,慎重确定证券交易所民事责任承担的范围。

2. 明确不同性质下自律监管行为的民事、行政诉讼分流标准

在分析前述自律监管行为性质的基础上,在涉证券交易所民事诉讼法律问题中:一是应明确具有民事行为性质的证券交易所自律监管规则的具体范围及其生效要件。二是应在分析我国确立证券交易所民事责任相对豁免制度必要性和可能性的前提下,明确证券交易所的具体自律监管行为侵权的归责原则和过错认定、因果关系认定以及涉数人侵权的责任分担形态等具体问题。在涉证券交易所行政诉讼法律问题中,应以证券交易所职能履行的内部救济机制用竭为前置条件,提升行政诉讼效率。

3. 明确证券交易所自律监管措施内部救济用尽原则

全面注册制下,证券发行上市审核体制与审核机关的转变使证券交易所

的自律监管职能转向对上市审核进行实质性判断,而这一转变必然伴随对上市公司发行人在发行上市过程中的正当权利的申诉和主张。由于目前证券交易所赋予上市公司的申诉渠道和层级也较少,很难保障上市公司权利,因此完善内部救济机制,完善证券交易所上市审核的内部救济渠道、体系化设置(包括复议、听证、申诉等多种救济方式)实为必要。一方面,能更好平衡证券交易所的自律监管职能,丰富上市审核内部救济的环节和层次;另一方面,能给予投资者更多的申诉途径,有利于提高上市审核纠纷化解效率。

4. 明确证券交易所自律监管行为的民事责任相对豁免原则

依法保障证券监管机构有效行使监管职能,尊重证券交易所的业务规则,遵循证券交易所的民事责任相对豁免原则,对于充分发挥证券交易所的自律监管职能具有重要意义。关于证券交易所因自身自律监管行为承担民事赔偿责任的标准,应结合证券交易所的性质、证券交易所监管职责的范围以及资本市场的特点进行合理认定。面对资本市场的突发事件,是否采取监管措施以及采取何种监管措施,应由证券交易所结合市场具体状况,以合理合法为原则,以维护市场整体秩序及交易公平为目的自主决定。证券交易所在行使自身监管职权过程中无论作为或不作为,只要行为的程序正当,目的合法,且不具有主观恶意,就通常不因自主决定的监管行为而承担民事赔偿责任。

三、全面注册制下证券交易所自律监管行为法律责任承担的场景分析

从目前的案件总体情况来看,全面注册制下证券交易所的涉诉风险从民事诉讼向行政诉讼转变,纠纷类型从以组织证券交易所纠纷为主向以上市退市等纠纷为主转变。涉证券交易所诉讼变化的原因包括:一是注册制下,证券交易所的公权力属性强化。随着国家治理体系和治理能力现代化的推进,证券交易所的国家属性、公权力属性日益强化。二是注册制下,证券交易所的监管职能强化,股票发行上市审核职能转移至证券交易所,证券交易所的退市监管、二级市场监察等日常监管职能强化,对抗性增强。三是随着行政

诉讼立法修改,行政诉讼受案范围扩大,2014年《行政诉讼法》修正以及立案登记制实施后,法律、法规、规章授权的组织作出的行政行为被纳入行政诉讼的受案范围。

目前,涉证券交易所诉讼纠纷主要为投资者起诉证券交易所退市决定案件,部分主体先向证券交易所投诉举报再向法院起诉。从诉讼结果来看,法院基本尊重证券交易所的专业判断和程序安排,但审查的深度日趋加深,主要表现在:在审查范围上,法院倾向于全面审查;在审查强度上,已有部分案件涉及实质审查;在规则审查上,已有案件适用规范性文件的审查标准。

(一)涉发行上市审核诉讼及法律责任承担

1. 发行上市审核的法律性质

证券交易所在上市审核中行使的是何种权利,出具的受理决定或审核意见是何种性质的行为,决定了由此产生的纠纷是属于民事纠纷还是行政纠纷。对此,学界和实务界存在不同的观点。有观点认为,证券交易所的发行审核权兼具私法和公法双重属性,证券交易所对发行上市申请文件进行全面核查验证,确保信息披露真实、准确、完整。[①] 有观点认为,证券发行和上市是两个不同的法律概念。在我国,证券发行是由中国证监会和国务院授权的部门审核,属于行政许可的范畴,而证券上市则是由证券交易所审核,是一种自律组织的审核,属于民事法律关系范畴。[②] 因此,有必要区分"发行审核"与"上市审核"。"发行审核"是证券交易所依据中国证监会的行政授权而实施的发行注册程序的前阶段行为,须与中国证监会的发行注册共同构成"多阶段行政行为",并由中国证监会作为发行许可的行政责任主体。"上市审核"是证券交易所基于市场效率和交易成本考量对上市资源作出的"择优选择",在理论上是证券交易所这种自律管理组织对于上市条件是否满足的价值判断,证券交易所应作为自律管理的契约责任主体。因此,证券交易所终止发行审核的决定仍具有行政可诉性,并应由作为许可机关的中国证监会向发行

---

① 参见陈洁:《实行全面注册制的中国逻辑》,载《中国金融》2023年第10期。

② 参见李有星、潘政:《科创板发行上市审核制度变革的法律逻辑》,载《财经法学》2019年第4期。

人承担行政责任;终止上市审核的决定则是证券交易所行使契约选择权的结果而非行政行为,不应具有行政可诉性。[①]

本文认为,注册制下证券交易所审核上市的相关行为应当属于行政许可行为。虽然我国《证券法》区分了证券发行和证券上市,但由于注册制下我国采用发行与上市合二为一的体制,即发行审核与上市审核两项权能整合为一,证券交易所承担全面审核判断是否符合发行条件、上市条件和信息披露要求的职责,并形成审核意见,因此注册制下证券交易所的审核上市相关行为应当属于行政许可行为。关于证券交易所的发行上市审核行为的司法救济路径,应采用行政诉讼的救济路径。

2. 发行上市审核的法律责任承担

证券交易所发行上市审核行为主要涉及两类情况。一是在受理阶段,发行人向证券交易所提交发行上市申请文件,证券交易所作出不予受理决定;二是在审核阶段,证券交易所作出终止发行上市审核决定。

在首单注册制下涉发行上市审核案件[②]中,原告陕西某公司请求法院判令撤销深圳证券交易所作出的《关于终止对陕西某公司首次公开发行股票并在创业板上市审核的决定》(深证上审〔2022〕125 号),判令深圳证券交易所进行发行上市审核。陕西某公司系创业板注册制改革平移企业,深圳证券交易所于 2020 年受理首发申请。在审核过程中,陕西某公司未能对管理层协调供应商向经销商借款事项进行充分、准确披露并说明合理性,内控制度未有效执行。上市委审议认为,陕西某公司不符合发行上市条件或信息披露要求,深圳证券交易所作出终止审核决定。深圳市中级人民法院经审理认为,该公司未在上市申请文件中披露供应商向经销商借款 1400 万元事项,违反了"发行人披露信息必须真实、准确、完整,不得有虚假记载、误导性陈述或重大遗漏"这一公开发行股票的基本要求。该公司董事长、实际控制人直接参与协调该事项,内部控制制度未得到有效落实。财务报表报告期具有延续

---

① 参见周学文、郑彧:《"全面注册制"下交易所发行上市审核权限的行政法审视》,载《中国法律评论》2023 年第 5 期。

② 参见《注册制后全国首例因终止上市审核引发的行政案件,看这篇!》,载微信公众号"深圳市中级人民法院"2024 年 7 月 8 日,https://mp.weixin.qq.com/s/LvLfSBZY-zkbFQ2g16anoQ。

性,不能狭隘理解“三年报告期”。2018年12月,该公司供应商向经销商借款事项属于招股说明书的报告期间。综上,深圳市中级人民法院认为,深交所终止该公司上市审核符合法律规定,并据此作出一审判决,驳回了该公司的诉讼请求。该案裁判认可了证券交易所依法依规履行发行上市审核职能,尊重“以信息披露为核心”的注册制改革理念。该案在司法层面首次认可了“申报即担责”的审核原则,明确了证券交易所发行上市审核职能是法定职权,属于职权行为,纳入行政诉讼全面审核。

(二)涉纪律处分诉讼及法律责任承担

1.纪律处分的法律性质

证券交易所的纪律处分作为一种证券交易所惩戒机制,法理基础有“违约责任说”“社团罚说”“特别权力关系说”等。对中国证监会行政管理与证券交易所自律管理进行比较,可以发现:在手段方式上,中国证监会依法履行行政管理职责,有权采取现场检查、调查取证、封存扣押、冻结查封等各种执法手段,并对证券违法行为实施行政处罚;而证券交易所自律管理以非现场的信息披露监管为主,主要通过审查信息披露公告、发函公开问询等方式开展,并不具备行政执法手段。在市场影响上,中国证监会行政处罚以罚款、没收违法所得等“财产罚”为主,对市场主体有重大影响,且由国家强制力保障实施;而证券交易所纪律处分以通报批评、公开谴责等“声誉罚”为主,威慑效果相对有限,对市场主体影响相对较小,但在司法审查中纪律处分也可以作为重要依据。比如,在证券虚假陈述责任纠纷中,证券交易所给予的纪律处分或者采取的自律管理措施等材料可以作为证明证券侵权事实的初步证据。

证券交易所的纪律处分的法律性质决定了针对纪律处分的诉讼属于行政诉讼还是民事诉讼。证券交易所的纪律处分规则依据的是《证券法》、《证券交易所管理办法》以及证券交易所章程,系基于契约对市场主体作出的相关决定。纪律处分主要为公开谴责、罚款、暂停或禁止交易、取消相应资格等,主要剥夺、限制的是市场主体在交易场所参与交易的各项权利。有观点认为,证券交易所的部分自律管理行为具有浓厚的行政主体色彩,应被认定为行政法律行为。实践中也出现部分针对证券交易所的纪律处分向中国证监会投诉与举报的行为,通过这种形式进入行政审查的范畴。如中国证监会发现证券交易所纪律处分确有错误,应通过指令取消原决定,并视情况重新处理,通过中国证监会和证券交易所的行政隶属关系进行监管审查以保障相对人的权利。因此,不宜直接将证券交易所的纪律处分行为直接定性为行政行为。本文认为,注册制下证券交易所的纪律处分行为属于民事行为,在证券交易所纪律处分行为的司法救济路径上,应采用民事诉讼的救济路径。

2. 纪律处分的法律责任承担

对于证券交易所纪律处分的司法审查,既需要遵循《证券法》和证券交易所业务规则,也要结合证券交易所一线监管的及时性、灵活性特点要求。由于证券交易所具有一线监管及时性的客观需求和特点,若发现涉嫌信息披露违规,需要第一时间发函询问。比如纪律处分决定对股东作出限制交易,从发现到作出的处理期间就是 1 天,需要保证一线监管的及时性、灵活性,如果按照严格的行政处罚相关期间要求则无法充分保护市场。

对于证券交易所纪律处分的司法审查应以程序审查为主,以实体审查为辅,审查依据具体为证券交易所的业务规则及相关上位法,审查标准在符合程序标准的基础上,一般尊重证券交易所专业判断。在程序审查上,纪律处分的程序规范性在于,具有一定的处分规程。其中,听证环节是监管对象主要的陈述申辩路径。在实体审查上,证券交易所在适用纪律处分时,应当综合考量监管对象违规行为的主观因素、客观因素和具体情节等因素,考量相关处分行为的合理性,维护市场有序安全。在审查依据方面,可主要以证券交易所的业务规则作为审查标准,相关自律监管行为应符合业务规则,不违反上位法强制性规定,必要时可以根据原告诉请附带审查证券交易所相关规则的效力。在实质审查方面,在符合程序标准的基础上,一般尊重证券交易所专业判断,若符合证券监管通行做法,一般予以肯定。在程序审查方面,对于部分时效性强的自律监管行为,可以根据案件相关情况适度调整程序要求等。

(三)涉监管措施诉讼及法律责任承担

1. 证券交易所监管措施的法律性质

《证券法》首次提出“监管措施”这一概念,并枚举责令停业整顿、撤销等4种中国证监会可以实施的监管措施,但我国现行有效的法律法规并没有对“证券市场监督管理措施”或“证券监管措施”作出确切的解释。“监管措施”往往直接使用于证券基本立法及证券监管机构内部文件中。有学者通过统计得出,我国监管措施共有114种,并依据监管措施作用的客体进行分类,将监管措施划分为申诫、限制财产权、限制行为、限制资格等。①

总的来说,从来源视角来看,证券交易所监管措施以证券交易所的业务规则为职权来源,而非法律法规授权,即在公司上市发行的过程中,证券交易所和发行人、会员以及市场投资者之间形成了契约关系,该关系体现为业务规则、上市协议等证券交易所制定的系列文件(见表2)。从效果视角来看,《证券法》规定证券交易所履行部分自律管理职能享有民事责任相对豁免,而法律责任又是法律效果的主要表现形式,因此这种民事责任豁免条款可视为对相关行为民事性质的佐证。根据《证券法》第111条、第113条之规定,证券交易所采取限制交易、技术性停牌、强制停牌、临时停市等处置措施的,非因重大过错,对所造成的损失不承担民事赔偿责任。前述措施的典型特征就是均属于证券交易所组织和监督证券交易所中的市场管理措施,本文认为,这些行为既然在法律效果层面享受民事责任豁免,在法律性质上就属于民事行为。

表2 证券交易所监管措施种类

对象	种类	内容
发行人及相关主体	了解类措施	口头/书面警示(监管关注函)
		监管谈话

① 参见张红:《证券监管措施:挑战与应对》,载《政法论坛》2015年第4期。

续表

对象	种类	内容
发行人及相关主体	指示类措施	要求限期改正
		要求公开更正、澄清或说明
		要求公开致歉
		要求聘请证券服务机构进行核查并发表意见
		要求限期参加培训或考试
		要求限期召开投资者说明会
		要求上市公司董事会追偿损失
		建议上市公司更换相关任职人员
	限制类措施	暂停适用信息披露直通车业务
		停牌
		暂不接受相关股东的交易申报
		暂不受理保荐人、证券服务机构及相关人员出具的文件
会员及相关主体	了解类措施	口头/书面警示(监管关注函)
		监管谈话
	指示类措施	要求限期改正
	限制类措施	暂停受理或办理相关会员业务
市场投资者	了解类措施	口头/书面警示(监管关注函)
		监管谈话
		将证券账户列入监管关注账户
	指示类措施	要求限期改正
		要求投资者提交合规交易承诺书
	限制类措施	盘中暂停证券账户当日交易

2. 临时监管措施的法律责任承担

(1)因果关系的辨别

就证券交易所侵权责任构成要件之因果关系的认定，主要存在两种观点：一是相当因果关系说，二是必然因果关系说。从司法解释的规定①以及邢

① 参见徐明、卢文道：《证券交易所自律管理侵权诉讼司法政策——以中美判例为中心的分析》，载《证券法苑》2009 年第 1 期。

某强诉上海证券交易所权证交易侵权纠纷案①等判例来看,我国法院更倾向于采用必然因果关系说,即认定因果关系存在的前提是证券交易所的自律管理行为直接、必然地导致投资者损害结果的发生。

本文亦倾向于采用必然因果关系说。第一,证券市场不同于一般交易行为,"蝴蝶效应"非常明显。一般认为,投资者遭受损失的可能原因非常多,证券交易所仅能做到依法依规履行自律管理职能,而不能预测到自身自律管理行为将引起怎样的损失。基于此,如果采用相当因果关系说,要求证券交易所为自身自律管理行为可能导致的损失承担责任,就明显违反了公平原则。相反,如果采用必然因果关系说,则法官需要综合考虑其他因素对损失的影响,防止证券交易所承担过重的民事责任。

第二,证券交易所具有公法人的属性,当证券交易所履行"准政府职能"时,自律管理的目的就不再是谋取一己私利,而是维护证券市场的稳定、有序与健康发展。② 基于此,如果采用相当因果关系说,则法律责任风险必然会对证券交易所的独立判断产生影响,使证券交易所在履行自律管理职能的过程中畏手畏脚,从而对证券市场稳定、有序发展造成消极影响。为此,从维护证券市场公共利益的角度出发,采用必然因果关系说,能使证券交易所免于担忧承担过重的民事责任,充分发挥自律管理职能。

(2)过错责任的认定

①采用过错原则

过错责任是现代民事责任追究的基本要件,虽然现行立法和实践没有明确指出,但是从中也能够推出我国在证券交易所民事责任追究上主要采取的便是过错原则。有学者在阐述证券交易所自律侵权的构成要件时,明确提出"综合性的'监管过错'认定标准",在刑某强诉上海证券交易所权证交易侵权纠纷案③等裁判中也有所涉及。

---

① 参见刑某强诉上海证券交易所权证交易侵权纠纷案,载《最高人民法院公报》2010年第7期。

② 参见方流芳:《证券交易所的法律地位——反思"与国际惯例接轨"》,载《政法论坛》2007年第1期。

③ 参见刑某强诉上海证券交易所权证交易侵权纠纷案,载《最高人民法院公报》2010年第7期。

本文赞成在证券交易所自律侵权民事责任追究中采用过错主义归责原则,而不能适用无过错归责原则。首先,如果采用无过错归责原则,则证券交易所在实施监管行为时无论是否存在过错,只要自身监管行为与相关当事人的损害结果之间存在因果关系,就需要对这一损害后果承担不利后果。这对于证券交易所这一以自律监管为职责的非营利性组织难免过于严格,证券交易所只要在遵守相关监管规则的前提下尽到了自身的注意义务,在自身不存在过错的情况下,即便给市场参与者造成了损害,亦不用承担损害后果,不能够过分保护相关当事人对证券交易所提供绝对保证的过高期望。其次,无过错归责原则并不能达到有效激励证券交易所提高自律监管水平的目的。侵权责任规则的预防效果可以用行为达到标准时招致责任的概率与行为低于标准时招致责任的概率之间的差来表示。因此,行为达到标准后招致法律责任的概率越高,侵权责任规则的预防效果就越差。[①] 最后,适用无过错归责原则将使证券交易所不堪重负。无过错归责原则是对受害人最大限度的保护,使受害人的损害赔偿请求权更加容易得到实现,损害得到救济。然而,我国证券市场发展还不够成熟,证券交易所运行机制还不够完备,如果对证券交易所科以过多的责任,必将导致证券交易所运行成本上升,超出证券交易所作为非营利性监管法人的承受能力。

②过错的认定标准

证券交易所履行自律监管职能,实施自律监管行为的根本目的在于维护整个证券市场的稳定,证券交易所不具有一般市场主体所追求的营利性目的,因此,认定证券交易所的监管行为是否存在过错需要考察证券交易所实施监管行为的主观过错。笔者认为,证券交易所只有在存在故意和重大过失的情况下才应被认为存在过错,即证券交易所只有在实施监管行为时存在故意或者重大过失才需要承担民事责任,在仅存在一般过失的情况下是不需要承担民事侵权责任的。证券市场本身具有很强烈的专业性和风险性,是一个高风险和高回报并存的特殊市场。对于投资者而言,投资者应当对参加证券市场所面临的风险有一个理性的预期,在享受高收益的前提下相应地承受高

---

① 参见王利明:《侵权行为法研究》(上卷),中国人民大学出版社2004年版,第74~83页。

风险是合理的;而证券交易所作为证券市场自律监管法人,证券交易所实施监管行为时并不具有营利性,要求证券交易所对一般过失承担责任明显是不合理的。故意和重大过失原则的确立,不仅为受害人在一定条件下提供了填补损失的依据,也有利于更加充分地发挥证券交易所在证券市场中的自律管理。在郭某兰案①判决书中,上海市第一中级人民法院对于证券交易所的过错认定采用了"主观恶意"的判定标准,该法院认为证券交易所对市场交易的监管具有自主决定权,无论证券交易所在行使自身监管职权过程中作为或不作为,只要行为的程序正当、目的合法,且不具有主观恶意,就不应因自主决定的监管行为而承担民事法律责任。

此外,在认定证券交易所是否具有故意或重大过失时,还应该考量证券交易所实施监管行为的依据是否具有合法性和正当性。在实体上,要求证券交易所实施监管行为应当具有法律法规或者相应业务规则作为依据;在程序上,要求证券交易所实施监管行为应当符合相应的程序性要求。

(3)损害事实的界定

损害后果是侵权行为人承担侵权责任的前提性构成要件,任何民事主体只有在因他人所实施的行为遭受现实损害并产生相应损害后果时,才能获得法律上的救济。在证券交易所侵权责任的追究中,投资者所遭受的损害事实也是判定证券交易所承担侵权责任的前提。相较于其他普通侵权损害,证券交易所的监管行为可能导致的损害有以下特征:一是损害后果严重,影响范围广。因为参与证券市场进行证券交易的投资者范围十分广泛,所以证券交易所的任何一项监管行为所影响的投资者都不会是个人或者少数人,相关行为往往会对数额不确定的众多投资者产生影响。虽然对于个别投资者而言,证券交易所的单次监管行为所造成的损害不会太过严重,但是它可能会对投资者整体利益乃至整个证券市场造成损害。二是诱因具有相当的复杂性。证券市场跌宕起伏,可能造成投资者利益受损的影响因素种类繁多,是证券交易所的监管行为导致的损害还是证券市场本身造成的风险很难确定。三是对于证券市场损害对象的界定也十分复杂。证券市场瞬息万变,投资者的

① 参见上海市第一中级人民法院民事判决书,(2013)沪一中民六(商)初字第30号。

预期也具有相当的不确定性,因此,如何计算损害价值十分困难。

结合美国等证券市场相对发达的国家在证券民事责任制度方面的规范,对于证券违法行为的民事赔偿一般遵循以下原则:一是实际损失原则,即证券侵权人需对所造成的相对人的所有现实损失承担赔偿责任;二是交易获利原则,即通过确定证券侵权人实施侵权行为所获得的利益来确定赔偿额。由于证券交易所作为一个非营利性组织,不存在因实施监管行为获利的情况,因此,实际损失原则便成为唯一的选择。依照实际损失原则,实际损失可以分为两部分:一是直接损失,它包含因监管行为而股价下跌的损失,相关的佣金、交易费等;二是间接损失,主要是指预期利益、利息损失等。鉴于证券交易所作为非营利性组织的特殊情况,笔者认为,支持受害人的直接损失比较适宜,对于间接损失则不予支持。一方面,能够为受害人提供适当的补偿,另一方面,尊重了我国证券交易所作为自律性监管主体的特殊地位。

(四)涉强制退市行为诉讼及责任承担

1. 强制退市自律管理的法律性质

以厦某某某公司诉上交所终止上市决定案①为代表,在司法实务中由证券交易所的退市监管行为导致的纠纷往往通过行政诉讼解决。在该案中,法院从三方面考虑证券交易所的行政诉讼被告资格和终止上市决定的可诉性:一是证券交易所在公法上的地位;二是证券交易所的自律监管行为可以归为行政行为;三是纳入行政诉讼的自律监管行为需要符合条件。法院认为,证券交易所作为间接行政的授权主体,相应地只有在依照法律、法规、规章授权实施行政管理职能时,才构成行政主体。而证券交易所作为中央对手方所实施的交易活动,管理、公布市场信息或提供证券服务等行为,属于单纯私法上的行为。至于证券交易所实施的自律监管行为,监督证券交易活动是一项行政职能,如中国证监会及派出机构本身就行使相应监管职责,同时《证券法》《证券交易所管理办法》又将部分监管职责授权证券交易所根据法律规范和自律规则实施。因此,证券交易所根据法律授权所实施的自律监管行为,可

---

① 上海金融法院民事判决书,(2022)沪74行初1号。

以归入行政行为的范畴。

2. 强制退市的法律责任承担

惩戒性是行政处罚最本质的特征,也是行政处罚区别于行政强制措施的一个重要特征。所谓制裁,可被定义为:"针对违反社会规范的行为,以否定或者促使行为人放弃此种行为为目的而启动的反作用力,其内容是剥夺一定的价值、利益或者科以一定的负价值或者不利益。"[①]《中华人民共和国行政处罚法》(2021年)第2条规定:"行政处罚是指行政机关依法对违反行政管理秩序的公民、法人或者其他组织,以减损权益或者增加义务的方式予以惩戒的行为。"这是该法实施以来的首次重大修改,对于过往立法未能解决的"行政处罚"的概念进行界定,填补了概念空白,对明确行政处罚属性与范畴是一次重大规格的突破和完善。由此可见,行政处罚是以惩戒违反行政管理秩序行为人为目的,以限制或剥夺违法行为人人身、财产、资格等权益,或对违法行为人科以新的负担为手段,对违法行为人进行制裁的行为。区别于行政强制措施,行政处罚的直接目的是对违法行为人予以惩戒。惩戒性体现在要求违法行为人承受人身、财产等权益减损或义务增加的不利后果,而非促使行政法义务的实现。有学者认为,强制退市行为不具有惩戒性,除重大违法导致的强制退市监管外,其他强制退市监管亦不具有违法评价性,因此不属于行政处罚,而是一般行政行为。亦有学者认为,强制退市行为是对上市公司损害证券交易市场的惩戒,是对上市公司募资等资格的剥夺,与"吊销营业执照"等传统行政处罚行为的性质一致。此外,《证券法》将强制退市制度的制定权和执行权下放到证券交易所,目的在于证券交易所能够及时有效地发现上市公司存在的违法违规行为,与中国证监会的监管行为相似,故应被视为行政处罚。本文认为,对于证券交易所对上市公司作出的强制退市自律管理行为的性质不能一概而论。从交易类强制退市、财务类强制退市两项指标来看,证券交易所的监管措施不具有违法性评价的因素。规范类强制退市和重大违法类强制退市,应视为对于上市公司因信息披露违法等行为给证券交易市场造成损害的惩戒,实质上是剥夺了公司在上市状态下的募资利益,属于行政处罚。

---

① 汤洁茵:《避税行为可罚性之探究》,载《法学研究》2019年第3期。

上市公司股票司法处置的规则梳理、实践探索与制度构建

刘海伟[*]　金殿军[**]

资本市场在金融运行中具有牵一发而动全身的作用。习近平总书记指出，“要建设一个规范、透明、开放、有活力、有韧性的资本市场，完善资本市场基础性制度，把好市场入口和市场出口两道关，加强对交易的全程监管”①。从国外成熟资本市场的经验来看，证券行政监管与证券司法救济是保障证券市场健康发展，维护投资者合法权益的两大主要力量。近年来，随着我国经济社会发展和资本市场制度日益完善，民事主体持有证券产品的品种、数量和比例都大幅上升。与此同时，人民法院信息化查找被执行人财产的能力也显著提升，在执行过程中冻结并处置被执行人证券产品的情况越发常见。证券产品已经成为人民法院强制执行的重要标的物之一，其中上市公司股票又是证券产品中最重要的组成部分，通过强制执行程序处置股票的数量和成交额均呈现逐年增长的趋势，其中不乏对上市公司大股东、实际控制人等被执行人持有的大宗股票进行的司法处置。人民法院如何在强制执行过程中既及时兑现胜诉当事人的合法权益，维护法律权威，又最大限度地降低对证券市场的影响，维护金融市场秩序，是股票强制执行迫切需要研究解决的重大

---

* 法学硕士，最高人民法院办公厅三级调研员。

** 法学博士，上海金融法院执行局副局长。

① 《习近平主持中共中央政治局第十三次集体学习并讲话》，载中国政府网，https://www.gov.cn/xinwen/2019-02/23/content_5367953.htm。

问题。

一、上市公司股票司法处置的法律规则

《中华人民共和国民事诉讼法》(以下简称《民事诉讼法》)将上市公司股票作为被执行人财产加以规定始于2012年8月31日的第2次修正。2012年《民事诉讼法》第242条(现行《民事诉讼法》第253条)[①]第1款规定:"被执行人未按执行通知履行法律文书确定的义务,人民法院有权向有关单位查询被执行人的存款、债券、股票、基金份额等财产情况。人民法院有权根据不同情形扣押、冻结、划拨、变价被执行人的财产……"[②]从内容来看,该款仅就查询、冻结和变价股票作了原则性规定,未涉及股票的处置程序、处置方式等。司法处置股票的具体规则主要体现在有关司法解释和司法解释性文件中。[③]

(一)关于股票处置的现行规定

1.《执行工作规定》关于股票处置的规则

1998年《执行工作规定》第52条(2020年修正后第37条)规定:"对被执行人在其他股份有限公司中持有的股份凭证(股票),人民法院可以扣押,

---

① 第五次修正后的《民事诉讼法》于2024年1月1日起施行,2021年《民事诉讼法》第249条调整为第253条。

② 随着经济发展和人民群众收入的增加,2012年修正《民事诉讼法》时扩大了可供执行财产的范围,不仅包括存款,还包括债券、股票、基金等。最高人民法院研究室、最高人民法院民事诉讼法修改研究小组办公室编著:《〈中华人民共和国民事诉讼法〉修改条文适用解答》,人民法院出版社2012年版,第294页。

③ 以施行时间为序,这些司法解释、司法解释性文件主要包括:《最高人民法院关于人民法院执行工作若干问题的规定(试行)》(法释〔1998〕15号,2020年已被修正,以下简称《执行工作规定》)、《最高人民法院关于冻结、拍卖上市公司国有股和社会法人股若干问题的规定》(法释〔2001〕28号,以下简称《冻结拍卖国有股等规定》)、《最高人民法院关于冻结、扣划证券交易结算资金有关问题的通知》(法〔2004〕239号,以下简称《冻结扣划证券交易结算资金通知》)、《最高人民法院关于人民法院委托评估、拍卖工作的若干规定》(法释〔2011〕21号,以下简称《委托评估拍卖规定》)、《最高人民法院、最高人民检察院、公安部、中国证券监督管理委员会关于查询、冻结、扣划证券和证券交易结算资金有关问题的通知》(法发〔2008〕4号,以下简称《查冻扣证券通知》)、《最高人民法院、最高人民检察院、公安部、中国证券监督管理委员会关于进一步规范人民法院冻结上市公司质押股票工作的意见》(法发〔2021〕9号,以下简称《冻结质押股票意见》)等。

并强制被执行人按照公司法的有关规定转让,也可以直接采取拍卖、变卖的方式进行处分,或直接将股票抵偿给债权人,用于清偿被执行人的债务。”该条对股票的控制和处置方式予以了明确:第一,明确了股票的控制方式为“扣押”,[①]说明针对的是实物形态的股票,通过转移占有的方式脱离被执行人控制。第二,确定了强制被执行人自行转让、拍卖、变卖和以股票抵债等四种处置股票的方式。其中,强制被执行人自行转让,既包括对于记名股票由股东以背书方式或者法律法规规定的其他方式转让并由股份有限公司将受让人的姓名或者名称记载于股东名册,也包括对于无记名股票由股东在依法设立的证券交易场所将股票交付给受让人即发生转让的效力。[②] 拍卖,是指按照1998年《执行工作规定》第46条第1款之规定,委托拍卖机构进行拍卖。变卖,是指按照1998年《执行工作规定》第46条第2款之规定,交由有关单位变卖或者由人民法院自行组织变卖。以股票抵债,是指将被执行人的股票以一定的价格抵偿给申请执行人用以清偿债务。至于各种处置方式适用于何种情形,相互之间有无适用先后之分等则未进一步明确。

2.《冻结拍卖国有股等规定》关于股票处置的规则

《冻结拍卖国有股等规定》是第一个就股票保全和执行方面问题作出规定的特别司法解释,适用对象是包括国家股、国有法人股在内的上市公司国有股和社会法人股,出台的背景是股票作为人民法院审理和执行的标的物出现的概率大幅度上升,相关案件在对股票的保全和执行方面存在许多问题急需进行规范。[③]《冻结拍卖国有股等规定》就股票的强制执行确立了如下规则:第一,明确股票的控制方式为“冻结”,即制作冻结股票裁定书后将法律文书送达协助执行义务人、股票持有人或者所有权人并书面通知上市公司(第5条第1款)。第二,股票执行劣后原则,即如果股权持有人或者所有权人在限期内提供了方便执行的存款、现金、成品和半成品、原材料、交通工具等其

---

① 扣押的财产一般要转移地点,脱离债务人的实际控制,禁止债务人占有、使用和处分。参见李浩主编:《强制执行法》,厦门大学出版社2004年版,第258页。

② 参见黄金龙:《〈关于人民法院执行工作若干问题的规定(试行)〉实用解析》,中国法制出版社2000年版,第158页。

③ 参见最高人民法院民二庭负责人:《如何理解和适用〈关于冻结、拍卖上市公司国有股和社会法人股若干问题的规定〉》,载《人民法院报》2001年9月30日,第2版。

他财产,应当首先执行其他财产,其他财产不足以清偿债务的,方可执行股票(第8条第1款、第2款)。[①] 第三,股票拍卖处置原则,即人民法院处置股票必须委托依法成立的拍卖机构进行拍卖,不得直接将股票执行给债权人(第8条第3款、第4款和第12条);每次拍卖未成交的,经人民法院主持调解,可以将所拍卖股票参照该次拍卖保留价折价抵偿给债权人,经3次拍卖仍不能成交时,人民法院应当将所拍卖股票按第3次拍卖保留价折价抵偿给债权人(第13条第2款、第3款)。这与2004年《最高人民法院关于人民法院民事执行中拍卖、变卖财产的规定》(以下简称《民事执行拍卖规定》)第2条、第3条、第19条和第28条规定的拍卖优先,委托拍卖机构拍卖,拍卖以3次为限以及以流拍保留价抵债等规则基本一致。

3. 其他相关规则

司法解释、司法解释性文件关于股票强制执行的相关规则还有:第一,指令被执行人所在的证券公司营业部卖出。《冻结扣划证券交易结算资金通知》第5条第2款规定,人民法院执行流通证券,可以指令被执行人所在的证券公司营业部在30个交易日内通过证券交易将该证券卖出,并将变卖所得价款直接划付到人民法院指定的账户。第二,通过证券交易所实施股票拍卖。《委托评估拍卖规定》第7条规定,人民法院司法委托拍卖依照《中华人民共和国证券法》(以下简称《证券法》)的规定应当在证券交易所上市交易或者转让的证券资产的,通过证券交易所实施,拍卖机构负责拍卖环节相关工作。第三,通过互联网拍卖平台以网络电子竞价方式公开拍卖股票。《最高人民法院关于人民法院网络司法拍卖若干问题的规定》(以下简称《网络司法拍卖规定》)第2条规定,人民法院以拍卖方式处置财产的,应当采取网络司法拍卖方式,但法律、行政法规和司法解释规定必须通过其他途径处置,或者不宜采用网络拍卖方式的除外。根据该规定,对于包括股票在内的证券财产的处置应当以网络司法拍卖为原则,以其他变价方式为例外。自此,强制执行股票开始由委托拍卖机构进行拍卖进入由人民法院自行网络拍卖的

---

① 《冻结扣划证券交易结算资金通知》第4条第1款也规定:人民法院冻结被执行人证券后,应当以书面形式责令被执行人在7日内提供可供执行的其他财产。被执行人提供其他可供执行的财产的,应当先执行其他财产;逾期不提供或者提供的财产不足清偿债务的,可以执行已经冻结的证券。

时代。[①] 第四,质权人自行变价质押股票。《冻结质押股票意见》第 6 条规定,质押股票在系统中被标记后,质权人可以向人民法院申请以证券交易所集中竞价、大宗交易、协议转让等方式在质押债权范围内变价股票,并应当遵守证券交易、登记结算相关业务规则。

(二)关于股票处置现行规定的评价

纵观现行关于强制处置的相关法律规则,主要有以下四个方面的特点:

第一,相关规定较为分散,历史跨度长。股票处置的法律规范涉及近 10 部司法解释和司法解释性文件,内容未能加以整合和统一,从最早的《执行工作规定》到新近的《冻结质押股票意见》,时间跨度超过 20 年。

第二,有些规定针对不同历史时期的股票,具有明显的时代特征。1998 年《执行工作规定》第 52 条主要针对的是具有实体凭证的股票,体现了 20 世纪 90 年代我国股票发展的初期阶段。《冻结拍卖国有股等规定》关于国有股和社会法人股的执行规范则是在 21 世纪初股权分置改革前出台的,是我国证券市场发展史上具有阶段性质的产物。随着股票发行和交易实行无纸化,纸质股票退出证券市场以及股权分置改革基本完成,国有股减持和法人股上市流通,相关规定已基本失去适用的价值和意义。

第三,相关规定之间存有冲突,在法律适用上有所矛盾。股票处置方式有责令被执行人卖出,指令证券公司卖出(强制平仓),人民法院委托拍卖,人民法院自行拍卖,人民法院变卖,流拍后以物抵债,直接以物抵债等多种方式。就拍卖而言,《网络司法拍卖规定》第 2 条规定的网络司法拍卖原则但书除外条款中的"司法解释"是否包括 1998 年《执行工作规定》第 52 条和《冻结拍卖国有股等规定》的规定,在文义解释上有不同理解,对于拍卖股票是必须适用网络司法拍卖,还是亦可以委托拍卖机构拍卖同样存有争议。就以物抵债而言,在《冻结拍卖国有股等规定》第 13 条第 2 款和《民事执行拍卖规

① "为更加凸显司法为民、司法便民,全面落实民事诉讼法第二百四十七条的规定,规范人民法院自行拍卖的行为,在总结司法实践经验的基础上,明确规定网络司法拍卖的主体是人民法院,网络司法拍卖通过互联网以电子竞价的形式开展。"何东宁:《网络司法拍卖司法解释九大亮点解读》,载《人民法院报》2016 年 8 月 4 日,第 4 版。

定》第19条、第28条确定流拍后以拍卖保留价抵债的规则后,《执行工作规定》直接以物抵债的处置方式是否还能适用也存有争议。尤其是在2020年该规定被《最高人民法院关于修改〈最高人民法院关于人民法院扣押铁路运输货物若干问题的规定〉等十八件执行类司法解释的决定》予以修正,而以物抵债的处置方式仍被保留的情况下,在执行实践中就股票能否以前一个交易日的收盘价直接抵债存在不同的观点。例如,《江苏省高级人民法院关于执行疑难问题的解答》(以下简称《江苏高院执行解答》)在对第6个问题"被执行人的股权(股份)如何处置"的解答中认为,对于被执行人所持的上市公司流通股可以按照收盘价直接抵债给债权人并办理过户手续。而《上海金融法院关于执行程序中处置上市公司股票的规定》(以下简称《上海金融法院处置股票规定》)第14条和《广东省深圳市中级人民法院关于强制执行上市公司股票的工作指引(试行)》(以下简称《深圳中院强制执行股票指引》)第25条第1款则规定,当事人以股票抵债的,由当事人自行办理过户相关手续,不得作出以物抵债裁定。若直接以收盘价裁定抵债,则人民法院在抵债日期的选择上会存在较大的随意性,实不足取。就《冻结拍卖国有股等规定》确立的股票执行劣后或者财产除尽原则而言,在被执行人持有股票较为普遍和股票具有流通性好、数量易拆分等特点的情况下,一律要求先执行其他财产后才能执行股票,一方面不利于提高执行效率、节约司法资源,另一方面也会产生因其他财产价值较大、不可分割但申请执行标的金额较小而有违执行比例原则等问题,[①]亦不足训。

第四,股票拍卖基本上适用拍卖的一般规则,未能体现股票作为证券资产的特殊性。无论是《民事执行拍卖规定》关于人民法院委托拍卖机构进行拍卖,还是《网络司法拍卖规定》关于人民法院自行网络司法拍卖,都没有就股票的拍卖作出特别的规定,股票与动产、不动产、股权等财产一样适用拍卖的一般规则。虽然《委托评估拍卖规定》第7条规定通过证券交易所实施股票拍卖,注意到了股票与其他财产的不同,设置了专有规则,但因人民法院与

① "鉴于民事执行法律关系中执行机关与被执行人之间关系的单向性、主动性、强制性等公权力特点,民事执行也应受比例原则的约束。"肖建国:《中国民事强制执行法专题研究》,中国法制出版社2020年版,第33页。

证券监管机构未能进一步构建起相应的工作机制以及缺少在此基础上的可操作性细化规定，此种处置方式并没有在全国范围内得到实现。

二、关于股票司法处置的实践探索

由于股票强制执行规则较为零散、不统一甚至相互冲突，在执行实践中各地法院理解不同，做法不一，有的法院结合股票作为证券的特点在现行规定之外进行了探索与创新。除直接以股票抵债外，根据是否通过证券交易市场，采取集中竞价交易还是非集中竞价交易的不同，处置股票的司法实践可以分为通过证券交易市场集中竞价交易处置，通过证券交易市场非集中竞价交易处置，通过网络司法拍卖处置和通过大宗股票司法协助执行处置等四种主要模式。

（一）通过证券交易市场集中竞价交易处置

集中竞价交易，是指在证券交易市场内，证券买卖的各方当事人公开报价，按照价格优先、时间优先的原则撮合成交的证券交易方式。[①] 具体又可以分为责令被执行人自行卖出和指令证券公司卖出两种。

1. 责令被执行人自行卖出

因上市交易的股票具有公开交易价格，一般不会存在恶意串通低价转让财产的问题，所以在实践中不少法院依照2020年《执行工作规定》第37条，责令被执行人在证券交易二级市场自行卖出股票以偿还债务。《最高人民法院关于在执行工作中进一步强化善意文明执行理念的意见》（以下简称《强化善意文明执行理念意见》）第7条第1款第2项也规定，对于上市公司股票，被执行人申请通过二级市场交易方式自行变卖清偿债务的，人民法院可以将被执行人在证券公司的资金账户在明确具体的数额范围内予以冻结的情况下，将冻结措施变更为可售性冻结，要求被执行人在10个交易日内变卖完毕，特殊情形下，可以适当延长。《江苏高院执行解答》在对第6个问题的

① 参见王瑞贺、程合红主编：《〈中华人民共和国证券法〉释义》，中国民主法制出版社2020年版，第105页。

解答中认为,经申请执行人同意,可以责令被执行人限期30日内自行处置,并由执行法院控制相应价款。此种处置方式具有执行成本低、矛盾争议少等优点,但因需要具备以下几个条件而具有一定的局限性,实践适用的情形并不多:第一,被执行人持有的股票须为无限售流通股。限售流通股因法律法规规定、股东协议等不能在一定期限内自由交易而无法适用。第二,被执行人持有的股票数量较少。如果股票数量较大,一方面难以在短期内完成抛售,另一方面即使抛售成功,也会因数量较大而对正常的股票交易秩序产生影响。对于上市公司大股东而言,依照《上市公司股东减持股份管理暂行办法》第13条的规定,在3个月内通过证券交易所集中竞价交易减持的股票总数不得超过总股本的1%,即使作为被执行人的大股东愿意配合执行,也存在可能没有减持额度的问题。第三,执行法院须首先冻结被执行人的证券资金账户。在资金账户被其他案件在先冻结的情况下,被执行人自行卖出股票所得价款进入资金账户会使执行法院丧失处置权。第四,被执行人具有配合执行的意愿。但从执行实践来看,经传唤能够到庭的被执行人比例较低,①更遑论被执行人自愿申请自行处置股票。

2. 指令证券公司卖出

依照《冻结扣划证券交易结算资金通知》第5条的规定,人民法院可以向托管被执行人股票的证券公司发出协助执行通知书,要求证券公司在一定期限内将股票进行抛售并将所得价款直接划付到人民法院指定的账户。《上海金融法院处置股票规定》第16条规定,拟处置的上市公司股票数量不到上市公司股本总数的1%,且不受减持限制,可以通过二级市场集中竞价方式售出的,优先选择在二级市场以集中竞价方式强制卖出,卖出期限原则上不超过30个交易日。此种处置方式能够有效避免因被执行人证券资金账户被其他案件在先冻结,被执行人难以找到或者不愿配合执行等而无法责令被执行人自行卖出的情况,但同样存在受股票性质和数量等因素制约以及可能影响股票市场稳定等问题,还会引发被执行人对证券公司抛售股票的时机、数量和价格等方面的争议。与指令证券公司卖出被执行人证券账户内股票相类似

---

① 据法院统计,经传唤能够到庭的被执行人不足1/5。参见刘礼文:《上海金融法院五年来执行到位金额近700亿元》,载《上海证券报》2023年10月14日,第4版。

的做法是将股票划拨至申请执行人证券账户后指令证券公司卖出,即执行法院先将被执行人名下的股票通过非交易方式过户划拨至申请执行人名下,然后再指令证券公司卖出,主要适用于股票未在证券公司托管,股票无法调整为可售冻结,股票处在禁售期等特殊情形。《深圳中院强制执行股票指引》第15条和《江苏高院执行解答》对第6个问题的解答均有类似的规定,在实践中多地法院也有类似案例。与以股抵债不同,此种处置方式并非将股票抵给申请执行人,而是为了便于处置将股票暂时过户至申请执行人名下。

(二)通过证券交易市场非集中竞价交易处置

证券交易市场非集中竞价交易主要包括大宗交易、协议转让[①]和做市商交易[②]等。在执行实践中,人民法院通过证券交易市场非集中竞价交易处置股票主要采用的是大宗交易方式。所谓股票大宗交易,是指达到规定的最低限额的股票单笔买卖申报,[③]买卖双方经过协议达成一致并经证券交易所确定成交的股票交易。《深圳中院强制执行股票指引》第15条第1款第2项即规定,拟变价股票数量占上市公司总股本比例为5%以下(不含本数),符合大宗交易条件的,可以指令所托管的证券公司营业部在合理期限内以大宗交易的方式卖出。就被执行人而言,依照《强化善意文明执行理念意见》第9条第1款第1项的规定,对于符合大宗交易条件的股票,在确保能够控制相应价款的前提下,执行法院可以监督被执行人在不超过60日内按照合理价格

① 依据上海证券交易所、深圳证券交易所、中国证券登记结算有限责任公司制定的《上市公司流通股协议转让业务办理暂行规则》,协议转让是指股票出让方和受让方依据依法订立的生效协议,申请证券交易所对转让双方提交的申请文件进行完备性核对,并对符合条件的协议转让出具合规确认意见,转让双方持合规确认意见,前往中国证券登记结算有限责任公司办理股份过户手续。

② 根据《全国中小企业股份转让系统做市商做市业务管理细则(试行)》第2条的规定,做市商是指经全国中小企业股份转让系统有限责任公司同意,在全国中小企业股份转让系统发布买卖双向报价,并在其报价数量范围内按其报价履行与投资者成交义务的证券公司或其他机构。

③ 依据《上海证券交易所交易规则》(2023年修订)第3.6.1条,可以采用大宗交易方式交易的股票包括A股单笔买卖申报数量不低于30万股或者交易金额不低于200万元人民币,B股单笔买卖申报数量不低于30万股或者交易金额不低于20万元美元;依据《深圳证券交易所交易规则》(2023年修订)第3.5.1条,可以采用大宗交易方式交易的股票包括A股单笔交易数量不低于30万股或者交易金额不低于200万元人民币,B股单笔交易数量不低于3万股或者交易金额不低于20万元港币;依据《北京证券交易所交易规则(试行)》第3.6.1条,股票交易单笔申报数量不低于10万股,或者交易金额不低于100万元人民币的,可以采用大宗交易方式。

通过大宗交易方式进行变卖。此种处置方式具有操作简便、执行成本低等优点,适用于数量较大的无限售流通股,主要不足之处在于:一是对于作为被执行人的上市公司大股东、特定股东而言,依照《上市公司股东减持股份管理暂行办法》第13条第1款的规定,大股东减持或者特定股东减持,采取大宗交易方式的,应当遵守证券交易所有关协议转让的规定,也存在着可能没有减持额度的问题。二是对于大宗交易的协议价格是否损害申请执行人、第三人的合法权益较难判断。

(三)通过网络司法拍卖处置

网络司法拍卖,是指人民法院依照《网络司法拍卖规定》的规定,将股票与不动产、动产等财产一样,在网络司法拍卖平台上进行拍卖,以拍卖所得价款清偿被执行人债务。在股票数量较大、属于限售流通股或者无法通过证券公司处置时,[①]多采用此种方式。《深圳中院强制执行股票指引》第14条第1款第1项、第17条规定,拟变价股票数量占上市公司总股本5%以上,或者股票长期停牌,或者属于上市公司限售流通股的,应当通过网络司法拍卖方式进行处置。根据《上海金融法院处置股票规定》第18条第1款和第19条的规定,股票数量超过总股本的1%,或者虽不到1%但受到减持限制,既无法通过二级市场集中竞价方式售出,也不宜通过大宗股票司法协助执行方式处置的,以及境内注册的发行人在境外公开发行的上市公司股票、"新三板"股票或者其他流通性较差的股票应当选择网络司法拍卖方式变价。网络司法拍卖处置方式不受股票性质、数量的限制,在实践中适用较为广泛。

在进行网络司法拍卖时,对于起拍价、降价幅度、公告期等程序性事项是

---

① 限售流通股的限制转让系限制权利人自由转让,为了保护债权人权益,仍应可予拍卖。参见杨与龄编著:《强制执行法论》,中国政法大学出版社2002年版,第370页。最高人民法院执行工作办公室于2000年1月10日在给福建省高级人民法院的《关于执行股份有限公司发起人股份问题的复函》中亦认为:"《公司法》第一百四十七条中关于发起人股份在3年内不得转让的规定,是对公司创办者自主转让其股权的限制,其目的是为防止发起人借设立公司投机牟利,损害其他股东的利益。人民法院强制执行不存在这一问题。被执行人持有发起人股份的有关公司和部门应当协助人民法院办理转让股份的变更登记手续。为保护债权人的利益,该股份转让的时间应从人民法院向有关单位送达转让股份的裁定书和协助执行通知书之日起算。该股份受让人应当继受发起人的地位,承担发起人的责任。"

否完全适用《网络司法拍卖规定》等司法解释,在实践中存有不同观点。有观点认为,《网络司法拍卖规定》并未排除股票拍卖的适用,故在确定起拍价、降价幅度、公告期等时,应当严格执行《网络司法拍卖规定》的相关规定。也有观点认为,股票具有市场价格透明、价格变动频繁等特点,不应完全适用《网络司法拍卖规定》,应当有所变通。①

(四)通过大宗股票司法协助执行处置

大宗股票司法协助执行是上海金融法院于2019年与上海证券交易所推出的一项新型上市公司股票处置方式,被评为2019年上海金融创新奖,②首例处置案件入选2019年度人民法院十大执行案件,③目前仅限于处置在沪市交易的股票数量超过总股本的1%,或者虽不到1%但受到减持限制的股票。依照《上海金融法院处置股票规定》第3条第2款的规定,所谓大宗股票司法协助执行,是指执行法院通过与证券交易所约定的信息渠道发布大宗股票司法处置公告,依托证券交易所提供的大宗股票司法协助执行平台,完成竞买申报、竞买匹配、结果公示等询价竞买相关事项的大宗股票强制变价措施。

大宗股票司法协助执行主要包括五大机制和四项规则。其中,五大机制是:第一,证券交易所参与协助机制,即将股票处置纳入证券交易所的统一交易平台,为证券监管提供及时有效全面的信息。第二,股票处置信息发布专业机制,即借助证券交易所的信息发布渠道向会员、机构投资者、高净值客户等直接推送股票处置信息,全面提升针对性与有效性。第三,股票价值最大化询价竞买机制,即按照价格优先—时间优先—数量优先原则自动匹配成

① 如有的法院以起拍日往前计算的第10日(T-10)作为基准日,以基准日前20个交易日收盘价的均价乘以总股数作为起拍价,参见某能源化工集团股份公司与某信托有限责任公司等执行复议案,北京市高级人民法院(2021)京执复358号执行裁定书;有的法院以发布拍卖公告之日前20个交易日收盘价的均价确定股票的处置参考价,参见上海某网络科技有限公司与某证券股份有限公司等执行异议案,北京市第二中级人民法院(2021)京02执异299号执行裁定书;有的法院以拍卖日前20个交易日收盘价的均价为基础确定拍卖保留价,参见成都某实业有限公司与四川某信托有限公司等执行复议案,四川省高级人民法院(2021)川执复197号执行裁定书。

② 参见严剑漪、金殿军、徐俊:《破茧而出的"金"字招牌——上海金融法院执行方式改革初探》,载《人民法院报》2022年3月20日,第1版。

③ 参见王菁:《本报评出2019年度人民法院十大执行案件》,载《人民法院报》2020年1月14日,第1版。

交,确保股票处置价格能够体现实际价值。第四,在线竞买便利化机制,即通过研发大宗股票平台,证券交易所会员、自有或者租用交易单元的投资者可以登录平台或者通过证券交易所指定的报盘通道提交竞买申报。第五,当事人权益保护机制,即在大宗股票平台公布竞买结果,并对保证金退还期限、股票过户期限等作了更为严格的规定,全面保护当事人的合法权益。四项规则是:第一,分拆处置规则,即以股票的数量、性质、市场价格、持股比例等相关因素确定是否分拆处置及分拆后的最小竞买申报数量。第二,价格发现规则,即主板无限售流通股票以 3 次处置和 1 次变卖为限,无论是首次处置还是第 2 次、第 3 次处置,均以处置日前 20 个交易日的收盘均价为标准计算处置参考价,首次处置保留价不低于参考价的 90%,第 2 次不低于 81%,第 3 次不低于 63%,变卖价格不低于第 3 次处置保留价。[①] 第三,封闭式竞买申报规则,即在竞价匹配结果确认前,保证金交纳情况、询价竞买情况均不公开,以有效防止可能发生的压价、串标。第四,唯一有效出价规则,即每个竞买人以在有效竞买时间内的最后一次出价为最终有效出价,进一步简化竞买匹配过程,防止产生争议纠纷。[②]

据统计,2020 年 1 月 ~ 2022 年 6 月,上海金融法院通过大宗股票司法协助执行处置沪市股票相比同期通过网络司法拍卖处置深市股票,有效降低了竞买门槛,提高了成交率和溢价率,一拍保证金下降 29%,平均报名人数上升 60.33%,成交率上升 23.24%,溢价率上升 7.37%,取得了良好的成效。[③]

三、关于股票处置的制度构建

股票作为一种证券资产,对其进行强制执行不仅关系到申请执行人和被

---

① 依据《上海金融法院处置股票规定》第 31 ~ 33 条,通过大宗股票司法协助执行方式处置科创板无限售流通股的,第 1 次处置保留价不低于参考价的 80%,第 2 次不低于 72%,第 3 次不低于 63%,变卖价格不低于第 3 次处置保留价;处置限售流通股的,第 1 次处置保留价不低于评估价的 70%,第 2 次不低于前次处置保留价的 80%,变卖价格不低于第 2 次处置保留价。

② 参见黄亮、郑岗:《上市公司大宗股票的司法处置》,载《人民司法》2020 年第 14 期。

③ 参见金殿军、陈思远:《上市公司股票司法处置的探索与思考——以上海金融法院 2020 年以来的司法实践为样本》,载最高人民法院执行局编:《执行工作指导》第 81 辑,人民法院出版社 2023 年版,第 165 ~ 168 页。

执行人的合法权益,而且关系到上市公司和广大中小投资者的权益保护以及证券市场的健康稳定发展。股票处置具体规则的构建既要符合强制执行的一般规律,也要契合股票的资产属性、交易规则和监管要求等。

(一)构建股票处置规则的主要考量因素

股票作为被执行财产具有高度流通性、价格公开性、价值变动性、风险传导性等特点,强制执行股票专业性强、影响面大,在构建股票处置规则时需要重点考虑以下因素:

1. 有利于实现股票价值最大化

股票作为被执行财产,在强制执行程序中实现股票价值最大化既有利于充分保障申请执行人的债权,也有利于充分保护被执行人的合法权益。有观点认为,对于上市公司流通股,因该流通股在证券交易所公开上市交易,市场机制本身足以确保形成合理价格,因此无须经过拍卖程序,通过证券交易所直接变卖即可。[①] 此外,股票价格波动较大,沪深主板股票的价格涨跌幅限制比例为10%,科创板、创业板股票的价格涨跌幅限制比例为20%,北京证券交易所股票的价格涨跌幅限制比例为30%。[②] 在一个交易日中股票的市场价格理论上变化幅度高达20%甚至40%、60%,在价格急剧变化的情况下采用变卖方式处置股票如何确定其变卖价格存在一定的困难。就拍卖而言,“乃指从多数应买人公开出价中,选择其最高者,与之订立契约之一种竞争买卖”[③],是处置被执行财产的首选方式。从这个意义上说,对于股票的处置仍应适用拍卖优先原则,股票数量较小不宜适用拍卖或者当事人选择不适用拍卖,且可以通过证券交易市场集中竞价交易的,通过变卖方式进行处置。

---

① 参见江必新、刘贵祥主编,最高人民法院执行局编:《最高人民法院关于人民法院网络司法拍卖若干问题的规定理解与适用》,中国法制出版社2017年版,第82页。《德国民事诉讼法》第821条则规定:“扣押的有价证券有交易所价格或市场价格的,执行员可以自由地按出卖日的市场出卖。”

② 参见《上海证券交易所交易规则》(2023年修订)第3.3.13条第1款、第6.1.6条第1款,《深圳证券交易所交易规则》(2023年修订)第3.3.13条第2款,以及《北京证券交易所交易规则(试行)》第3.3.11条第1款。

③ 林升格:《“强制执行法”理论与实务》,台北,五南图书出版公司1983年版,第393页。

2.有利于尊重当事人意思表示

股票价格变化大的特点决定了选择不同时点对股票予以处置将会产生迥然不同的结果,因此有必要充分尊重执行当事人尤其是被执行人的意思表示以体现风险自担,责任自负。具体而言,可以分为以下四个层次:第一,申请执行人与被执行人就处置股票的方式和时间等达成一致意见的,在不过分迟延执行严重影响执行效率且不损害第三人或者社会公共利益的情况下,可予准许。第二,申请执行人与被执行人达成以股抵债协议的,由于存在损害第三人利益的可能性,应当由当事人自行履行抵债协议。按照《最高人民法院关于执行和解若干问题的规定》第6条之规定,人民法院不得作出以物抵债裁定。第三,被执行人单方申请自行通过证券交易市场集中竞价交易卖出的,考虑到股票具有公开交易价格和被执行人趋利避害的价值取舍,一般不会出现恶意串通低价转让损害申请执行人权益的情形,在能够确保控制价款的前提下应当准许并监督被执行人在一定期限内完成变卖。① 第四,被执行人无法通知,不配合执行或者在指定期限内未能处置完成的,由人民法院根据情况决定指令证券公司卖出或者予以拍卖。

3.有利于加强证券协同治理

2023年中央金融工作会议指出,要强化市场规则,打造规则统一、监管协同的金融市场,促进长期资本形成。"金融风险治理机制不能是法院或者金融监管各行其是,或者根据所谓孰优孰劣的评判来二选一,而应当是充分利用金融监管和司法各自的独特优势和功能,实现优势互补和协同治理,并以此大力提升金融市场风险治理的绩效。"②从前述关于股票处置的法律规则和实践探索来看,通过证券交易市场集中竞价交易处置、通过证券交易市场非集中竞价交易处置以及通过大宗股票司法协助执行处置无疑都是在作为金融基础设施的证券交易所的监督下进行的,对处置相关数据的分析和预

---

① 在法国,被执行人自行出售是处置公开挂牌上市证券的首选。《法国民事执行程序法典(实施条例部分)》第R233-3条第1款规定:"债务人可以在收到向其送达的文书起一个月期限内发出出售被扣押的证券的指令;出售证券所得的价金,在授权的中间人手中不得处分。此种款项专门用于清偿债务人对债权人的债务。"第R233-4条规定:"直至实现强制出售时为止,债务人均可向受扣押第三人下达出售证券的指令;如果债务人没有下达指令,对第三人做出的选择不得提出任何异议。"

② 鲁篱:《论金融司法与金融监管协同治理机制》,载《中国法学》2021年第2期。

警,对于竞买人资金的反洗钱审查、上市公司大股东或者实际控制人的变更披露、涉嫌内幕交易及操纵证券市场行为的查处等都具有极为重要的积极意义。虽然有观点认为,强制执行被执行人股票与市场主体自行卖出股票的法律基础不同,且网络司法拍卖同样能实现公开公平公正之交易目的,但在证券交易场所处置股票与《中华人民共和国公司法》第158条、《证券法》第37条第1款和第38条关于公开发行的证券应当在依法设立的证券交易所上市交易或者在国务院批准的其他全国性证券交易场所交易,和证券在证券交易所上市交易应当采用公开的集中交易方式或者国务院证券监督管理机构批准的其他方式的规定更加契合,也更加有利于司法机关与金融监管机构加强证券协同治理。质言之,就股票处置而言,建议司法与监管协同治理,在兼顾强制执行和金融监管各自规律和双重目的的基础上,由司法机关和证券监管部门共同搭建司法变价股票平台,以便在高效处置被执行人股票,保障申请执行人利益的同时,确保股票处置在行政和自律的监管下进行,最大限度降低司法执行对证券市场的不利影响。

(二)股票处置规则的构建建议

综合考量上述因素,本文对于完善股票处置规则提出如下建议:

1. 自行处置前置

《中华人民共和国民事强制执行法(草案)》第164条规定:"查封上市公司股票后,人民法院可以通知被执行人或者证券公司在指定期限内以市价依法变卖。逾期没有变卖或者无法变卖的,可以进行拍卖。"结合执行实践,对于符合下列条件的股票,可以先行责令被执行人在不超过30个交易日内通过证券交易市场集中竞价交易自行处置:一是股票在性质上属于无限售流通股,可以自由交易;二是股票在数量上低于总股本的1%,或者虽超过1%但按照指定期限计算出的日平均股票处置数量低于前20个交易日平均成交量的5%,不会对股票二级市场价格产生明显冲击;三是执行法院首先冻结被执行人的证券资金账户;四是作为大股东的被执行人具有自行抛售股票的减持额度。对于被执行人无法联系,明确拒绝,逾期未自行完成处置或者执行法院未首先冻结被执行人证券资金账户的情况,可以指令证券公司在不超过

30个交易日内通过证券交易市场集中竞价交易处置符合前述第1项、第2项、第4项条件的股票。被执行人申请通过证券交易市场非集中竞价交易处置股票的,由于协议价格存在损害执行债权人的可能性,应当经执行债权人同意或者处置价款足以清偿所有执行债务,并在人民法院指定的不超过30个交易日内完成清偿;逾期未完成的,可以指令证券公司通过证券交易市场集中竞价交易处置或者拍卖处置,不宜再指令证券公司通过证券交易市场非集中竞价交易处置,以免就协议价格产生争议,但是执行债权人和被执行人均同意的除外。

2. 搭建证券交易市场处置平台

为了体现股票的证券资产属性和加强证券协同治理,有必要搭建全国统一的证券交易市场处置平台。建议由最高人民法院和中国证券监督管理委员会联合牵头加强顶层设计,在各级人民法院与上海证券交易所、深圳证券交易所、北京证券交易所等证券交易场所之间建立专门的大宗股票司法处置平台,并通过制定证券执行的专门司法解释,统一工作机制,规范处置程序,充分发挥证券监管部门的监管职能和证券交易场所的集中优势,提高处置质效和防范金融风险。大宗股票司法处置平台在法律地位上与互联网拍卖平台相一致。大宗股票司法处置平台应当独立于证券交易市场集中竞价交易系统,参照大宗交易不纳入证券交易市场即时行情和指数的计算,成交量在大宗交易结束后计入证券成交总量的规定,[①]因此并不会对股票二级市场产生直接冲击,有利于维护证券市场的稳定。大宗股票司法处置适用于股票数量超过总股本的1%,或者虽不到1%但受到减持限制的股票。

3. 完善大宗股票司法处置细则

大宗股票司法处置细则主要包括处置参考价的确定、处置保留价的确定、处置次数、分拆规则和竞价规则等。

第一,关于处置参考价。对于无限售流通股,建议参照《上市公司证券发行注册管理办法》第54条和第56条第1款的规定,以处置日前20个交易日收盘价的均价作为基准,由处置平台自动生成处置参考价;对于限售流通股,

---

① 参见《上海证券交易所交易规则》(2023年修订)第3.6.12条、《深圳证券交易所交易规则》(2023年修订)第3.5.1条,以及《北京证券交易所交易规则(试行)》第3.6.8条。

建议由平台设置限售股数量、解禁日期等要素并嵌入算法规则自动生成处置参考价；对于有交易记录的全国中小企业股份转让系统基础层和创新层挂牌公司股票以及两网公司、退市公司股票，以最近一次交易收盘价作为基准，由处置平台自动生成处置参考价；对于无交易记录的股票，依照《最高人民法院关于人民法院确定财产处置参考价若干问题的规定》确定处置参考价。鉴于股票的二级市场公开交易价格波动较大，再次处置时股票的市价可能已远超或者远低于首次处置参考价，为了保证处置参考价能够及时反映股票的市场行情和真实价值，有必要在每次处置前根据处置日重新确定处置参考价。

第二，关于第一次处置保留价。建议根据拟处置股票的种类，参照该股票的涨跌幅限制比例，确定第一次处置保留价，第一次处置保留价应不低于跌幅下限。对于主板无限售流通股，处置保留价可以设定为不低于处置参考价的90%；对于主板限售流通股，该股票虽然由于限售无法通过二级市场出售，价值低于同种股票的无限售流通股，但由于在确定处置参考价时已经考虑了限售因素，因此处置保留价仍可以设定为不低于处置参考价的90%；同理，对于科创板、创业板，无论是无限售流通股还是限售流通股，处置保留价都可以设定为不低于处置参考价的80%；对于其他种类的股票，由于流通性相对较差，可以参照《网络司法拍卖规定》第10条第2款的规定，将处置保留价设定为不低于处置参考价的70%。

第三，关于处置次数。考虑到股票有市场公允价值作为参考，建议处置以两次为限，第二次处置保留价按照主板、科创板和创业板、其他种类股票的不同可以分别设定为不低于处置参考价的80%、70%和60%。至于两次处置后是否需要再行变卖，由于变卖期相对较长，其间股票价格可能会发生较大变化，变卖公告确定的变卖价格与股票实际价值有可能发生较大偏离，建议不再变卖。股票经两次处置未成交，但因市场行情股票价格发生重大变化的，可以重新启动处置程序。

第四，关于分拆规则。大宗股票司法处置主要适用于数量超过总股本1%的股票，该类股票持股比例较大，采取整体处置往往会导致处置成交率和溢价率偏低，处置效果不佳。从理论上来说，股票作为可分财产，不存在分拆处置的障碍，建议根据股票的数量、市场价格、持股比例等因素确定分拆份数,分拆后单份的股票数量以不超过总股本的1%为宜;对于市场价格较高的股票,单份持股比例1%的价格仍较高的,可以视情况再提高分拆的份数,以降低竞买门槛,吸引更多的竞买人参与竞买,尽可能提高处置成交率和溢价率。

第五,关于竞价规则。《网络司法拍卖规定》第1条和第20条第1款规定,网络司法拍卖以网络电子竞价方式从起拍价开始以递增出价方式竞价,该种竞价方式有利于提高拍卖的公开和透明度。但是,由于股票价格具有高度的敏感性和传导性,大宗股票司法处置在数量大、总价高的情况下如果实时公开竞价情况,极易对二级市场产生影响,诱发股市的震荡,不利于防范金融风险。建议采取场内投标的方式,以竞买人最终有效出价作为竞买时间内的最后一次有效出价,竞买时间结束后按照价格—数量—时间的优先顺序自动匹配成交。单一竞买人既可以只对一份股票出价竞买,也可以对多份股票出价竞买。在竞买人出价一致的情况下,竞买份数较多的竞买人成交,若竞买份数一致,则按照时间先后顺序确认成交,先出价者成交。竞买结束后,由大宗股票司法处置平台自动确认成交结果,并公布包括竞买标的信息、竞买人信息、竞买数量、成交价格等在内的竞买结果。

司法实务

胜诉退费:案件受理费在执行款中优先追缴问题探究

上海金融法院课题组*

一、案件受理费优先追缴的制度背景

(一)胜诉退费制度概述

1. 胜诉退费制度的历史背景

所谓胜诉退费,是指法院应当退还胜诉方已经预交,但依据生效判决不应由胜诉方负担的案件受理费,胜诉方自愿承担或者同意败诉方直接向其支付的除外。2007 年 4 月 1 日,随着国务院制定的《诉讼费用交纳办法》正式实施,我国案件受理费预交制度正式确立。与此同时,胜诉退费制度作为案件受理费预交制度的配套制度,也在《诉讼费用交纳办法》中予以明确,代表着我国胜诉退费制度正式确立。① 此后,《最高人民法院关于适用〈中华人民共和国民事诉讼法〉的解释》也明确规定了胜诉退费制度。②

---

* 本课题由上海市高级人民法院执行局局长,原上海金融法院执行局局长钟明主持,课题组成员有杨现正、朱佳。本文节选自上海法院报批调研课题优秀奖“胜诉退费:案件受理费在执行款中优先追缴问题探究”。

① 《诉讼费用交纳办法》第 20 条第 1 款规定:“案件受理费由原告、有独立请求权的第三人、上诉人预交。”第 53 条第 2 款规定:“需要向当事人退还诉讼费用的,人民法院应当自法律文书生效之日起 15 日内退还有关当事人。”

② 《最高人民法院关于适用〈中华人民共和国民事诉讼法〉的解释》第 207 条第 1 款规定:“判决生效后,胜诉方预交但不应负担的诉讼费用,人民法院应当退还,由败诉方向人民法院交纳,但胜诉方自愿承担或者同意败诉方直接向其支付的除外。”

该制度设立之初,由于没有相应的配套操作规范,各地法院,甚至法院各部门之间对于此项制度的认识、理解不统一,加之各地财政的现实状况不同,导致"不退费""退费难"等乱象丛生。但随着各地区相关指导性文件的出台,各地已经就"胜诉即退费"达成制度共识,并不断加大举措,优化胜诉退费流程。胜诉退费制度在我国也经历了从无到有,逐步发展完善的过程,体现了国家对民众司法诉求的积极回应。

2. 胜诉退费制度的价值追求

纵观历史,我国诉讼费用管理模式大致经历了"诉讼无偿"模式、"坐收坐支"模式、"收支一条线"模式,直到现在的"收支两条线"模式。[①] 诉讼费用管理模式不断现代化、规范化,目的是减少国家财政开支,防止当事人滥用诉权,制裁民事违法行为以及维护国家主权。[②] 现行的"收支两条线"模式,意味着诉讼费用收入与支出的分离,确保法院对诉讼费用保持公正、中立的态度,确保司法公正与司法廉洁。

胜诉退费制度就是在"收支两条线"模式下建立的,可以确保案件受理费退还的及时性、合理性,是保障案件胜诉方合法权益的重要举措,是"司法为民"理念的直接体现,是我国司法制度面对民众所需的现实回应。"让老百姓打得起官司"是我国诉讼费用改革的初衷,"让胜诉者及时兑现胜诉利益"是胜诉退费制度建立的重要意义。

(二)案件受理费追缴的成因

案件受理费追缴,是指在胜诉退费制度下,败诉方不主动交纳应由其负担的案件受理费,导致法院依法强制追缴的情形。

1. 胜诉退费制度导致的必然结果

在胜诉退费制度下,法院将不应由胜诉方负担的案件受理费退还给胜诉方,意味着这部分费用应由败诉方承担,其应主动交纳至法院。但是民事强制执行案件的产生,意味着败诉方没有主动履行生效法律文书所确定的义务而成为被执行人,此时让其主动交纳应由其负担的案件受理费的可能性更微

① 参见韩波:《论我国诉讼费用管理制度的变迁与改革》,载《司法改革论评》2002年第2期。

② 参见王学棉:《我国现行诉讼费用制度修改之考证》,载《司法改革论评》2002年第2期。

乎其微,由此产生了法院依法向败诉方追缴案件受理费的情况。这是胜诉退费制度导致的必然结果,是在及时兑现胜诉方利益的前提下,对败诉方采取必要的司法强制力的结果。

2. 弥补司法资源损耗的财政需求

诉讼是有成本的,诉讼成本反映了货币意义上的诉讼耗费,包括司法预算意义上的法院运营成本、当事人支付意义上的公共成本和私人成本,以及国家与社会基于分担司法成本而支付的司法救助成本和法律援助成本。[①] 案件受理费正是在一定程度上起到弥补法院运作成本,减轻国家财政负担,维护司法系统正常运转的作用,同时也是避免滥诉、缠诉的一种调节手段。因此,胜诉退费后若不及时追缴败诉方应当承担的案件受理费,将无法弥补司法资源的长期损耗,会加大国家财政负担,甚至会影响司法系统的正常运行。

二、案件受理费优先追缴的利益冲突

(一)与申请执行人债权利益的冲突

1. 债权无法执行到位的现实困境

在民事强制执行程序中,有两大因素决定执行款是否足额到位:一是被执行人可供执行的财产数量,二是司法变价方式。虽然司法变价方式在一定程度上会影响被执行人责任财产的变现程度,但"巧妇难为无米之炊",关键还是被执行人可供执行的财产数量。若被执行人有足额可供执行的责任财产,申请执行人债权就能得到完全受偿。

但现实情况却不容乐观。据统计,在司法实践中,被执行人无可供执行财产导致终结执行程序的执行案件占比较高。[②] 这意味着被执行人名下或无财产可供执行,或只有少量财产可供执行,经过司法变价程序后,所获执行款仍不足以满足申请执行人的债权金额。因此,申请执行人的债权无法得到足

---

① 参见王福华:《民诉法修改背景下的诉讼费用改革》,载《法学评论》2022 年第 2 期。

② 根据最高人民法院 2018 年的统计,在全年七八百万件执行案件中有 40% ~50% 的案件,属于无可供执行财产的执行不能案件。参见刘贵祥:《人民法院执行工作现状与分析》,载《中国应用法学》2018 年第 1 期。

额受偿,有着不可忽视的客观原因。此时,从不足额的执行款中再先行追缴案件受理费,申请执行人债权的实际受偿金额将进一步降低。

2. 与申请执行人债权利益的冲突

申请执行人申请法院强制执行,是因为被执行人未主动履行生效法律文书所确定的义务。申请执行人申请执行的目的十分明确,就是希望法院通过强制执行措施使自己的债权得到足额受偿,这也是民事强制执行程序的意义所在。同样,当败诉方不主动交纳案件受理费时,法院可以依法强制追缴。相同的被执行人,相同的责任财产,只是申请执行人不同,诉求也不同。

当执行到位金额较少时,申请执行人的债权与案件受理费追缴之间就会发生利益冲突。法院若优先追缴案件受理费,势必影响申请执行人的债权受偿。长期以来,我国民事强制执行制度的出发点和落脚点就在于保护申请执行人的胜诉权利,所有强制执行措施的目的都是帮助申请执行人“讨回”应有的债权金额。特别是当申请执行人为社会弱势群体时,更应侧重保护申请执行人债权。案件受理费优先追缴会对这种长期以来形成的执行理念产生重大影响。

(二)与申请执行费优先收取的冲突

我国的申请执行费与案件受理费,都是国家基于公权力而收取的费用,不同的是:申请执行费采取后交制,由被执行人承担;案件受理费采取预交制,原则上由败诉方承担。

关于申请执行费优先收取问题,由于相关法律规定并不明确,以及各地法院认识和理解不统一,因此在司法实践中一直存在争议。但随着“切实解决执行难”的深入推进,相关民事强制执行规范不断完善,各地法院对于申请执行费的优先受偿性已经基本达成共识。申请执行费优先收取主要体现在两个方面:一是申请执行费从被执行人责任财产的变价执行款中优先受偿;二是在债权人参与分配程序中,申请执行费作为共益费用优先于所有执行债权受偿。

胜诉退费制度引发的败诉方所应承担的案件受理费追缴问题,在被执行人的责任财产有限的情况下,会使申请执行费优先受偿性产生内部紧张。申请执行费是民事强制执行程序的必要费用,案件受理费追缴是民事强制执行程序的目的之一,两者之间的关系有待进一步厘清。在执行款中先扣除申请执行费,还是先追缴案件受理费,没有明确的法律规定,在实践中也没有统一的做法。

(三)对其他债权人受偿利益的影响

1.对参与分配债权人的影响

参与分配制度在民事强制执行程序中发挥着极其重要的作用,即在已经取得执行依据的多个债权人就债务人的同一执行标的物进行强制执行时,通过参与分配程序确保多个债权人在一次强制执行程序中按比例实现各自的债权。这项制度在一定程度上发挥着替代个人破产制度的功能。

在分配原则上,根据《最高人民法院关于适用〈中华人民共和国民事诉讼法〉的解释》第508条的规定,对于执行费用和优先受偿的债权以外的普通债权,需要按各债权所占比例进行分配。可见,在参与分配程序中,包括申请执行费等在内的执行费用的优先受偿性已有明文规定,但案件受理费能否优先予以追缴,法律没有明确规定。如果案件受理费优先追缴,则意味着普通债权人的债权受偿金额将进一步下降。

2.对破产债权人的影响

破产是一种概括的执行程序,破产借助于公权力介入暂时剥夺不能清偿债务的债务人对自身全部财产的管理处分权,进而赋予全体债权人以公平受偿的机会。[①] 因此,破产程序的目的在于全体债权人的公平受偿,但执行程序是个别债权的强制受偿。依据最高人民法院的有关规定,[②]案件受理费可以作为破产债权清偿,但具体清偿顺序未予明确,导致该费用在破产程序中的地位存在争议。

案件受理费作为败诉方对国家负担的给付义务,是败诉方的必要诉讼费

---

① 参见邹海林:《破产法——程序理念与制度结构解析》,中国社会科学出版社2016年版,第5页。

② 《最高人民法院关于适用〈中华人民共和国企业破产法〉若干问题的规定(三)》第1条第2款规定:"此前债务人尚未支付的案件受理费、执行申请费,可以作为破产债权清偿。"

用负担。如果将案件受理费作为优先债权处理,势必会影响破产债权人的债权受偿,但是案件受理费作为国家财政的重要组成部分,重要性不言而喻。尤其当今社会,随着人们法治意识的不断提高,寻求司法途径解决民商事纠纷已经成为民众首选的纠纷解决方式,导致民商事案件数量爆发式增长,案件受理费总金额不容小觑。如果不及时追缴,将对国家财政造成重大影响。

三、案件受理费优先追缴的合理性分析

(一)案件受理费的性质及功能

关于诉讼费用的性质,理论上主要有三种观点,即税收说、国家规费说和惩罚说。[①] 但从《诉讼费用交纳办法》相关规定来看,以上三种学说难以实际契合我国的司法实践。不可否认的是,民事诉讼权利是一种私权利,在民事诉讼过程中所损耗的司法资源是国家公共成本的支出。根据受益者负担说,[②]当事人作为诉讼受益人,负担一定的案件受理费以补偿诉讼成本,对于其他纳税人来说才公平,否则就会出现原告打官司全社会付费的情况。[③] 因此,案件受理费作为狭义上的诉讼费用,是国家为保障作为私权的民事诉讼权利所耗费的公共成本的一种补偿,具有公共成本的补偿性。

依据《诉讼费用交纳办法》第29条第1款,案件受理费原则上由败诉方承担,这也是各国的通例。交纳案件受理费是启动民事诉讼程序的必要条件,但不意味着预交方就是最终承担者。预交制度的一个重要功能就是让起诉者明白司法程序的严肃性,明白启动司法程序是需要付出成本的,防止滥诉行为的发生。胜诉退费制度能够保障胜诉方及时兑现胜诉权益,收回不应由其负担的案件受理费。

(二)案件受理费优先追缴的法理基础

由于我国案件受理费追缴制度尚未完全建立,与此相关的执行程序在司

① 参见廖永安:《论民事诉讼费用的性质与征收依据》,载《政法论坛》2003年第5期。

② 参见徐昕:《司法效率的经济分析初论》,载《司法改革论评》2002年第1期。

③ 参见冉崇高:《以实现诉讼费制度功能为视角论我国诉讼费制度改革》,载《法律适用》2016年第2期。

法实践中尚未达成共识,所以有效解决此类问题是司法对于公正和效率的有力回应。

1. 公平正义的社会需求

党的二十大报告打开了"全面依法治国"的新篇章,而司法公正是贯穿依法治国全过程的重要主线,也是我国法治建设中最基础的环节。所谓司法公正,诚如习近平总书记所言:"受到侵害的权利一定会得到保护和救济,违法犯罪活动一定要受到制裁和惩罚。"[①]落实到民事强制执行领域就是,一方面,要充分保护申请执行人的债权利益,通过民事强制执行程序最大限度地兑现申请执行人胜诉权益;另一方面,要积极处置被执行人的责任财产以满足申请执行人的债权利益,同时对于被执行人不主动履行法律义务施以必要的惩罚措施。

在胜诉退费制度下,法院将案件受理费退还给胜诉方,此时败诉方必须交纳相应部分的案件受理费,若败诉方拒不交纳,法院应当依法强制执行。败诉方所应承担的案件受理费,是败诉方经过司法诉讼程序裁判所产生的"不利益",并由生效法律文书确定的负担义务。案件受理费负担由胜诉方向败诉方转移,是司法公正在诉讼费用制度中的体现。案件受理费是诉讼启动的依据,不预交,不启动。从对等性上看,案件受理费追缴也应当具有优先性,否则难以匹配案件受理作为程序启动费用的性质。案件受理费优先追缴是诉讼费用制度在民事强制执行程序中的延伸与应用,是民众对司法公正所需的时代回应。

2. 效率优先原则的时代要求

按照传统司法理论,司法的根本价值是维护社会公正,并不重视司法效率,效率更多的是经济学研究的命题。但随着商业社会不断发展,诉讼案件数量爆发式增长,"人案矛盾"凸显。司法资源的稀缺性导致司法必须讲究效率,否则难以充分体现司法公正的价值。现代司法理论认为,"迟到的正义,不是正义",司法效率已经内化为司法公正的重要标准。尤其在商业领域,司法审判与执行效率对当事人的经济利益产生越来越重要的影响。对司法效

① 习近平:《论坚持全面依法治国》,中央文献出版社2020年版,第22页。

率的要求,也是司法体系高质量发展的时代所需。

所谓效率优先原则,就是要以尽可能少的司法资源消耗取得尽可能好的司法实践效果。胜诉退费制度是司法在及时兑现胜诉者胜诉利益上的效率体现,相应地,案件受理费优先追缴则是司法在强制败诉方承担诉讼费用方面的效率要求,更是对败诉方因不主动履行交纳义务而采取强制措施的效率体现。司法效率是深刻嵌入司法公正的程序规则,案件受理费优先追缴是司法效率原则在民事强制执行程序中的充分体现,是维护社会整体公平正义的有力武器。

(三)案件受理费优先追缴的机理基础

从司法实践角度来看,案件受理费优先追缴具有弥补公共资源损耗,引导当事人理性采取法律行为,保障胜诉退费的制度配套和财政审计的现实要求等功能。

1. 弥补公共资源损耗

在司法领域,为确保司法体系的有效运作和司法资源的合理利用,公共成本控制非常重要。诉讼费用是由一部分诉讼公共成本(审判费用)和一部分诉讼私人成本(当事人费用)构成的,[①]其中案件受理费属于公共成本的一部分。为及时兑现胜诉方的胜诉权益,国家设立胜诉退费制度,将案件受理费作为公共成本进行了一次公共利益的让渡,将不应由胜诉方承担的案件受理费及时退还给胜诉方。此时,败诉方应依法主动交纳相应的案件受理费,以弥补公共利益让渡后的损失。如果败诉方不主动交纳,法院将依法进行强制追缴,这是司法程序对公共利益的保护措施。

虽然案件受理费追缴的责任主体、程序衔接等在司法实践中还存在诸多争议,但案件受理费追缴作为保护公共利益的司法强制措施,由相关法律规定,符合公共价值利益追求。由于胜诉退费制度已经将公共利益做了一次让渡,如果不确认案件受理费追缴的优先性地位,则意味着国家要将公共利益再做一次让渡。这样虽然有利于充分保护胜诉方的利益,但长此以往,必将

① 参见邹海林:《破产法——程序理念与制度结构解析》,中国社会科学出版社2016年版,第5页。

导致司法领域财政支出巨大,有损国家全体纳税人的共同利益,也影响司法系统的有效运行和司法资源的合理利用。因此,为了弥补公共资源损耗,案件受理费不但要追缴,而且应当优先追缴。

2. 引导当事人理性采取法律行为

案件受理费追缴是胜诉退费制度下,败诉方不主动履行案件受理费交纳义务的强制措施,也是对败诉方不遵守诉讼规则的一种惩罚措施。案件受理费优先追缴,因优先性特点,会对当事人理性采取法律行为产生一定的引导作用。

一方面,案件受理费优先追缴有利于树立国家诉讼费用制度的权威,维护司法程序的严肃性,凸显法院权威,同时能让败诉方认识到违反诉讼费用制度产生的严重后果。一旦进入民事强制执行程序,法院就可以对被执行人采取包括限制消费,纳入失信名单,罚款,拘留等在内的制裁措施。在理性人假设前提下,败诉方若有能力履行,则会主动履行,以避免遭受制裁措施。

另一方面,案件受理费优先追缴可以促使当事人合理使用司法资源,减少滥诉情况发生,同时也能促进胜诉方审慎、合理地对待自身权利。尤其在民事强制执行程序中,可以促使申请执行人从经济维度合理、谨慎地考虑财产处置申请,避免恶意处置、无效处置,从而避免司法资源过度损耗,节约司法资源,提高司法效率。

3. 保障胜诉退费的制度配套

虽然我国已经建立了胜诉退费制度,但是在实际实施过程中,部分地区还存在不退费、退费乱等退费流程不畅的问题,其中有操作不规范的原因,有地方财政的原因。没有建立相应的案件受理费追缴制度也是其中不可忽视的原因,因为将案件受理费退还给胜诉方后,如果败诉方不主动交纳,将会造成国家财政流失。如果没有相应配套的追缴制度,或导致胜诉方退费困难,或导致国家财政的永久流失,一方面有损司法权威,另一方面会影响司法系统的有效运转。

由于胜诉退费的主动性、及时性,相对应的案件受理费追缴也应当具有优先性。在司法实践中,退费程序所占用的司法资源远小于民事强制执行程序所需要的司法资源。因此,无论就制度的对等性而言,还是就制度的经济性而言,案件受理费追缴都应当具有优先性。

4. 财政审计的现实要求

诉讼费管理专项审计是法院系统财政审计的一项重要内容,主要针对诉讼费的收费范围、收费标准、退费情况,以及是否及时、足额缴入财政专户等情况进行审计。案件受理费作为国家财政收入的重要组成部分,在国家审计部门看来,主要存在两大问题:一是应收未收,损害国家利益;二是应退未退,损害当事人利益。在胜诉退费制度前提下,应收未收情况主要是指在原告胜诉案件中,预收的案件受理费退还原告后,法院未及时向作为败诉方的被告收取案件受理费,从而导致国家财政的流失。因此,从财政审计角度来看,案件受理费是国家财政收入的重要组成部分。落实胜诉退费制度,意味着法院要及时向败诉方收取相应的案件受理费,并及时、足额缴入国库。由此可见,案件受理费追缴制度是保障国家财政收入的重要措施,该制度的优先性地位不言而喻。

四、案件受理费在执行款中优先追缴的实现路径

我国目前对案件受理费追缴制度只有原则性规定,①并没有关于启动主体、启动方式、受偿顺序等的具体规定,导致在司法实践中做法不一,加剧了案件受理费的追缴难度,也影响胜诉退费的制度落实。

(一)案件受理费追缴的执行管辖

一审案件的案件受理费由一审法院进行追缴,实践中并无异议,但是二审案件的案件受理费由哪级法院进行追缴,实践中存在一定争议。依照民事诉讼法的相关规定,生效法律文书原则上由一审法院或同级的被执行财产所在地法院执行,所以二审案件的案件受理费由一审法院进行追缴具有一定法律基础;同时从司法效率角度来看,因为生效法律文书由一审法院执行,二审

① 《最高人民法院关于适用〈中华人民共和国民事诉讼法〉的解释》第207条第2款规定:“当事人拒不交纳诉讼费用的,人民法院可以强制执行。”

案件受理费交由一审法院一并执行更为经济、高效。

(二)案件受理费追缴的启动主体

由于《诉讼费用交纳办法》规定不明,实践中存在是由法院还是由财政部门作为启动案件受理费追缴程序的主体之争。虽然案件受理费最终上交财政,但是案件受理费是以案件的生效法律文书为依据,而财政部门毕竟不是案件相关当事人,由财政部门作为启动主体缺乏法律依据。另外,财政部门并未直接参与法院的审理、退费等工作,由财政部门作为启动主体会对司法效率产生一定影响。而法院作为案件受理费的收取主体,也是确定案件受理费分担比例的主体,由法院移送执行最为便捷、高效。① 因此,案件受理费的启动主体应当是法院,这既有利于维护国家利益,也符合最高人民法院的相关执行规定精神。

(三)案件受理费追缴的程序选择

关于案件受理费追缴是并案执行还是单独执行,一直存在争议。并案执行,即在当事人申请执行债权时一并执行,优点是节省司法资源,提高执行效率。但并案执行的缺点在于,案件受理费追缴高度依附于当事人申请强制执行程序,如果当事人不及时启动民事强制执行程序,那么案件受理费追缴将始终无法启动。其实,案件受理费本质上是当事人使用国家诉讼资源的费用,是当事人和以人民法院为代表的国家之间的关系,和对方当事人无法律上的关系,故从本质上,国家有权随时进行征收,不必依赖对方当事人。② 因此,案件受理费追缴可以单独启动。如果当事人已经申请强制执行胜诉债权,则并案执行较为经济、高效。

---

① 参见邱凯、何洋:《“胜诉退费”的运行困境与改革进路——以构建诉讼费执行追缴制度为视角》,载《法制与社会》2020 年第 2 期。

② 参见牛晓煜、张雪花:《民商事诉讼中败诉方诉讼费流失对策研究——以 595 件民商事案件为样本的实证考察》,载《法律适用》2018 年第 5 期。

(四)案件受理费优先追缴的原则

1. 公平原则

公平是人类社会追求的基本价值,所以公平原则也是法律追求的最高价值目标。公平原则体现着人类社会最朴素的价值观,反映在现代法律制度上,主要是权利义务的对等性。案件受理费优先追缴,就是追求社会公平的价值目标,及时弥补当事人对司法资源的消耗,在向胜诉方退还案件受理费的同时,强制执行败诉方所应承担的费用,是调整国家公共利益与当事人利益的必要措施。因此,当执行款足以覆盖案件受理费时,应当优先收取案件受理费。

2. 效率原则

民事强制执行程序以实现生效法律文书确定的债权为目标,在价值取向上更注重效率。由于案件受理费追缴是为了弥补公共资源损耗,因此当法律上的公共利益与私人利益产生冲突时,不能完全忽视公共利益,不能理所当然地将公共利益让渡于私人利益,应在满足公共利益同时,尽可能减少对私人利益的影响。效率原则就要求以尽可能少的资源或成本支出,取得尽可能大的法律效果。在司法实践中已有地方法院作出相关规定,①充分体现了司法效率,并取得了良好的执行效果。案件受理费一次性优先追缴,就是对公共利益的最大限度保护,也是最具效率的保护。

3. 比例原则

比例原则源于行政法,即要求公权力行使必须注意目的、手段以及效果对人民基本权利的影响。《中华人民共和国民事强制执行法(草案)》中的"比例原则",要求民事执行应兼顾各方当事人和利害关系人的合法权益,不得超过实现执行目的所需的必要限度。② 因此,案件受理费优先追缴程序应当适用比例原则,但是需要根据义务履行情况不同有所区分。

---

① 广东省高级人民法院《关于加强诉讼费用收退管理工作的若干规定(试行)》第15条规定,执行法院应当在已经执行到的款项中优先扣划被执行人欠缴的诉讼费和执行申请费。转引自王利萍等:《诉讼追缴执行在破产程序中的保障》,载《人民司法》2021年第25期。

② 参见《中华人民共和国民事强制执行法(草案)》第5条。

被执行人自动履行,则意味着被执行人应当主动交纳应交的案件受理费。双方当事人达成执行和解协议的,被执行人应当先行交纳申请执行费、案件受理费等费用,或者基于有效化解执行矛盾的考虑,可以允许双方当事人就相关费用交纳问题进行适当的约定。申请执行人申请以物抵债的,应当垫付申请执行费,此时若再要求申请执行人垫付被执行人应当交纳的案件受理费,将导致已退还的案件受理费再度垫付,进一步加重申请执行人的负担,使胜诉退费制度失去意义,也不符合相关法律法规精神,所以案件受理费应当单独进行追缴。

(五)案件受理费的优先受偿顺序

被执行人责任财产变价后所得的执行款不能同时满足申请执行人债权、包括申请执行费在内的执行费用以及案件受理费的,相关法律并未规定三者之间的受偿顺序。有观点认为,依据《民法典》相关规定,[①]案件受理费作为公法债权,应确认为劣后债权,位于普通债权之后清偿。[②] 也有观点认为,案件受理费具有国家财政税收性,在性质上属于国家利益,类推参照破产法的清偿顺序规定,案件受理费应优先于民事义务执行。[③] 因此,三者之间的优先受偿关系如何,需要根据三者的性质进行探究。

1. 案件受理费劣后于申请执行费等执行费用

申请执行费是国家公权力的体现,同时具有防止当事人滥用执行程序,确保国家财政开支等作用。它既是保障司法权有效运行的必要财政收入,也是对被执行人不主动履行生效法律文书所确定的义务的惩罚措施,同时它作为有效的调解手段,可以促进当事人穷尽私力救济,节约司法资源。正是申请执行费的多重作用,在一定程度上决定了它在民事强制执行程序中的优先

---

① 《民法典》第187条规定:"民事主体因同一行为应当承担民事责任、行政责任和刑事责任的,承担行政责任或者刑事责任不影响承担民事责任;民事主体的财产不足以支付的,优先用于承担民事责任。"

② 参见王伟:《案件受理费和申请费在破产债权中如何认定》,载搜狐网2019年9月14日,https://www.sohu.com/a/340891427_689962。

③ 参见程明:《分离与协调——论民事诉讼费用退缴制度的搭建与运行》,载上海市法学会:《上海法学研究——上海市法学会诉讼法学研究会文集:诉讼实践法治研究》2020年第16卷,《中国学术期刊(光盘版)》电子杂志社有限公司2021年版。

受偿地位。当执行款无法满足申请执行人债权时,执行费用作为民事强制执行程序的必要费用,应当优先于案件受理费,更何况案件受理费追缴的单独执行程序本身亦存在执行费用问题。

2. 案件受理费优先于一般债权

案件受理费本质上是当事人使用国家司法资源所产生的费用,是对于消耗国家诉讼资源的成本补偿。国家诉讼资源是有限的,如果当事人消耗的成本无法得到弥补,将造成整个诉讼制度运行不畅。在深入解决“执行难”的背景下,一味地先满足当事人的债权,将导致案件受理费无从执行,国家诉讼资源无法补充。因此,案件受理费应当列入优先债权,优先于一般债权进行受偿。

3. 案件受理费在优先债权中的清偿顺位

如果申请执行人的债权是具有抵押权等的担保债权,那么该担保债权优先性与案件受理费的优先追缴如何处理的问题也具有争议。依据《民法典》的相关规定,实现债权的有关费用优先于利息和主债务。案件受理费作为实现债权的有关费用,在实践中应无争议,它应当优先于利息和主债务。因此,在同一顺位的优先债权中,应当先行追缴案件受理费,再偿付优先债权。

结　　语

案件受理费优先追缴制度是有效落实胜诉退费制度的必要配套制度,是弥补国家诉讼资源损耗的必要司法强制措施。我国目前缺乏案件受理费优先追缴的相关法律规定,在实践中各地法院做法不一,导致案件受理费不能及时追缴,国家财政流失。建立定位清晰,顺位明确,操作性强的案件受理费优先追缴制度,是司法在追求公正和效率,回应民众司法需求,保障胜诉退费制度有效落实等方面的有力举措。

悔拍保证金的性质及其用途*

金殿军**　陈思远***

【裁判要旨】

司法拍卖的买受人悔拍时依法不予退还的保证金,由私法上的违约性赔偿与公法上的惩罚性赔偿两部分构成。在原拍卖价款高于重新拍卖价款时,应当由保证金补足至原拍卖价款。拍卖标的物系担保财产的,担保物权人的优先受偿权应当以原拍卖价款为限,保证金弥补差价不足,其他债权人主张对保证金申请参与分配的,依法不予支持。在原拍卖价款低于重新拍卖价款时,重新拍卖价款即担保财产的变价款,担保物权人的优先受偿权应当以重新拍卖价款为限,其他债权人主张对保证金在支付费用损失后的余额申请参与分配的,依法应予支持。

【案号】

案例一执行案号:上海金融法院(2021)沪74执385号

案例二执行案号:上海金融法院(2021)沪74执416号

---

* 本文获《人民司法》杂志社2022年“凤城杯”有奖征文评选活动二等奖。

** 法学博士,上海金融法院执行局副局长。

*** 法律硕士,上海金融法院执行局法官助理。

【案情】

案例一

申请执行人:光某证券股份有限公司(以下简称光某公司)

被执行人:马某某、张某某

在原告光某公司诉被告马某某、张某某质押式证券回购纠纷一案中,上海金融法院于2020年11月27日作出(2019)沪74民初2357号民事判决书,判决二被告于判决生效之日起10日内返还原告融资本金及利息、违约金等3.99亿余元,原告可以与被告协议以被告张某某质押的107,200,032股、马某某持有的3000万股新某某科技集团股份有限公司股票及其法定孳息折价,或者就拍卖、变卖质押股票及其法定孳息所得价款优先受偿。一审判决后,被告不服,提起上诉,上海市高级人民法院于2021年6月23日作出(2021)沪民终208号民事判决书,判决驳回上诉,维持原判。判决生效后,被告未履行判决所确定的义务,双方亦未能就质押股票折价清偿债务达成协议,光某公司申请强制执行,上海金融法院于2021年7月19日立案受理。

经查,上海金融法院于2019年12月23日在本案诉讼过程中冻结了被告马某某持有的质押股票,轮候冻结了张某某持有的质押股票。执行中经商请,首封法院江苏省苏州市工业园区人民法院、陕西省西安市中级人民法院将被执行人张某某持有的质押股票处置权移送上海金融法院。2021年11月1日,上海金融法院裁定变价被执行人张某某、马某某持有的上述股票。

案例二

申请执行人:爱某证券有限责任公司(以下简称爱某公司)

被执行人:苏某某、狄某某

在原告爱某公司诉被告苏某某、狄某某质押式证券回购纠纷一案中,上海金融法院于2021年3月29日作出(2020)沪74民初1636号民事判决书,判决二被告于判决生效起10日内偿付原告回购款本金及违约金1.86亿余元,原告可以与被告协议以被告苏某某质押的30,017,483股、被告狄某某质押的4,851,910股福建省爱某某珠宝实业股份有限公司股票及孳息折价,或者就拍卖、变卖该质押物所得价款优先受偿。一审判决后,被告不服,提起上诉,因被告未在指定期限内交纳上诉费,按撤回上诉处理。判决生效后,被告未履行判决所确定的义务,双方亦未能就质押股票折价清偿债务达成协议,原告爱某公司申请强制执行,上海金融法院于2021年8月3日立案受理。

上海金融法院在本案诉讼过程中轮候冻结了上述质押股票。执行中经商请,首封法院广东省深圳市福田区人民法院将质押股票的处置权移送上海金融法院。2022年2月11日,上海金融法院裁定变价被执行人苏某某、狄某某持有的上述股票。

【执行】

案例一

上海金融法院于2021年12月22日至12月23日通过淘宝网司法拍卖平台进行分拆拍卖,其中1个标的以7203万元的最高价竞买成交,即被执行人马某某持有的3000万股股票,买受人在规定期限内交纳了拍卖余款,其余2个标的流拍。2022年2月16日至2月17日,上海金融法院通过淘宝网司法拍卖平台对其余2个标的进行第二次拍卖,买受人王某某以97,873,627.78元的最高价竞得53,600,016股,并在规定期限内交纳了拍卖余款;买受人北京某科技发展公司以97,873,627.78元的最高价竞得53,600,016股,但未在拍卖公告规定的截止日前交纳拍卖成交余款。2022年3月9日,上海金融法院依法裁定北京某科技发展公司构成悔拍,该公司交纳的拍卖保证金9,648,003元不予退还。2022年4月6日至4月7日,上海金融法院通过淘宝网司法拍卖平台对上述悔拍标的重新进行拍卖。买受人郑某某以121,335,528.16元的最高价竞得,并在规定期限内交纳了拍卖余款。

对于被执行人张某某名下的质押股票拍卖款,光某公司(就他案中未受偿的债权)、上海某商业保理有限公司、郭某和郑某等4名债权人就未受偿的一般债权合计354,099,872.41元申请参与分配。本案可供分配的财产,包括两部分:一部分是股票拍卖价款共计2.91亿余元,另一部分是不予退还的拍卖保证金960余万元。在股票拍卖价款2.91亿余元不足以满足质押债权

3.99亿余元的情况下,对不予退还的保证金,质押权人主张享有优先受偿权,参与分配债权人则主张应当由各债权人按照未受偿的债权比例进行分配。鉴于重新拍卖价款高于原拍卖价款,不存在由买受人补交差价的问题,上海金融法院于2022年7月5日就该笔悔拍保证金作出执行财产分配方案:对于不予退还的保证金,各债权人有权就未受偿的一般债权参与分配,按照未受偿的一般债权比例进行受偿。分配方案作出后,申请执行人、被执行人、各参与分配债权人均明确表示对分配方案无异议。

案例二

上海金融法院于2022年4月13日至4月14日通过淘宝网司法拍卖平台公开拍卖被执行人狄某某、苏某某持有的上述股票。经分拆处置,买受人崔某以18,947,215.09元的最高价竞得狄某某持有的4,851,910股,并按期交纳了拍卖成交余款;买受人上海某管理有限公司分别以56,117,332.96元、56,117,336.66元的最高价竞得苏某某持有的15,008,741股、15,008,742股,但均未在拍卖公告规定的截止日前交纳拍卖成交余款。2022年6月10日,上海金融法院依法裁定上海某管理有限公司构成悔拍,该公司交纳的拍卖保证金1160万元依法不予退还。2022年7月19日至7月20日,上海金融法院通过淘宝网司法拍卖平台对上述悔拍股票重新进行拍卖,买受人陶某以48,417,849元的最高价竞买成交15,008,741股,买受人张某以48,817,853元的最高价竞买成交15,008,742股,成交价款均低于前次拍卖,保证金不能够弥补两次拍卖的差价。

对于被执行人苏某某名下的质押股票拍卖款,共有深圳某融资担保集团有限公司等10名债权人就未受偿的一般债权申请参与分配。鉴于重新拍卖价款低于原拍卖价款,不予退还的保证金应当优先用于弥补重新拍卖的差价,上海金融法院于2022年9月19日作出执行财产分配方案:申请执行人作为质押权人对拍卖质押股票所得价款享有优先受偿权,因悔拍而不予退还的保证金不能够弥补两次拍卖成交价款的差额,且拍卖成交价款在扣除相关费用后不足以清偿申请执行人的债权,故本案包括拍卖成交价款和保证金在内的执行到位款项应由申请执行人优先受偿,其他债权人依法不能得到受偿。分配方案作出后,申请执行人、被执行人、各参与分配债权人均明确表示对分配方案无异议。

【评析】

在案例一和案例二两案中，均涉及在买受人悔拍的情况下，其他债权人对依法不予退还的保证金申请参与分配的问题，争议焦点都是悔拍保证金的性质及用途。毋庸置疑，享有担保物权的债权人对担保物的变价款享有优先受偿权，但当担保物在处置过程中出现悔拍的情形时，能否直接推定出享有担保物权的债权人对人民法院依法没收的保证金享有优先受偿权，法律和司法解释尚无明文规定，司法实践亦颇有争议。

一、关于悔拍保证金性质及用途的不同观点

在两案执行分配的过程中，形成了两种截然不同的观点。

第一种观点认为，质押权人对不予退还的保证金享有优先受偿权。支持该观点的理由主要有：其一，最高人民法院《关于人民法院网络司法拍卖若干问题的规定》（以下简称《网拍规定》）第 24 条第 1 款规定："拍卖成交后买受人悔拍的，交纳的保证金不予退还，依次用于支付拍卖产生的费用损失、弥补重新拍卖价款低于原拍卖价款的差价、冲抵本案被执行人的债务以及与拍卖财产相关的被执行人的债务。"该规定将冲抵"本案被执行人的债务"排在冲抵"与拍卖财产相关的被执行人的债务"之前，据此应当将保证金优先用于质押债权的清偿，冲抵质押债权有剩余的，再用于冲抵参与分配的普通债权。其二，依据《网拍规定》第 24 条第 1 款，不予退还的保证金在支付费用损失后应当优先用于弥补重新拍卖价款低于原拍卖价款的差价，这就在一定程度上表明不予退还的保证金虽然因拍卖成交后买受人悔拍而产生，但也是拍卖所得价款的一部分，而质押权人应当对质押股票的拍卖所得价款享有优先受偿权。其三，案涉质押股票的拍卖因质押权人申请执行而实施，在拍卖的实施过程中，质押权人在质押股票权利现状的查明、处置参考价的确定、网络司法拍卖平台的选择以及拍卖公告内容的确定等方面都付出了成本，理应享有优

先受偿的权利。反观参与分配债权人,其只是通过申请参与分配坐享分配利益,在质押债权未足额受偿之前不应按比例清偿其所享有的债权。

第二种观点认为,质押权人对不予退还的保证金不享有优先受偿权。支持该观点的理由主要有:其一,从文义上来看,《网拍规定》第24条第1款用“以及”一词将“本案被执行人的债务”和“与拍卖财产相关的被执行人的债务”并列规定,作为一个整体排在支付拍卖费用损失、弥补重新拍卖差价之后,说明在对弥补差价之后剩余保证金的分配上,案涉债权与被执行人的其他债权处于同等顺位,案涉债权即使是优先债权也不能对保证金享有优先受偿权。在案涉债权与被执行人的其他债权同为普通债权的情况下,基于债权的平等性应当按比例受偿。其二,依据《网拍规定》第24条第1款和最高人民法院《关于人民法院民事执行中拍卖、变卖财产的规定》第22条第2款,重新拍卖价款低于原拍卖价款形成差价的,由保证金在支付拍卖费用损失后予以弥补,不足以弥补的,由原买受人补交,拒不补交的,强制执行。因此,就拍卖所得价款而言,重新拍卖价款低于原拍卖价款的,拍卖所得价款补足到原拍卖价款;重新拍卖价款高于原拍卖价款的,以重新拍卖价款为拍卖所得价款。具体而言,在案例一中,因重新拍卖价款高于原拍卖价款,不存在弥补的问题,故质押权人应当对重新拍卖价款享有优先受偿权,对于保证金则不享有优先受偿权。在案例二中,因重新拍卖价款低于原拍卖价款,悔拍保证金应当优先弥补两次拍卖的差价,在弥补两次拍卖差价不足的情况下,鉴于质押权人对拍卖成交价款享有优先受偿权,若扣除相关费用后尚不足以清偿质押债权,则其他债权人无法就拍卖成交价款参与分配。

二、担保物权人以担保物拍卖所得价款为限优先受偿

讨论担保物权人对不予退还的保证金有无优先受偿权,需要着重分析两个关键问题:其一,拍卖中因买受人悔拍而不予退还的保证金的性质;其二,担保物权人优先受偿的对象。

第一,不予退还的保证金的性质。司法强制拍卖在性质上兼具私法上的买卖变价和公法上的强制处分双重性质。其一,就私法性质而言,买受人因

悔拍而构成违约,需要向作为出卖人的被执行人承担违约赔偿责任。依据《民法典》第584条,违约损失赔偿额应当相当于违约所造成的损失,包括合同履行后可以获得的利益,但不得超过违约一方订立合同时预见到或者应当预见到的违约可能造成的损失。就悔拍损失来看,主要是拍卖产生的费用损失(拍卖辅助费用、在特定新闻媒体上的公告费用等)和重新拍卖的差价损失,不予退还的保证金应当首先用于赔偿这些损失。其二,就公法性质而言,悔拍构成了对执行秩序的破坏,造成了司法资源的浪费和执行效率的降低,保证金赔偿悔拍在私法上产生的违约性损失后仍有剩余的,用于承担公法上的惩罚性赔偿亦不予退还。考虑到拍卖公告将《网拍规定》第24条第1款关于悔拍时保证金依次用于支付拍卖费用损失、弥补重新拍卖差价、冲抵被执行人债务的规定予以明确告知,构成要约的一部分,以及在被执行人的债务尚未全部清偿的情况下民事责任优先的基本原则,应将惩罚性赔偿作为被执行人的财产用于清偿债务而不是予以没收上缴国库。简而言之,悔拍时不予退还的保证金由两部分构成:一部分是私法上的违约性赔偿,以拍卖费用损失和重新拍卖差价为限,确保拍卖标的物的所得价款不低于原拍卖价款;另一部分是公法上的惩罚性赔偿,拍卖标的物所得价款以外的被执行人财产用于清偿被执行人的债务。

第二,担保物权人优先受偿的对象。根据《民法典》第386条、第411条、第436条和第453条之规定,包括抵押权人、质押权人和留置权人在内的担保物权人依法享有就抵押财产、质押财产和留置财产等担保财产优先受偿的权利,在担保物权人与担保人无法通过协议以担保财产折价的情况下,担保物权人可就拍卖、变卖担保财产所得的价款优先受偿。也就是说,担保物权人的优先受偿权以担保财产的变现所得价款为限,超出变现所得价款未受偿的部分作为普通债权可以从被执行人的其他财产中予以实现。在买受人悔拍的情况下,担保财产有两个变现价款,即原拍卖价款和重新拍卖价款。在原拍卖价款高于重新拍卖价款时,由保证金补足至原拍卖价款,原拍卖价款即担保财产变现价款,担保物权人的优先受偿权应当以原拍卖价款为限;在原拍卖价款低于重新拍卖价款时,重新拍卖价款即担保财产变现价款,担保物权人的优先受偿权应当以重新拍卖价款为限。对于不予退还的保证金在支付拍卖费用损失、弥补重新拍卖差价(重新拍卖价款高于原拍卖价款的,无须弥补差价)之后剩余的惩罚性赔偿,因担保物权人并没有在该惩罚性赔偿上设定担保物权,故担保物权人依法不享有优先受偿的权利。担保物权人在担保财产之外未受偿的债权可以与其他普通债权一起依法对惩罚性赔偿进行分配。

此外,关于质押权人对不予退还的保证金享有优先受偿权,普通债权人不应坐享分配利益的观点,在普通债权人是首封债权人并对担保财产予以执行而担保物权人是分配申请人的情况下,相应的逻辑结果就是普通债权人对不予退还的保证金享有优先受偿权,担保物权人不应坐享分配利益。这实际上就是主张谁执行谁优先,谁启动对执行标的的执行程序即享有对惩罚性赔偿的优先受偿权。该观点既没有实体法上的依据,也缺乏程序法上的依据,在案涉质押股票部分由在先查封的普通债权执行法院移送质押债权执行法院处置的情况下,区分是普通债权人执行还是质押债权人执行更是徒增了问题的复杂性,不足为据。

证券虚假陈述纠纷中独立董事的侵权责任认定

上海金融法院课题组*

近年来，独立董事侵权责任认定成为证券虚假陈述纠纷案件中的热点问题。2022 年，《最高人民法院关于审理证券市场虚假陈述侵权民事赔偿案件的若干规定》（以下简称《虚假陈述赔偿规定》）发布，其中第 16 条专门针对独立董事侵权责任承担问题规定了 5 项抗辩情形，设置以来实践效果如何还有待进一步检验。

一、独立董事责任认定的司法现状和困扰

根据 2018～2022 年裁判文书网数据，涉及独立董事证券虚假陈述责任的案件共计 9 件，其中 2018 年 2 件，2019 年、2020 年各 1 件，其余 5 件均集中在 2021 年。

（一）独立董事虚假陈述责任认定的司法现状

关于责任认定，有 5 件案件法院判决支持投资者提出的独立董事应承担赔偿责任的主张（见表 1）。在承担责任形态方面，5 件中的 3 件认定独立董事承担一定范围内的补充赔偿责任，另外 2 件认定独立董事承担连带责任。在责任比例方面，无论何种形态，责任范围均限于经第三方核定的投资者损

---

* 本课题由上海金融法院审判委员会专职委员符望主持，课题组成员有周荃、苏煜。本文节选自上海法院报批调研课题优秀奖“证券虚假陈述纠纷中独立董事的侵权责任认定”。

失的3%～10%内,总体而言尚属小比例责任。

表1 独立董事承担证券虚假陈述赔偿责任的司法现状

案号	公司违法行为	司法期望	司法评价	考虑因素
(2020)鲁民终3132号	虚增收入,虚假记载银行存款,未如实披露短期借款	采取必要、合理的调查方法,尽独立履行职责的勤勉义务	未能就中介机构报告提出沟通核实要求,存在轻微过失	(1)不参与日常经营管理;(2)隐蔽性虚假陈述;(3)审计机构专业意见
(2020)粤01民初2171号	连续3年年报虚增收入、利润,虚增货币资金,财务不记账,虚假记账,伪造变造大额存单,未披露关联交易	勤勉义务	公司财务造假时间长,涉及会计科目多,金额大,未勤勉尽责,对没有发现造假行为负有相对较小过失	(1)兼职身份;(2)不参与日常经营管理;(3)仅签字
(2021)闽01民初354号	虚增年报利润,未披露到期重大债务,主要资产查封,转让子公司股权合同,董事长刑事强制措施	勤勉尽责要在审慎、全面调查的基础上,对公司的重要事项进行确认,是过程性义务和积极的注意义务	未采取必要合理的调查措施以核实财务报告的真伪,存在轻微过失	(1)职能定位、工作方式、知情程度和主观态度;(2)知悉财务报告存在虚假记载后,还多次督促公司采取解决措施;(3)长时间未领取报酬
(2016)苏01民初2071号	虚假确定对某公司销售收入,提前确认对某公司销售收入	参照《上市公司独立董事履职指引》履职,并留存工作底稿,以证明勤勉尽责	尊重行政监管机关的专业判断,认定独立董事存在过错。未采取必要、合理的调查方法或追加必要的审计程序以避免不实报告的产生,存在轻微过失	(1)身份角色;(2)知情程度和主观态度;(3)职责相关性;(4)专业知识背景;(5)担任独立董事的获益金额

续表

案号	公司违法行为	司法期望	司法评价	考虑因素
(2016)苏01民初539号	以高比例资本公积转股本,进行利润分配	对公司及全体股东负有忠实与勤勉义务,应当按照法律法规与公司章程的要求,认真履行职责,维护公司整体利益,尤其要关注中小股东的合法权益不受侵害	根据行政处罚判断,认定独立董事存在过错。未采取必要、合理的调查方法以避免不实报告的产生,存在轻微过失	(1)身份角色;(2)知情程度和主观态度;(3)职责相关性;(4)专业知识背景

在法院采纳独立董事免责抗辩意见,并免除独立董事责任的案件中,独立董事提出的主要抗辩意见可归纳为:(1)不直接从事公司日常经营,信息披露违规的事由超越核查能力、核查和履职范围;(2)信赖专业中介机构审核意见;(3)按时出席董事会、审议董事会决议;(4)缺乏财务专业知识,难以作出判断。法院采纳独立董事抗辩的主要理由为(见表2):(1)对公司涉及经营状况财务资料等的审核超出独立董事职责范围;(2)独立董事信赖第三方专业意见;(3)独立董事已经存在勤勉履职行为。

表2　独立董事抗辩事由的司法认定

案号	公司违法行为	抗辩意见	司法评价
(2021)鲁01民初1694号	未披露重大关联交易、对外担保、债务违约、诉讼和仲裁、虚增利润	—	(1)在年度报告的编制和披露过程中,审查会计师事务所及会计师从业资格,并发表独立意见;(2)在信息披露文件签字前,不知悉虚假陈述行为;(3)专业机构出具标准审计意见;(4)发现财务数据异常后投票反对,并向监管部门反映
(2020)云民终1221号	虚增收入,虚增利润,虚假记载存货数据	(1)未担任内部职务,不参与日常经营管理;(2)对审计委员会、专业审计机构信任签字确认;(3)获悉财务舞弊后提出辞职并举报	不分管财务工作,未参与年报编制及财务造假。在出具无保留意见的审计报告的情况下,通过正常履职无法发现财务造假行为,无证据及充分理由反对,不能认定存在过错

续表

案号	公司违法行为	抗辩意见	司法评价
(2019)沪74民初2509号	在重大资产重组文件中虚增置入资产评估值,虚增营业收入	(1)民事责任与行政责任应区别认定;(2)在重大资产重组项目中,履行质询、审议、督促职责;(3)只能履行程序上的核查义务,不能以专业人士的标准加以要求	相对于内部董事而言,独立董事对公司经营状况的了解程度更小。在聘请专业机构审计评估的情形下,要求独立董事持续关注标的公司项目的履行进程,并对经营状况资料进行审核,已超出职责范围
(2018)粤03民初2493号	在重组资产评估中提供自行制作的虚假意向性协议	(1)行政处罚未认定参与、组织实施信息披露违法行为;(2)信息由交易对手方提供,依法不负有核查义务;(3)督促公司聘请评估机构,对评估报告审慎审查	(1)侵权法上的无过错标准比行政处罚法上的更为宽松。(2)信息来源于第三方,考量更侧重第三方独立性、评估假设合理性、相关性、公允性等程序性规范。对非专业人士不能科以专业人士标准。(3)虚假陈述行为隐蔽,经证券服务机构审核确认

(二)独立董事赔偿责任认定的现实困扰

不可否认的是,目前在认定独立董事责任问题上仍然存在诸多困扰之处。

1. 责任认定的程式化、行政化、苛责化趋势

第一,论证过程程式化,审查签字行为替代了过错推定判断。目前可以审查的客观行为仅为独立董事是否在信息披露文件上签字,因此,争议围绕对该文件的保真义务展开。这样操作将导致推定过错的逻辑演变为,一旦在信息披露文件上签字,就认定针对虚假陈述行为的发生存有过错,应当承担相应责任。在亨某公司案①、康某药业案②中,裁判说理过程均隐含上述逻辑推演,保真义务成为独立董事担责的"通用条款",以致形成了签字即有过错的裁判预期。

第二,证明责任行政化,民事赔偿责任的判断受到行政处罚的惯性影响。

① 参见山东省高级人民法院民事判决书,(2020)鲁民终3132号。

② 参见广东省广州市中级人民法院民事判决书,(2020)粤01民初2171号。

大多数案件反映,虚假陈述行为已由行政监管部门认定并采取相应处罚措施。在此种情形下,行政监管机关基于违反监管规则认定的违法行为与民事侵权责任认定中民事法律行为之过错行为之间的区别容易被忽视,裁判倾向于直接援引行政处罚决定中未能勤勉履职的结论,导致行政责任与民事责任两者认定结论趋同。

第三,对独立董事履职困难问题不够重视。支持投资者要求独立董事承担侵权责任往往导致独立董事对公司的全部财务及其他数据的真实性、准确性负责,此种裁量思路将超越独立董事可以获取的信息范围及职权范围,缺乏针对不同专业背景独立董事的具体情形考虑,如拥有法律背景的独立董事对于财务造假行为的识别存在难度的可能性较大。

2. 责任归责形态不统一现象突出

现有司法裁判反映出各地法院在独立董事责任承担形态认定上存在差异。一种思路是,判定独立董事在一定比例范围内承担补充赔偿责任,如超某公司案、众某公司案。[①] 主要观点系认为独立董事在公司治理中扮演监督者的角色,不会主动参与公司信息造假活动,独立董事仅是对于公司信息调查核实存在失职之处,缺乏与公司共同造假的意思联络,缺少承担连带责任的适用前提,应按照过错大小承担相应的按份责任。[②] 另一种思路认为,独立董事应承担比例连带赔偿责任,投资者可直接向独立董事索赔。该种裁判思路可能由《中华人民共和国证券法》(以下简称《证券法》)第 85 条衍生而来,但尚无明确的法律支持,且在逻辑论证上亦存障碍。

3. 归责认定难以回应市场预期

如果将连带赔偿责任的处理方案放置在整个证券虚假陈述纠纷案件诉讼机制中,由于投资者人数众多,涉及金额规模庞大,即使是 3% ~10% 的小比例,也会导致独立董事单项赔偿金额高昂。康某药业案虽以重整方式完成投资者赔付,独立董事未实际承担责任,但该案对相关主体的负面效应不可

---

① 参见江苏省南京市中级人民法院民事判决书,(2016)苏 01 民初 2071 号;江苏省南京市中级人民法院民事判决书,(2016)苏 01 民初 539 号。

② 参见周成:《独立董事的虚假陈述责任》,载《人民司法》2019 年第 19 期。

忽视。康某药业案后两周内,超过30家上市公司发布独立董事辞职公告。[①]据统计,A股市场80%以上的独立董事报酬小于年10万元。市场对此普遍存在质疑,即担任独立董事所获报酬与独立董事潜在责任风险严重不匹配,权利义务出现失衡。如果一味强调对独立董事科以较为严格的赔偿责任,不仅不会倒逼独立董事履职尽责,反而会引发独立董事队伍的人才流失。

二、独立董事职能定位、责任边界

根据《上市公司独立董事管理办法》第2条第1款的定义,独立董事是指不在上市公司担任除董事外的其他职务,并与所受聘的上市公司及该上市公司主要股东、实际控制人不存在直接或者间接利害关系,或者其他可能影响其进行独立客观判断关系的董事。独立董事一词直译于美国公司法中的"independent directors",在美国公司法中,独立董事根据是否另受公司雇佣担任其他职务(通常为高级管理人员),区分为内部董事(inside director)与外部董事(outside director)。我国独立董事制度,对于独立董事的称呼并非唯一,如公司法在修改过程中还使用了"非执行董事""外部董事"等表述,上述概念的差异与它们所强调的角度有关。[②]

(一)独立性:中小投资者的"看门人"

1.独立性认定标准

美国两大证券交易所对于董事的独立性均作出了详细且明确的要求。以纳斯达克证券交易所《上市规则》为例,第5605条列举了独立董事丧失独立性的情形:[③]独立董事在过去3年内受雇于上市公司;独立董事或独立董事亲属在过去3年内在连续12个月的期间内从上市公司获取超12万美元的经济利益;独立董事亲属在过去3年内担任上市公司的管理人员;独立董事

① 参见蔡越坤:《A股独董图谱:80%薪酬低于10万,2021年超460家上市公司独董辞职》,载经济观察网,https://www.eeo.com.cn/2021/1127/512963.shtml。

② 为集中讨论证券虚假陈述案件中的责任问题,在无特别说明的情况下,本文将不在公司担任其他职务且具有判断独立性的董事统一称为独立董事。

③ See The Nasdaq Stock Market LLC Rules, 5605.(a)(2).

或独立董事亲属在过去3年内任职于上市公司产品或服务交易相对方,且交易量超过收款人年度营业额5%或20万美元(以高者为准);独立董事或独立董事亲属担任或在过去3年内曾担任上市公司外部审计机构的合伙人或雇员。纽约证券交易所《上市公司指引》也对上述情形做了类似列举,并将这作为独立性测试(independence tests)的依据。此外,《上市公司指引》还提出了重大关联关系(material relationship)标准:从商业、工业、银行、咨询、法律、会计、慈善和家庭亲属关系等方面排除任用具有重大关联关系的董事。[①] 在美国股东派生诉讼前置程序中,法院也会对董事的独立性进行审查。特拉华州最高法院在平库斯案(Pincus)中,认为斯米诺夫(Siminoff)作为外部董事,与平库斯(公司创始人及控股股东)共有一架私人飞机的行为足以引起对独立性履职的合理怀疑。[②] 共同所有一架昂贵的私人飞机,意味着斯米诺夫与平库斯存在亲密的友谊及合作关系。法院由此推论,若平库斯损害公司利益,斯米诺夫将难以独立公正地履行职责。可见美国法对于独立性的形式要求是在金钱、立场上独立,实质上要求不能存在可能妨碍独立客观判断的利益关系。我国《上市公司独立董事管理办法》也采用了类似的思路,该办法第6条规定独立董事与所任职公司、公司管理层在社会关系上应具有独立性,排除包括财务、法律、咨询服务等各项社会关系。在财产利益方面,禁止独立董事以自身或关联方身份与所任职公司达成交易。

独立性颇受监管机构重视,因为独立性能够有效提高公司治理能力。有研究表明,董事独立性与公司经营绩效成正比,在公司决策的科学性、效益性、安全性等方面发挥了积极作用。[③] 然而,符合独立性要求并不必然形成独立客观判断,无论是逻辑推理还是实证分析都表明该命题不能获得肯定答案。有学者曾进行实证研究,发现尽管有87%的董事满足法律规定所要求的独立性,但其中仅有62%的董事能从社会关系层面(social independence)实现独立——该社会关系独立因素将影响董事与管理层保持距离的能力。[④] 虽

---

① See NYSE Listed Company Manual, 303A.02.

② See Sandys v. Pincus, 152 A. 3d 124, 128 – 130 (2016).

③ 参见刘俊海:《现代公司法》,法律出版社2011年版,第530页。

④ See Byoung-Hyoun Hwang & Seoyoung Kim, *It Pays to Have Friends*, Journal of Financial Economics, Vol. 93:1, p. 138 – 158 (2009).

然如此,但不应置疑公司管理层由一定比例或数量独立董事组成的必要性,即便独立董事无法保持绝对独立,也不影响对他们的任命,[①]也就是说独立董事存在的本身便能在一定程度上起到阻吓不法行为的警示和监督作用。

2."看门人"的实践意义

根据"看门人"的理论,独立董事可在上市公司治理中发挥以下积极作用:其一,独立董事能够通过不合作或不同意的方式阻止市场不当行为。当独立董事发现公司决策违法违规或侵蚀中小投资者利益时,有权通过拒绝签字,申请专业中介机构介入,向监管部门举报等方式向市场发出警示信号,即可以关上交易大门,使得交易者无法进入市场。其二,独立董事能够以自己的职业声誉作担保向投资者保证上市公司信息披露行为的合法合规。目前我国独立董事一般由法律、财会专家,或者是高校教授、企业高级管理人员担任,整体拥有较高学历和社会认同度,博士学位获得者占总人数的43.54%。[②]对此有观点质疑,由控股股东主导选任的独立董事,承担制衡、监督控股股东的职责,会使该制度在运行中陷入逻辑怪圈。[③] 但从"看门人"的理论来说,只要独立董事的声誉资本价值超过在公司履职所获得的薪酬,他们就会选择忠于投资者,而不会与公司管理层沆瀣一气。[④] 目前我国独立董事制度供给方面,也在朝着塑造中小投资者维护者的方向努力。在公司内部推行累积投票制,使中小股东获得提名甚至选任独立董事的表决机会;建立在专业领域内享有较高声誉的独立董事信息库,降低控股股东对于独立董事选任的影响力;强制要求上市公司设立特别审计委员会,成员全部由非执行董事组成,要求其中独立董事占多数。

---

① See Jeffrey L. Coles, Naveen D. Daniel & Lalitha Naveen, *Co-opted Boards*, The Review of Financial Studies, Vol. 27:6, p. 1751 – 1796 (2014).

② 参见券商中国:《大数据拆解A股独董!博士占比超四成,最高年薪超540万》,载腾讯网,https://new.qq.com/rain/a/20211130A01DRQ00。

③ 参见徐强胜、简晓婷:《独立董事信义义务的逻辑与展开》,载《法学研究》2022年第6期。

④ 参见[美]约翰·C.科菲:《看门人机制:市场中介与公司治理》,黄辉、王长河等译,北京大学出版社2011年版,第5~9页。

(二)独立董事职责边界:职权扩张与功能有限性

1. 立法特别赋权,期望全面参与公司治理

根据《上市公司独立董事管理办法》第 18 条第 1 款的规定,独立董事在享有董事一般权利之外,另被赋予 6 项特别职权。从公司法修改方向来看,立法者有意授权独立董事可以部分替代监事职责,以进一步强化公司治理中的使命与职责。立法的发展趋势引起了独立董事在职责义务方面超越一般董事的现象,如此一来独立董事面临的执业风险也高于一般董事。独立董事既要参与决策、影响决策、设置议题、把控方向,又要行使监督职责,还要发挥咨询顾问作用。① 有观点认为,这是对独立董事职责的不恰当塑造,其外部性仅形式化地聚焦于身份上的独立性,而在履职内容和程序方面已"内部董事化"。② 凡是需要董事会决议的事项,独立董事和一般董事应共同参与;凡是独立董事专管事项,独立董事应独立参与。有观点评价,要求独立董事承担更多的使命,最终将会导致独立董事变得无所作为。③

从历史沿革来看,独立董事职权扩张并非仅仅是法律上的特色制度,而是现代公司治理中被寄予信任与期待的产物。1940 年美国《投资公司法》的立法初衷是,通过任用无附属性的董事,以规范投资顾问和实际控制人欺诈投资者的乱象。为发挥董事作用,《投资公司法》赋予了董事审批协议,选聘公共审计师,核定基金价值等权力。④ 1976 年,艾森伯格教授提出公司董事会负有监督职责。⑤ 同年,美国证券交易委员会、纽约证券交易所开始要求上市公司设立由独立董事组成的审计委员会,这标志着独立董事开始履行监督职责。特拉华州最高法院认为,独立董事实际上起到"看门人"的作用,特别是在通过并购决议程序重点考察独立董事在保证决策程序正当中的作用上,

---

① 参见刘俊海:《上市公司独立董事制度的反思和重构——康美药业案中独董巨额连带赔偿责任的法律思考》,载《法学杂志》2022 年第 3 期。

② 参见曾洋:《重构上市公司独董制度》,载《清华法学》2021 年第 4 期。

③ 参见方流芳:《独立董事在中国:假设和现实》,载《政法论坛》2008 年第 5 期。

④ See Investment Company Act of 1940, Sections 15 and 32(a).

⑤ See Melvin A. Eisenberg, *The Structure of the Corporation: A Legal Analysis*, Little, Brown & Co., 1976.

而非审查交易实质。[①] 美国《萨班斯法案》强制要求上市公司设立完全由独立董事组成的审计委员会。[②] 2008年金融危机后,《多德—弗兰克法案》要求上市公司任命独立董事并组成风险委员会,进一步强调独立董事的监督职责。

可见在强化公众公司治理中,通过立法赋予独立董事更多职权的做法已成为趋势,这种做法的制度设想是面对独立董事的职权范围,上市公司应当采取更为审慎的信息披露、决策手段,最终实现公司自治并善治的效果。

2. 独立董事在公司治理中的有限功能

超级赋权的做法并未解决独立董事履职困难的问题。有学者统计了2012~2015年深圳证券交易所独立董事履职情况,发现独立董事仅提出32次弃权和反对票,粗略估算每1000次的董事会会议中才会出现1次不同的声音。[③] 此情形当然不能理解为独立董事在上千次的会议中全部绝对赞同董事会决议,将该情形理解为独立董事在履职上存在困难更为妥当,即独立董事在发表个人意见的过程中出于种种原因而不得已未明确反对。在独立董事占董事会少数的履职环境下,独立董事的表决权不能对董事会的决议产生实质性影响,而且独立董事的判断力和表决意愿很容易受到占多数席位的其他董事集体冲击。独立董事面对多数董事的压力,可能会产生羊群效应(herding),即为了保全自己选择随波逐流,同意多数派意见,而不是明确表达反对意见。也有学者指出,这是受传统文化"以和为贵""集体主义"等思想的影响,容易产生"唯董事长马首是瞻"的现象。[④] 在董事会外,独立董事发挥作用也有赖于其他配套制度的支持,如会计规则和审计要求、信息披露规则。同时,不能忽视其他主体的策应作用,如经验丰富的会计职业团体,甚至是能够及时报道各种不当行为而督促董事洁身自好的财经新闻机构等。[⑤] 有

---

① See Burks v. Lasker, 441 U. S. 471, 484 (1979).

② See The Sarbanes-Oxley Act of 2002, SEC. 301. (3)(A).

③ 参见曾斌、林蔚然等:《资本治理的逻辑》,中国法制出版社2020年版,第61页。

④ 参见郭富青:《我国独立董事的制度悖论、缺陷与解决途径——对"康美药业案"引发的独立董事辞职潮的思考》,载《学术论坛》2022年第1期。

⑤ 参见[美]弗兰克·H. 伊斯特布鲁克等:《公司法的逻辑》,黄辉编译,法律出版社2016年版,第358页。

效防范不当行为需要系统的公司治理机制，而独立董事的审查系其中一环。立法倾向于超级赋权的做法，可能会导致对独立董事的市场角色定位、法律身份认知发生偏差。

三、独立董事承担虚假陈述侵权责任的审查标准

（一）过错推定责任原则

证券虚假陈述责任归责方式因主体而异，《证券法》第 85 条规定信息披露义务人承担无过错责任，董事、监事、高级管理人员（以下简称董监高）等直接责任人员承担过错推定责任。这也就意味着，独立董事应与信息披露义务人承担连带赔偿责任，除非自证不存有过错。

1. 过错推定责任的立法选择

立法选择过错推定的方式不无道理，这是考虑到证券虚假陈述案件往往涉及会计、法律等专业领域知识，一般投资者不具备举证证明独立董事存在主观过错的能力；从公司信息获取难易的角度来说，独立董事作为公司内部人员更有可能提前知悉公司内幕信息，相较于投资者更具有信息优势，也更容易提交自身勤勉履职的相关证据材料。在实践中，推定独立董事存在过错无非是基于以下方面的事实：监管机构处罚决定或交易所纪律处分措施，独立董事的身份角色，参与审阅存在虚假的信息披露文件，表决并签字确认文件真实性。上述事实只表明独立董事与虚假陈述行为有关联，但并非决定独立董事承担虚假陈述责任的充分理由。理论上，过错推定责任本质上仍属于过错责任的一种，独立董事等直接责任人员只有在主观上存在故意或过失时才对此负有法律责任。现有裁判仅基于初步的事实判断，却忽略了对主观因素的评价，实际上将过错推定责任错误引向了无过错责任。从过错推定责任的构成要件来说，上述论述尚不周延，裁判中若能对主观状态予以关注并作出评价将更为严谨。

2. 主观过错上至少存在重大过失

根据《虚假陈述赔偿规定》第 13 条的规定，过失型虚假陈述需达到严重违反注意义务的程度。关于该过失是否需要达到重大程度，是否包含一般过

失、轻微过失存有争议。目前主流司法裁判倾向于认定独立董事应当为虚假陈述事件负责,如在康某药业案中,法院认为,独立董事"理应知道或者不可能不知道公司存在财务造假行为"。对于公开文件的真实性,独立董事负有主动调查和核实的责任,而不能轻易相信公司高级管理人员的口头陈述。[①]这种事后评价方式强调独立董事需承担应尽而未尽的职责,更多是由结果反向推断过错。反观公司法上的商业判断规则,即便独立董事的决策事后被认定是不利于公司的,只要是在不存在个人利益冲突的情况下作出的决策,一般也不会被追究责任。[②] 笔者认为,可以从主观过错程度上对于虚假陈述责任进行平衡,即独立董事仅对于存在重大过失的情形负责。立法上,2023年修订的《中华人民共和国公司法》第191条规定,董事只有因故意或重大过失给他人造成损害的,才应当承担赔偿责任。比较法上的经验也是如此,如美国1934年《证券交易法》第10b条以及美国证监会10b-5规则,在二级市场股票交易情形下,董事只有至少达到重大过失或间接故意的程度才需为虚假陈述行为负责。从实际效果来看,严苛的责任将导致个人巨大的经济负担,在无董事保险的情形下,适格人士可能会拒绝出任公司董事,最终立法者和法院也会倾向于降低注意义务标准。[③] 独立董事难以预测大多数董事会决议的结果,故应允许独立董事存在一般判断失误的情形,进而豁免责任。司法不应强求独立董事履行超出实际可能的职责并确保发现造假行为,适当降低注意义务标准并非对独立董事有意放纵,而是鼓励独立董事积极参与公司治理,降低独立董事被追责的风险和顾虑。

(二)独立董事勤勉尽责的标准

1. 内涵之一:忠实和勤勉义务

勤勉尽责是司法寄予独立董事的期望,然而现有司法裁判并未清晰界定勤勉尽责的内涵以及相关判断因素。董事对公司负有忠实义务和勤勉义务,

---

① 参见朱锦清:《证券法学》(第4版),北京大学出版社2019年版,第156页。

② 参见黄辉:《独立董事的法律义务与责任追究:国际经验与中国方案》,载《中外法学》2023年第1期。

③ 参见[美]塔玛·弗兰科:《信义法原理》,肖宇译,法律出版社2021年版,第191页。

《公司法(修订草案二次审议稿)征求意见》明确忠实义务指“不得利用职权谋取不当利益”,勤勉义务被规范为“执行职务应当为公司的最大利益尽到管理者通常应有的合理注意”。作为公司董事,独立董事是否在信息披露过程中勤勉尽责,可从忠实、勤勉义务角度予以考虑。

违反忠实义务通常理解为与公司利益存在冲突,并将自身利益置于公司利益之上。具体到独立董事履职评价上,忠实义务可结合独立性要求进行判断,考虑独立董事是否存在《上市公司独立董事管理办法》第6条第1款所列举的涉亲属、持股、任职、重大业务等否定情形。若明确独立董事存在不符合独立性要求的情形,则独立董事将丧失身份上的独立性,无法期待独立董事具有独立判断并公正决策的能力。独立性是独立董事履职的最低标准,更关注诚信善良的履职基础,属于强制性要求。在认定构成缺乏独立性判断的结论下,其他抗辩理由均无须进一步考虑。独立性判断是一种持续性的评价过程,即便在任职时独立董事身份是独立的,但若该独立董事随后在履职过程中被其他董事、控股股东拉拢或收买,也应当认定该董事缺少独立性。

勤勉义务是针对决策行为而言,对于评价履职情况具有参考性。勤勉义务的内容包含对于公司管理层的监督职能,特别指向大型上市公司的董事不进行日常决策行为,但必须监督并确保高级管理人员日常决策履行适当。① 在涉及信息披露违法的判断上,可从独立董事履行监督职责的角度入手,进一步区分不作为与乱作为。

独立董事应主动参与公司事务的管理,勤勉是对于公司事务的付出过程,甚至可按照独立董事工作时间的长短来计算独立董事是否履行了勤勉义务。在美国康迪科技集团公司案(Kandi)中,投资者诉称董事会审计委员会有失监察职责。特拉华州衡平法院考虑了该委员会2014年以来的工作情况:由董事组成的审计委员会每年只开1次会,每次会议最多只持续1个小时,会议也没有任何书面纪要。② 审计委员会缺乏有效的工作机制,长此以往,难以说明审计委员会对公司财务数据的披露以及内部控制系统进行了有

---

① 参见[美]理查德·D.弗里尔:《美国公司法》(第7版),崔焕鹏、施汉博译,法律出版社2021年版,第138页。

② See Hughes v. Hu, C. A. No. 2019 -0112 -JTL(Del. Ch. 2020).

效监督。我国法院也注意到了独立董事的履职过程,如在杨某胜案中法院提出“不需要讨论独董客观上能否防范违法行为的发生,而是应当分析在公司违法行为实施的整个过程中,其本人是否勤勉地履行了自己应当履行的职责”[①]。更有法院直接指出,勤勉义务是过程性义务和积极的注意义务,应对于涉及两项重大收入事项存在多个明显、高度异常的情况,特别是在公司业绩下滑的背景下进行持续关注和审慎监督。[②] 在涉及虚假陈述责任案件中,独立董事应当就积极履职、主动尽责的工作情况向法院进行举证说明,特别是对于公司日常事务以及引发争议的信息披露事件所付出的工作时间、所表达的态度以及特别关注程度等。若独立董事在上述事务中表现出消极、走过场式的工作态度,则难以认定为勤勉尽责。

乱作为是对独立董事参与决议情况的评价。在评价过程中,须证实独立董事存在重大过失或故意的主观过错。此外,还应当审查独立董事参与形成决策的商业因素,而非单纯质疑决策的内容。公司决议往往涉及商业决策,而法院不具备商业判断能力,亦缺乏过分介入公司决策的正当性。就信息披露程度而言,公司管理层具有一定的自由裁量权,正如美国第二巡回法院在得克萨斯海湾硫黄公司案(Texas Gulf Sulphur)中评价道,只要在证券交易所和证券交易委员会制定的披露规则允许的范围内,就不强求立即披露重大事实。披露时机是公司授权高级管理人员进行业务判断的问题。[③] 对于法院来说,评价董事的专业能力及行为非常困难,其本身就与股东赋予的管理职权相矛盾。因此,司法裁判可以考虑采用更为克制的态度,尊重公司管理层在信息披露规则允许的范围内对于信息披露内容进行适当增减的权利,将考查重点放在信息披露的决策程序上,不轻易否定专业的决策判断。

勤勉义务标准还应当根据薪酬水平作合理调整。比如,在符合一般注意和技能标准的情形下,5万元报酬要求的注意义务标准不可能比50万元报酬要求的标准更高。薪酬高低对应的勤勉判断标准应有所不同,尤其是薪酬较低的独立董事不应承担过重的责任。同时,该影响因素与传统上“多劳多得”

---

① 北京市高级人民法院行政判决书,(2019)京行终747号。

② 参见北京市高级人民法院行政判决书,(2019)京行终7613号。

③ See SEC v. Texas Gulf Sulphur Co., 401 F.2d 833 (2d Cir. 1968).

"权责一致"的观念也是相同的,更符合一般人的认知和预期。

2. 内涵之二:信息披露义务

布莱克教授提出了一项新兴的信义义务——信息披露义务,讨论了独立董事在股东进行投票时和公司完成自我交易时承担信息披露责任的标准问题。[①] 该理论回应了司法介入上市公司信息披露边界的合理性问题,对于评价独立董事勤勉尽责可供借鉴思考。该理论主要内容包括:

第一,不当信息披露往往由判断披露程度发生偏差而导致,主观状态上故意隐瞒的概率较低,不宜过分苛责。实际上,如果没有第三方专业机构的帮助,单凭法院能力,无法认定纠正后信息披露事项对于公司股价的影响。从中小投资者的角度来说,即使是提供特别翔实的信息披露,也不排除仍然无法引起投资者足够重视并据以判断投资决策的可能,交易因果关系无法予以认定,损失当然不应由信息披露义务人承担。此外,趋于严苛的司法认定标准将引发过度信息披露(over disclosure)的倾向,不利于鼓励商业冒险。

第二,独立董事与公司自我交易行为无利害关系,且信息披露判断失误情形,属于违反忠实义务与勤勉义务的中间地带,司法认定较为棘手。域外法院在处理此类案件时不再区分外部、内部董事勤勉尽责的判断标准。如在一起私有化并购诉讼中,某公司的两名内部董事利用关联交易并购其所有的目标公司。法官在讨论两名内部董事责任的同时,径行认定外部董事违反了忠实义务,理由是外部董事对于关联交易负有发表独立意见和决策的义务,违者即违反忠实义务。上述域外法院的做法也不失为一种市场警示方式,特别是在涉及自我交易等敏感披露事项时,适当提高注意标准能够敦促独立董事更为警觉,避免发生可能损害投资者利益的情况。

(三)免责抗辩事由的审查

《虚假陈述赔偿规定》第16条允许独立董事提出合法、合理范围内的抗辩,为独立董事免除责任提供了明确且具体的方向。目前该规则仅有原则性表述,有必要结合境内外经验做法对该规则的内涵和外延进行适当解释,以

---

① See Black B., *The Core Fiduciary Duties of Outside Directors*, Asia Business Law Review 3 (2001).

更好激发独立董事履行职责。

1. 信赖专家意见的抗辩

《虚假陈述赔偿规定》第16条第1款第1项规定,独立董事对不属于自身专业领域的相关具体问题,借助会计、法律等专门职业的帮助仍然未能发现问题的,法院应当认定独立董事没有过错。在诉讼中最为常见的是,公司存在财务造假,而外部审计机构已出具无保留意见的审计结论,此情形下独立董事的责任应如何评价?单从该条文表述来看,只要聘请外部专家参与相关信息披露工作并形成工作程序记录,便可免除独立董事责任。如法院所指出的,在外部审计机构出具无保留意见的报告的情况下,难以期待独立董事通过正常履职行为发现财务造假行为并提出反对意见。[①] 在实践中也有不同的声音,如有法院认为,独立董事应当就中介机构意见进行必要的核实调查,以避免不实报告的产生。[②] 专家实质上起到帮助履职的作用,独立董事仍应当就排除合理怀疑,有理由信赖专家意见的核查情况向法院进行说明。基于独立董事核查情况,法院再对是否可予免责进行判断。比如,在中某某案中,3名独立董事就公司重大资产重组事项多次与中介机构讨论,要求中介机构就发现的问题进行论证和答复,还另行聘请了第三方财务顾问等,由此证明其已经勤勉尽责。[③] 当专业意见中出现风险信号(red-flag)时,应当采取必要、合理的调查方式对该内容进行校验。如果外部专家的回复意见含糊不清,还应采取进一步沟通核查措施。总之,独立董事当然可以基于对专业能力的信任,信赖专家意见内容是准确的,但必须就自身履职核查情况向法院进一步举证证明。

2. 履行监督职责

独立董事对信息披露负有监督职责,在发现风险后运用法律规定和公司制度授予的权力表示反对,并将此信号向公众披露,方可视为履行了“看门人”的监督功能。该警示作用必须有明确态度表示以及与相应行动保持一致方才发生效果,正如《虚假陈述赔偿规定》第15条明确指出,只要投票赞成

① 参见云南省高级人民法院民事判决书,(2020)云民终1221号。
② 参见福建省福州市中级人民法院民事判决书,(2021)闽01民初354号。
③ 参见上海金融法院民事判决书,(2019)沪74民初2509号。

的,任何反对意见或反对陈述都不足以构成免责事由。在投赞成票并附相关质疑意见的情形下,虽然独立董事的意见有助于投资者识别风险,在一定程度上能降低损害发生的后果,但是其赞成决议的表态并不符合投资者对其的合理期待与信任。从因果关系的角度来说,只有在对外公开披露文件中投反对票或弃权票,抑或向监管部门投诉举报,方可视为独立董事积极主动避免损害后果的发生,并切断了侵权行为与损害后果之间的因果关系,无须为虚假陈述行为负责。

公司内部管理状态也能作为独立董事履行监督职能的评价因素。特拉华州最高法院在斯通案(Stone)中将公司内部管理情况纳入考核指标:(1)董事“完全没有建立任何汇报或信息系统”;(2)“有意识地不去监督公司运营,导致自己无法了解关于风险和问题的信息”。[①] 公司内部人员管理以及报告系统,能够确保管理受监督,信息被记录,管理流程设置科学且有效执行,可持续获得充分的运营信息,这也是独立董事履行职责的制度保障。正如法官在莱伊案(Joy)中说道,“如果缺乏信息是因为失职,那么缺乏信息不是有效抗辩。董事放任他人作出影响公司未来的重大决定,而没有履行监督义务,不能以缺乏信息作为抗辩,因为缺乏信息本身就违反了勤勉义务”[②]。由此,法院可尝试将审查监督职责的方向拓展至公司内部合规治理上——独立董事是否督促上市公司按照法律或监管要求完成信息披露制度设计,是否设置了相关机构并明确职责,是否会对信息披露工作运作机制进行定期评价及改进等。

3. 履职规范性

《虚假陈述赔偿规定》还提到,独立董事提供自身按照法律法规、章程要求履行职责的相应证据和事实,可以免责。我国《上市公司独立董事管理办法》第 30 条第 1 款对履职规范进一步细化,要求独立董事每年在上市公司的现场工作时间应当不少于 15 日。独立董事通过定期获取公司运营资料,听取管理层汇报,与审计部门沟通,实地考察,与中小股东沟通等方式履行职责。该办法对于独立董事工作提出了出勤率、参与度要求,法院可据此评价

---

① See Stone v. Ritter, 911 A. 2d 362, 370(Del. 2006).

② Joy v. North, 692 F. 2d 880,896(2d Cir. 1982).

独立董事履职情况。独立董事应当就其参与公司事务的时间,定期掌握公司运营情况,听取汇报,沟通交流等情况向法院说明并提供相应工作记录佐证,以证明其已按照规范要求履行职责。独立董事亦可援引公司章程作为履职依据,但是否应当包含章程中约定免除独立董事责任的部分,仍然是需进一步明确的内容。美国各州制定成文法允许公司在章程中约定,在某些情形下董事违反对公司所负义务,无须承担责任。美国《商事公司示范法》第2.02(b)(4)条设立了这样的条款,对以董事身份履职的行为或未能履职的行为,豁免或限制董事对公司或者股东所负的金钱赔偿义务。在我国公司法语境下,是否可将独立董事免除虚假陈述责任事项列入公司章程,尚不能得出肯定答案,但可以肯定的是,公司章程条款作为判断独立董事履职的依据之一,公司章程的免责效力同时应当受到限制。对于收取不正当经济利益,故意损害公司利益等已经违反法律法规强制性规定的情形,即便符合公司章程约定情形,仍应视为未达到履职规范的要求。

四、独立董事承担虚假陈述侵权责任的认定

(一)比例连带责任的新路径

在证券虚假陈述民事赔偿案件中,董监高等直接责任人员承担一定比例连带责任的裁判路径成为主流趋势,但该路径缺乏法律上的支撑。根据《证券法》第85条的规定,在证券市场信息披露违法案中,董事应当与发行人承担连带赔偿责任,该责任形态是"全有或全无"的,带有折中意味的比例连带责任形态并无明确法律依据。有法院援引了1998年《证券法》第161条以及2003年《最高人民法院关于审理证券市场因虚假陈述引发的民事赔偿案件的若干规定》(已失效)第24条关于专业机构和人员承担相应部分赔偿责任的条文表述来回应该问题。[①] 尚且不论上述规范的现行有效性,单从适用范围而言,上述规则仅适用于外部中介服务机构,类推适用于董监高等直接责任人员缺乏正当性。

---

① 参见上海市高级人民法院民事判决书,(2020)沪民终666号。

在实践中普遍采纳独立董事承担比例连带责任的做法，并非全无道理。其一，共同故意为连带责任的基础，独立董事伙同信息披露义务人实施虚假陈述行为，承担连带责任无可厚非。其二，虚假陈述并非单一主体的单一行为，而是多个主体的、系列复合行为。信息披露文件的造假，至少是由公司负责人、财务、董事决议以及信息发布的若干行为共同组成。① 从投资者的角度来说，其投资决策受信息披露的提供者和核验者的共同影响，责任主体不存在争议。仅是不同责任人究竟在多大程度上、多大比例上构成对投资决策的影响，无法判断。比例连带责任依据《虚假陈述赔偿规定》第23条第1款，对不同主体的责任大小进行划分，符合责任承担与侵权行为及主观过错程度相匹配的原则，②达到了权责一致、过罚相当的法律效果。当独立董事对信息造假、违规信息披露等行为不知情，与发行人不存在意思联络的情况时，比例连带责任的形态更像是参照无意思联络多数人侵权中采用的按份责任，通过比较过错和原因力因素进一步细化责任。对外，发行人、独立董事的连带责任是一个整体，二者均有义务向投资者赔偿损失；对内，比例连带责任明确了发行人、独立董事的不同责任份额。这既对外解决了投资者保护问题，又对内完成责任比例的划分，将多个被告的案件在同一案件中一并处理，实际上更好地化解了纠纷。

（二）司法自由裁量的因素

独立董事作为侵权责任人，责任份额大小属于法官自由裁量的范畴，虽无必要完全对影响责任比例的因素定量化，但不代表可毫无章法地裁判。根据侵权责任构成理论，可从过错和原因力方面进行考虑。

在过错方面，可以结合独立董事主观认识或心态判断：若独立董事对虚假信息披露是明确知悉的，则在此情形下独立董事显然存在主观故意，甚至是恶意。若独立董事完全确信公司信息披露内容，或是不清楚、不确定信息

---

① 参见赵旭东：《论虚假陈述董事责任的过错认定——兼〈虚假陈述侵权赔偿若干规定〉评析》，载《国家检察官学院学报》2022年第2期。

② 参见最高人民法院民事审判第二庭编著：《〈全国法院民商事审判工作会议纪要〉理解与适用》，人民法院出版社2019年版，第436页。

披露内容真实性,则需结合具体案件事实进一步判断。此时,独立董事既有可能成立放任造假行为的间接故意,也可能因对董事会过分轻信而构成重大过失,还有可能处于因职位处境无法获知的无过错状态。在责任分担上,可根据独立董事的过错细化责任比例的尺度:独立董事存在故意或有重大过失等较大过错的,承担责任份额较大;过错程度较轻或过错认定的事实依据不足的,可以酌情认定承担较少责任份额或者免责。

原因力因素则是考虑主体行为对于公司不利结果的发生或扩大所起到的不同影响和作用程度。在构成投资者损失的共同原因中,发行人、中介机构、公司高级管理人员等角色的行为对于投资者损失的产生或扩大均存在影响。《虚假陈述赔偿规定》第14条规定,可综合考量独立董事"工作岗位和职责、在信息披露资料的形成和发布等活动中所起的作用、取得和了解相关信息的渠道、为核验相关信息所采取的措施等实际情况",进行责任认定和比例切割。独立董事作为与公司经济、关系保持独立的董事,不承担公司业务管理职责,不介入具体经营事项,故无法苛求独立董事对公司所有事项都完全了解和掌握。特别是相对于内部董事而言,独立董事了解程度更低。考虑到独立董事的职能定位,免除责任或仅承担小比例责任的实践做法是符合预期的。独立董事在信息披露资料的形成和发布等活动中所起的作用,应当结合独立董事取得和了解相关信息的渠道、为核验相关信息所采取的措施一并考虑。董事不是刺探不法行为的间谍(espionage to ferret out wrongdoing),[①]亦不是调查公司财务、信息披露造假的侦探,不能因法律超额赋权而提高勤勉尽责标准。在大多数情况下,独立董事只是参与文件后期的审阅、签字,不应苛求其知道或应当知道信息虚假。有观点提出,在现有信息披露制度下,独立董事在获取信息的渠道上与投资者或外部机构相似,甚至一些机构投资者可以采用专业的调查和技术手段获取一般董事无法接触的重要信息。[②] 因此,若机构投资者没有发现财务造假行为,亦不能苛求独立董事。但是,独立董事因职位的特殊性,具有获取、审查公司信息和文件,参与制定公司计划的

---

① See Graham v. Allis-Chalmers Mfg. Co., 188 A.2d 125 (Del. 1963).

② 参见李志刚等:《证券虚假陈述纠纷中独立董事的赔偿责任:案例、法理与制度完善》,载《人民司法》2022年第1期。

权利，存在对披露事项进行评估并确定是否有必要采取进一步调查行动的机会和可能性。对于披露事项中的明显的危险信号信息，独立董事应当重点关注并采取调查核验行动。特别是当独立董事的专业性与信息披露内容存在较高相关度时，独立董事的相关核验、调查措施应当更符合专业判断，必要时法院可以参考同行业专家的意见进行检验。

五、总结与思索

独立董事被采取行政处罚措施并不必然等同于独立董事在虚假陈述过程中存在过错，也不必然导致民事赔偿责任。行政处罚的事实和结果仅作为民事诉讼中证明独立董事存在过错的初步证据，应允许独立董事提出抗辩意见及履职证明，再由投资者根据抗辩意见进一步举证，法院应根据双方诉辩意见、全案事实以及证据综合判断。如此一来将更符合民事侵权责任的认定逻辑，也不失为一条兼具合法性、合理性的裁量路径。

回头来看，康某药业案是司法机关参与独立董事制度改革的良好契机。在涉独立董事责任案件中，司法裁判既可体现严惩独立董事懈怠过失的决心，回应投资者追偿的迫切需求，又可化解独立董事勤勉尽责的履职风险，为独立董事提供履职典范。独立董事制度未来的发展方向可以《虚假陈述赔偿规定》供给独立董事的合理抗辩为抓手，运用主客观统一的判断标准在独立董事功与过之间进行评价，寻求避免市场寒蝉效应与促使独立董事勤勉尽责之间的平衡点，为独立董事创造更多可作为的空间。

揭开非典型担保面纱:资管纠纷中差额补足文件的性质、效力及法律责任*

王　潇** 余甬帆*** 王　瑜****

引　言

近年来,差额补足文件逐渐成为资管产品中普遍运用的一项增信措施,资管纠纷中涉及差额补足文件的案件占比也呈上升趋势。《中华人民共和国民法典》(以下简称《民法典》)引入功能主义担保理念,扩宽了担保的类型和担保的客体范围,为差额补足文件的性质解释预留了法律空间,关于差额补足的具体规定则散见于《全国法院民商事审判工作会议纪要》(以下简称《九民纪要》)和《最高人民法院关于适用〈中华人民共和国民法典〉有关担保制度的解释》(以下简称《担保制度解释》)中。但在实务中,涉差额补足资管产品的交易结构复杂,部分条款文义设计模糊,差额补足文件的性质认定仍存在分歧,导致法院对差额补足债权债务主体的权责界定产生差异。为落实民商事审判中对各方主体平等保护的理念,法院应转变侧重保护债权人利益的固有思路,兼顾责任方利益。① 秉承上述理念,本文从差额补足文件的法律性质、法律效力、责任形态、责任范围等方面依次展开探讨,以期为类案处理提

---

* 本文获评全国法院第三十五届学术讨论会三等奖。

** 法学硕士,上海市虹口区人民法院金融审判庭审判员。

*** 法学硕士,上海金融法院综合审判第三庭审判员。

**** 法学硕士,上海市虹口区人民法院金融审判庭法官助理。

① 参见刘贵祥:《民法典关于担保的几个重大问题》,载《法律适用》2021 年第 1 期。

供思路借鉴。

一、实证检视:差额补足文件的司法认定分歧

通过中国裁判文书网、法信、威科先行、北大法宝、巨潮资讯网等平台,以“差额补足”“差额补偿”“承诺函”“回购”等为关键词进行案例检索,共检索到判决书200余份,本文筛选出具有典型性的判决书50余份,比较分析当前差额补足文件在法律性质、法律效力和责任认定方面的司法裁判现状和认定分歧。

(一)差额补足文件性质认定不同

法律性质的探明是决定规则适用的重要前提。当差额补足文件意思表示清晰明确时,法院一般会尊重当事人的意思自治作出相应的性质认定。[①]但当相关文件内容没有明确具体的担保或债务加入等表述时,相关文件的法律性质应当如何界定往往成为审理难点。在实务中,差额补足文件可能归为保证、债务加入、独立合同以及单方允诺四种类型,不同的性质认定反映出的是裁判者不同的价值预设和选择。

1. 保证合同 VS. 债务加入

对于同一文件内容的考量角度不同会形成不同的法律判断,如北京风某某某投资管理有限公司诉世某某某投资集团有限公司等合同纠纷案,由于一审、二审在判断相关约定是否符合担保从属性时的关注重点不同因而对同一文件作出了不同的性质认定:一审法院将合同约定的责任范围作为判断担保从属性的核心要素,认为关于责任内容的约定并未限定于保证责任范围,关于追偿权的约定也较一般的保证合同有所不同,故该约定不具备从属性特征,应当界定为债务加入;二审法院则认为在判断从属性时责任承担是否有前提条件更为关键,若补足方的责任承担系以基础合同的债务人不能履行为前提,且补足方在履行后可以向基础合同中的债务人追偿,则相关约定符合

---

① 如在(2021)最高法民终511号案件中,《补足协议》明确表示为债务人在主合同项下的债务提供担保,故法院认定该合同为保证合同。

保证合同从属性的法律特征,应当认定为保证合同。(见表1)

表1 从属性判断:侧重责任范围VS侧重履行顺位

<table>
<tr><th>案号</th><th>权利人</th><th>义务人</th><th>文件名称</th><th>内容表述</th><th>合同性质</th><th>理由</th></tr>
<tr><td>(2020)京01民初375号</td><td rowspan="2">股权收购方(回购权利人)</td><td rowspan="2">回购关系外的第三方公司</td><td rowspan="2">《差额补足协议》</td><td rowspan="2">为保障丁方(超某北京公司)回购协议义务的履行,甲方(金某公司)同意向乙方(风某公司)提供差额补足义务……若丁方未能按照《回购协议》及时支付回购价款,则乙方有权要求甲方按照《回购协议》约定的回购价款进行差额补足,甲方承诺在收到乙方书面通知后30个工作日内,根据通知所载金额代丁方支付《回购协议》项下应付资金</td><td>一审:债务加入</td><td>相关协议并未将金某公司的义务限定于保证责任,且金某公司的债务并不具有从属性,故在本案中,金某公司应承担债务加入责任</td></tr>
<tr><td>(2021)京民终754号</td><td>二审:保证合同</td><td>金某公司是对主债务人超某北京公司不能履行的差额部分承担责任,而且金某公司承担责任后,有权行使追偿权。上述约定亦符合保证合同从属性的法律特征。故《差额补足协议》性质应为保证合同</td></tr>
</table>

2. 保证合同VS. 独立合同

在徐某诉杭州新某某影视投资管理股份有限公司等合同纠纷案中,一审、二审对于文义优先和实质优先的选择不同导致认定结果也不相同:一审从文义优先角度出发,以合同的文义表述作为认定标准,因合同文本采用了"担保"表述,故认定涉案差额补足文件为保证合同;二审则从实质优先角度出发,认为有无可保主债务是保证的本质特征,即保证法律关系的成立必须以主债务存在为前提,而涉案基础合同系私募基金合同,并不构成债权人与债务人的关系,故系争差额补足文件系独立合同。(见表2)

表2　文义优先VS实质优先

<table>
<tr><th>案号</th><th>权利人</th><th>义务人</th><th>文件名称</th><th>内容表述</th><th>合同性质</th><th>理由</th></tr>
<tr><td>(2019)浙0108民初3361号</td><td rowspan="2">私募基金投资人</td><td rowspan="2">管理人的母公司</td><td rowspan="2">《差额补足承诺函》</td><td rowspan="2">在投资项目到期时，若投资额不低于300万元的A类份额投资者，所获收益不足按本金存续期11%年收益率计算所得的收益，则新某某投资公司将提供差额补足担保，支付差额部分，确保该类投资者收回全部投资本金并获得年化11%的投资收益</td><td>一审：保证合同</td><td>《差额补足承诺函》是对涉案基金所作的一种增信措施，实际上是向新某某玖号基金的投资人提供一种保证担保</td></tr>
<tr><td>(2020)浙01民终3445号</td><td>二审：独立合同</td><td>徐某关于私募基金不存在“保证”的主债权，保证无依附成立，新某某投资公司、新某某文化公司、新某某咨询公司应向徐某承担独立的差额补足之债</td></tr>
</table>

3. 单方允诺VS. 债务加入

在安某信托股份有限公司诉中某某某建设控股集团有限公司营业信托纠纷案中，一审、二审对于差额补足承诺被补足对象接受后的结果观点不同，进而作出了不同的认定：一审认为，差额补足方所作出的回购股权的承诺，系基于单方的意思表示成立且为自身设立了义务，属于单方允诺的法律行为；二审则认为，该承诺是以单方允诺的方式加入了原债务，而补足对象亦对此纯获利益行为予以接受，故应当构成债务加入。(见表3)

表3　被接受仍为单方允诺VS被接受为债务加入

<table>
<tr><th>案号</th><th>权利人</th><th>义务人</th><th>文件名称</th><th>内容表述</th><th>合同性质</th><th>理由</th></tr>
<tr><td>(2017)沪民初14号</td><td rowspan="2">股权受让方(回购权利人)</td><td rowspan="2">股权出让方(回购义务方)的关联公司</td><td rowspan="2">《承诺函》</td><td rowspan="2">若河南中某某公司在向安某公司回购股权收益权并支付回购总价款过程中未按约定付款,以及按照《转让及回购合同》的约定安某公司未从河南中某某公司获得股权收益权回购价款和回购溢价款,中某某公司将在安某公司发出《股权收益权受让通知书》后5个工作日内无条件收购安某公司所持有的本案系争股权收益权</td><td>一审:单方允诺</td><td>所作承诺系中某某公司单方允诺的法律行为,所承诺的是中某某公司以回购股权收益权的方式,偿付河南中某某公司所欠安某公司的全部股权收益权回购价款及回购溢价款</td></tr>
<tr><td>(2018)最高法民终867号</td><td>二审:债务加入</td><td>《承诺函》系中某某公司的单方允诺,该承诺经安某公司接受,双方达成合意,中某某公司就河南中某某公司向安某公司支付案涉回购总价款的义务,构成债务加入</td></tr>
</table>

(二)差额补足文件效力认定不同

实践中存在几个可能影响效力判断的特别问题,如不同主体出具的差额补足文件是否均因“刚性兑付”而无效,不同法律性质的文件是否均适用公司对外担保效力规则等,仍未在实务中形成统一的裁判标准。

1. 关联方出具的差额补足文件:刚性兑付无效VS. 合法有效

法院对于关联方出具的差额补足文件的效力裁判观点并不统一。观点一:关联方出具的差额补足文件属于刚性兑付无效。如在案例(2020)赣0102民初296号中,法院认定关联方出具的差额补足文件属于关联利益主体作出的刚性兑付承诺,此种承诺违背了涉及金融安全、市场秩序等公序良俗的监管规定,应被认定为无效。又如在案例(2021)沪0109民初13950号中,法院认定相关差额补足承诺属刚性兑付,该承诺违背了私募基金“利益共享、风险共担”的基本原则,有损社会公共利益,应为无效合同。观点二:关联方出具的差额补足文件有效。如案例(2019)沪74民初601号认为,刚性兑付是指资产管理产品的发行人或者管理人对投资者承诺保本保收益的行为,而关联方并不包含在上述规制主体之中,故而关联方出具的差额补足文件宜认定为有效。值得关注的是,2019年12月23日公布实施的《私募投资基金备案须知》(已失效)明确规定禁止管理人的关联方承诺本金及收益,[①]但在目前检索到的支持关联方差额补足的案例中,尚未发现涉及该规定有效期内的相关论述。(见表4)

表4 关联方出具的差额补足文件效力

案号	权利人	义务人	文件名称	效力	理由
(2020)赣0102民初296号	私募基金投资人	管理人的控股股东	《差额补偿及回购承诺》	无效	保底条款免除了基金份额持有人应承担的投资风险,致使当事人民事权利义务严重失衡
(2021)沪0109民初13950号	私募基金投资人	管理人的控股股东	《承诺函》	无效	《承诺函》属于保本保收益,本质上是有意规避监管,属刚性兑付,违背了私募基金“利益共享、风险共担”的基本原则,破坏了资本市场的合理格局,不利于金融市场的风险防范,有损社会公共利益,应为无效合同
(2019)沪74民初601号	优先级有限合伙(私募基金投资人)	执行事务合伙人的母公司	《差额补足函》	有效	被告并非所涉投资资金的管理人或者销售机构,不属于《私募股权投资基金监督管理暂行办法》所规制的私募基金管理人或私募基金销售机构不得承诺投资本金不受损失或者承诺最低收益的行为

2. 劣后级受益人向优先级受益人作出的承诺:结构化安排有效VS.违反监管规定无效

劣后级受益人向优先级受益人作出的差额补足承诺的效力虽未被行业

① 《私募投资基金备案须知》第13条第1款规定:“管理人及其实际控制人、股东、关联方以及募集机构不得向投资者承诺最低收益、承诺本金不受损失,或限定损失金额和比例。”

监管规定认可,[①]但鉴于《九民纪要》对此种交易安排的肯定,在实务中多数法院倾向于同《九民纪要》的规定保持一致,不过也存在不同声音。观点一:劣后级受益人向优先级受益人作出的差额补足承诺是一种有效结构化安排。如在案例(2019)沪74民初3338号中,法院认为A1类委托人与A2类委托人之间已实质上形成优先级和劣后级的结构,该结构化安排不违反法律法规应为有效;在案例(2020)沪民终567号中,法院则在认可效力的基础上进一步将这种结构化安排定性为独立合同,在交易未能按期完成的情况下,劣后级应无条件独立承担支付义务。观点二:结构化安排仍可能因违反监管规定而无效。如在案例(2022)京02民初42号中,《差额补足协议》的签订使案涉股票投资信托具备了结构化特征,实质上演变为由非证券经营机构向投资者提供融资融券服务,该行为因违反场外配资相关监管规定而无效。(见表5)

表5　劣后级受益人向优先级受益人作出的承诺效力

案号	权利人	义务人	文件名称	效力	理由
(2019)沪74民初3338号	信托A1类委托人	A2类委托人	《陆家嘴信托浦银7号集合资金信托计划差额付款合同》	有效	无锡中某公司与浦某银行之间已实质上形成优先级和劣后级的结构,不违反法律规定,应为有效
(2020)沪民终567号	私募优先级合伙人	私募劣后级合伙人	《差额补足函》	有效	光某资本公司系基于自身利益需求,自愿利用上述结构化安排以及《差额补足函》的形式,与招某银行就双方的投资风险及投资收益进行分配,该行为不构成法定无效情形
(2022)京02民初42号	优先级委托人	一般级委托人	《差额补足协议》	无效	《差额补足协议》实质上属于非证券经营机构向投资者提供的股票融资行为,具有股票配资功能,因违反特许经营规定而无效

① 参见《中国人民银行、中国银行保险监督管理委员会、中国证券监督管理委员会、国家外汇局关于规范金融机构资产管理业务的指导意见》第21条、《证券期货经营机构私募资产管理业务运作管理暂行规定》第4条、《证券期货经营机构私募资产管理计划备案管理规范第3号——结构化资产管理计划》。

3. 违反低位阶监管规定:背俗无效 VS. 合法有效

除《九民纪要》第91条外,在部门规章及行业监管规定中也存在对不同形态的"刚性兑付"进行规制的各类规定,实务对于违反低位阶监管规定的行为的处理路径有所不同。观点一:违背公序良俗故无效。在案例(2022)京0102民初5862号中,法院认定涉案差额补足协议实质上为上市公司定增股票进行了"刚性兑付",违反了法律及《证券发行与承销管理办法》(2023年修订)的相关规定①,损害了社会公众利益,故无效。观点二:发生于新老划断前则有效。在案例(2021)最高法民终423号中,法院认定差额补足行为发生在2020年《上市公司非公开发行股票实施细则》(已失效)相关禁止性规定②新增之前,故相关规定不应在本案中适用,因此差额补足有效。观点三:承诺内容不属禁止行为故有效。在案例(2020)陕民终859号中,法院认定案涉差额补足文件的内容并非对信托财产的盈亏作出补足承诺,而是关于信托费用支付的约定,不属于《中国银行业监督管理委员会关于严禁信托投资公司信托业务承诺保底的通知》(已失效)中的禁止行为,③应为有效。(见表6)

表6 违反低位阶监管规定的效力

案号	权利人	义务人	文件名称	刚性兑付规定	效力	理由
(2022)京0102民初5862号	信托公司	目标公司的实控人	《合作协议》	《证券发行与承销管理办法》(2023年修订)	无效	《合作协议》损害投资者的合法权益,还损害资本市场交易秩序与交易安全,损害金融安全与社会稳定等社会公共利益

① 《证券发行与承销管理办法》(2023年修订)第38条规定:"上市公司向特定对象发行证券的,上市公司及其控股股东、实际控制人、主要股东不得向发行对象做出保底保收益或者变相保底保收益承诺,也不得直接或者通过利益相关方向发行对象提供财务资助或者其他补偿。"

② 2020年《上市公司非公开发行股票实施细则》第29条规定:"上市公司及其控股股东、实际控制人、主要股东不得向发行对象作出保底保收益或变相保底保收益承诺,且不得直接或通过利益相关方向发行对象提供财务资助或者补偿。"

③ 2004年《中国银行业监督管理委员会关于严禁信托投资公司信托业务承诺保底的通知》(银监通〔2004〕8号)第2条规定:"信托投资公司不得以信托合同、补充协议或其他任何方式向信托当事人承诺信托财产本金不受损失或者保证最低收益。信托投资公司应当在其营业场所显著位置对不得承诺保底的有关规定进行公示,并在签订信托合同时,以书面形式向当事人申明上述内容。"

续表

案号	权利人	义务人	文件名称	刚性兑付规定	效力	理由
(2021)最高法民终423号	信托B类受益人	目标投资公司的控股股东	《差额补足协议》及《补充协议》	2020年《上市公司非公开发行股票实施细则》	有效	该实施细则第29条属于2020年2月14日新增加条款,王某向方某某某信托公司承诺履行差额补足义务的行为发生在该条款施行之前,故该条款不适用于本案
(2020)陕民终859号	信托受益人	信托委托人	信托合同中的差额补足条款	《中国银行业监督管理委员会关于严禁信托投资公司信托业务承诺保底的通知》	有效	表述的内容均是要求委托人金某公司按照信托合同标的总额的相应比例支付相关信托费用,并非信托公司对管理、运用和处分信托财产的盈亏所作出的承诺

4. 独立合同是否适用公司对外担保规定:不适用VS.适用

当公司提供的差额补足被定性为独立合同时,是否仍应受到《中华人民共和国公司法》(以下简称《公司法》)第15条[①]的规制,在实务中存在分歧。观点一:独立合同不应当适用《公司法》第15条。如案例(2020)沪民终618号认为,《公司法》第15条是有关公司对外担保的特殊规定,因独立合同不属于公司对外担保行为,故无须履行对外担保的程序性要求。观点二:独立合同也应当适用《公司法》第15条。如案例(2022)粤民终1734号认为,差额补足属于广义的非典型的人的担保,对于补足方而言是一种纯负担合同,这种负担对公司和股东利益带来的影响同公司对外担保是一致的,基于"实质重于形式"的监管要求,应当对《公司法》第15条的适用范围进行目的性扩张解释。(见表7)

① 《公司法》第15条规定:"公司向其他企业投资或者为他人提供担保,依照公司章程的规定,由董事会或者股东会、股东大会决议;公司章程对投资或者担保的总额及单项投资或者担保的数额有限额规定的,不得超过规定的限额。公司为公司股东或者实际控制人提供担保的,应当经股东会决议……"

表 7 独立合同是否适用公司对外担保规定

案号	文件名称	义务人类型	有无内部决议	是否适用《公司法》第 15 条	理由
(2020)沪民终 618 号	《差额补足函》及《承诺函》	公司	无决议	不适用	《差额补足函》及《承诺函》具有独立性,不属于公司对外担保,不应适用公司法有关公司对外担保的特别规定
(2022)粤民终 1734 号	《差额补足协议》	上市公司	无决议	适用	在对公司与股东利益的影响上,差额补足义务与担保责任是一致的,应当要求法定代表人代表公司签订《差额补足协议》时经过公司机关决议

(三)差额补足的责任承担类型多样

对于合同性质和效力的分析最终落脚在责任承担上,实务中除对于合同性质和合同效力存在差异化认定外,在差额补足的责任形态和责任范围问题上也存在不同处理思路。

1. 责任形态:无责 VS. 过错责任 VS. 连带责任 VS. 补充责任

差额补足文件被认定为无效后,补足方承担的责任形态在司法实践中也呈现出不同:当差额补足文件被认定为无效保证合同时,实务中存在无责、承担连带责任、承担补充责任等类型。观点一:补足方无责。在案例(2018)京04 民初 207 号中,相关差额补足文件因违反《公司法》第 15 条而无效,法院认定补足承诺人无须承担责任。观点二:补足方承担连带责任。在案例(2021)沪 0109 民初 13950 号中,案涉差额补足合同因涉及“刚性兑付”被认定为无效,法院认定补足对象对该合同的无效不存在过错,补足方应当与债务人对原告的经济损失承担连带赔偿责任。观点三:补足方承担补充责任。在案例(2021)最高法民终 511 号中,相关差额补足文件亦因违反《公司法》第 15 条而无效,法院认定补足对象和补足方均对合同无效存在过错,故补足方应对基础合同义务人不能清偿的部分承担 1/2 的补充责任。(见表 8)

表8　无效保证合同的责任形态

案号	权利人	义务人	文件名称	合同性质	效力	责任类型
(2018)京04民初207号	信托贷款人	信托借款人的关联公司	《流动性支持函》	保证	无效	无责
(2021)沪0109民初13950号	基金管理人	管理人的控股股东	《承诺函》	保证	无效	连带责任
(2021)最高法民终511号	信托贷款人	信托借款人的关联公司	《补足协议》	保证	无效	补充责任

值得一提的是,如果差额补足文件被认定为有效保证,那么法院会在合同被认定为保证的基础上依据合同内容有无履行顺位进一步划分出一般保证或连带保证:若相关表述包含"主债务人未能支付""对剩余进行补足"等类似内容,则系赋予了补足方先诉抗辩权,故补足方应当承担的是一般保证责任;反之,则应当为连带保证责任。

当差额补足文件被认定为无效的债务加入时,实务中也存在无责及补充责任等类型。观点一:补足方无责。在案例(2019)最高法民终1438号中,相关差额补足合同因违反《公司法》第15条而无效,法院认定补足对象存在过错,不能认定为善意相对人,故对补足诉请不予支持。观点二:补足方承担补充责任。在案例(2019)沪0104民初4517号中,相关差额补足合同亦因违反《公司法》第15条而无效,法院认定补足对象和补足方对债务加入的无效均有过错,故酌定差额补足方对基础合同义务人不能清偿部分的1/2向补足对象承担赔偿责任。(见表9)

表9　无效债务加入的责任形态

案号	权利人	义务人	文件名称	合同性质	效力	责任类型
(2019)最高法民终1438号	并购贷款人	借款人关联方	函件	债务加入	无效	无责

续表

案号	权利人	义务人	文件名称	合同性质	效力	责任类型
(2019)沪0104民初4517号	私募基金投资人	回购义务人的关联公司	《九龙寺传统文化私募投资基金临时公告》	债务加入	无效	补充责任

差额补足文件被认定为无效独立合同或单方允诺的,在实务中存在过错责任和补充责任等类型。观点一:补足方承担过错责任。在案例(2021)粤01民终15513号中,相关差额补足文件属于"刚性兑付"被认定为无效,补足方对无效存在过错,法院酌定补足方对补足对象的损失承担70%的过错责任。观点二:补足方承担补充责任。在案例(2022)粤民终1734号中,差额补足文件因违反《公司法》第15条而被认定为无效,补足对象对此过错较大,故认定补足方对基础合同义务人不能清偿部分的1/2承担赔偿责任。(见表10)

表10　无效独立合同的责任形态

案号	权利人	义务人	文件名称	合同性质	效力	责任类型
(2021)粤01民终15513号	信托委托人	信托投资顾问	《投资顾问服务协议书》	单方赎回承诺	无效	过错责任
(2022)粤民终1734号	信托受益人	第三方公司	《差额补足协议》	独立合同	无效	补充责任

2. 责任范围:是否包含违约金及资金占用损失

对于补足对象要求补足方支付补偿性违约金的,若差额补足文件有明确约定,法院一般予以支持,但是对于违约金的标准存在不同处理思路。观点一:违约金调整标准为日利率万分之五。案例(2021)京民终523号认为,当补足对象诉请的违约金标准明显超过违约行为造成的损失时,法院应当对违约金标准进行调整,酌定违约金按照日万分之五标准支付。观点二:违约金调整标准为年利率24%。案例(2019)鄂民初49号认为,非银行金融机构作为差额补足对象的,违约金利率应当适用司法对于金融机构借款利率的相应规定,在补足方未再提出酌减要求的情况下,案涉违约金的计算标准应为年利率24%。观点三:违约金调整标准为4倍贷款市场报价利率(Loan Prime Rat,LPR)。案例(2021)最高法民终423号认为,非银行金融机构主张的违约金标准应当结合当事人的过错程度以及预期利益等因素综合认定,虽然案涉合同行为发生在2019年8月20日之前,但仍可以适用现行民间借贷利率标准,故利率保护上限应为起诉时1年期贷款市场报价利率4倍。(见表11)

表11 违约金的适用标准

<table>
<tr><th>案号</th><th>权利人</th><th>义务人</th><th>文件名称</th><th>约定标准</th><th>违约金调整标准</th><th>理由</th></tr>
<tr><td>(2021)京民终523号</td><td>信托公司</td><td>第三方公司</td><td>《差额补足协议》</td><td>每日0.1%</td><td>日万分之五</td><td>约定的违约金明显超过了京某某某天津公司、王某违约给华某信托公司造成的损失。法院酌定违约金按照日万分之五标准支付</td></tr>
<tr><td>(2019)鄂民初49号</td><td rowspan="2">信托B类受益人</td><td rowspan="2">目标投资公司的控股股东</td><td rowspan="2">《差额补足协议》</td><td rowspan="2">每日0.5%</td><td>一审:年利率24%违约金</td><td>国某信托公司为非银行金融机构,人民银行对于金融机构贷款利率管制的放松并不意味着可以无限上浮贷款利率,因限制金融机构借款利率上限尚无明文规定,应参照民间借贷利率的保护上限即年利率24%予以保护</td></tr>
<tr><td>(2021)最高法民终423号</td><td>二审:4倍LPR</td><td>国某某某公司所主张的金额与资金占用损失相比过高,酌情调整为原告起诉时1年期贷款市场报价利率4倍</td></tr>
</table>

对于未明确约定的资金占用损失能否得到支持,实务中存在争议。观点一:无合同约定则不支持。在案例(2021)京民终754号中,原告主张的资金占用损失缺乏合同依据,法院依次驳回了原告该项诉请。观点二:无合同约定亦可支持。在案例(2020)沪民终567号中,虽差额补足合同未对资金占用损失的负担进行过约定,但该合同明确约定了差额补足的支付时间,逾期未

付款的应当支付相应的资金占用利息，利率可以同期全国银行间同业拆借中心公布的贷款市场报价利率为基础再参照中国人民银行逾期罚息利率标准计算。（见表12）

表12 资金占用损失是否支持

案号	权利人	义务人	文件名称	约定	是否支持利息	理由
（2021）京民终754号	股权收购方（回购权利人）	回购关系外的第三方公司	《差额补足协议》	无	不支持	风某公司的利息主张已超过《差额补足协议》中金某公司的债务金额，且无合同明确依据，故不予支持
（2020）沪民终567号	优先级有限合伙（私募基金投资人）	执行事务合伙人的母公司	《差额补足函》	无	支持	现资管计划于2019年5月5日到期，基金至该日期也已成立届满36个月，故原告要求被告自2019年5月6日起承担逾期付款损失的诉讼请求具有事实和法律依据，本院予以支持

二、现状探缘：涉差额补足文件纠纷裁判不一的原因分析

涉差额补足文件裁判不一的原因，主要在于立法、监管和学界对差额补足这一增信措施的法律性质认识尚不统一。

（一）法律依据待细化

法律规定是涉差额补足文件裁判的重要依据，但涉差额补足文件方兴未艾，相关法律依据供给不足，这是导致裁判不一的重要因素。

目前，涉及差额补足文件的司法审判文件仅有《九民纪要》《担保制度解释》。其中，《九民纪要》并非司法解释，不能作为裁判依据援引，仅系裁判文

书的说理依据。《九民纪要》第91条[①]规定了差额补足文件等增信措施的性质。这是最高人民法院通过规范性文件的方式,首次明确司法审判对差额补足文件的定性意见,即承担差额补足义务可解释为保证。《九民纪要》第90条第1款[②]规定了劣后级受益人的责任承担,第92条[③]规定了保底或者刚性兑付条款无效,由此确认了保底信托效力认定的规则:对于受托人自己承担保底之债的保底信托,信托有效但保底条款无效;对于采用结构化安排且有差额补足条款的保底信托,信托和保底条款均有效。[④]

此后,《担保制度解释》第36条[⑤]进一步明确了差额补足文件的性质,在《九民纪要》的基础上,最高人民法院通过更高效力等级的司法解释的方式,进一步细化确认了司法审判意见,即差额补足义务可解释为保证或债务加入,并为将该类文件理解为独立合同留出了制度空间。从《担保制度解释》的体系上看,《担保制度解释》将第三方承诺代为履行回购义务的增信措施定性为让与担保,置于非典型担保部分规定;将第三人向债权人提供差额补足、流动性支持等类似承诺文件的增信措施分别定性为保证、债务加入和独立合

① 《九民纪要》第91条规定:"信托合同之外的当事人提供第三方差额补足、代为履行到期回购义务、流动性支持等类似承诺文件作为增信措施,其内容符合法律关于保证的规定的,人民法院应当认定当事人之间成立保证合同关系。其内容不符合法律关于保证的规定的,依据承诺文件的具体内容确定相应的权利义务关系,并根据案件事实情况确定相应的民事责任。"

② 《九民纪要》第90条第1款规定:"信托文件及相关合同将受益人区分为优先级受益人和劣后级受益人等不同类别,约定优先级受益人以其财产认购信托计划份额,在信托到期后,劣后级受益人负有对优先级受益人从信托财产获得利益与其投资本金及约定收益之间的差额承担补足义务,优先级受益人请求劣后级受益人按照约定承担责任的,人民法院依法予以支持。"

③ 《九民纪要》第92条规定:"信托公司、商业银行等金融机构作为资产管理产品的受托人与受益人订立的含有保证本息固定回报、保证本金不受损失等保底或者刚兑条款的合同,人民法院应当认定该条款无效。受益人请求委托人对其损失承担与其过错相适应的赔偿责任的,人民法院依法予以支持。实践中,保底或者刚兑条款通常不在资产管理产品合同中明确约定,而是以'抽屉协议'或者其他方式约定,不管形式如何,均应认定无效。"

④ 参见吴至诚:《保底信托效力认定的类型化》,载《法学研究》2022年第6期。

⑤ 《担保制度解释》第36条规定:"第三人向债权人提供差额补足、流动性支持等类似承诺文件作为增信措施,具有提供担保的意思表示,债权人请求第三人承担保证责任的,人民法院应当依照保证的有关规定处理。第三人向债权人提供的承诺文件,具有加入债务或者与债务人共同承担债务等意思表示的,人民法院应当认定为民法典第五百五十二条规定的债务加入。前两款中第三人提供的承诺文件难以确定是保证还是债务加入的,人民法院应当将其认定为保证。第三人向债权人提供的承诺文件不符合前三款规定的情形,债权人请求第三人承担保证责任或者连带责任的,人民法院不予支持,但是不影响其依据承诺文件请求第三人履行约定的义务或者承担相应的民事责任。"

同,置于保证合同部分规定。[①] 在法律解释方法上,《民法典》第686条的规定与原《中华人民共和国担保法》相比,在立法倾向上已发生了变化,即已由注重对债权人的保护向平衡债权人和担保人的利益转变,因此,在无法作出有说服力的合同解释的情况下,应向担保人责任较轻的方向进行推定。[②] 可见,最高人民法院表达了将差额补足文件原则上引向保证的解释方法。

然而,基于商事交易及安排的纷繁复杂,以及当事人真实意思的自由多样,差额补足文件虽然作为一种非典型担保已呈现纳入正式法律渊源规制的发展趋势,但除定性为保证、债务加入外,对独立合同的认定标准及其效力判断,尤其是其中的对赌协议即估值调整协议的相关甄别标准还有待完善和细化。

(二)监管规定碎片化

监管规定亦是涉差额补足文件司法裁量的重要参照,但由于相关监管规定的制定主体不同,监管领域不同,且不同监管规定所采纳的监管观点不同,司法裁量难以与行政监管完全协同。

目前,涉及差额补足文件的监管规定分布零散,未成体系,其中比较主要的规定如表13所示:

表13　监管部门对差额补足文件的主要规定

文件名	文号	制发主体	具体规定
《项目收益债券管理暂行办法》	发改办财金〔2015〕2010号	国家发展和改革委员会办公厅	第29条规定:项目收益债券应设置差额补偿机制,债券存续期内每期偿债资金专户内账户余额在当期还本付息日前20个工作日不足以支付本期债券当期本息时,差额补偿人按约定在5个工作日内补足偿债资金专户余额与应付债券本息的差额部分。第30条规定:发行人、差额补偿人和项目收入归集账户监管银行应签订差额补偿协议,约定各方权利义务和差额补偿程序

① 参见杨永清:《〈新担保司法解释〉中有关保证合同的几个问题》,载《法律适用》2021年第2期。

② 参见刘贵祥:《民法典关于担保的几个重大问题》,载《法律适用》2021年第1期。

续表

文件名	文号	制发主体	具体规定
《证券期货经营机构私募资产管理业务运作管理暂行规定》	中国证券监督管理委员会〔2016〕13号	中国证券监管管理委员会	第4条规定:证券期货经营机构设立结构化资产管理计划,不得违背利益共享、风险共担、风险与收益相匹配的原则,不得存在以下情形:(1)直接或者间接对优先级份额认购者提供保本保收益安排,包括但不限于在结构化资产管理计划合同中约定计提优先级份额收益、提前终止罚息、劣后级或者第三方机构差额补足优先级收益、计提风险保证金补足优先级收益等……
《关于规范金融机构资产管理业务的指导意见》	银发〔2018〕106号	中国人民银行、原中国银行保险监督管理委员会、中国证券监督管理委员会、国家外汇局	第21条第2款规定:分级资产管理产品不得直接或者间接对优先级份额认购者提供保本保收益安排
《国资委关于加强中央企业融资担保管理工作的通知》	国资发财评规〔2021〕75号	国务院国有资产监督管理委员会	第1条规定:融资担保主要包括中央企业为纳入合并范围内的子企业和未纳入合并范围的参股企业借款和发行债券、基金产品、信托产品、资产管理计划等融资行为提供的各种形式担保,如一般保证、连带责任保证、抵押、质押等,也包括出具有担保效力的共同借款合同、差额补足承诺、安慰承诺等支持性函件的隐性担保……
《中国证券监督管理委员会关于避险策略基金的指导意见》	中国证券监督管理委员会公告〔2021〕13号	中国证券监督管理委员会	第1条第2款第1项规定:基金管理人与符合条件的保障义务人签订风险买断合同,约定由基金管理人向保障义务人支付费用,保障义务人在避险策略基金到期出现基金份额净值低于基金合同约定的投资本金情形时,负责向基金份额持有人补足差额。基金管理人不对基金份额持有人承担差额补足责任,保障义务人在向基金份额持有人补足差额后,无权利向基金管理人追偿

续表

文件名	文号	制发主体	具体规定
《财政部关于做好2023年国有企业经济效益月报工作的通知》	财资〔2023〕3号	财政部	附件2:融资担保:既包括中央企业为纳入合并范围内的子企业和未纳入合并范围的参股企业借款和发行债券、基金产品、信托产品、资产管理计划等融资行为提供的各种形式担保,如一般保证、连带责任保证、抵押、质押等,也包括出具有担保效力的共同借款合同、差额补足承诺、安慰承诺等支持性函件的隐性担保……

根据表13,《项目收益债券管理暂行办法》率先规定了差额补偿增信措施,表明了国家发展和改革委员会(以下简称国家发改委)在项目收益债券管理领域对差额补偿文件适用的鼓励态度。此后,《证券期货经营机构私募资产管理业务运作管理暂行规定》明确禁止了差额补足保底条款,并不区分保底之债的债务人是劣后级受益人还是第三人。《关于规范金融机构资产管理业务的指导意见》明确禁止了当事人在分级基金和结构化信托中设置保底之债,即对差额补足文件持否定态度。可见,中国证券监督管理委员会(以下简称中国证监会)与国家发改委等对差额补足文件有着不同立场与态度。《国资委关于加强中央企业融资担保管理工作的通知》确认差额补足文件属于保证性质。《财政部关于做好2023年国有企业经济效益月报工作的通知》将差额补足文件从实质上认定为保证。《中国证券监督管理委员会关于避险策略基金的指导意见》明确在避险策略基金领域中差额补足方无追偿权利,从实质上否定了差额补足文件的保证性质。在差额补足文件的定性上,国务院国有资产监督管理委员会、财政部与中国证监会也有着完全相左的意见。

由此,监管机构的差异化规定,导致司法审判很难在对差额补足文件的性质及效力认定上,与不同领域的监管部门均保持一致,也难以将不同领域监管部门的规定与《九民纪要》《担保制度解释》的要旨保持协调。加上,在实践中有一定数量的差额补足文件在设计上有脱离保证或者债务加入,向独立合同逃逸的倾向,这就使本就基于灵活性,或者规避法律上关于提供担保的一些程序性安排,而在定性上约定含糊不清的差额补足条款,在实务认定中产生更大争议。①

(三)学说观点多元化

在法律援引缺乏,监管参照困难的情况下,学界观点亦会对司法裁判产生一定程度影响,但目前关于差额补足文件定性的观点较为多元,加上基于上述观点判断差额补足文件效力的观点亦各持己见,导致司法裁量难以呈现主流意见,进而出现差异。

在差额补足文件的法律性质上,学界主要存在五种观点。第一种观点为"第三人清偿说",该观点认为,差额补足文件是第三人与债务人之间约定,由第三人承担债务人所负之债,向债权人作出给付。对债权人而言,承担人履行债务构成第三人清偿。② 第二种观点为"保证说",该观点认为,差额补足文件构成保证,具有补充性和从属性。③ 第三种观点为"债务加入说",该观点认为,差额补足文件系第三人加入债的关系,与原债务人共同承担同一责任,故差额补足增信文件构成债务加入。④ 第四种观点为"独立合同说",该观点认为,差额补足文件是一种无名合同,是义务人在特定情况下对权利人直接为履行的义务,不依附于任何在先义务。⑤ 第五种观点为"保底或刚性兑付条款说",该观点认为,差额补足文件实质上实现了债权人的保底保收益,故该类条款应认定为保底或刚性兑付条款,进而否定该类条款的效力。⑥ 由于差额补足并非《民法典》中的规范法律概念和典型合同,因此,

---

① 参见王利明:《论"存疑推定为保证"——以债务加入与保证的区分为中心》,载《华东政法大学学报》2021年第3期。

② 参见冉克平:《民法典编撰视野中的第三人清偿制度》,载《法商研究》2015年第2期。

③ 参见史尚宽:《债法总论》,中国政法大学出版社2000年版,第752页。

④ 参见崔建远:《"担保"辨——基于担保泛化弊端严重的思考》,载《政治与法律》2015年第12期。

⑤ 参见刘保玉、梁远高:《"增信措施"的担保定性及公司对外担保规则的适用》,载《法学论坛》2021年第2期。

⑥ 参见吴至诚:《保底信托效力认定的类型化》,载《法学研究》2022年第6期。

对差额补足定性存在不同解释空间。事实上,当事人运用这些增信措施的目的复杂,或是交易结构或交易习惯使然,或是避免典型担保的严格形式和不便利。因此,对增信措施进行意思表示的解释和定性存在不同的观点,实属正常。①

究其本质,差额补足措施的设立目的是补足方以自身信用或者财产保障补足对象实现财产权利,这与《民法典》引入的功能主义担保相契合。从这个角度进行解释,差额补足文件法律性质的认定应当以保证和债务加入为原则,《担保制度解释》第36条的规定也蕴含了这样的逻辑。进一步分析,不能归入保证或债务加入范畴的文件,绝大多数也构成对基础债务的非典型担保。在上述具有担保属性文件的效力认定过程中,应当类推适用担保制度主体法层面的规则,但无须适用行为法层面的规则,在责任分配上,也应类推适用担保行为无效后责任分担的相关规则。而对于不具备担保属性的文件,则需独立评价该类文件的效力和责任分担问题。

三、进路探寻:涉差额补足文件纠纷的裁判路径

在审理涉差额补足文件的案件时,应遵循以下裁判路径:首先从典型识别标准着手进行差额补足文件法律性质的认定,其次从实体性内容和程序性要件两个方面进行该文件效力性审查,最后根据上述审查结果进行各方责任类型和比例的区分判断。(见图1)

① 参见朱晓喆:《增项措施担保化的反思与重构——基于我国司法裁判的实证研究》,载《现代法学》2022年第2期。

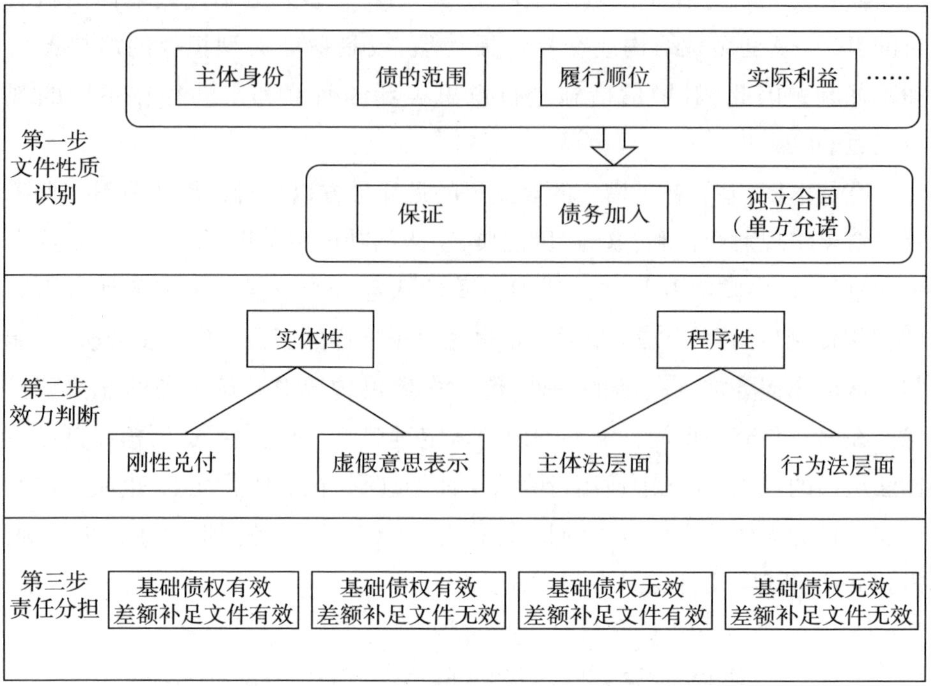

图1　涉差额补足文件纠纷的裁判路径

(一)差额补足文件的法律性质识别

对差额补足文件法律性质的认定不同,可能导致差额补足承诺行为的法律后果不同,故而准确识别文件的法律性质是处理该类纠纷的第一步。结合法学理论和法律法规,差额补足文件的性质可从如下几个方面进行识别:

1. 主体身份

以主体身份为视角进行的文件性质识别可以从权利人和义务人的法律地位分别切入。从权利人角度,如差额补足承诺的对象并非基础合同中的债权方,而是基础债权债务关系以外的其他主体,因债权人不为同一人则构成对保证关系和债务加入的否定,故该类差额补足文件只能为独立合同或单方允诺。从义务人角度,在信托化的资管产品中,因不存在主债务,故而也就不存在针对主债务而设立的保证或是债务加入,第三人对信托受益人作出的差额补足承诺构成独立合同或单方允诺。在结构化融资产品中,劣后级受益人与优先级受益人达成的差额补足协议一般不构成保证,盖因在信托关系中二者同为受益人,在二者内部直接形成类似借贷关系,[①]此时应区分是否存在主债务进而判断差额补足文件应归为债务加入抑或独立合同。(见表14)

表14 法律性质之主体识别标准

主体地位	主体身份	性质
权利人	不是基础合同中的债权方	独立合同或单方允诺
义务人	信托法律关系以外第三方	独立合同或单方允诺
义务人	结构化融资产品中的劣后级受益人	债务加入或独立合同

2. 债的范围

从债的范围角度来看,若差额补足之债与基础债务在范围上具有同一性,则可能构成保证或债务加入。若差额补足之债的范围在基础债务之上又增加了独立的违约责任或赔偿义务,则因债务不具有同一性而排除保证责任,此类合同有可能为独立合同,也可能为混合合同,后者既包含对基础债务的债务加入之意思,也包含新设之债的独立条款。若差额补足之债与基础债务完全不同,则应认定为独立合同或单方允诺。(见表15)

表15 法律性质之债的范围识别标准

债的范围	表述	性质
同一性	与基础债务一致	保证或债务加入
有增加	在基础债务之上增加新的违约责任或赔偿义务	独立合同或混合合同 (“债务加入+独立条款”)
不同	与基础债务完全不同	独立合同或单方允诺

3. 履行顺位

若差额补足方的义务以基础债务人不能履行为前提,因存在履行的先后顺序,具有基础债务人应当先承担责任的意思表示,故通常认定为一般保证,但在特殊情况下可能构成附条件的债务加入,此时仍需结合其他表意予以区

① 参见最高人民法院民事审判第二庭编著:《〈全国法院民商事审判工作会议纪要〉理解与适用》,人民法院出版社2019年版,第474页。

分。若合同约定补足方与基础债务人承担连带债务,未以基础债务不履行为前提,则可能认定为债务加入或连带保证。若补足方的义务为在基础债务到期之前履行差额补足,则因无顺位关系一般认定为独立合同或单方允诺。(见表16)

表16 法律性质之履行顺位识别标准

履行顺位	表述	性质
后顺位	“债务人不能(无力、无法、无财产)履行”及相似意思	一般保证或附条件债务加入
同顺位	“承担连带责任”或可以选择主张债权的对象	连带保证或债务加入
先顺位(无顺位)	债务到期之前承担责任,不是同一债务关系不具有履行顺位	独立合同或单方允诺

4. 实际利益

在当事人意思表示不明时,应考量补足方基于何种目的负担差额补足义务,是否具有实际利益等因素综合判断。若补足方主要为基础债务人的利益而承担,可能认定为保证;若补足方对基础债务有直接和实际的利益,可能认定为债务加入,①这一条件最典型的情形为补足方是基础债务的实际受益方。但实际利益标准并不绝对,应与其他标准结合运用。

在定性过程中,上述四项识别标准应相互结合,以直推法和排除法并用的方式确定差额补足文件性质。除上述四类较为典型的识别点之外,对差额补足文件性质的认定还可以从差额补足责任的履行是否确定,有无追偿权,有无保证期间条款等表述着眼,以文义解释为主、整体解释为辅的方式进行综合判断。在约定不明难以对条款性质作出准确判断时,应转变侧重保护债权人利益的固有思路,兼顾责任方利益,向第三人责任较轻的方向进行推定。

(二)差额补足条款的效力认定

对于差额补足条款的效力,应从实体性内容和程序性要件两个方面进行

① 参见最高人民法院民事判决书,(2018)最高法民终867号。

审查。需明确的是,差额补足条款无效不必然导致含该条款的文件整体无效,如差额补足条款不构成文件核心条款,文件效力应单独评价。

1. 实体性内容

实体性内容的审查重点在于差额补足条款是否构成刚性兑付和是否存在虚假意思表示两个方面。

其一,刚性兑付的审查。目前,管理人、代销机构等金融机构向投资者作出的差额补足承诺因违反法律、行政法规的强制性规定而无效已成为共识,但其他主体作出的差额补足承诺效力如何在实践中仍分歧较大。部分行政规章禁止相关主体作出差额补足承诺,法院在考察违反上述行政规章的行为是否违背公序良俗时应重点考虑三个因素:规范对象是否为交易行为本身或市场主体准入条件,规范的行为是否为双方行为,规范的动因是否为防范系统性金融风险等严重社会后果。

以上述三个因素为检视条件,因关联方与资管产品之间存在密切联系,有必要将关联方作出的差额补足承诺置于刚性兑付的效力规则框架下进行考量。具体到各主体作出的差额补足承诺效力,应从资管产品的结构特点出发,作出如下区分认定:A. 管理人(包括投资顾问①)、代销机构的关联方(包括主体上的关联和所涉投资项目经济利益上的关联,下同)或其指定的其他单位或个人作出的差额补足承诺,因将风险积聚在金融系统内部而无效;B. 融资方及其关联方作出的差额补足承诺,若融资方并非基础合同关系中的一方,则不受刚性兑付的约束,因为从资金关系的穿透来看,融资方的承诺系在其与投资者融资关系中发起的增信措施,二者的融资关系与基础合同关系(通常为信托合同关系)并非同一法律关系,本质上属于第三方增信措施,故不构成刚性兑付;C. 投资者之间的差额补足承诺,常为结构化安排内部的类似借贷约定,若作出补足承诺的投资者并非管理人(包括投资顾问)、代销机构的关联方,则司法对该类承诺应予以尊重;D. 其他独立的第三方作出的差额补足承诺,需运用穿透思维审查是否与投资者或受益人具有关联关系,包括产品的穿透、资金的穿透、股权的穿透和人员关系的穿透四个方面。(见图2)

---

① 在被动管理型资产管理业务中,投资顾问往往是受投资者委托享有资管计划财产运用裁量权的实际管理人。

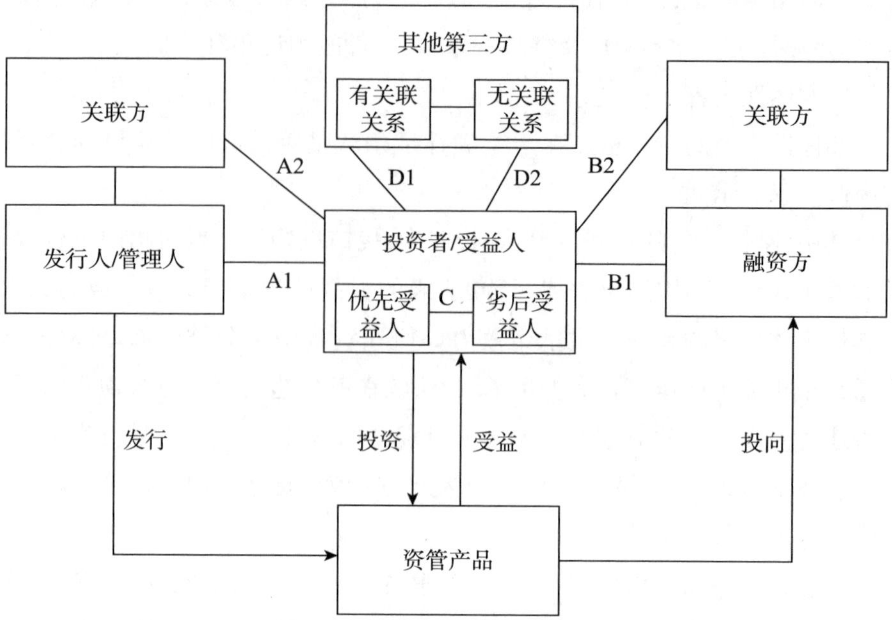

图2　关联方承诺差额补足的区分认定

至于差额补足承诺的对象是投资者还是其他主体,①差额补足系双方合意还是单方允诺,均不成为影响承诺条款效力评判的因素。在投资期限届满或债务到期之后作出的差额补足承诺,不构成刚性兑付,该承诺如无其他违反法律强制性规定的情形,应认定为有效。

其二,虚假意思表示的审查。如果资管产品投于通道业务,法院需审查各主体之间是否存在虚假意思表示,审查重点在于当事人是否期待表面的法律行为产生实际法律效果。如果当事人之间不期待表面的法律行为(通常为信托行为)对各方主体产生实际约束力,则构成通谋法律行为,表面法律行为无效,隐藏的意思表示(差额补足承诺行为)效力需另行认定;如果当事人之间既存在隐藏的意思表示,也期待表面的法律行为产生实际法律效果,主体之间就可能存在多重法律关系,最为典型的是既形成信托合同关系又形成借贷合同关系,各法律关系独立存在,各法律关系的效力也应分别予以评价。

① 在实践中,亦有关联方向资管产品管理人、代销机构等主体作出差额补足承诺的情形。

2. 程序性要件

《民法典》第 388 条对担保合同包括“其他具有担保功能的合同”的兜底性规定,为非典型担保提供了与担保制度衔接的规范路径,但担保制度法定性构建的逻辑自洽闭环与非典型担保约定形成的开放空间无法自然重合。①故而,对于具备担保属性的独立合同或单方允诺,是否需类推适用担保制度中的相应规范,应区分主体法层面和行为法层面规范进行判断。

一是类推适用主体法层面规范。主体法层面规范主要包括公司对外担保的决议规则、上市公司信息披露程序规则和担保主体资格限制规则等。根据举轻以明重的理论,《九民纪要》已明确债务加入准用担保规则,与之类似,在独立合同和单方允诺情形下,若补足方的增信责任等于或重于担保责任,则也应准用主体法层面的担保规范,否则差额补足文件可能沦为补足方规避担保制度规范的工具,扰乱金融市场秩序,侵害公司小股东和相关主体利益。需说明的是,差额补足条款因违反上述主体法层面规范而被认定无效的,并不意味着补足方就必然无须承担责任,此时应进一步审查相关主体的过错而确定各方责任。

二是不适用行为法层面规范。行为法层面规范主要包括债权转让或债务人变更的后果规则以及保证从属性、保证期间、抗辩事由援引等规范。担保制度属于私法,法律制度中有关担保制度行为法层面的规范主要是任意性规范。如果差额补足条款未被定性为担保条款,并不当然适用担保制度中行为法层面的规范,债务加入亦同理。但如果当事人按照行为法层面的规范的内容进行约定,法院应对市场主体的意思自治予以尊重和保护。

(三)差额补足纠纷的责任分担

在基础合同和差额补足文件均有效的情形下,补足方自应当按照合同约定和法律规定,承担相应的责任。而在基础合同或差额补足文件任一无效,或混合合同中基础债权或差额补足条款部分无效的情形下,各方责任类型和比例则应区分认定。

---

① 参见王睿:《金融创新中的非典型担保类型化探讨》,载《政治与法律》2023 年第 1 期。

1. 基础债权有效

若基础债权有效而差额补足条款无效,应当首先审查补足对象和补足方对条款无效的法律后果是否有过错,再结合个案事实,采主客观标准相结合的方式,审查补足对象的主体身份、资历、投资经验,综合考虑有责方的过错程度,最终确定各方责任类型和比例。在责任类型方面,应尊重差额补足文件的文义,在文义不明的情形下,向义务方责任较轻的方向推定。

关于责任比例,若补足对象无过错而补足方有过错,则补足方可能承担全部的补足义务;若补足对象为金融机构或具有专业投资经验的投资者,在差额补足条款被认定为担保或债务加入的情形下,补足对象对刚性兑付、公司对外担保(债务加入)的决议和上市公司信息披露程序等无效规则应当知晓,补足对象在差额补足合同的签订或接受单方允诺过程中亦存在过错,此时根据《担保制度解释》第17条第1款第1项的规定,补足方的责任不宜超过不能清偿债务的1/2。差额补足承诺构成非典型担保的,类推适用上述规则。对于不具有担保属性的差额补足文件,则依照各方的过错程度酌定责任比例,不受上述1/2比例的限制。

2. 基础债权无效

当基础债权被认定为无效后,补足方的责任应根据差额补足文件的法律性质进行评判。其中,具有担保功能的差额补足文件因自身从属性,本身不足以形成独立法律关系,因而不具备独立有效基础。但根据“无效法律行为转换”的法理,若表面法律行为(通常为信托行为)、无效但隐藏的法律行为(通常为借贷行为)要件具备,且隐藏法律行为符合当事人合意,则构成法律行为转换,差额补足文件仍存在有效之空间,补足方的责任应依文件内容确定。对于不存在法律行为转换情形的,因基础合同无效,具有担保功能的差额补足文件一并无效,补足方无过错的,不承担责任;补足方有过错的,根据《担保制度解释》第17条第2款的规定,补足方承担的责任不应超过不能清偿债务的1/3。

不具有担保功能的差额补足文件,因自身法律关系的独立性不受基础合同效力的影响,应单独评判该文件效力。在该文件有效的情形下,补足方自应当按照合同约定和法律规定,承担相应的差额补足责任。在该文件无效的情形下,依照各方的过错程度酌定责任比例,不受上述1/3比例的限制。

3. 违约责任

关于违约金的计算,若差额补足文件对违约金的计算方式有明确约定,应尊重当事人意思自治,一般认可其效力。但若当事人将以初始交易金额为计算基数所得的违约金过高作为抗辩事由,则考虑基础法律关系的融资成本、各方实际利益、各方主体身份等因素,在利率司法保护的不同上限范围内对违约金予以调整。因利率保护上限标准的实质性区分目的在于对金融机构的特殊利率保护,故利率保护上限区分的依据应为主体而非行为,其中金融机构的利率保护上限为年利率24%,其他主体的利率保护上限为4倍LPR。差额补足文件约定多项违约责任的,合并计算的保护上限不应超过前述标准。关于资金占用损失,若合同未约定违约责任而补足对象向法院主张资金占用损失,差额补足文件明确了支付时间,补足方逾期未履约则应承担违约责任,可参照民间借贷纠纷的处理标准,按照1倍LPR计算资金占用费。

结　语

法律的回应力,可使规则从被动执行转向主动遵守,达到守法的目的,最终形成系统性共识。[①] 司法裁判就是法律最强的回应力,揭开差额补足文件的非典型担保面纱,将差额补足文件置于《民法典》功能主义担保框架下进行规制,方为回归本源。在具体裁判路径上,首先,应对文件性质进行识别,主要判断标准包括主体身份、债的范围、履行顺位和实际利益等;其次,应从实体性内容和程序性要件两方面审查文件的效力,其中实体性内容包括刚性兑付和虚假意思表示两个层面,程序性要件则分为主体法和行为法两个层面;最后,对责任类型和责任比例的划分,应以基础债权和差额补足文件二者的不同效力为前提分别判断。如此,落实了民商事审判对各方主体平等保护的理念,将促进金融市场和交易制度良性发展。

---

① 参见蒋大兴、谢飘:《公司法规则的回应力——一个政策性的边缘理解》,载《法制与社会发展》2012年第3期。

论证券虚假陈述责任纠纷调解前置制度的程序构建*

胡文丰**

引　言

近年来，随着证券市场行政监管持续保持高压态势，证券民事诉讼数量激增，连续3年位列金融商事领域案件收案数量前列，法院案件审理的"人案矛盾"突出。证券纠纷调解程序具有专业性强、权威度高、便捷高效、成本低廉等优势，但目前我国证券纠纷多元化解的辐射面和质效有待提高。最高人民法院、中国证券监督管理委员会（以下简称中国证监会）于2018年联合发布的《关于全面推进证券期货纠纷多元化解机制建设的意见》明确，对证券、期货、基金等适宜调解的纠纷探索建立调解前置程序。① 如何通过调解前置程序，公正、高效地处理好证券纠纷，对于提升证券纠纷审理效率，保护中小投资者权益以及维护资本市场的稳定均具有重要意义。

---

* 本文获评全国法院第三十五届学术讨论会三等奖。

** 法学硕士，上海金融法院申诉审查及审判监督庭法官助理。

① 最高人民法院、中国证监会《关于全面推进证券期货纠纷多元化解机制建设的意见》第16条规定："探索建立调解前置程序。有条件的人民法院对证券、期货、基金等适宜调解的纠纷，在征求当事人意愿的基础上，引导当事人在诉讼登记立案前由特邀调解组织或者特邀调解员先行调解。"

一、现象剖析:证券虚假陈述责任纠纷特点与审理现状

证券虚假陈述责任纠纷[①]是最主要、最具代表性的证券群体性纠纷,公开渠道可检索到的裁判文书已达6.8万余件,案件数量约占证券纠纷总数的84.95%。[②] 以证券虚假陈述案件为切入口,聚焦纠纷特征,能够分析该类案件审理程序中调解工作所面临的困境。

(一)纠纷特点:取消行政处罚背景下案件数量激增

2022年1月最高人民法院修订了《关于审理证券市场虚假陈述侵权民事赔偿案件的若干规定》(以下简称《虚假陈述司法解释》),在前置程序取消、重大性认定、损失认定及责任主体等方面进行了调整。在此背景下,原告投资者索赔意愿明显提高,被告主体和案件类型逐渐多元化,行政处罚与民事诉讼关系更加复杂,法院案件审理面临巨大压力。

1. 原告投资者索赔意愿明显提高。首先,从原告数量来看,证券虚假陈述案件作为典型的证券群体性纠纷案件,原告多由中小投资者组成,数量庞大且常年保持高位。其次,诉讼成本大幅降低,律师风险代理机制使投资者在前期无须付出经济及时间成本,基于示范判决机制、代表人诉讼的“搭便车”效应明显。最后,从索赔金额来看,以上海市为例,2015～2022年受理的该类一审案件原告共涉及21,387名投资者,起诉标的总额达人民币63.02亿元,[③]索赔总金额不断刷新(见图1),这也让市场充分认识到承担巨额民事赔偿的威慑力。

---

① 本文所称证券虚假陈述责任纠纷是指证券市场虚假陈述侵权民事赔偿案件,案由为虚假陈述责任纠纷。为行文方便,以下简称证券虚假陈述案件。

② 笔者于2023年6月30日以“证券纠纷”为关键词在“中国裁判文书网”检索案例数据,发现该类案件共79,540件,其中证券欺诈责任纠纷案件68,925件,包括证券虚假陈述责任纠纷、内幕交易责任纠纷、操纵责任纠纷等。证券虚假陈述案件为主要类型,共计67,571件,约占证券纠纷总数的84.95%。

③ 参见林晓镍主编:《金融类案诉讼争点与裁判指引:证券虚假陈述责任纠纷》,法律出版社2023年版,第4页。

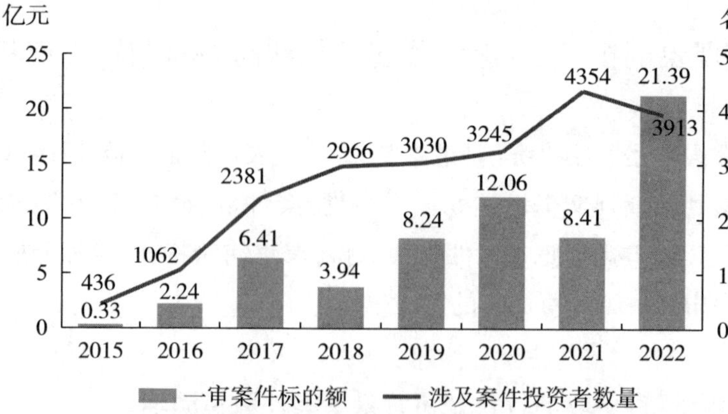

图1　2015~2022年上海法院证券虚假陈述案件涉及投资者数量及标的总额

2. 被告主体和案件类型逐渐多元化。从被告主体来看,投资者为获得更大获赔可能性,往往会将偿付能力较强的主体都列为被告(见图2)。从同一虚假陈述行为所涉被告范围来看,投资者将证券公司、会计师事务所、律师事务所等中介机构,上市公司实控人及董事、监事、高级管理人员等列为共同被告的占比达59.09%。从案件类型来看,虚假陈述案件所涉证券的类型从以股票为主,逐渐扩展至其他证券类型。特别是随着债券违约事件频频发生,发行人欺诈发行与信息披露违规所导致的债券虚假陈述纠纷也层出不穷。2020年12月,杭州市中级人民法院审理的五某某欺诈发行一案作出一审判决,法院判令发行人及各中介机构承担连带民事责任,引发市场较大关注。①

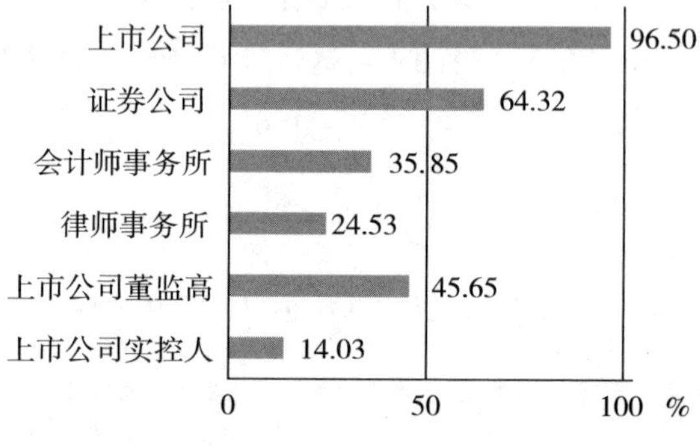

图2　同一虚假陈述行为所涉被告情况

① 参见浙江省杭州市中级人民法院民事判决书,(2020)浙01民初1691号。

3.行政处罚与民事诉讼关系更加复杂。在我国证券市场,投资者受制于有限的调查手段,对于上市公司及相关主体是否存在虚假陈述行为、虚假陈述行为的实施内容、责任主体与责任定性等与案件审理相关的事实,以及能够提交的证据还是以行政监管部门的调查结论为主,投资者仅凭一己之力难以全面调查案件事实。随着民事赔偿之诉的启动不再以行政处罚为前提,案件受理时已有行政处罚的比例大幅下降,个别法院受理案件时存在行政处罚的比例从96.4%下降至6.2%。[①] 在实践中也出现了二者的协同困境,无论是哪种形态都将面临前置程序取消后的新问题(见表1)。

表1　民事赔偿之诉与行政处罚关系的不同形态

分类	具体形态	协同难题
形态一	行政处罚程序结束后投资者提起民事赔偿诉讼	是否必然导致民事责任
形态二	行政处罚进行时投资者提起民事赔偿诉讼,或者民事赔偿诉讼进行时启动行政处罚程序,此时构成程序的竞合	是否会触发行政处罚,以及在后续行政处罚的案件中若查处投资者未掌握的新违法事实,是否会对生效民事判决产生影响
形态三	证券民事诉讼完结后启动行政处罚程序	

(二)审理情况:诉讼机制创新背景下调解效能有限

随着证券虚假陈述案件数量持续攀升,各地法院面对大量涌入的诉讼案件,在结合本地证券纠纷特点的基础上,不断调整和完善相关证券诉讼机制(见图3)。但无论是示范判决机制还是代表人诉讼机制,与调解机制的耦合度均不强,缓解法院审判压力的效果受限。

---

① 参见林晓镍主编:《金融类案诉讼争点与裁判指引:证券虚假陈述责任纠纷》,法律出版社2023年版,第6页。

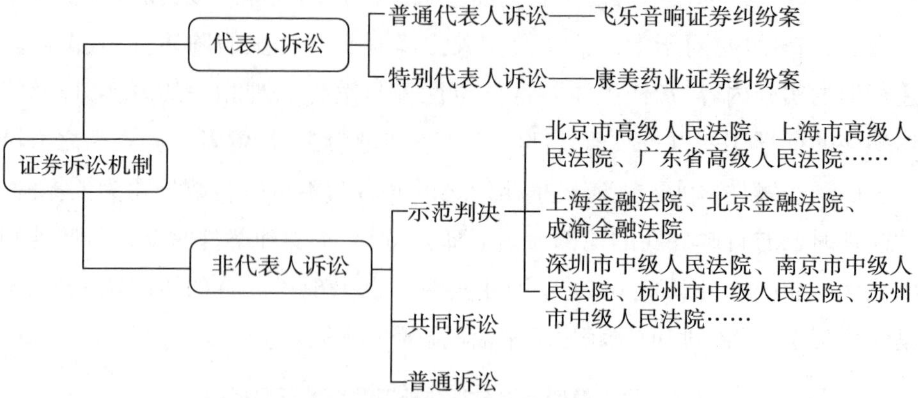

图3　我国证券诉讼机制的分类

1.示范诉讼的示范效力尚未明确。随着证券虚假陈述案件纷沓而至,从2019年起,上海金融法院、北京市高级人民法院、深圳市中级人民法院等各地法院先后出台示范判决机制相关规定(见表2)。这些法院通过选取具有代表性的示范案件先行审理,先行判决,从而妥善化解平行案件。遗憾的是,各地"示范诉讼"的相关规定没有上升为完整的法律规定,在法律层面尚"无法可依"。对于示范判决的效力,一般认为其他同类案件可以参照示范判决的裁判结果来处理,[①]但相关规定均未明确"参照"效力的具体意义。在此背景下,做好示范诉讼与专业调解的衔接工作,将示范判决所认定的共通事实、法律适用以及损失计算方法等应用于平行案件的调解程序中,将能够进一步发挥示范判决的示范作用,从而充分释放调解机制的效能。

---

① 《最高人民法院关于进一步推进案件繁简分流优化司法资源配置的若干意见》第7条规定:"探索实行示范诉讼方式。对于系列性或者群体性民事案件和行政案件,选取个别或少数案件先行示范诉讼,参照其裁判结果来处理其他同类案件,通过个案示范处理带动批量案件的高效解决。"

表 2　各地法院示范判决机制指引内容摘要

序号	法院	相关文件	示范判决效力规定
1	上海金融法院	《关于证券纠纷示范判决机制的规定》(2019 年 1 月 16 日发布,2022 年 1 月 11 日修订)	第 40 条　示范判决生效后,已为示范判决所认定的共通的事实,平行案件的当事人无需另行举证。示范判决生效后,已为示范判决所认定的共通的法律适用标准,平行案件的原告主张直接适用的,本院可予支持;平行案件的被告主张直接适用,但原告对此有异议的,本院应予审查 第 41 条　示范案件出现下列情形之一的,判决部分或全部不具有示范效力:(1)示范判决所认定的共通事实或法律适用标准被改判;(2)出现足以影响案件结果的新证据或其他情形
2	北京市高级人民法院	《关于依法公正高效处理群体性证券纠纷的意见(试行)》(2019 年 4 月 29 日发布)	第 13 条　示范判决生效后,已为示范判决所认定的共通的事实,无需平行案件的当事人另行举证 第 14 条　示范判决生效后,已为示范判决所认定的共通的法律适用标准,平行案件的投资者人主张直接适用的,人民法院可予支持
3	深圳市中级人民法院	《关于依法化解群体性证券侵权民事纠纷的程序指引(试行)》(2020 年 4 月 20 日印发)	第 29 条　示范判决生效后,已为示范判决所认定的共通的事实、法律适用标准、损失计算方法对平行案件具有既判力。非经法定程序更改,情形相同的平行案件应当适用

2. 代表人诉讼后续案件处理有待探索。近年来,特别代表人诉讼和普通代表人诉讼首案①先后落槌,投资者受政策激励开始积极参与代表人诉讼中。就特别代表人诉讼而言,有意愿通过特别代表人诉讼制度进行诉讼维权的投资者占比连续 3 年提高。② 但目前具有特别代表人资格的机构仅有两家,且二者启动特别代表人诉讼需经一系列内部程序,并在不同阶段向中国证监会

① 参见广东省广州市中级人民法院民事判决书,(2020)粤 01 民初 2171 号;上海金融法院民事判决书,(2020)沪 74 民初 2402 号。

② 参见《中国资本市场投资者保护状况蓝皮书:证券投资者保护制度评价报告 2021》,载中国证券投资者保护基金有限责任公司官网,http://www.sipf.com.cn/images/zwz/dcpj/tbzkpj/2021/06/02/4052451714FED73C77122239C8DA7330.pdf。

报告,加上单一主体资源有限,只能定位于少数案件,这使特别代表人诉讼在实践中非常罕见,解纷效能受到较大限制。就更具普适性的普通代表人诉讼而言,尽管代表人诉讼生效判决具有既判力,①但对于后续案件处理时判决效力扩张的性质,理论界存在不同观点(见表3),且至今尚未形成共识。无论是特别代表人诉讼还是普通代表人诉讼,都不可能涵盖全部投资者范围,投资者退出代表人诉讼程序后,如何做好代表人诉讼与调解程序的衔接有待实践进一步明确。

表3 对于代表人诉讼生效判决既判力扩张效力的不同观点

分类	具体观点	参考文献
观点一	代表人诉讼的效力扩张属于既判力主观范围的外部扩张,并将其放入诉讼担当理论框架中予以分析代表人诉讼判决	①汤维建:《中国式证券集团诉讼研究》,载《法学杂志》2020年第12期;②肖建华:《论判决效力主观范围的扩张》,载《比较法研究》2002年第1期
观点二	在诉讼时效期间内提起诉讼的未登记的权利人所具有的效力为预决效力	江伟、肖建图:《关于代表人诉讼的几个问题》,载《法学家》1994年第3期
观点三	代表人诉讼判决效力扩张的方式符合反射效的要件,属于判决的程序性反射效	王福华:《民事判决反射效力研究》,载《当代法学》2022年第5期

3.“总对总”诉调平台等当事人参与度不高。2021年,最高人民法院办公厅、中国证监会办公厅《关于建立“总对总”证券期货纠纷在线诉调对接机制的通知》发布,通过将最高人民法院的“人民法院调解平台”与中国证监会的“中国投资者网在线调解平台”系统进行对接,为证券期货纠纷当事人提供“一站式、全流程”的在线解纷服务。在此背景下,全国证券期货在线调解平台同步上线,38家证券期货调解组织,近800名调解员入驻平台,实现了线上接收法院委派或委托调解,接收投资者调解申请,调解员选择,组织调解,调

① 《中华人民共和国民事诉讼法》第57条第4款规定:“人民法院作出的判决、裁定,对参加登记的全体权利人发生效力;未参加登记的权利人在诉讼时效期间提起诉讼的,适用该判决、裁定。”

解协议线上申请司法确认等功能(见图4)。①

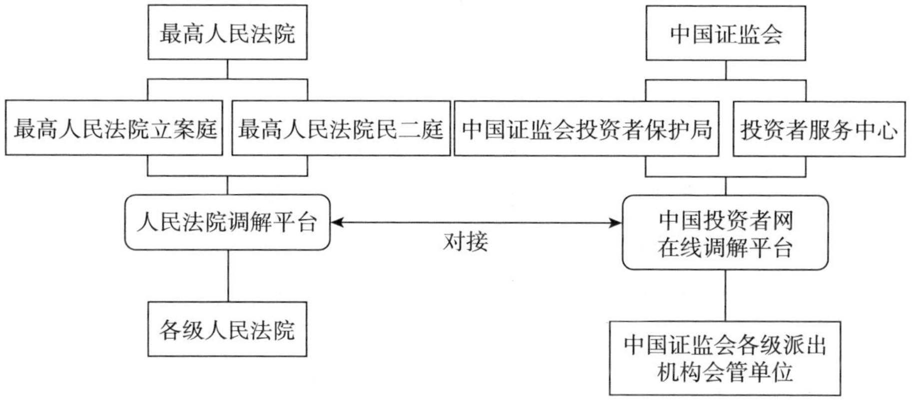

图4 "全国证券期货在线调解平台"调解机制架构

遗憾的是,尽管最高人民法院、中国证监会《关于全面推进证券期货纠纷多元化解机制建设的意见》等文件已经明确要探索推进调解前置程序,对于证券虚假陈述案件适用"示范判决+委托调解+司法确认"等审判机制化解纠纷,②但相关规定都没有突破"调解自愿原则"的限制,诉讼立案前的调解工作仍需要在征求当事人意愿的基础上开展。在上述平台搭建1年时,各证券期货调解组织通过"总对总"平台受理案件仅441件,远小于每年上万件的证券、期货纠纷数量。③ 对于平台的宣传、推广程度不够,当事人对平台的认知、了解程度不深,使证券虚假陈述案件的调解工作面临引导"线上调解"难,调解成效不明显等问题。

二、正当证成:证券虚假陈述案件调解前置的需求语境

习近平总书记在党的二十大报告中提出,"推进多层次多领域依法治理,

---

① 参见全国证券期货在线调解平台官网,https://tiaojie.investor.org.cn/。

② 参见刘贵祥:《关于金融民商事审判工作中的理念、机制和法律适用问题》,载《法律适用》2023年第1期。

③ 参见王洪祥等:《推进构建中国特色"总对总"在线多元解纷新格局工作座谈会致辞发言摘登(一)》,载《人民法院报》2022年8月27日,第2版。

提升社会治理法治化水平”,“及时把矛盾纠纷化解在基层、化解在萌芽状态”。[①] 就证券纠纷而言,最高人民法院、中国证监会《关于全面推进证券期货纠纷多元化解机制建设的意见》明确了对证券、期货、基金等适宜调解的纠纷探索建立调解前置程序。[②] 2019年修订的《中华人民共和国证券法》和2022年生效的《中华人民共和国期货和衍生品法》则进一步明确了普通投资者与证券公司、期货经营机构之间的纠纷适用“单方强制调解制度”。[③] 在这样的时代语境下,率先构建证券虚假陈述案件调解前置程序对于推动诉源治理,实现能动司法,加强金融审判都具有重要意义。

(一)诉源治理维度:统一合力协同治理的重要举措

诉源治理是社会治理领域一项复杂而巨大的公共事业系统工程,同时也是社会治理领域一场广泛而深刻的革命。[④] 这要求人民法院主动融入党委、政府主导的诉源治理大格局,广泛发动各类调解主体的专业优势和行业资源,形成协同治理合力。

在证券市场领域,证券民事诉讼扮演了私人执法的角色,[⑤]具有市场监管、综合治理的功能,证券民事诉讼通过实现投资者损失赔偿达到对不法行为人有效威慑的目的。[⑥] 对此,诉源解纷机制要替代民事诉讼,实现投资者损失赔偿,需要发挥五大基本功能,分别是:(1)查明事实;(2)判断责任是否成

---

① 参见习近平:《高举中国特色社会主义伟大旗帜 为全面建设社会主义现代化国家而团结奋斗——在中国共产党第二十次全国代表大会上的报告(2022年10月16日)》,载《求是》2022年第21期。

② 最高人民法院、中国证监会《关于全面推进证券期货纠纷多元化解机制建设的意见》第16条规定:“探索建立调解前置程序。有条件的人民法院对证券、期货、基金等适宜调解的纠纷,在征求当事人意愿的基础上,引导当事人在诉讼登记立案前由特邀调解组织或者特邀调解员先行调解。”

③ 《中华人民共和国证券法》第94条第1款规定:“普通投资者与证券公司发生证券业务纠纷,普通投资者提出调解请求的,证券公司不得拒绝。”《中华人民共和国期货和衍生品法》第56条规定:“普通交易者与期货经营机构发生期货业务纠纷并提出调解请求的,期货经营机构不得拒绝。”

④ 参见汤维建:《多元化纠纷解决机制改革的时代意义及其要点》,载《人民法院报》2016年6月30日,第02版。

⑤ 参见朱锦清:《证券法学》,北京大学出版社2022年版,第234页。

⑥ 参见汤欣、陈旺:《虚假陈述民事司法的实践——回顾与思考》,载《投资者》2018年第1辑。

立;(3)确定损失范围;(4)分配赔偿金;(5)管理赔偿金。① 不同部门在上述五个方面各有优势:政府行政监管部门拥有最为专业、充分的调查能力,在虚假陈述事实查明方面具有天然优势。司法机关作为专门审判机关,对于责任是否成立,损失因果关系的认定等法律判断最具权威。中证中小投资者服务中心有限责任公司(以下简称投服中心)、中国证券投资者保护基金有限责任公司(以下简称投保基金)等专业组织开发了损失计算专业模型,能够承担核定投资者损失,测算责任主体总体赔付规模,确定赔付标准,制定专业调解方案等工作。② 赔偿金的分配和管理目前主要由司法机关负责,但一案一执行给法院执行部门造成了很大压力,也挤压了其他类型案件的执行力量。

证券虚假陈述案件的高效解决要求强化证券市场协同理念,以实现证券市场的综合治理。设置调解前置程序,开展诉源治理工作,能够使行政监管机关在诉讼前介入解纷,通过发起行政和解③等,制定并执行统一的赔付方案,充分调动各方优势,最终促成政府行政监管、司法、专门机构形成合力,构建一个统一的解纷机制,从而真正实现诉源治理。

(二)能动司法维度:合理分配司法资源的重要尝试

"公正与效率"是司法的永恒主题,是能动司法的价值追求和内在要求。"非诉讼纠纷解决机制在处理社会矛盾纠纷方面的有效运行,减少了对当事人、全社会而言代价偏高的诉讼机制之使用,使得审判资源得以集中在更为重要的纠纷上。"④调解前置程序的实质就是在立案之前进行强制调解,在诉讼前端过滤掉大部分纠纷,进一步调和社会纠纷无限性与司法资源有限性之间的矛盾,该程序契合了社会转型时期纠纷分流的实际需要,⑤是实现"公正

---

① See Christopher Hodges, *Collective Redress in Europe: The New Model*, 7 Forthcoming in Civil Justice Quarterly 58(2010).

② 参见龙非:《证券虚假陈述案件中第三方机构的功能定位》,载《投资者》2019 年第 8 辑。

③ 科创板上市公司紫晶存储因上市前后财务造假被中国证监会重罚,该公司的 4 家中介机构出资 10 亿元,成立先行赔付基金,主动向符合条件的投资者赔偿损失,赔付完成后将推动与监管机构进行证券行政执法和解,这正是行政和解制度的最新实践。

④ 参见[日]棚濑孝雄:《纠纷的解决与审判制度》,王亚新译,中国政法大学出版社 1994 年版,第 19 页。

⑤ 参见洪冬英:《当代中国调解制度变迁研究》,上海人民出版社 2011 年版,第 234 页。

与效率”的重要尝试。

1.“调解前置”强制与否之争。事实上,调解前置程序能否科以当事人强制调解的义务,限制当事人的程序选择权和诉权,曾引发学术界广泛讨论。部分学者认为,调解前置应遵循“自愿原则”,即调解前置程序的启动不应具有强制约束力。一方面,根据立案登记制的要求,如果在法定登记立案前人为设置另外一道程序,则应当以尊重当事人自愿为前提。① 如果强制适用调解前置程序,则可能会变成法院延迟立案的“蓄水池”。另一方面,在诉讼前要求当事人进行调解前置程序,可能会不当延长当事人权益获得救济的时间,增加当事人的诉讼风险。另一部分学者认为,调解前置程序应当具有强制性。法院的权能包括对审判资源进行合理配置,相对于当事人,法院基于案件类型对处理方式进行分类具有显著的经验优势,应当尊重法院基于案件类型的程序判断权。②

2.“接近正义”的理念阐释。根据“司法资源均衡配置理论”,在司法资源有限的背景下,公平、公正地分配司法资源必须考虑个案的具体特征,以保证个案能够获得适当的法院审理时间和注意力的分配。③ 西方发达国家在20世纪70年代掀起的“接近正义”运动,通过反思司法与正义的关系,提出有限的司法资源必须公正分配,只有这样才能使公民有机会感受具体而符合实际的正义。④ 对于证券虚假陈述案件而言,大量的平行案件已有示范判决、代表人诉讼判决支撑,这些案件与示范案件基于同一事实,采用同一损失计算方法,完全不必重复诉诸审判,应当充分发挥能动司法理念,主动延伸审判职能,尝试以调解方式将矛盾化解在诉讼之前。⑤

“法律理念乃是正义的实现。正义要求所有的法律努力都应当指向这样

① 参见章志远:《行政诉讼程序繁简分流改革的法理解读》,载《中国法律评论》2021年第5期。

② 参见梁凤云、陈默:《行政争议诉前调解的功能定位和制度设想》,载《中国应用法学》2022年第2期。

③ 参见杨瑞:《论民事审级启动制约机制及其完善》,载《华中师范大学学报(人文社会科学版)》2012年第4期。

④ 参见[意]莫诺·卡佩莱蒂编:《福利国家与接近正义》,刘俊祥等译,法律出版社2000年版,第125页。

⑤ 参见余爱冬:《把能动司法贯穿民事审判全过程的思考》,载《人民法院报》2023年5月19日,第05版。

一个目标,即实现在当时当地的条件下所可能实现的有关社会生活的最完美的和谐。"[①]调解前置程序为争议参与方提供了达成合意与协调的途径,以及帮助当事人避免因为错误选择而进入烦琐诉讼程序的可能性,是"接近正义"的另一种方式;对于法院而言,这既能够缓解法院的诉讼压力,也使法院更加专注于其他案件的审理,从而实现更大范围的"公正与效率"。

(三)金融审判维度:倾斜保护中小投资者的重要途径

实现民事审判能力现代化,就是要解决民事审判案件量大的问题。要做实诉源治理,主动融入国家治理、社会治理,充分发挥能动司法,坚持把诉调对接的"调"再向前延伸,促进实现"抓前端、治未病"。中小投资者是金融市场的主要资金供给者,中小投资者的权益保护事关投资信心。金融审判应当站稳人民立场,以保护金融消费者和中小投资者合法权益为己任,让人民群众能够公平享受金融服务,切实守护好人民群众的"钱袋子"。[②]

1. 绝大多数中小投资者的调解需求。如何获得公平、经济、便捷的权利救济是中小投资者维权最为关注的要点。但囿于获取信息不平衡,个别代理律师负面引导等原因,当事人有时并不能保持诉讼理性,使调解前置程序面临虚置之风险。维权成本是中小投资者维权的重要考量因素。证券虚假陈述案件的原告投资者往往分布在全国各地,他们参与异地诉讼维权的成本较高,加之他们在法律、金融专业化知识上的弱势,需要专业化的诉讼代理人协助维权,这在一定程度上提高了维权难度。通过调解前置程序,开展远程调解、异地调解、集中调解等,强制上市公司等责任主体配合调解,能够充分调动投服中心、投保基金等机构参与事实调查和损失计算,对批量纠纷进行集约化调解,省去法律规定的举证、开庭等一系列法定程序的时效限制,有效降低中小投资者的维权成本,投资者可以最快速地得到合理的赔偿金额。[③]

2. 上市公司、中介机构等的调解需求。上市公司、中介机构等如果能在调解阶段与投资者达成先行赔付方案,并寻求证券行政执法和解,使自身免

---

① 邱联恭:《程序利益保护论》,台北,三民书局2005年版,第5页。
② 参见朱锦清:《证券法学》,北京大学出版社2022年版,第234页。
③ 参见范愉:《纠纷解决的理论与实践》,清华大学出版社2007年版,第337页。

于行政处罚,能够最大限度地挽回证券违法行为对企业生产经营的影响,是保护企业商誉的重要方式。这既使相关主体受到了相应的惩戒,也促使相关主体积极承担民事责任,实现了有效震慑目的。

综上,调解前置程序虽然暂时延缓了当事人的裁判请求权,但通过政府行政监管机关、专业调解组织等社会力量参与调解,推动达成证券行政执法和解,不仅大大缓解了司法审判压力,更在一定程度上实现了程序回调,这些主体能够更大程度地承担起参与证券纠纷的诉源治理的责任,[①]更有利于构建社会整体联动的共治格局。

三、实现路径:证券虚假陈述案件调解前置的程序建构

在"坚持把非诉讼纠纷解决机制挺在前面"的背景下,金融专门法院是金融专业化审判的先行者,更是金融司法政策改革的"试验田"。经全国人民代表大会常务委员会法制工作委员会(以下简称全国人大常委会法制工作委员会)授权,由最高人民法院确定在金融专门法院试点的证券虚假陈述案件的调解前置工作,能够为全国各地法院摸索可复制、可借鉴的制度经验,最终推动证券群体性纠纷的多元化解。

(一)总体思路:证券虚假陈述案件调解前置"三步走"

最高人民法院曾在2022年7月对全国人民代表大会建议的答复中表示,深刻认同人民代表大会代表关于"在民事诉讼立法层面增加设立调解前置制度"的建议。从法院工作实际来看,法院在引导当事人及其诉讼代理人选择诉前调解方面还面临诸多问题与困难。最高人民法院将进一步加强与全国人大常委会法制工作委员会沟通,对允许授权开展试点的地区,做好支持配合,制定完善相关规范性文件,为下步民事诉讼法的修改提供实践基

---

① 参见范榆:《中小投资者保护与证券业纠纷解决机制的构建》,载《投资者》2018年第2辑。

础。[①] 可见,调解前置程序的构建分以下“三步走”:

1. 第一步:推动调解前置程序法定化

根据《最高人民法院关于加强和规范重大司法改革试点工作的意见》的规定,最高人民法院选取部分法院进行试点工作,如需调整适用现行法律,需要由全国人大常委会法制工作委员会作出授权决定后方可组织实施,确保重点试点于法有据。因此,首先要推动调解程序法定化,通过全国人大常委会法制工作委员会授权,以获得调解前置程序的法律定位。

2. 第二步:开展调解前置程序试点工作

“依法试点是推进改革的重要方法”[②],通过先行试点,为基本法的修改积累实践素材,是推进改革的必经之路。现阶段,金融专门法院每年受理大量证券虚假陈述案件,对于相关案件的处理,具有丰富的审判和调解经验。选择上海金融法院、北京金融法院、成渝金融法院作为试点单位,具有很强的代表性。在金融专门法院率先试点证券虚假陈述案件的调解前置程序,能够为下一步政策落地提供宝贵的经验。相关方案的试点期限一般为1~2年。试点期限届满,经对试点情况和成效进行评估,可在形成试点经验的基础上逐步推行相关程序。

3. 第三步:修改完善《中华人民共和国民事诉讼法》

党的十八大以来形成了“制定方案→立法授权→试点先行→中期报告→修改法律”的重要改革方法论。[③]《中华人民共和国民事诉讼法》的先行调解制度为调解前置程序的设立预留了立法空间,[④]故最终应在我国先行调解制度的基础上,在民事诉讼法层面确定调解前置的程序。

(二)底层逻辑:证券虚假陈述案件调解前置的基本框架

证券虚假陈述案件等证券群体纠纷具有不同于普通民商事纠纷的特点,

---

① 参见最高人民法院:《对十三届全国人大五次会议第3418号建议的答复》,载全国人大代表全国政协委员沟通联络平台2023年1月9日,http://gtpt.court.gov.cn/#/NewsDetail?type=03000000&id=f61f82446a7940ddb6bfaf531e30183e。

② 何帆:《积厚成势:中国司法的制度逻辑》,中国民主法制出版社2023年版,第160页。

③ 参见何帆:《积厚成势:中国司法的制度逻辑》,中国民主法制出版社2023年版,第181页。

④ 参见刘峥、金晓丹、马骁:《2018—2019年度司法体制综合配套改革专项调研课题观点综述》,载《人民司法》2020年第7期。

对于解纷制度也提出了特别要求。据此思考调解前置程序的底层逻辑,明确证券虚假陈述案件调解前置的基本框架,对于后续优化证券虚假陈述案件调解前置程序的具体流程大有裨益。

1. 证券虚假陈述案件调解前置的启动方式。各个国家和地区关于调解前置程序启动方式的立法体例不尽相同,主要分为三种类型:①一是“法定型调解前置”,即立法直接规定适用调解前置的案件类型;二是“裁量型调解前置”,即立法授权法官依职权启动调解前置程序,由法官决定受诉案件是否需要与是否适宜交付调解;三是“混合型调解前置”,即两者结合的类型(见表4)。上述三种立法体例对调解前置程序解决特定类型纠纷的价值认知较为一致,②均明确了调解前置程序可以突破“自愿原则”,具有一定的强制性。部分国家和地区还明确了不遵守强制“调解前置”命令而将面临的强制措施等。

表4 各国和地区关于调解前置程序启动方式的相关规定

类型	定义	具体操作
法定型调解前置(又称静态调解优先)	在法律中对调解前置程序的适用范围加以规定。大陆法系国家和地区多倾向于将调解前置程序的案件类型规定于民事诉讼法等法律中	德国的诉前强制调解即属于法定型调解前置,《德国民事诉讼法施行法》第15a条明确,凡强制调解的案件都有法律规定,对特定类型的合同争议,在利用诉讼或仲裁解决之前,当事人必须首先参与调解,参与调解是提起诉讼的先行条件。意大利、日本也采纳这种体例
裁量型调解前置(又称动态调解优先)	法官享有强制案件调解的裁量权。英美法系国家和地区普遍将这样的权利视为法院案件管理的一项重要内容	澳大利亚的强制性调解即明显体现出这样的特点:法官拥有将案件提交调解的自由裁量权,可强制要求当事人先行调解,考虑的因素包括但不限于:纠纷的复杂性、诉讼费用及当事人负担情况、诉讼周期等
混合型调解前置	既规定调解前置适用的案件类型,也赋予法官裁量权,形成了混合型调解模式	美国一些法规允许法院不经当事人同意而命令调解。当事人若不遵守强制命令则要受到制裁。同时一些州还赋予法院对特殊类型案件,如离婚、监护等家庭案件,实行强制调解的权利

① 参见王福华:《论诉前强制调解》,载《上海交通大学(哲学社会科学版)》2010年第2期。

② 参见李昌超、詹亮:《家事诉前强制调解程序的理论证成与制度设计》,载《法治论坛》2018年第6期。

结合前文分析和我国司法实践,证券虚假陈述案件调解前置程序的启动方式应采取当事人自愿申请为主,法院依职权为辅的模式,避免调解前置程序被虚置。对于主动申请调解的,经法院许可,依法按程序安排调解或征得双方合意委派给专业证券调解组织调解。对于双方或一方不情愿调解的,法院立案庭在收到案件起诉书的同时应当根据双方当事人情况作出预判。如果争议确属证券虚假陈述案件,应通知并引导争议双方先行调解,争议双方经法院通知仍未申请调解的,法院应依权强制确定"提起诉讼为默认调解"。

此外,调解前置程序的强制性应有相应制裁措施保障。[①] 对证券虚假陈述案件当事人不参加调解或虚假参与调解,占用调解资源的情况,应建立相关的强力制裁机制予以规制。对于没有正当理由拒绝参与调解的情况,法院可以裁定一定数额的罚款。对因上述情形调解失败而进入诉讼的案件,若拒绝调解方案的当事人并未获得比调解结果更为有利的判决结果,可要求当事人负担参与诉讼所发生的相关费用,以此克减当事人的滥诉行为。

2. 证券虚假陈述案件调解前置程序的适用范围。代表人诉讼作为法定的群体诉讼制度,本身具有优先适用的特殊地位,即符合《最高人民法院关于证券纠纷代表人诉讼若干问题的规定》规定条件的,应当适用代表人诉讼。一般选择胜诉预期较为明确的案件开展代表人诉讼,代表人诉讼具有一定的社会影响。尤其是特别代表人诉讼,该类诉讼适用"默示加入"制度,惩罚性功能较强。根据投资者保护机构遴选案件的规则,一般选择重大,社会影响恶劣,具有示范意义且被告具有一定偿付能力的案件开展代表人诉讼。开展代表人诉讼能够大大降低中小投资者的维权成本,更好地维护中小投资者权益。因此,笔者主张以能否加入代表人诉讼为划分标准,明确调解前置程序适用案件的范围。

对于人民法院已经公告开展代表人诉讼的证券虚假陈述案件,原告投资者能够在立案审查阶段提交初步证据,确定其属于代表人诉讼的"权利人范围",且原告投资者在立案时尚处在"权利登记公告"的加入时间范围内(见图5),应积极引导原告投资者加入代表人诉讼,而不再适用调解前置程序。除此类案件外,其他证券虚假陈述案件均适用调解前置程序。

---

① 参见肖建国、黄忠顺:《诉前强制调解论纲》,载《法学论坛》2010年第6期。

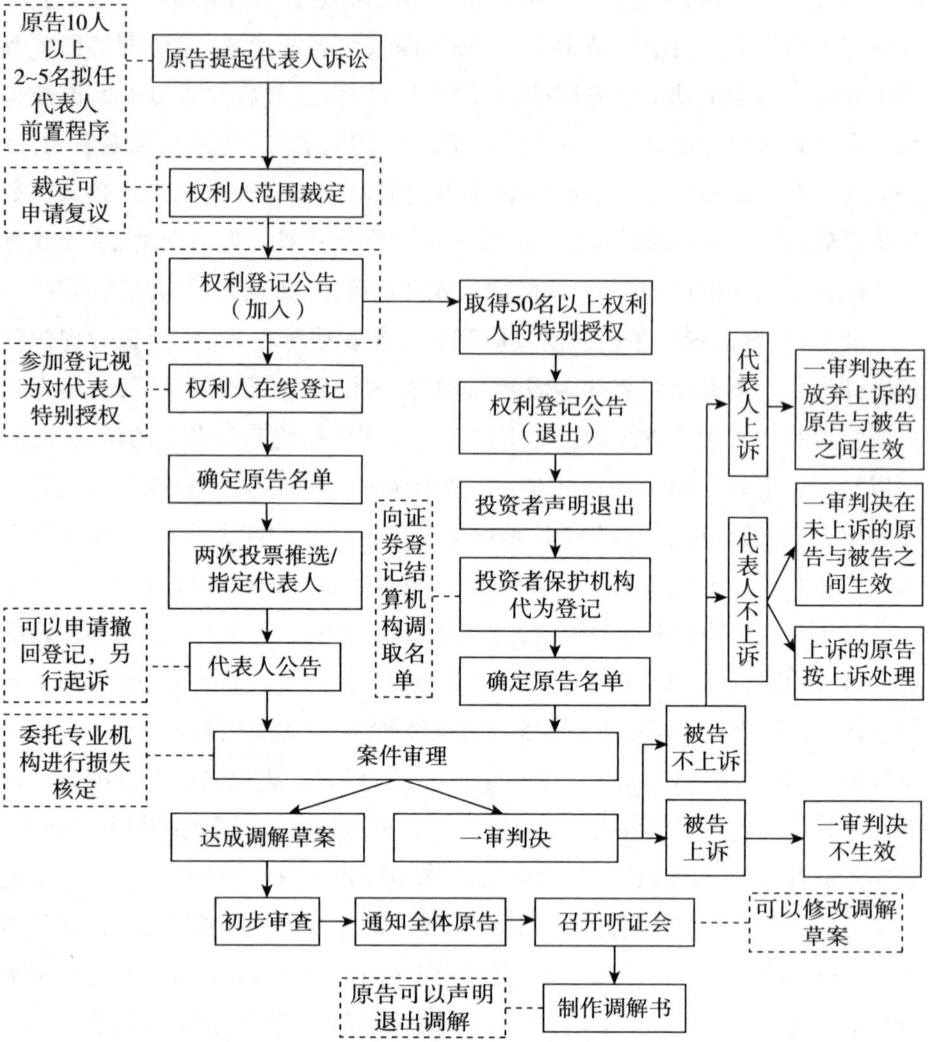

图5　证券纠纷代表人诉讼程序流程

3. 证券虚假陈述案件调解前置程序的居中主体。调解前置程序能否推行与调解主体的受信任程度、资格、能力密切相关。根据《最高人民法院关于人民法院进一步深化多元化纠纷解决机制改革的意见》第27条的规定，调解前置程序应以特邀调解组织或特邀调解员为主体。对于证券虚假陈述案件而言，调解居中主体具有一定特殊性，应以专业调解机构等特邀调解组织为主，辅以法官指导开展调解工作。就专业调解机构等特邀调解组织而言，近年来，证券领域的专业调解机构成立并迅速发展，证券领域已基本确立了由证券业协会、中小投服、投保基金等构成的证券纠纷多元化调解体系，上述机构先后以支持诉讼，发动特别代表人诉讼，参与纠纷调解和损失核定等形式开展高度专业化的维权工作，积极参与后续平行案件调解，[①]成为保护中小投资者权益的中坚力量，也为确立调解前置程序的调解居中主体提供了有力的组织支撑。在调解中，特邀调解组织应就当事人关心的系统性风险、投资者非理性投资因素对投资损失的影响进行深入分析，推动达成调解和解。就法官而言，参与调解的法官从调解伊始即全面了解委派调解案件的基本案情及当事人基本情况，对于同一虚假陈述行为的调解、诉讼情况较为了解，能够全局性地把握调解情况。辅以法官指导调解，具有权威性优势，能够提升调解程序的公信力。

4. 证券虚假陈述案件调解前置程序制度保障。调解协议能否实际履行事关当事人的切身利益，更决定了调解能否高效便捷地实现权利救济。为推动调解协议实际履行，应当探索建立调解中财产保全机制与调解协议督促履行机制。就调解中财产保全机制而言，允许当事人在调解过程中向法院申请财产保全，能够最大限度引导当事人优先选择调解程序解决纠纷，继而打消当事人对于调解的顾虑。就调解协议督促履行机制而言，在赋予一方当事人申请强制执行权利的同时，调解组织积极督促履行更能够体现调解的非诉讼特性。

（三）具体路径：证券虚假陈述案件调解前置的运行模式

同诉讼程序相比，调解程序不宜设置过多约束条件，应遵循调解程序灵活性，在尊重纠纷当事人的意志的前提下，赋予调解更多的自由空间，帮助纠纷双方当事人更好地达成调解。笔者结合证券虚假陈述案件的特征，在其基础上予以细化：

1. 调解程序的前期准备：预填调解程序前置要素清单

在前期准备阶段，特邀调解组织可以对案件进行类型化梳理，掌握当事

---

① 参见龙非：《证券虚假陈述案件中第三方机构的功能定位》，载《投资者》2019 年第 8 辑。

人的基本情况和案件基本案情,填写调解程序前置要素清单。开始调解前,特邀调解组织应向法院了解同一虚假陈述行为案件的调解与审理情况,分析在调解过程中可能会遇到的困境和阻碍,促进后续调解方案的尽快达成。

2. 调解程序的开展:根据是否已作出生效判决的两个情形设计调解方案

针对同一虚假陈述行为的诉讼情况,应根据不同的调解情境予以类型化区分,定制个性化调解方案,做好调解程序与示范判决机制、代表人诉讼的衔接:

(1)情形一:对于同一虚假陈述行为人民法院尚未作出示范判决或代表人诉讼判决等生效判决

建议方案:在调解前置程序中,由人民法院推荐,当事人确认,可以选择投服中心、投保基金、证券业协会等特邀调解组织,参与事实调查和损失计算,促进纠纷高效化解。具有典型代表性的虚假陈述调解实践就是"泽某某某特别代表人诉讼和解案"①。在该案审理过程中,上海金融法院发现涉案事实认定相对清晰,上市公司实控人、高级管理人员、中介机构及直接责任人员有一定偿付能力,且均有积极赔付意愿,遂组织各方开展调解,最终该案以调解方式结案,投服中心代表7195名适格投资者获2.8亿余元全额赔偿。

在此类情形下开展调解,优势主要体现在以下两个方面:其一,对于投资者而言,投服中心、投保基金等专业调解组织的损失计算模型扣除系统性风险因素的风险因子较少,与法院采用的模型相比,投资者往往能够获得更多的赔偿,应在调解过程中予以充分释明,帮助投资者更好地接受调解方案。其二,对于上市公司、中介机构等而言,通过专业调解组织参与调解,达成和解协议能够较大程度获得法院认可并进行司法确认。上市公司、中介机构出于保护声誉,追求解纷效率和保密性等考虑,能够接受专业调解组织提出的调解方案。此外,如果中介机构等尚未因虚假陈述行为受到行政处罚,且有一定的赔付能力,投资者可以在调解阶段尝试与责任主体达成先行赔付方

---

① 2023年12月26日,上海金融法院审理的投资者诉科创板上市公司泽某某某(天津)科技股份有限公司及其实控人、高管、中介机构等12名被告证券虚假陈述责任纠纷案以调解方式审结,成为中国证券集体诉讼和解第一案。参见上海金融法院民事裁定书,(2023)沪74民初669号。

案，为中介机构等责任主体寻求证券行政执法和解奠定基础。

（2）情形二：对于同一虚假陈述行为人民法院已经作出示范判决或代表人诉讼判决等生效判决

建议方案：如果投资者的交易情况符合示范判决或代表人诉讼生效判决确定的“三日一价”标准，应采用“示范判决 + 专业调解 + 司法确认”或“代表人诉讼判决 + 专业调解 + 司法确认”全链条的纠纷多元化解机制，选择专业调解组织按照生效判决认定的赔付标准开展专业化调解。

在调解过程中，生效案件的承办法官应与调解员对案件调处标准、进程等经常性地及时沟通协调，应向调解员讲解法院生效判决对争议焦点问题的认定逻辑，充分释明争议事实所涉的投资损失与虚假陈述行为的因果关系，虚假陈述行为的实施日、揭露日、基准日的认定，损失差额的计算方法等。

如果投资者的交易情况不符合示范判决或代表人诉讼判决确定的“三日一价”标准，一方面，调解员应当在调解程序中着重关注投资者主张“三日一价”的理由，要求投资者提出初步证据予以证明；另一方面，调解员应充分释明示范判决或代表人诉讼判决认定虚假陈述行为的实施日、揭露日、基准日的依据与理由，引导当事人产生合理预期，最终促成调解。

3. 调解程序的终结：以四种不同情形展开

（1）经过调解前置，当事人未达成和解协议的案件

如果调解期满，当事人未达成和解协议，在双方均出具书面材料请求继续调解的情况下，应当继续调解；否则，应当进入诉讼程序。关于证券虚假陈述案件调解前置程序的期限，为避免久调不决，影响当事人的权利义务，应当规定该程序的期限为30日。

根据最高人民法院、中国证监会《关于全面推进证券期货纠纷多元化解机制建设的意见》第15条的规定，调解程序终结时，当事人未达成调解协议的，调解员在征得各方当事人同意后，可以用书面形式记载调解过程中双方没有争议的事实，并由当事人签字确认。在诉讼程序中，除涉及国家利益、社会公共利益和他人合法权益的外，当事人无须对调解过程中确认的无争议事实举证。

(2)经过调解前置,当事人不再起诉的案件

经过调解前置程序,申请人不再起诉的,应当具有书面、明确的意思表示,并附于调解信息档案中。应通过要求当事人填写调解前置程序结案登记表等形式,明确当事人意思表示。如果当事人经过调解没有达成和解协议,或者认为应另行提起其他诉讼,应当尊重当事人的处分权。

(3)达成协议,当事人申请司法确认的案件

无论是由法院依职权开展的调解工作,还是当事人自行向调解组织申请调解而达成的调解协议,申请人单方即可向法院要求司法确认。法院应及时对调解协议进行审查,以裁定或出具调解书的方式进行确认,并在案件受理费方面予以减免。

法院在审查调解协议时,应注意:一是要形式审查调解协议是否存在虚假调解、恶意调解的情况,避免出现重大且明显违法的情形;二是要形式审查调解协议是否存在内容不明确,不具有可执行性的情况;三是如果同一虚假陈述行为,在调解过程中示范判决或代表人诉讼判决已生效,应对照审查其与判决思路基本相符。

(4)达成协议,当事人未申请司法确认的案件

根据法律相关规定,当事人未能在规定期间内申请司法确认的,其申请司法确认的权利丧失,但是和解协议不因此消灭。"经调解组织主持调解达成的调解协议,具有民事合同性质",调解协议本质上是一种社会契约,在未经司法确认前,其效力与一般的合同无异,均缺乏强制执行力,无法直接向人民法院申请强制执行。当事人就调解协议的履行或者调解协议的内容发生争议的,可以就调解协议问题向人民法院提起诉讼,人民法院按照合同纠纷进行审理。①

结　语

证券虚假陈述等证券群体性纠纷的诉源治理,不仅需要司法机关发挥能

① 参见最高人民法院、中国证监会联合印发的《关于全面推进证券期货纠纷多元化解机制建设的意见》第19条规定。

动司法,创新纠纷审判机制,更需要政府监管机关与投服中心等专业调解机构共同参与,形成合力,把矛盾纠纷化解在萌芽状态。本文建议在金融专门法院率先试点建立证券虚假陈述案件调解前置程序,在调解阶段引入政府行政监管部门、投服中心等专业调解机构查明事实,测算损失,助力达成行政执法和解的先行赔付方案;抑或由司法机关选择具有共同事实、证据或法律争点的案件作出示范判决,引导平行案件当事人在示范判决或代表人诉讼判决的基础上进行调解,批量化解证券虚假陈述责任纠纷,以期构建出一套证券群体性纠纷的诉源治理的"中国方案"。

会计师事务所证券侵权责任之裁判路径检视[*]

孙　倩[**]　王　倩[***]

中介机构被认为是证券市场看门人，它们通常独立于交易双方（发行人与投资者），拥有专业知识和技术，并“以自己的职业声誉为担保向投资者保证发行证券品质”①。2019年修订的《中华人民共和国证券法》（以下简称《证券法》）系统性地对我国资本市场的发行制度加以完善，规定证券发行将全面施行注册制。2023年2月17日，中国证券监督管理委员会（以下简称中国证监会）就全面实行股票发行注册制发布了相关制度规则。注册制的落地在强化发行人信息披露义务的同时，更要求压实中介机构和其他相关主体的责任。中国证监会通报的2022年案件办理情况显示，中介机构违法案件保持高位，部分主体失职缺位问题突出。② 其中，会计师事务所因“特有的执业形式——对公司财务数据发表意见，其结论直接影响投资决策和股价波动——导致其相对于其他专业人士来说更容易暴露在法律风险中”③，成为重点监管对象。近年来，会计师事务所在证券侵权案件中的责任认定问题持续引发热议。我国《证券法》自颁布以来，共历经2次修订、3次修正，在立法

---

* 本文获中国法学会证券法学研究会2023年优秀论文三等奖。

** 法学硕士，上海金融法院综合审判一庭三级高级法官。

*** 法学硕士，上海金融法院综合审判一庭法官助理。

① ［美］约翰·C.科菲：《看门人机制：市场中介与公司治理》，黄辉、王长河等译，北京大学出版社2011年版，第3页。

② 参见《证监会通报2022年案件办理情况》，载微信公众号“证监会发布”2023年2月10日，https://mp.weixin.qq.com/s/23KYps3ZxWcW1Yn70oh5iA。

③ 刘燕：《关注会计师看门过程中的法律噪音》，载《清华法学》2020年第6期。

上采纳连带责任的立场从未改变;司法实践中出现了判决会计师事务所承担比例连带责任的趋势。本文旨在探讨在资本市场全面实行注册制的格局下,如何实现会计师事务所证券侵权责任的"过责相当",以期进一步理顺和优化涉及中介机构民事责任的法律规则,威慑、预防证券欺诈等不法行为,敦促各责任主体归位尽责。

一、会计师事务所证券侵权民事责任认定之司法现状

(一)行政处罚前置程序的取消

2022 年 1 月 21 日,最高人民法院发布的《关于审理证券市场虚假陈述侵权民事赔偿案件的若干规定》(以下简称 2022 年《虚假陈述司法解释》)宣告行政前置程序正式取消,法院受理证券虚假陈述案件不再以行政处罚或者生效刑事判决为前提。

在此之前,出于投资者举证能力和司法资源有限的双重考量,证券监管部门作出行政处罚为投资者提起证券民事诉讼的前置条件。经统计,2012 年 1 月 ~2023 年 2 月,中国证监会共计对中介机构及其从业人员作出 173 起行政处罚,[①]其中有 47 起涉及会计师事务所及其从业人员,占比约为 27.2%。进一步考察进入民事侵权诉讼的情况,在前述被处罚的会计师事务所中,共有 10 家被投资者列为被告要求承担证券虚假陈述民事赔偿责任。[②] 另外,在中某某证券虚假陈述责任纠纷案及科某环保证券虚假陈述责任纠纷案中,虽然会计师事务所未被行政处罚,但均被列为案件的共同被告。除在程序上"行政先行"外,在实体处理上,会计师事务所被行政处罚过后,大多也在民事诉讼中被判决承担赔偿责任,这使证券民事诉讼几乎完全与中国证监会的行政执法重合。

截至 2024 年 8 月,2022 年《虚假陈述司法解释》实施已逾两年,各地法

---

① 包括会计师事务所及其从业人员、律师事务所及其从业人员、证券公司及其从业人员、评估机构及其从业人员,数据源于中国证监会证券期货法规数据库系统,http://neris.csrc.gov.cn/falvfagui/。

② 每一上市公司虚假陈述案件均包括数以千计的民事诉讼案件,此处涉案数量是指涉及的群体诉讼数量,并非案件的绝对数量,统计数据范围为截至 2023 年 2 月法院已审结的案件。

院受理的证券虚假陈述责任纠纷案件大幅增加。以上海金融法院为例,该院2022年全年共新受理涉及14家上市公司的近4000件证券虚假陈述责任纠纷案件,几乎是过去3年案件量的总和。同时,在"追首恶""惩帮凶"等理念的影响下,投资者为确保得到足额赔偿,更倾向于将中介机构与董事、监事、高级管理人员(以下简称董监高)等纳入被告范围。在前述涉14家上市公司的案件中,共有6起案件将中介机构等其他主体列为被告。在前置程序取消的背景下,法院需要对中介机构的诉讼地位和责任认定进行全方位的判断,证券民事侵权案件的审理迎来了新的挑战。

(二)会计师事务所从业人员责任形态的转换

值得一提的是,当中国证监会决定作出处罚时,均同时处罚中介机构与具体从业人员。中国证监会在对中介机构作出警告、没收业务收入、罚款等行政处罚措施的同时,均对具体负责的签字注册会计师、签字律师、签字保荐代表人、持续督导负责人、签字评估师等直接责任人员作出警告、罚款等处罚措施。部分直接责任人员还被认定为市场禁入者,终身不得从事证券业务或担任上市公司董监高职务。

在证券民事侵权诉讼中,将签字会计师与会计师事务所一并列为被告的并不多见。2005年修订的《证券法》更是删除了1998年《证券法》关于证券服务机构直接责任人员承担连带责任的相关规定。原因在于,证券服务机构和普通工作人员之间系雇佣关系,普通工作人员对外系以证券服务机构的名义,为证券服务机构的利益开展工作,故应由证券服务机构承担雇主责任。证券服务机构承担侵权责任后,可以向有故意或者重大过失的工作人员追偿。

尽管如此,由于当前较多会计师事务所采用合伙制,根据《中华人民共和国合伙企业法》(以下简称《合伙企业法》)第39条、第57条的规定,合伙人均有可能承担无限连带责任。例如,在康某药业证券虚假陈述责任纠纷案中,法院并未判令正某某某会计师事务所签字会计师张某某和项目经理苏某某承担责任,但对于会计师事务所合伙人、签字注册会计师杨某某,则依据

《合伙企业法》第 57 条判令其承担连带赔偿责任。[①]

(三)会计师事务所民事责任的限缩趋势

会计师事务所承担侵权责任的方式,在早期司法实践中,呈现全有或全无的状态。在 2006 年蓝某股份证券虚假陈述民事赔偿案中,法院首次判令会计师事务所承担全部连带责任。此后,越来越多的投资者在起诉时将会计师事务所列为共同被告。在已经审结的 12 起案件中,共有 5 起案件的审理法院判决会计师事务所承担 100% 的连带赔偿责任。[②] 其中,在 2016 年立某会计师事务所涉大某某证券虚假陈述案中,立某会计师事务所抗辩认为,根据《最高人民法院关于审理涉及会计师事务所在审计业务活动中民事侵权赔偿案件的若干规定》(以下简称《会计师事务所民事侵权规定》)的规定,该所不应承担连带赔偿责任,即使认定该所有过错,也应在过错范围内承担连带责任,[③]但法院并未采纳上述抗辩意见。

近年来,主张中介机构承担责任与过错应当相统一的呼声渐高。法院为此在司法实践中进行了多次探索、尝试,逐步调整连带责任的承担方式,对连带赔偿责任的范围进行限缩。在江苏保某某证券虚假陈述责任纠纷案中,一审法院类推适用《会计师事务所民事侵权规定》的规定,判决资信评估公司承担 30% 的补充赔偿责任,[④]但该案二审改判资信评估公司承担 30% 的连带责任。[⑤] 在华某某某证券虚假陈述案中,一审法院判决瑞某会计师事务所承担

---

① 参见广东省广州市中级人民法院民事判决书,(2020)粤 01 民初 2171 号。

② 该 5 起案件分别为:立某会计师事务所涉大某某证券虚假陈述案、立某会计师事务所涉金某科技证券虚假陈述案、瑞某会计师事务所涉华某某某证券虚假陈述案、大某会计师事务所涉五某某证券虚假陈述案、正某珠江会计师事务所涉康某药业五某某证券虚假陈述案。

③ 参见上海市第一中级人民法院民事判决书,(2017)沪 01 民初 675 号;上海市高级人民法院民事判决书,(2019)沪民终 74 号。

④ 参见广东省深圳市中级人民法院民事判决书,(2020)粤 03 民初 4220 号。

⑤ 参见广东省高级人民法院民事判决书,(2020)粤民终 1744 ~ 1747、1749、1750、1752 ~ 1760、1807、1809 ~ 1812、1814、1817 ~ 1819、1821、1823 ~ 1825、1829、1830、1910 ~ 1919、1921 ~ 1928、1930 ~ 1932、1934、1936 ~ 1939 号。

60%的连带责任,[①]而在二审判决中,法院认定会计师事务所承担全部连带责任。[②] 中某某证券虚假陈述案判决[③]系我国首例要求中介机构在证券侵权案件中承担比例连带责任的生效判决,对于中某某公司的付款义务,瑞某会计师事务所在15%的范围内承担连带责任。在该案判决后,陆续有2起案件判决会计师事务所对上市公司的证券虚假陈述责任承担比例连带责任。[④] 比例连带责任即判决证券中介机构在过错范围内承担连带责任,体现了司法实践中对连带责任限缩的思路,也“具有指导意义”[⑤],值得进一步探讨。

二、利益平衡视角下会计师事务所承担证券侵权民事责任之范围认定

(一)比例连带责任的合理性分析

从一般侵权法的因果关系来考察,在中介机构不存在恶意串通等故意情形时,投资者的投资损失是由发行人的虚假陈述行为造成的,中介机构对于形成或发布不实信息披露文件的过失并非投资者损失的近因。而《证券法》之所以规定中介机构承担连带责任,是基于资本市场的信息披露运行机制而对中介机构科以较一般侵权责任法更重的法定责任。这种证券法上的特别规定更有利于保护投资者,同时对信息披露的相关主体起到极大的震慑作用。然而,需要进一步思考的是,在证券虚假陈述责任纠纷案件的审理中,如何处理始终面临的投资者、发行人、中介机构及董监高等各方利益的平衡问题。

比例连带责任系区分责任主体的故意与过失,进而确定连带责任的范围。区分故意与过失的法理基础在于,在数人侵权的责任承担中,侵权人所

---

① 参见四川省成都市中级人民法院民事判决书,(2019)川01民初1626号。

② 参见李智:《股民赢了!法院改判:瑞华和国信证券承担100%连带赔偿责任!》,载微信公众号“中国基金报”2021年6月27日,http://mp.weixin.qq.com/s/6X5oU_dgZidexNqTopQK5g。

③ 参见上海市高级人民法院民事判决书,(2020)沪民终666号。

④ 该2起案件为众某会计师事务所涉雅某科技证券虚假陈述案、众某会计师事务所涉宁波圣某某证券虚假陈述案。

⑤ 周伦军:《李某某等诉中安科股份有限公司等证券虚假陈述责任纠纷案——证券服务机构承担虚假陈述民事赔偿责任的认定》,载最高人民法院中国应用法学研究所编:《人民法院案例选》2022年第6辑,人民法院出版社2022年版。

承担的责任分为最终责任(ultimate liability)和风险责任(vicarious liability)。对于第三人遭受的损失,“最终责任是指各赔偿义务人之间进行内部分配时,赔偿义务人就其自身行为所应承担的赔偿责任份额,超过最终责任而实质上是承担了受偿不能风险的责任部分,则称为风险责任,即对第三人的外部责任份额与赔偿义务人之间划定的内部责任份额的差值”[①]。赔偿义务人对于承担的超过最终责任的部分,可以根据分摊请求权或追偿请求权的规定,向终局责任人寻求分摊或者追偿,但赔偿义务人同时也承担了分摊或者追偿不能的风险。对于证券中介机构而言,证券中介机构可能参与的只是虚假陈述行为的某一环节,如果内部责任比例较低,仍要对外承担全部连带责任,这将导致外部责任与内部责任份额悬殊,证券中介机构承担的风险责任过重。如果无论过错大小,中介机构均要承担100%的连带责任,长此以往,将造成行业的“寒蝉效应”,不利于中介行业的持久发展,最终导致相应的服务供给不足,有损资本市场的效率。

(二)限缩连带责任域外之鉴

当前,在普通民事侵权领域,国内外理论和实践呈现“限缩连带责任的趋向……且为了增强多数人侵权责任分担机制的灵活性和适应度……出现了除连带责任和按份责任以外的多种混合责任形态”[②]。例如,美国部分州通过立法,采用“门槛”规则和“深度”规则限制连带责任的成立范围。“门槛”规则,是指责任比例超过法律规定的最终责任比例的被告才根据连带责任规则对全部损害负责;“深度”规则是对“深口袋原则”进行的限制,规定责任人承担责任的绝对范围不超过其责任份额的若干倍。[③] 蒙大拿州规定,只有责任份额超过50%的被告才承担连带责任。[④] 明尼苏达州同时采纳了前述双

---

① 王竹:《论风险责任概念的确立》,载《北方法学》2011年第2期。

② 李中原:《多数人侵权责任制度的历史与现状》,载《苏州大学学报(哲学社会科学版)》2014年第2期。

③ 参见王竹:《论客观关联共同侵权行为理论在中国侵权法上的确立》,载《南京大学法律评论》2010年第1期。

④ See Mont. Code Ann. § 27－1－703(1999). 转引自王竹:《论客观关联共同侵权行为理论在中国侵权法上的确立》,载《南京大学法律评论》2010年第1期。

重限制,"规定如果连带责任人的责任份额不超过15%,则其承担连带责任的范围不超过其责任份额的4倍;如果其责任份额在15%与35%之间,则其承担连带责任的范围不超过其责任份额的2倍"①。

在证券侵权领域,美国就中介机构承担责任的形式曾发生过重大变革。美国国会于1995年通过了《私人证券诉讼改革法案》,其中一项重要改变是将1934年美国《证券交易法》中原有的无限连带责任改为有条件的公允份额比例责任。只有有关责任方故意违反证券法才对损害承担无限连带责任,否则应就其造成损失的过错责任比例承担相应责任。同时,如果原告是资产净值少于20万美元的个人,且判决损失金额超过原告资产净值的10%,而比例责任尚未补足损失,那么责任方应对余下损失承担连带责任。② 该法案推出的结果是,在20世纪90年代后期,集团诉讼的原告实际上停止了对审计师等第二级被告的起诉。③ 2001年安然事件的爆发也令该项改革受到强烈批评。不过,在美国的影响下,近年来,"澳大利亚、加拿大、新西兰、新加坡、英国已逐渐对其立法加以修改,对中介机构不再采用过失责任,转而采用比例责任"④。

(三)我国会计师事务所承担证券侵权责任的路径选择

在我国,1998年、2004年《证券法》均规定,专业机构和人员不能证明自己无过错的,应就自己负有责任的部分承担连带责任。2005年之后修订的《证券法》有所调整,规定证券中介机构不能证明自己无过错的,应当与委托人承担连带赔偿责任。《证券法》坚持连带责任立场的本旨在于充分保障投资者得到实际赔偿,正如史尚宽先生所言,"由法律之规定而产生的连带之债,外观上虽为排除债务人分担额之证明之困难,或因其性质上责任之为共

---

① Minn. Stat. Ann. § 604.01(West 2000& Supp. 2006). 转引自王竹:《论客观关联共同侵权行为理论在中国侵权法上的确立》,载《南京大学法律评论》2010年第1期。

② 美国《1934年证券交易法》第21D条第(f)款。

③ 参见[美]约翰·C.科菲:《看门人机制:市场中介与公司治理》,黄辉、王长河等译,北京大学出版社2011年版,第74页。

④ 李明辉:《注册会计师的过失责任:连带责任抑或比例责任》,载《河北法学》2005年第4期。

同,然根底仍有确保债权之目的”[①]。然而,采连带责任立场的问题在于,该立场仅考虑中介机构是否有过错,而未考虑过错大小以及原因力因素,即一旦中介机构不能证明自己无过错,无论实际过错为何,对投资者损失的影响有多大,均要承担100%的连带责任。

近年来,最高人民法院系列司法解释及司法意见逐步体现了证券中介机构责任与过错程度相结合的审理原则。2003年《最高人民法院关于审理证券市场因虚假陈述引发的民事赔偿案件的若干规定》(已失效)与1998年《证券法》保持一致,第24条规定专业中介服务机构及其直接责任人给投资人造成损失的,就其负有责任的部分承担赔偿责任。2007年《会计师事务所民事侵权规定》则在第5条、第6条区分了故意与过失,在过失情形下,法院应根据会计师事务所过失大小确定会计师事务所赔偿责任,赔偿金额以不实审计金额为限。2020年《全国法院审理债券纠纷案件座谈会纪要》第3条也强调,将责任承担与行为人的注意义务、注意能力和过错程度相结合。2022年《虚假陈述司法解释》沿袭了区分故意与过失主观状态的裁判思路,在第13条明确规定中介机构的过错包括故意和重大过失,并在第17条、第18条、第19条进一步规定了过错的认定标准及免责事由。其中,第19条专门规定了会计师事务所的免责抗辩事由,一定程度上吸收了《会计师事务所民事侵权规定》第7条的表述,并在第1款第2项扩大了审计机构所依赖的出具不实证明文件抗辩免责的第三方单位范围,除金融机构外,增加了发行人的供应商、客户等相关单位。

司法实践期待借助比例连带责任来重构上市公司与中介机构的连带责任关系,在裁判中认定会计师事务所承担连带责任的范围时,趋向于区分过错程度、原因力等因素。在具体案件中,若会计师事务所故意出具不实报告,则对外与发行人承担全部连带责任;如果属于重大过失,则根据过错及原因力大小,对外在一定范围内与发行人承担连带责任。总体而言,这是在不能突破立法的前提下根据现实情况所作的“变通”。《证券法》规定的责任承担主体众多,分摊到每一责任主体的终局责任相对而言被大大稀释,而中介机

① 史尚宽:《债法总论》,中国政法大学出版社2000年版,第641页。

构往往参与的只是虚假陈述行为的某一环节,若应承担的终局责任极小,但先行承担100%的连带责任,将导致中介机构负担的风险责任过重,有失公平。让中介机构仅就其负有责任的部分承担连带责任,对连带责任的范围进行限缩,既能敦促中介机构更加谨慎执业,也有利于证券市场的生态平衡。

三、“责罚相当”理念下会计师事务所证券侵权责任过错及原因力考量

虽然中某某、康某药业、五某某等证券虚假陈述责任纠纷案件对于中介机构的责任认定都采用比例连带责任的判决方式,我国2022年《虚假陈述司法解释》第13条也明确指出过错包括故意和重大过失两种情形,但对如何基于过错以及原因力大小来具体认定会计师事务所承担比例连带责任,仍然留下了可供探索的空间。

(一)会计师事务所的注意义务范围

根据《证券法》的规定,会计师事务所对外承担证券侵权责任适用过错推定的归责原则。之所以采用过错推定,是由于证券市场的信息不对称性导致投资者处于信息弱势,要求投资者对公司内部人以及中介机构提供服务行为中的过错举证极为困难,而如果所有责任主体均承担无过错责任,又将使投资者陷入“动辄得咎”的困境,增加了执业风险,也不利于激励他们勤勉尽责。故过错推定原则成为平衡投资者和其他责任主体利益的最佳方式。在诉讼过程中,原告无须就前述责任主体的过错举证,而是由被告就自己不存在过错承担证明责任,未能尽到证明责任的,自行承担不利后果,即与发行人承担连带责任。根据2022年《虚假陈述司法解释》第13条的规定,《证券法》第85条、第163条所称的过错,包括以下两种情形:(1)行为人故意制作、出具存在虚假陈述的信息披露文件,或者明知信息披露文件存在虚假陈述而不予指明,予以发布;(2)行为人严重违反注意义务,对信息披露文件中虚假陈述的形成或者发布存在过失。也就是说,证券法中的过错与民法上的过错含义不同,在证券虚假陈述责任纠纷中,发行人内部人,保荐人、承销商及其内部

人,以及证券服务机构的过错限定为故意和重大过失,上述行为人仅存在一般过失的,不应承担证券法上的侵权赔偿责任。

从责任范围上看,会计师事务所作为某一领域的专家,仅就该领域相关事项出具专业意见,包括对发行人的财务报表进行审计并出具审计报告。同理,律师事务所审查发行、上市等活动的合法性并出具法律意见书,资产评估机构对发行人的资产进行评估并出具资产评估报告等。因此,上述机构责任范围也限于其工作范围和专业领域,即仅对己方出具的专业意见负责。与之相对应的是,在与其他中介机构的互动关系上,保荐人被赋予了更为重要的地位,负有协调其他中介机构的工作并对其他中介机构出具的专业意见进行全面核查的义务。保荐人作为总策划,职责主要包括上市辅导、尽职调查、审慎核查、推荐上市、持续督导、先行赔付等方面。因此,保荐机构的责任范围不仅包括己方出具的发行保荐书和上市保荐书,还应保证发行人的所有申请文件和信息披露资料不存在虚假记载、误导性陈述或者重大遗漏。由此形成了保荐人全面负责,证券服务机构就自身专业领域负责的整体责任格局。

(二)会计师事务所的注意义务标准

1. 会计师事务所对本领域的特别注意义务标准

作为证券服务机构的会计师事务所应当对本领域的事务尽特别注意义务。在一般侵权案件中,法院通常假设以理性人(reasonable man)的注意程度来作为是否尽到注意义务的判断标准。这个理性人受过一般的教育,具备一般的知识水平和技能,具有一般的道德水准。理性人的行为标准高于容易犯错的普通人,但他显然不是具有专门知识和技能的专业人士。而证券服务机构在证券侵权案件中承担的是一种专家责任。所谓专家,特点在于:其一,工作性质属于高度的专门性(skilled and specialized),其中心不是体力工作而是精神的、判断的工作(mental rather than manual);其二,重视高度的职业道德和与顾客的信赖关系;其三,大多要求一定的资格,并由专家集团维持一定的业务水平;其四,具有较高的社会地位。注册会计师、执业律师、资产评估师等专业人士均受过系统的职业教育,并通过了相应行业的任职资格考试,具备自己执业领域所必需的知识和技能。因此,在判断专业人士对本专业相关的业务事项是否尽到注意义务时,法院应从一名"普通执业人员"的视角来考察,该名普通执业人员具备该专业领域所必需的任职条件,拥有一定的业务知识和经验,并具有中等偏上的职业道德水平,只有达到了普通执业人员的执行水准,才能认定为勤勉尽责,该等注意义务高于理性人标准。

在具体案件中,应当根据过错程度、原因力等因素,确定会计师事务所承担连带责任的范围。如果会计师事务所故意出具不实报告,则对外与发行人承担全部连带责任;如果会计师事务所属于重大过失,则根据过错及原因力大小,对外在一定范围内与发行人承担连带责任。如何判断会计师事务所对专业领域的注意义务程度,以及如何认定故意与重大过失程度进而确定相关主体的责任范围是司法实践中的重点与难点。

在法院判定会计师事务所就发行人的虚假陈述责任承担全部连带责任的案件中,大部分案件并未明确认定会计师事务所的主观过错类型。例如,在康某药业证券虚假陈述责任纠纷案中,法院认定正某某某会计师事务所对于货币资金科目和营业收入科目在风险应对措施方面存在重大缺陷,包括未对现金对账执行内部控制测试程序,未关注明显异常或相互矛盾的审计证据,在函证回函率较低时未实施替代性程序,审计底稿"加塞"函证交易数据以及项目经理严重违反独立性要求等,严重违反了会计师审计准则和职业道德守则,导致康某药业严重财务造假未被审计发现,影响极其恶劣。[①] 值得关注的是,在该案涉及的中国证监会出具的〔2021〕11号行政处罚决定书中,多次出现会计师事务所"伪造银行资信证明"以及"审计项目经理配合康某药业财务人员拦截询证函、将伪造的走访记录作为审计证据"等表述,上述事实似乎可以得出会计师事务所存在主观故意的结论,但法院并未对会计师事务所是否构成主观故意做出明确表态。原因或许在于,在过错推定原则下,会计师事务所难以通过举证证明己方无过错,但也未能有直接证据证明会计师事务所的主观故意。从判决结果来看,在会计师事务所的行为严重违反审计准则,影响极其恶劣的情况下,法院实质按照主观故意的标准,判决会计师事务所与发行人承担全部的连带责任。

① 参见广东省广州市中级人民法院民事判决书,(2020)粤01民初2171号。

中某某虚假陈述责任纠纷案判决系我国首例要求中介机构在证券侵权案件中承担比例连带责任的生效判决,其中法院对于连带责任范围的认定方式,与相关责任主体的过错程度相适应,值得借鉴。法院认为,瑞某事务所作为外部审计机构,基于中某消公司提供的框架协议等材料进行盈利预测审核,并不存在明显过错。且案涉项目所涉虚假陈述金额较小,对于审计而言重要性相对较低。从主观过错程度来看,亦无证据证明瑞某事务所与中某某、中某消存在虚假陈述的共同故意或瑞某事务所明知相关材料虚假。从对投资者的决策影响来看,"智慧石拐"项目收入确认对于盈利预测及评估和交易定价也产生了一定影响,但该影响相较于"班班通"项目为小。[①] 最终,法院综合考量了瑞某事务所虚假陈述所涉事项、主观状态、过错程度以及原因力等因素,酌情认定瑞某事务所在15%的范围内承担连带责任。

司法实践和立法所重视的"责罚相当"理念有助于稳定资本市场各方参与主体的预期,避免"动辄得咎"的不当后果。对于会计师事务所的责任,本文认为,在未有证据显示会计师事务所与发行人合谋进行证券侵权时,对于会计师事务所是否具有重大过失,应结合会计师事务所在执业过程中违反审计准则等规定的程度以及违规行为与证券侵权结果之间的关联程度综合予以判断。例如,在立某会计师事务所涉大某某证券虚假陈述责任纠纷案[②]中,大某某公司2013年年报存在6项虚假陈述,但这并不意味着会计师事务所都要为此承担责任,而是要分别、独立判断在此过程中立某会计师事务所有无过错。其中,对于大某某公司寻求第三方北京阳某某某广告有限公司、天津渤某商品交易所股份有限公司配合,进而虚增销售利润的行为,因第三方配合造假,立某会计师事务所已得到第三方的书面确认,故在大某某的该两项违法事项上,立某会计师事务所并不存在过错。此外,大某某公司提前确认收入87,446,901.48元,虚增利润68,269,813.05元,该公司前三季度亏损而第四季度扭亏为盈,尤其是12月临近资产负债表日该公司软件产品销售收入大增,期后退货显著增加。对于上述情况,立某会计师事务所作为审计

---

① 参见上海市高级人民法院民事判决书,(2020)沪民终666号。

② 参见上海市第一中级人民法院民事判决书,(2017)沪01民初675号;上海市高级人民法院民事判决书,(2019)沪民终74号。

机构未能保持必要的职业警觉,未追加必要的审计程序获取充分适当的审计证据以排除大某某公司舞弊嫌疑,故虽然立某会计师事务所将所有退货金额在大某某公司收入中予以扣减,但在应追加审计程序而未追加的情况下,仍不能因此认定立某会计师事务所尽到了注意义务。

综上所述,会计师事务所的注意义务和应负责任范围,应限于自身工作范围和专业领域;会计师事务所制作、出具的文件有虚假记载、误导性陈述或者重大遗漏的,应当考量会计师事务所过错程度、造成投资者损失的原因力等因素,分别确定会计师事务所连带责任的范围。

2. 会计师事务所引用其他机构意见时的注意义务

中介机构是某一领域的专家,对于本领域的事务应负有高度注意义务,但在证券发行、交易过程中,一项业务往往由众多中介机构同时提供服务,事后发现存在证券侵权情形时,中介机构往往以引用其他机构的专业意见,而该意见并非己方专业领域为由,抗辩其没有过错。根据2022年《虚假陈述司法解释》第17条、第18条的规定,对于其他中介机构的专业意见,无论是保荐人还是证券服务机构,均不能因信赖专业机构的意见而免除核查义务,而应结合己方的专业知识和所获信息审慎核查,如果发现显著失实、前后矛盾或与己方掌握信息不一致,应采取适当方法就疑点进一步调查、复核,在完全排除前述疑点后方能合理信赖专业意见。

对于会计师事务所而言,审计报告的大部分内容应当根据在审计程序执行过程中通过己方面谈、实地调查、查询和函证等多种方式取得的证据得出审计意见,对此应当施以特别注意义务,但也不可避免地存在一些超出本领域范围的事务。如果在出具专业意见时需要引用资产评估机构或其他证券服务机构的基础工作或者专业意见,或是需要以此作为得出结论的基础论据,由于会计师并非专家,对此不能盲目信赖,而是应尽到一般注意义务,进行审慎核查。如果发现有重大异常、前后矛盾或与会计师事务所已经掌握的信息冲突,会计师事务所应对疑点部分进行调查、复核,必要时可聘请其他证券服务机构提供相应服务,排除疑点后方构成合理信赖。

上述对"专家意见"和"非专家意见"的区分与其他国家或地区的实践也趋于一致。1933年《美国证券法》第11条对注册登记中虚假陈述所引起的民事责任作出明确规定,将注册登记内容分为四类,除发行人以外的其他人若能承担以下证明责任,则可免责:一是没有专家意见或官方文件支持的部分,经过合理调查后,有合理依据相信且确实相信该部分陈述无虚假陈述;二是本人作为专家授权准备的部分,或复制、摘录本人专家意见的部分,经过合理调查后,有合理依据相信且确实相信该部分陈述无虚假陈述;三是根据专家(非本人)授权而准备的部分,或者表明是从专家(非本人)准备的报告或估值中复制或摘录的部分,没有合理依据相信且确实不相信该部分陈述有虚假陈述;四是官方人士陈述的部分,或者从公开官方文件中复制或摘录的部分,没有合理依据相信且确实不相信该部分陈述有虚假陈述。该条还规定,上述合理的标准应当是一个谨慎的人在管理自己的财产时所采取的标准。我国香港特别行政区也将上市文件分为专家报告部分和非专家报告部分。除此之外,2000 年《英国金融服务与市场法》第 90 条及其附录 10《损害赔偿:豁免》、《德国交易所法》第 45 条第 1 款、《日本金融商品交易法》第 21 条,也都确立了合理信赖义务。①

因此,在证券侵权案件中,对于会计师事务所的注意义务,也需要引入合理信赖抗辩。对于他人出具的专业意见,应当采用合理信赖标准,宽严有度,以厘清会计师事务所的注意义务标准,使责任承担与行为人的注意义务、注意能力和过错程度相匹配,契合近代法律“自己为自己行为负责”的基本原则。

四、内外有别:会计师事务所证券侵权民事责任的应然路径展望

(一)外部:中介机构承担比例连带责任的立法建议

随着我国证券市场的发展、监管体制的变革以及私人诉讼机制的强化,证券虚假陈述民事责任的“法网”越织越密,形成了类型化、多层次的责任主体体系。2019 年《证券法》在第 85 条拓展了证券虚假陈述责任纠纷案件中承担连带赔偿责任的主体范围,发行人的控股股东、实际控制人、董监高及其

① 参见邢会强:《证券市场虚假陈述中的勤勉尽责标准与抗辩》,载《清华法学》2021 年第 5 期。

他直接责任人员,保荐人、承销商及其直接责任人员,证券服务机构,以及帮助侵权者均有可能承担赔偿责任,承担证券侵权民事赔偿责任的主体范围呈逐渐扩大趋势。多层次责任主体制度设计的目的在于:一方面,充分保障投资者得到实际的赔偿救济,在发行人无力赔偿时,投资者可以要求其他市场主体承担连带赔偿责任;另一方面,让有过错的发行人内部人员、中介机构、帮助侵权者等市场主体承担赔偿责任,也是侵权责任体系的应有之义。

责任追究的精准化、合理化是侵权法上"自己责任"原则的体现。在司法实践中出现的比例连带责任是一种积极的尝试,符合过错大小与责任范围相一致的侵权法原理,[①]但也是在不能突破立法的情况下所做出的无奈之举。以致有观点指出,比例连带责任系"为限缩中介机构最终的责任承担而不得不进行的粗糙技术尝试,系权宜之举,存在原理错误"[②]。2022年《虚假陈述司法解释》回避了从正面构建包括中介机构在内的相关责任主体是否承担比例连带责任的判定问题,但该司法解释区分故意、过失的制度安排,实际上已经为比例连带责任的适用预留了空间。建议在立法层面予以肯定,通过设置与过错相当的比例责任承担制度,进一步理顺涉及中介机构民事责任的法律规则,厘清各责任人之间的责任形态和责任比例,优化证券侵权案件责任承担的法律规则框架。

(二)内部:证券侵权内部追偿体系的制度化构建

近年来,证券侵权民事赔偿裁判规则逐步完善,但在司法实践中,上市公司向中介机构、董监高等主体追偿的案件尚不多见。2019年《证券法》实施后,中证中小投资者服务中心(以下简称投服中心)被赋予了新的使命。《证券法》第94条第3款规定,投服中心可以突破《中华人民共和国公司法》(以下简称《公司法》)第151条的规定提起股东派生诉讼持股期间和持股比例的

---

① 参见周伦军:《李某某等诉中安科股份有限公司等证券虚假陈述责任纠纷案——证券服务机构承担虚假陈述民事赔偿责任的认定》,载最高人民法院中国应用法学研究所编:《人民法院案例选》2022年第6辑,人民法院出版社2022年版。

② 任孝民:《虚假陈述中介机构连带责任的检视与改革》,载《财经法学》2022年第6期。

要求。2021 年 9 月 8 日,投服中心据此提起全国首单投保机构股东代位诉讼,并将审计机构立某会计师事务所列为第三人参加诉讼。[①] 最终,因被告张某虹(涉案公司控股股东,时任涉案公司董事长兼总经理)全额向上市公司赔偿诉请损失,原告投服中心撤回起诉。

可以预见的是,未来发行人在承担证券侵权责任后向董监高及中介机构追偿的案件会趋于增多,责任主体之间的内部追偿问题会越发凸显。虽然上述投保机构股东代位诉讼案以准许撤诉结案,但该案所反映出的上市公司是否有权向承担连带责任的中介机构追偿以及内部追偿时中介机构的过错如何认定等复杂的法律问题不容忽视。[②] 对此,有观点认为,审验机构承担的连带责任在性质上属于不真正连带责任,追偿是单向性的。[③] 也有观点认为,证券虚假陈述责任并非不真正连带责任,该责任的内部追偿应是双向追偿。[④] 由于该案最终撤诉,法院未对该问题作出明确裁断。[⑤] 由此折射的问题是,内部追偿的规则处在严重缺位状态。目前,《公司法》《证券法》明确了责任主体的对外赔偿责任,但并未规定内部追偿问题。2022 年《虚假陈述司法解释》第 23 条第 1 款规定,承担连带责任的当事人之间的责任分担与追偿,按照《民法典》第 178 条的规定处理,但《民法典》第 178 条仅规定了连带责任内部追偿的一般规则,对于证券侵权连带责任人的内部追偿,尚缺乏具体实现路径,有待在司法实践中继续探寻。不过,可以明确的是,中介机构对投资者承担的比例连带责任并非基于内部追偿的比例。比例连带责任系对外责任,并非内部责任份额的划分,不能将判决主文明确的外部责任比例直接作为连

---

① 参见《投服中心督促显成效 大智慧向"关键少数"追偿》,载微信公众号"投服中心"2021 年 11 月 23 日,https://mp.weixin.qq.com/s/s9vUSHlblQGAb32hpCSYAA。

② 参见《全国首例!投保机构代位追偿董监高,上市公司获 3.35 亿元全额赔偿》,载微信公众号"上海金融法院"2023 年 2 月 20 日,https://mp.weixin.qq.com/s/3c4Y7yFPYLTL6ISPsJSEtA。

③ 参见陈洁:《证券虚假陈述中审验机构连带责任的厘清与修正》,载《中国法学》2021 年第 6 期。

④ 参见叶汉杰:《证券虚假陈述内部追偿份额研究》,载《证券法律评论》2022 年卷。

⑤ 在投保中心提起首例代位追偿案件前,在已公开的裁判文书中,仅检索到两起上市公司承担证券虚假陈述责任后向董监高追偿的案件。其中,协某集成科技股份有限公司向董监高追偿案最终以撤诉方式结案,参见上海金融法院民事裁定书,(2021)沪 74 民初 667 号;在原云南绿某某公司向董监高追偿案件中,法院参考了相关刑事和行政处罚对责任分摊比例进行了认定,参见云南省高级人民法院民事判决书,(2017)云民终 403 号。

带责任主体内部的追偿比例,而应在外部责任比例的范围内,全面考量各责任主体的知情程度与主观态度、职责相关性、作用原因力、专业知识背景等因素,精准界定各责任主体的终局责任。

新《证券法》下普通代表人诉讼机制实证研究

——2019~2023年证券虚假陈述案件适用普通代表人诉讼程序实践情况分析及完善建议*

周 欣** 潘 祎***

近年来资本市场财务造假、虚假陈述现象屡见不鲜,严重损害了投资者的合法权益,危及资本市场的健康稳定发展。一旦引发民事赔偿诉讼,由于该类诉讼系典型的"一人侵权,多人受损"类型,投资者人数多但诉讼能力弱、诉讼金额小但诉讼成本高,在采用传统"一案一审"的审判模式下,投资者分散维权难以形成有效力量以威慑违法违规者,且极大地浪费了司法资源。2019年新修订的《中华人民共和国证券法》(以下简称《证券法》)第95条激活了证券纠纷代表人诉讼制度,最高人民法院于2020年7月30日颁布的《关于证券纠纷代表人诉讼若干问题的规定》(以下简称《代表人诉讼司法解释》),全面规范细化了以"明示加入"为特征的普通代表人诉讼和以"默示加入、明示退出"为特征的特别代表人诉讼。由此,多地人民法院陆续开展证券纠纷代表人诉讼实践,广东省广州市中级人民法院适用特别代表人诉讼程序审理的康某药业股份有限公司证券虚假陈述责任纠纷案、上海金融法院适用普通代表人诉讼程序审理的上海飞某音响股份有限公司(以下简称飞某音响)证券虚假陈述责任纠纷案均是有益实践。

---

* 本文获上海法院2023年优秀司法统计分析评选三等奖。

** 法学硕士,上海金融法院立案庭三级高级法官。

*** 法学硕士,上海金融法院立案庭法官助理。

相较于特别代表人诉讼,普通代表人诉讼程序理论上的启动门槛不高。但从当前实践情况看,普通代表人诉讼的实践展开并不如预想中的广泛,在2020年以后各地法院适用普通代表人诉讼程序的情形减少,已适用普通代表人诉讼程序的案件实质推进缓慢。鉴于此,本文通过对2019年《证券法》施行后各地人民法院特别是上海金融法院,对证券虚假陈述案件适用起诉时人数尚未确定的普通代表人诉讼(为方便表述,以下简称普通代表人诉讼)程序的实践情况进行统计分析,总结普通代表人诉讼实践特点,发现适用中的难点,以期为进一步完善具有中国特色的证券代表人诉讼制度提供支持建议。

一、2019~2023年证券虚假陈述案件中普通代表人诉讼机制的实践概况

(一)适用普通代表人诉讼程序的案件少

近年来,证券监管部门加大了对上市公司信息披露违法违规行为的打击力度,因信息披露违法违规被处罚的上市公司数量逐年增加。根据中国证券监督管理委员会(以下简称中国证监会)公布的数据,因信息披露违法违规被处罚的案件数量2019年为29件,2020年为84件,2021年为163件,2022年为203件。同时,2022年最高人民法院出台并施行的《关于审理证券市场虚假陈述侵权民事赔偿案件的若干规定》(以下简称《虚假陈述司法解释》)取消了证券欺诈诉讼的前置程序,证券虚假陈述案件数量呈"井喷式"增长。根据万得数据统计,2019~2023年前7个月A股市场证券虚假陈述民事诉讼案件的数量不断攀升,由2019年的6681件增长至2022年的17,964件,涉诉上市公司也由2019年的36家增长至2022年的54家(见图1)。

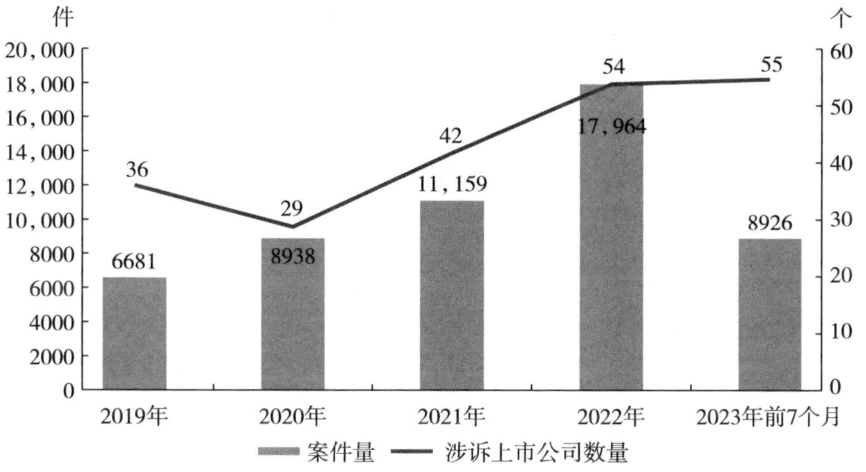

图1 2019～2023年前7个月A股市场证券虚假陈述民事诉讼案件情况

相较于激增的案件数量，普通代表人诉讼程序的适用却并不广泛，截至2023年7月全国法院范围内仅有10例证券虚假陈述案件适用普通代表人诉讼程序（见表1）。以上海金融法院所受理的证券虚假陈述案件为样本，2019年至2023年8月被诉发行人分别有3家、3家、4家、18家、13家，但仅于2020年在原告投资者诉被告飞某音响证券虚假陈述责任纠纷案中适用普通代表人诉讼程序。

表1 证券虚假陈述案件适用普通代表人诉讼程序情况

（2023年7月）

序号	主要被告	一审法院	权利登记公告日	权利人登记人数	诉讼进展
1	五某建设集团股份有限公司	浙江省杭州市中级人民法院	2020年3月13日	487人	2020年12月31日一审判决赔偿7.4亿元，2021年9月二审维持原判
2	江苏辉某生物农业股份有限公司	江苏省南京市中级人民法院	2020年5月8日	230人	2021年7月16日一审判决赔偿8720万元，二审审理中

续表

序号	主要被告	一审法院	权利登记公告日	权利人登记人数	诉讼进展
3	怡某金融资源再生（中国）股份有限公司	江苏省南京市中级人民法院	2020年5月8日	210人	一审审理中
4	江苏澄某磷化工股份有限公司	江苏省南京市中级人民法院	2020年5月8日	243人	一审审理中
5	江苏蓝某生物化工股份有限公司	江苏省南京市中级人民法院	2020年5月8日	111人	一审审理中
6	上海飞某音响股份有限公司	上海金融法院	2020年9月28日	315人	2021年5月11日一审判决赔偿1.23亿元，2021年9月30日二审维持原判
7	厦门中某环保科技股份有限公司	福建省厦门市中级人民法院	2021年4月2日	257人	2023年8月17日一审判决赔偿5521万元，原被告是否上诉尚不确定
8	乐某某信息技术（北京）股份有限公司	北京金融法院	2021年9月30日	2000余人	一审审理中

续表

序号	主要被告	一审法院	权利登记公告日	权利人登记人数	诉讼进展
9	山东龙某生物科技股份有限公司	山东省济南市中级人民法院	2022年4月24日	1628人	一审中止审理中
10	厦门安某股份有限公司	福建省厦门市中级人民法院	2022年9月2日	750人	一审审理中

(二)审理程序多、审理周期长

相较于示范案件审理程序,普通代表人诉讼程序更为复杂。根据《代表人诉讼司法解释》的规定,须经过权利人范围裁定、权利人登记、代表人选定等一系列法定程序(见图2),其中确定权利人范围须进行基础事实的初步审查,包括实施日和揭示日的认定,法院或须引入开庭或听证程序来满足控辩双方的质证和辩论需要,[①]同时如当事人之间无法就代表人推选达成一致意见而陷入僵局,则须由法院依职权指定代表人,诸多程序工作量大,审判周期长,在质效考核上并不具优势。因此,法院在推动普通代表人诉讼程序适用方面积极性不足,已有的普通代表人诉讼案件也多为"试点""尝新"之目的。

---

① 《上海金融法院关于证券纠纷代表人诉讼机制的规定(试行)》第9条规定:发出权利登记公告前,应当对被诉证券侵权行为的性质、诉请的基础侵权事实等进行审查,确定权利登记范围。具体审查方式包括阅卷、调查和询问当事人等,并应当组织双方当事人听证。

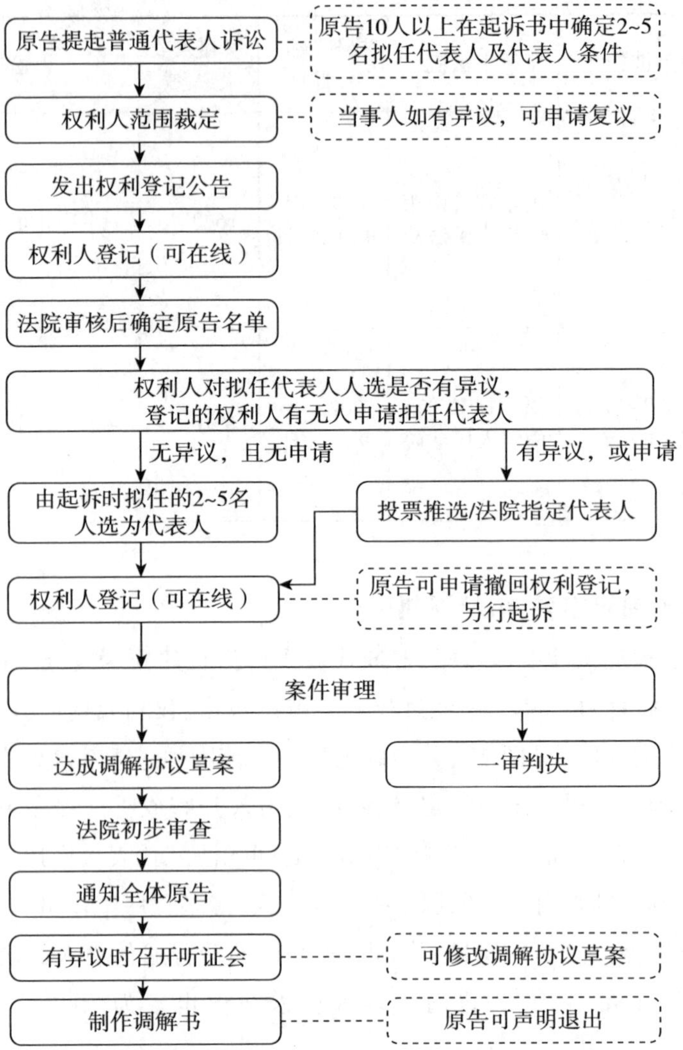

图 2　证券纠纷普通代表人诉讼程序流程

经统计,目前适用普通代表人诉讼程序审理的 10 件证券虚假陈述案件中,仅有 2 件审结生效,平均审理时间 452 天;另外 8 件未审结生效的案件中有 6 件尚在一审审理中,平均审理时间已超 856.5 天;余下 2 件中,1 件的一审判决于 2023 年 8 月 17 日作出,尚不确定当事人是否提起上诉,1 件尚在二审审理中,二审审理时间已超 768 天(见图 3)。诚然,证券虚假陈述责任纠纷首例案件难度大是审理时间长的一方面原因,但普通代表人诉讼程序复杂,当事人诉求较为分散也是重要原因。

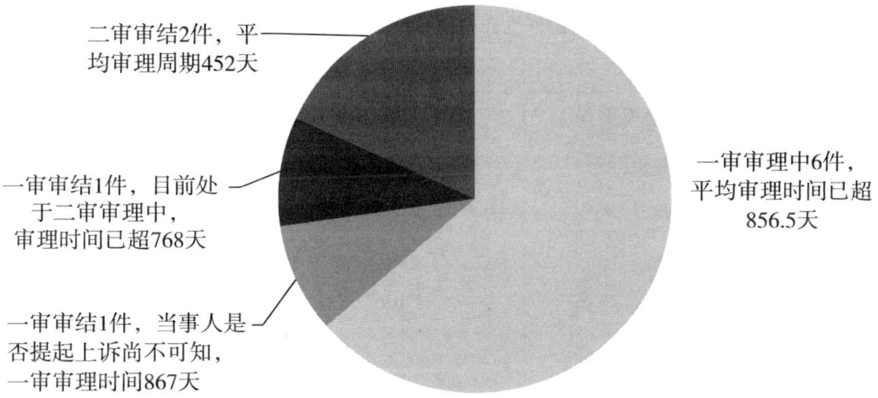

图3　10件适用普通代表人诉讼程序案件审理周期

注:审理周期计算的起始日为“权利登记公告日”。

(三)所覆盖投资人范围有限

不同于“默示加入、明示退出”的特别代表人诉讼,普通代表人诉讼中的原告范围限于在权利人登记期间内明示加入代表人诉讼,且未在法定期间内退出诉讼的投资者(见图4),这就导致普通代表人诉讼最终确定的原告范围规模相对有限。以飞某音响证券虚假陈述责任纠纷案为例,该案适用普通代表人诉讼程序,截至权利人登记期届满,共有365名投资者参加权利登记,经审核后有340名投资者符合权利人范围,在代表人推选结果公告发布后有58名原告在法定期间内撤回权利登记,在一审开庭前另有33名投资者补充登记,故飞某音响普通代表人诉讼原告投资者为315名。但后续对平行案件予以统计,截至2023年8月15日有1606名符合权利人登记范围但未在规定期间内参加权利登记的投资者提起诉讼,情形包括在进行权利人登记后退出的,在普通代表人诉讼一审开庭前起诉而未明示加入代表人诉讼的,以及在一审开庭后提起诉讼的。

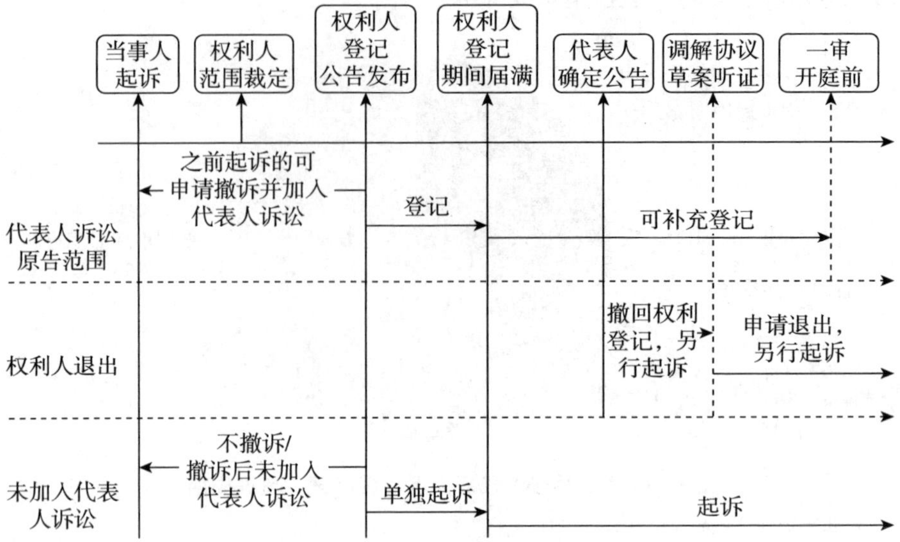

图4　代表人诉讼原告范围等情况

由上观之,飞某音响普通代表人诉讼原告范围仅占总起诉人数的约16.4%。从该案可见,普通代表人诉讼所覆盖投资者范围有限。一方面,这使上市公司赔偿额及案件辐射的社会影响力相对可控;另一方面,这使普通代表人诉讼丧失更多的"代表性",希冀通过代表人诉讼形成集团以平衡诉讼两造对抗力量的目的一定程度上"落空"。

(四)投资者提起普通代表人诉讼的比重低

近5年来,证券虚假陈述案件数量激增,诸多上市公司、中介机构、实控人及董监高等主体卷入诉讼。以上海金融法院为样本,2019年至2023年8月所受理的证券虚假陈述责任纠纷中被诉发行人数量有41家。但经统计,其中投资者申请适用普通代表人诉讼程序的仅有5例,占比仅约为12.2%,这反映出投资者提起普通代表人诉讼的意愿偏低。

(五)后续平行纠纷化解速度快

根据《代表人诉讼司法解释》第29条的规定,普通代表人诉讼裁判生效后,后续平行案件可裁定适用已经生效的代表人诉讼裁判,裁定一经作出立即生效。相较于示范判决生效后逐案判决的纠纷化解方式，普通代表人诉讼判决生效后的平行案件审理程序简化，纠纷化解速度快、效率高。

同样以上海金融法院为样本，对比适用不同审理机制下平行案件的平均审理周期可见（见图5），首例案件适用普通代表人诉讼机制时可以大幅缩短后续平行案件的审理周期。特别是平行案件可裁定适用代表人诉讼裁判的审理机制，一方面，可在裁判标准明晰的情形下，以不开庭方式径行裁判；另一方面，裁定一经作出立即生效，解决了示范判决机制下平行案件一审判决作出后被告上市公司等主体滥用诉讼权利、针对示范案件所确定的共同法律争点逐案提起上诉的难题，保护了中小投资者合法权益，同时避免了诉讼程序空转，有效节约了司法资源。

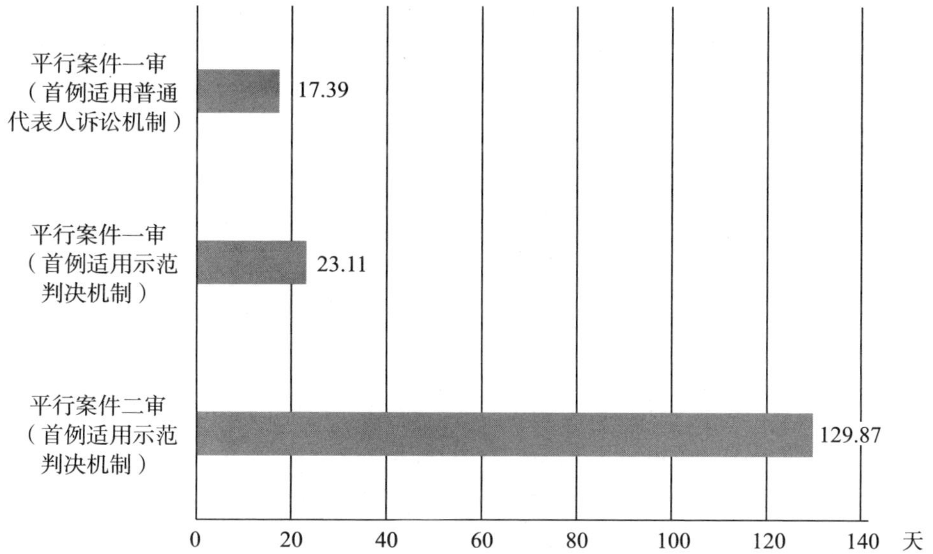

图5　首例案件不同审理机制下平行案件的平均审理周期

二、实施普通代表人诉讼机制的难点剖析

（一）投资者发起普通代表人诉讼动力不足

普通代表人诉讼需由当事人提起，法院不能依职权启动代表人诉讼审理

程序。证券群体性侵权责任纠纷案件具有投资者分散、个案索赔金额不高的特点,中小投资者独立提起诉讼比例不高,更缺乏组成10人以上团体、推选代表人并发起普通代表人诉讼的动力。该类案件中原告方起主导作用的主要为律师,目前已形成由律师主动招揽客户,垫付起诉费用,并于被告支付赔偿款后按照固定比例收取费用的业务模式。目前律师组织发起普通代表人诉讼的意愿也并不强烈,一方面,基于“搭便车”心理,相较于在裁判规则确定后的平行案件的代理律师,普通代表人诉讼的律师需耗费精力和成本参与较为复杂的诉讼流程,但其收取的律师费并没有提高,另外由于新登记加入诉讼的原告和普通代表人诉讼代理律师之间并没有签订法律服务合同,甚至普通代表人诉讼律师须与新加入原告的代理律师分配律师费,律师多选择在有代表人诉讼判决或示范判决后再提起诉讼。另一方面,代表人选定结果具有不确定性,律师会主导由自己所代理的投资者申请成为代表人,如果其他投资者同样争取代表人身份,在代表人仅能委托2名代理律师的情形下,律师存在可能无法成为普通代表人诉讼代理律师的风险。

(二)法院先行审查权利人范围难度大

权利人范围,是指在某一时间段买入或者卖出证券可以向法院进行登记并进入诉讼的投资者,解决的是代表人诉讼中如何确定适格原告范围的问题。《代表人诉讼司法解释》第6条第1款规定,对起诉时当事人人数尚未确定的代表人诉讼,在发出权利登记公告前,人民法院可以通过阅卷、调查、询问和听证等方式对被诉证券侵权行为的性质、侵权事实等进行审查,并在受理后30日内以裁定的方式确定具有相同诉讼请求的权利人范围。以上海金融法院审理的飞某音响证券虚假陈述责任纠纷案为例,根据法院出具的裁定书,证券虚假陈述的实施日为2017年8月26日,揭露日为2018年4月13日,据此权利人范围为2017年8月26日(含)~2018年4月12日(含)以公开竞价方式买入,并于2018年4月12日闭市后当日仍持有飞某音响股票,且与(2020)沪74民初2402号案件具有相同种类诉讼请求的投资者。该案界定权利人范围的因素包括:(1)在法院认定的虚假陈述实施日至揭露日期间有买入交易记录,并且持有至揭露日;(2)股票交易的方式为公开竞价;

(3)与代表人诉讼案件具有相同种类的诉讼请求。由于在虚假陈述责任纠纷案件中,原告诉请的种类一般均为要求上市公司等被告承担赔偿责任的给付之诉,因素(3)不具有划分权利人范围的实质意义。因素(1)和因素(2)基于证券虚假陈述责任纠纷案件中关于因果关系推定的特殊规定而确定,实为划定了可推定损失与虚假陈述有因果关系的投资者范围。司法实践中,决定适用普通代表人诉讼机制并裁定权利人范围,需考量的因素除前述显性因素外,还包括部分"隐性"因素。

1. 显性因素一:实施日与揭露日的认定

根据《虚假陈述司法解释》的规定,原告可以证明信息披露义务人实施了虚假陈述,原告交易的是与虚假陈述直接关联的证券,以及原告在虚假陈述实施日之后、揭露日或更正日之前实施了相应交易行为的,法院应当认定原告投资决定与虚假陈述之间的交易因果关系成立。据此,虚假陈述实施日与揭露日两个时间点的确定,可以初步框定享有索赔权利的投资者范围。《虚假陈述司法解释》第7条、第8条、第9条分别明确了虚假陈述实施日、揭露日、更正日的认定规则,其中实施日的认定争议相对较少,但部分案件审理中对于揭露日的认定存在较大争议。如"自媒体披露"时点可否作为揭露日;上市公司未及时披露退货协议,但冲减了前期确认的营业利润,财务数据调整日可否作为揭露日;会计师事务所对上市公司出具非标意见公告日可否作为揭露日等。

2. 显性因素二:虚假陈述行为的性质

虚假陈述实施日及揭露日确定后,权利人范围的认定还需考虑虚假陈述的性质。对于诱多型虚假陈述而言,在实施日之后揭露日之前买入股票并持有至揭露日的投资者,其损失与虚假陈述有交易因果关系,属于适格原告。而对于诱空型虚假陈述而言,在实施日之后揭露日之前卖出股票并且未在揭露日买回的投资者才属于适格原告。实践中,对于财务造假等类型的虚假陈述的性质较容易判断,但对于公司未及时披露实控人变更等虚假陈述,则难以直接认定虚假陈述为诱多还是诱空,需结合股权转让目的、转让价格、受让人相较于原实控人的实力对比等个案情况具体判定。此外,亦并非所有虚假陈述都会产生诱多或诱空的影响,司法实践中已出现将上市公司未及时披露对外借款合同、未及时披露重大投资合同的虚假陈述认定为属于中性信息的案例。实践中对于个案认定虚假陈述属于诱多、诱空,抑或中性信息的标准尚不明确。

3. 显性因素三:多虚假陈述交叉情形下交易因果关系认定

在上市公司仅存在单一虚假陈述的情形下,实施日与揭露日的认定以及虚假陈述行为性质的认定可基本确定权利人范围。但若上市公司同时涉及多项虚假陈述,而且各虚假陈述之间存在"交错"或"包含"关系,如何同时考量多虚假陈述对原告投资决策的影响,是否可能存在虚假陈述"加速揭露"等问题已成为实践中的疑难问题。

4. 隐性因素:重大性的认定

随着行政处罚前置程序的取消以及《虚假陈述司法解释》将"重大性"作为虚假陈述赔偿责任的独立要件,"重大性"问题成为证券虚假陈述责任纠纷案件中的"兵家必争之地"。一般认为,重大性的认定标准包括投资决策的影响性标准和证券价量的影响性标准。从《虚假陈述司法解释》第10条的规定来看,该司法解释采纳了证券价量影响性标准:若原告举证证明虚假陈述内容属于《证券法》规定的重大事件,或者监管部门制定的规章和规范性文件要求披露的重大事件或者重要事项,则推定虚假陈述的内容具有重大性,但被告提交证据足以证明虚假陈述并未导致相关证券交易价格或者交易量明显变化的除外;若虚假陈述不属于前述重大事件或者重要事项,但原告可以证明虚假陈述导致证券交易价量产生明显变化,应当认定虚假陈述的内容具有重大性。司法实践中,对于如何考量虚假陈述对股票价量的影响尚未形成共识。有的案件将虚假陈述实施日或揭露日后几个交易日个股股价变化幅度与大盘及行业指数变化幅度进行对比,得出上市公司持续性重大财务造假不具有重大性的结论,引发有关证券交易价量变化可否作为判断重大性的唯一标准的讨论。也有的案件委托损失核定机构运用事件分析法认定重大性问题。由于不同案件采用方法不同、认定标准不同,重大性认定容易引发质疑。

虽然重大性并非确定权利人范围的因素,而是普通代表人诉讼审理过程中根据被告抗辩进行审查的实体问题,但从现实原因来看,重大性认定可能成为启动普通代表人诉讼需先行考量的"隐性"因素。若经法院裁定权利人范围并发布权利登记公告，数百名或数千名投资者登记加入代表人诉讼后，最终法院认定虚假陈述不具有重大性而驳回原告的所有诉讼请求，无疑不仅无法发挥代表人诉讼降低投资者维权成本的制度初衷，而且可能造成司法资源的浪费。

综上，法院裁定普通代表人诉讼的权利人范围时需考量的因素已涵盖案件实体审理中的大部分争议。而此时法院尚未开庭审理案件，只能通过阅卷、调查、询问和听证等方式进行审查，并且需在案件受理后30日内作出裁定，由于“畏难”或者担心出错等心理，法官启动普通代表人诉讼的积极性不足。

（三）法院是否审查被告范围存在争议

随着《虚假陈述司法解释》进一步扩大虚假陈述责任主体的范围，可能承担责任的主体除了上市公司，还包括上市公司实控人、董监高以及会计师事务所、资产评估机构、财务顾问、律师事务所等中介机构，甚至重大资产重组的交易对手。不同投资者诉讼策略不同，会选择不同主体为被告提起诉讼。示范判决机制下，法院一般会选择被告范围最广、最具有代表性的案件作为示范案件，以扩大示范案件对平行案件的辐射范围。在普通代表人诉讼中，申请发起代表人诉讼的原告起诉的被告可能尚未被行政处罚、出具监管措施、纪律处分或被告尚未自认虚假陈述，而且可能存在原告“选择性”起诉部分中介机构的情形。在该种情况下，法院发出权利登记公告时应否审查和限定被告范围，能否仅根据首批原告的主张确认被告范围等问题引发关注。有观点认为，与个案审理不同，在普通代表人诉讼中，法院发布的权利登记公告的被告范围具有示范性和引导性，容易引导尚未提起诉讼的其他投资者认同法院公告的被告范围，而且普通代表人诉讼的裁判结果具有扩张效力，对被告而言影响重大。即使被列为被告的中介机构最终无须承担责任，但也会因被带入普通代表人诉讼而负有极重的应诉负担。因此，法院在对权利人范围作出裁定时，也应当依法对被告的范围进行审查，不宜直接根据首批原告的选择确定被告范围。对于该问题，法院亦面临较难选择，主动审查被告范围缺乏法律依据，但普通代表人诉讼的被告是否最终承担责任以及是否具有赔付能力,确实会影响普通代表人诉讼案件判决的实际效果,对于被列为被告的主体影响也较大,目前尚未形成解决该问题的有效方案。实践中,将有赔付能力的上市公司作为唯一被告的普通代表人诉讼推进较快,而涉及其他主体的案件往往推进较慢。

(四)双重价值追求导致普通代表人诉讼程序推进难

作为群体性纠纷诉讼制度,普通代表人诉讼以简化诉讼程序、实现诉讼经济为目标,同时需妥善保护投资者的诉讼权利和程序利益。为应对人数众多又难以适用共同诉讼形式开展的诉讼纠纷,普通代表人诉讼由推选出的代表人参加诉讼。代表人权限范围成为推进集体诉讼程序的关键。《代表人诉讼司法解释》采取了默示特别授权模式,即参加权利登记视为对代表人进行特别授权,代表人可以代表原告变更、放弃诉讼请求或者承认对方当事人的诉讼请求,决定撤诉,与被告达成调解协议,提起或放弃上诉等,旨在将诉讼决策权力相对集中于选定或指定的代表人,解决"集体行动困境"问题。但同时又赋予投资者知情权、异议权、上诉权和退出权等诉讼权利以制衡代表人权利。以异议权为例,原告认为代表人不适格的,可以向人民法院申请撤销代表人资格;原告对代表人撤诉、变更或者放弃诉讼请求等决定以及调解协议草案内容有权提出异议;当事人对判决中的计算方法和赔偿金额等有异议的可以申请复核;原告对分配方案有异议的可以提出执行异议。另外,原告享有独立的上诉权,代表人放弃上诉的,不影响个别投资者提起上诉的权利;代表人决定上诉的,不影响个别投资者放弃上诉的权利。普通代表人诉讼追求的为诉讼经济与程序保障的双重价值,其制度设计及实际运行均是在两者之间寻求平衡,因此普通代表人诉讼程序复杂、推进中需考量各方利益,程序耗时冗长。

(五)代表人诉讼判决效力扩张的范围尚不清晰

根据《中华人民共和国民事诉讼法》(以下简称《民事诉讼法》)第57条第4款以及《最高人民法院关于适用〈中华人民共和国民事诉讼法〉的解释》(以下简称《民诉法解释》)第80条的规定,普通代表人诉讼的判决对于没有参加权利登记的主体也会产生效力,表现为未参加权利登记的主体提起的诉讼(后诉)可以裁定适用代表人诉讼(前诉)判决。该种现象被称为代表人诉讼判决效力的扩张。普通代表人诉讼判决效力的扩张,是普通代表人诉讼彰显诉讼效率的直接体现。但目前关于该种效力扩张的性质的理论研究还较少,存在既判力、预决力以及反射效等不同观点,至今尚未形成共识,如何诠释代表人诉讼判决效力的扩张被称为代表人诉讼制度理论上的哥德巴赫猜想。代表人诉讼判决生效后,如何确定其判决效力扩张的范围成为司法亟须解决的新问题。以上海金融法院审理的飞某音响证券虚假陈述责任纠纷案为例,在审理未参加登记的投资者提起的后诉案件过程中发现,对于后诉可裁定适用普通代表人诉讼判决的案件范围等问题尚存在较大争议。

《民事诉讼法》、《民诉法解释》以及《代表人诉讼司法解释》分别为代表人诉讼判决效力扩张设置了不同的条件。根据《民事诉讼法》《民诉法解释》的规定,代表人诉讼判决效力扩张需满足下述条件:(1)未参加登记的权利人;(2)在诉讼时效内提起诉讼;(3)人民法院认定其请求成立。而《代表人诉讼司法解释》设定的条件为:(1)符合权利人范围但未参加登记;(2)投资者主张的事实和理由与代表人诉讼生效裁判所认定的案件基本事实和法律适用相同。

司法实践中,根据不同标准可将未参加权利登记的投资者提起的后诉划分为四种类型:(1)后诉原告是否属于前诉裁定的权利人范围;(2)后诉案件基本事实与法律适用与前诉是否相同;(3)后诉原告是否主张适用前诉;(4)后诉原告是否明示退出或者不加入代表人诉讼。其中,只有"后诉原告不属于前诉裁定的权利人范围"不符合裁定适用的条件相对较为明确,其他三种类型均存在法律适用上的争议。

1. 后诉原告属于权利人范围,但后诉基本事实与法律适用与前诉不完全一致,后诉可否裁定适用前诉? 根据《民事诉讼法》《民诉法解释》的规定,法院需根据原告的诉请是否成立来决定可否裁定适用前诉,此外还应主动审查后诉的诉讼时效是否届满。而根据《代表人诉讼司法解释》的规定,法院需重点关注原告的主张与前诉之间的关系。若原告为属于权利人范围的机构投资者,在诉讼时效期间内提起后诉,其主张的基本事实与法律适用与前诉相同,但被告提出机构投资者不适用交易因果关系推定的新抗辩,经审查原告的诉请成立,此时似乎符合现有法律及司法解释设定的裁定适用的全部条件,但该种处理方式是否合理?

2. 后诉原告属于权利人范围,且后诉基本事实以及法律适用与前诉相同,但原告不同意裁定适用前诉,后诉可否裁定适用前诉?实践中,对于该种情况是否符合《代表人诉讼司法解释》所述的(投资者)主张的事实和理由与代表人诉讼生效裁判所认定的案件基本事实和法律适用相同存在争议。一种观点认为,代表人诉讼判决效力范围扩张的依据在于"判决、裁定可以被没有登记也未参加诉讼的权利人所援引适用"①,若原告不援引适用前诉,则后诉不能裁定适用前诉。另一种观点认为,"如若在后诉讼的权利人提出异议并能充分举证证明其主张的事实和理由与代表人诉讼生效判决、裁定所认定的案件基本事实和法律适用存在本质差异的"②才需开庭审理案件并作出判决,否则后诉应裁定适用前诉。两种观点如何取舍?

3. 后诉原告曾明示退出或者不加入代表人诉讼,但在后诉中主张裁定适用前诉,后诉可否裁定适用前诉?有观点认为,退出登记的权利人应享有单独诉讼并获得裁判的权利,后诉不能裁定适用前诉。也有观点认为,可以逐案认定、并无一定之规。

三、完善普通代表人诉讼机制的建议

(一)明确普通代表人诉讼机制适用案件范围

化解证券侵权群体性纠纷的方式主要包括"诉讼机制""非诉机制",其中"诉讼机制"包括单一诉讼、示范诉讼、普通代表人诉讼、特别代表人诉讼,"非诉机制"主要包括先行赔付、调解、责任回购等。实践中较常适用的主要为三种机制。

---

① 最高人民法院民事审判第二庭编著:《最高人民法院证券纠纷代表人诉讼司法解释理解与适用》,人民法院出版社2021年版,第166页。

② 最高人民法院民事审判第二庭编著:《最高人民法院证券纠纷代表人诉讼司法解释理解与适用》,人民法院出版社2021年版,第167页。

1. 先行赔付机制。《证券法》第93条规定,发行人因欺诈发行、虚假陈述或者其他重大违法行为给投资者造成损失的,发行人的控股股东、实际控制人、相关的证券公司可以委托投资者保护机构(以下简称投保机构),就赔偿事宜与受到损失的投资者达成协议,予以先行赔付。先行赔付后,可以依法向发行人以及其他连带责任人追偿。在《证券法》规定先行赔付制度之前,万某生科案、海某某案、欣某电气案均已探索通过该种方式化解群体性纠纷。2023年4月21日,中国证监会对广东紫某信息存储技术股份有限公司(以下简称紫某存储)作出行政处罚,认定其欺诈发行和信息披露违法违规。同日,紫某存储首发上市的保荐机构中某建投证券股份有限公司发布正式设立紫某存储事件先行赔付专项基金的公告,对于适格投资者的损失进行先行赔付。截至2023年6月30日,共有16,986名投资者完成有效申报并获赔1,085,585,416元,占适格投资者总人数的97.22%。紫某存储案系《证券法》正式确认先行赔付制度后该制度的首次应用,体现了高效率、短周期、低成本、高覆盖的强大优势。同时,先行赔付制度可与行政执法当事人承诺制度配套使用,从而增强市场主体主动消除行政违法后果,保护投资者合法权益的动力。

2. "示范判决+专业调解"机制。为提高群体性证券纠纷化解效率,上海金融法院在全国首创证券纠纷示范判决机制,并构建了"示范判决+专业调解+司法确认"全链条的纠纷多元化解机制,即在处理群体性证券纠纷时,选取具有代表性的案件作为示范案件先行审理、先行判决;示范判决生效后,其他案件作为平行案件,依托示范判决所确定的事实认定和法律适用标准,通过专业调解以及高效的司法确认,促使当事人通过非诉方式化解纠纷。该种调判结合、以判促调的纠纷解决方式有助于促成各方主体在赔偿标准明确的基础上一次性低成本高效化解纠纷。在上海金融法院审理的全国首例证券示范判决案件中,共计3045名投资者运用该机制获得赔偿或撤诉,调撤率达99.64%,有效化解了群体性矛盾。

3. "示范判决+集约化审理"机制。对于示范判决生效后,被告不同意调解的案件,上海金融法院创建平行案件集约化审理模式,由专门审判团队通过要素式简化审理以及全流程网上审理等方式,快速推进平行案件的审理。

与"示范判决+专业调解"机制相比,平行案件集约化审理仍需要开庭审理,部分被告甚至逐案提起上诉,无疑造成审判资源的浪费。

通过比较各种纠纷化解方式,本文认为,首先应当确定非诉优先理念,通过充分发挥行政执法当事人承诺机制作用等方式,推动更多群体性纠纷以先行赔付等方式于诉前高效化解。对于上市公司等被告有调解意愿的案件,可通过"示范判决+专业调解"方式化解。对于被告无调解意愿,必须通过诉讼方式化解的群体性纠纷,需在示范诉讼、普通代表人诉讼以及特别代表人诉讼中选择适合的诉讼机制。根据前述分析,基于普通代表人诉讼自身特点,可在原告有意愿提起普通代表人诉讼的案件中,选择被告违法事实清晰、违法性质较为严重,被告有履行能力但无理由不同意以"示范判决+专业调解"方式化解纠纷的案件启动普通代表人诉讼。

(二)合理厘定普通代表人诉讼判决效力扩张范围

虽然普通代表人诉讼具有一定的公益性,但该公益性应体现为方便其他权利人"搭便车",而非强制未登记的权利人接受代表人诉讼判决的约束。只有在为当事人提供了程序机会以及基本程序保障的基础上,普通代表人诉讼判决效力扩张才具有合理性。我国法律及司法解释为普通代表人诉讼判决效力扩张设立了条件,属于判决效力的有限扩张。在已为当事人提供程序保障或并无提供程序保障必要性的前提下,可基于诉讼经济的考量承认普通代表人诉讼判决效力的扩张。具体而言,对于未登记的投资者而言,其并未参加代表人诉讼,故应充分保障其程序权利,只有在无独立程序保障的必要性,或者投资者放弃其程序权利的情况下,方可基于诉讼经济承认代表人诉讼判决效力向其扩张。而对于上市公司等已作为被告参与普通代表人诉讼的主体而言,若同一问题在代表人诉讼案件中已经过充分审理辩论,在后诉中不再赋予其重复争议的机会,并不构成对其程序权利的过分限制,故可基于诉讼经济不再审理。但代表人诉讼判决效力扩张不应超过被告预期。若后诉涉及新的事实认定或者法律适用等未经前诉审理事项,应赋予被告充分辩驳的权利。

1. 后诉基本事实与法律适用与前诉不完全相同

由于后诉涉及的新的基本事实以及法律适用并未在普通代表人诉讼中得到审理，应当充分保障原、被告双方当事人对其进行争议的程序权利。无论后诉原告有无"主张"该新事实或理由，均应当以开庭方式对新涉问题进行审理，并以判决方式作出裁判，赋予当事人上诉权。《民事诉讼法》《民诉法解释》将后诉原告在诉讼时效内提起诉讼作为后诉可以裁定适用代表人诉讼的条件。本文认为，只有在后诉被告提出诉讼时效抗辩的情况下，法院才需审查诉讼时效，此时后诉才属于基本事实与法律适用与前诉不完全一致，需作出判决的情形。此外，若后诉当事人系对于后诉原告交易记录或损失计算金额有异议，鉴于《代表人诉讼司法解释》第 29 条将被告赔偿金额作为可直接裁定的事项，以及投资者交易数据均从证券登记结算机构直接调取，赔偿金额由代表人诉讼案件选定的损失核定机构按照同一标准进行核定的现状，此情形下法院可在审核相关事实基础上直接裁定赔偿金额。

2. 后诉原告不同意裁定适用代表人诉讼判决

后诉原告属于权利人范围，且后诉基本事实以及法律适用与前诉相同，但原告不同意裁定适用代表人诉讼时，后诉可否裁定适用前诉，关键在于判断该种情形下还有无为后诉原告提供独立程序保障的必要性。本文认为，此时仍应为原告提供程序保障，后诉不属于代表人诉讼判决效力扩张的范围。首先，权利登记程序本身不足以构成对后诉原告权利的完整保护。虽然后诉原告有机会加入代表人诉讼并影响诉讼，但既然并不强制后诉原告参加权利登记，就应保障其另行提起诉讼并独立主张的程序权利。原告不应当因未参加代表人诉讼而遭受程序不利益。其次，普通代表人诉讼以"明示加入"为特征，未参加登记的权利人，与参加登记后又退出登记的权利人，从本质上看均属于未明示加入代表人诉讼的权利人，两者在权利保护方面不应有所区别。既然认为退出登记的权利人应享有单独诉讼并获得裁判的权利，亦应赋予未参加登记的权利人同等待遇。此外，司法实践中该类情况占比较低，优先保障当事人程序权利并不影响诉讼经济。

3. 后诉原告曾明示退出或不加入代表人诉讼

虽在当事人明确表达了不愿意加入代表人诉讼的意愿后，应当尊重其程序权利,但当事人可以放弃该权利。在后诉原告主动援引代表人诉讼判决时,法院裁定适用代表人诉讼判决并不损害原告的程序权利。若在该种情况下作出判决,可能导致被告有机会就共通问题再次争议,不仅不符合原告真意,而且导致诉讼不经济。

综上,证券纠纷普通代表人诉讼判决效力的扩张应当满足以下条件:(1)后诉原告符合权利人范围但未参加登记;(2)后诉案件基本事实与法律适用与代表人诉讼相同;(3)后诉原告主张裁定适用代表人诉讼判决。司法实践中,可以依次对后诉是否符合前述三项条件进行检视,只有同时满足时后诉才可直接裁定适用代表人诉讼判决,否则法院应审理后作出判决。作为例外,若后诉虽不符合裁定适用的条件,但后诉的原、被告双方均同意裁定适用代表人诉讼判决,基于程序利益可放弃以及诉讼经济的考量,后诉亦可裁定适用代表人诉讼判决。

(三)充分发挥投保机构在普通代表人诉讼中的作用

申言之,投保机构参与普通代表人诉讼的审理的优势在于:其一,克服"小额多数"证券群体性纠纷中的集体行动困境,解决因投资者"搭便车"等心理而带来的代表人诉讼"代表性"不足的困境;其二,平行诉讼两造的对抗力量,更好地保护投资者利益;其三,随着虚假陈述侵权民事赔偿案件前置程序的取消,法院直面侵权行为的性质认定难题,这给投资者的举证能力和法院的调查能力带来挑战,而投保机构可发挥在证据收集、事实调查、法律意见表达等各方面的专业优势,化解审判困境;其四,发挥在专业调解、损失核定等方面的作用,投保机构可切实代表中小投资者利益在调解程序中做好有效的协调与平衡,同时其下属机构可提供专业的计算软件核定每一个投资者的损失金额,极大地减轻法官的工作负担。进言之,投保机构可以诉讼代表人或代表人的支持机构的身份参与普通代表人诉讼。

1. 投保机构作为普通代表人诉讼中的适格诉讼代表人

有观点认为,投保机构在普通代表人诉讼中能够发挥的作用有限,其仅限于依据《证券法》第95条第3款,受50名以上投资者委托作为代表人参加特别代表人诉讼。该观点忽略了投保机构在满足特定条件下可以成为普通代表人诉讼中的适格诉讼代表人。

根据《证券法》第95条第1款、第2款及《代表人诉讼司法解释》的相关规定，经投资者推选或法院指定的代表人本身必须是提起证券欺诈诉讼的适格主体。而根据《虚假陈述司法解释》的规定，以诱多型虚假陈述为例，提起证券虚假陈述诉讼的适格主体应当在虚假陈述实施日后至揭露日或更正日期间买入证券并持有至揭露日或更正日。根据中证中小投资者服务中心（以下简称投服中心）公布的信息，该机构于2016年2月经中国证监会批准开展持股行权试点工作，截至2017年5月已持有沪深两市3003家上市公司每家100股A股股票，后续还将持续买入新上市和复牌公司股票，且原则上持有股票后不再进行交易。据此，如果在投服中心买入某上市公司股票前，该上市公司的虚假陈述行为发生且尚未被揭示或更正，那么，投服中心就可以适格投资者身份提起普通代表人诉讼，进而可通过投资者推选或法院指定成为诉讼代表人。

2. 投保机构作为支持机构支持投资者起诉

实践中，投保机构并非总能成为普通代表人诉讼中的适格诉讼代表人。例如，部分存量上市公司虚假陈述行为可能发生在2017年5月投服中心全面持股之后，对此类上市公司的证券虚假陈述案件，投服中心不享有诉权，也就无法成为适格代表人，其实际可诉的案件数量将会相当有限。对此，投保机构在不具有诉讼代表人主体资格时，作为支持机构委派代理人以诉讼代表人的委托诉讼代理人身份参与诉讼，也不失为有益补充。

投保机构通过委派代理人支持代表人诉讼的，可在普通代表人诉讼案件的诉前、诉中以及诉后平行案件的处理等不同阶段均发挥支持诉讼的作用，包括诉前证据的收集、诉中损失核定模型的构建、诉后平行案件的专业调解及损失核算工作等。

综言之，投保机构如果能以代表人身份参与诉讼，相较于作为支持机构委派代理人的方式，可以更深度参与诉讼过程，且通过默示授权可取得更为广泛的诉讼权利。对此，投保机构可通过定期或不定期交易上市公司股票来扩大对潜在的虚假陈述上市公司的可诉范围。此外，因特别代表人诉讼辐射范围广泛、社会影响力大，实践中多谨慎适用，因此投保机构以代表人身份参与特别代表人诉讼的场合有限,未能充分利用其专业优势以保护中小投资者权益。投保机构以诉讼代表人或支持机构的身份提起或参与普通代表人诉讼,一方面,可扩大索赔投资者范围;另一方面,也利于提高投资者的举证能力,不失为一个化解证券群体性纠纷的最佳方案。

前沿探讨

元宇宙视野下虚拟货币合同纠纷相关问题研究

上海金融法院课题组*

从2021年年底开始,上海率先把元宇宙作为经济新赛道,致力于人工智能与元宇宙相结合的各种应用场景的开拓。虚拟货币在某种程度上能满足元宇宙数字空间的需要,与现实货币之间的价值交换使跨空间联系成为可能,元宇宙空间存在大量的使用虚拟货币的场景。立法层面,对于虚拟货币的法律属性、交易机制和价值认定尚无明确规则。司法层面,对元宇宙背景下的虚拟货币交易的性质及其引发的相关纠纷应如何适用法律、如何统一裁判规则,现阶段研究较少,司法理论和实践上亟须深入。当前,司法裁判以违反规章或违背公序良俗否定合同效力存在诸多乱象,公序良俗原则的滥用和司法裁判的不统一,对司法的权威性和公信力造成严重损害。人民法院应当细化对虚拟货币行为的价值评价,强化对公序良俗适用的论证和说理,秉持谦抑原则,保持开放性司法,以促进新形态下数字经济的发展。

一、揭开虚拟货币法律属性的面纱

(一)元宇宙中虚拟货币的样态及功能

从形态来看,元宇宙是建构在混合现实、数字建模、区块链等底层技术之

* 本课题由上海金融法院综合审判三庭庭长王鑫主持,课题组成员有葛翔、关敬杨,本文节选自2023年度上海全面依法治市调研课题三等奖课题“元宇宙视野下虚拟货币合同纠纷相关问题研究”。

上的数字世界,"是一个自我维持、超时空和三维(3D)沉浸式的虚拟共享空间"①。元宇宙的概念可以理解为一个由相互连接的并且可由公共界面进入的,整合2D和3D要素的深度互联网虚拟世界组成的大规模基础设施。"元宇宙的本质是将物理世界数字化。"②虚拟货币是使用数字化手段生成的具有货币性质的数据代码组合,并借助加密技术及分布式账户等复杂的区块链技术实现去中心化的结构设计。元宇宙作为一个超越现实的虚拟空间,虚拟货币能够满足元宇宙数字空间的需要,使虚拟世界与现实世界之间跨空间的价值交换成为可能。

在元宇宙空间,虚拟财产的类型主要包括非同质化通证(Non-Fungible Token,NFT)、虚拟货币以及其他虚拟财产,其中虚拟货币的流通和交易属于常态。"对于虚拟货币的监管,需要虚拟货币能够转化为其他资金或价值。"③元宇宙的虚拟货币交易可以分为两种:一种是现实法定货币与虚拟货币之间的兑换业务,另一种是虚拟货币在元宇宙中的支付使用。

(二)元宇宙下虚拟货币的法律属性

有关虚拟货币的法律属性,存在不同认识,总体上有非货币财产说和货币说两类。其中非货币财产说又包括商品说、证券说、电子数据说等。商品说的观点认为,虚拟货币作为一种特殊的虚拟商品,具有财产的价值属性,属于虚拟财产的范畴,"兼具虚拟性和财产性"④,不具有法偿性,否认虚拟货币的货币属性,我国内地、澳门特别行政区持此观点。证券说的观点将虚拟货币视为证券,从而使证券交易委员会等机构能够对虚拟货币市场进行监督和调控,以加拿大为代表。电子数据说的观点将虚拟货币视为数字资产,类别涵盖了比特币、NFT、数字版权等各类型,欧盟、美国、英国、法国、泰国、韩国等国家和地区均将虚拟货币视为数字资产。

---

① 邢会强:《元宇宙的"网信安全"与法律适用》,载《法律科学(西北政法大学学报)》2023年第4期。

② 陈吉栋:《超越元宇宙的法律想象:数字身份、NFT与多元规制》,载《法治研究》2022年第3期。

③ 潘文博:《数字货币的运行机制与法律治理》,载《清华法学》2023年第3期。

④ 梅夏英:《信息和数据概念区分的法律意义》,载《比较法研究》2020年第6期。

在元宇宙空间,虚拟货币具有类货币的属性,尽管它不由货币当局发行,但是并不能否认其作为支付手段被流通使用的现实。在我国,因虚拟货币尚未建立与法定货币的稳定联系,故无法形成令大众普遍接受的虚拟财产价值评估机制。在刑事领域表现较为突出,很多虚拟财产犯罪案件均肯定了虚拟财产具有价值属性,“不可否认的是,这些虚拟物品本身具有财产价值,并可以通过一定的方式进行价值交换”①,但因“虚拟财产无法计量,而且是以数据形式呈现的,不具有量化特征”②,最终将非法获取虚拟财产的行为定性为数据犯罪。在民事领域,对非法获取虚拟财产行为的定性,涉及虚拟货币合同的交易纠纷、损失金额的认定均存在争议。鉴于篇幅所限,本文主要探究涉及虚拟货币民事合同相关法律问题。

虚拟货币不属于货币当局发行的法定货币,但“虚拟货币兼有虚拟财产的一般属性和货币的特殊功能”③。一方面,虚拟货币可以归入虚拟财产的范围,具有虚拟财产的价值属性;另一方面,虚拟货币又有类货币的属性,以比特币为代表的虚拟货币“有着区别于以往的 Q 币、游戏币、充值卡券等虚拟财产的特征”④。其交易需依托区块链网络进行,交易模式可以在网络交易平台上进行,也可以点对点(peer-to-peer,P2P)的方式进行。“以比特币为代表的去中心化虚拟货币具有 P2P 交易的功能,不需要经由任何第三方平台,两个主体就能独立地在线上完成交易。因此,仅对网络交易平台采取的监管措施,无法完全实现相应的监管目标。”⑤

(三)虚拟货币的监管政策梳理

我国自 2013 年开始逐渐加强对虚拟货币的风险管控,通过发布部门规范性文件的方式逐步完善(见表 1)。金融监管对于比特币等金融活动的规

---

① 陈兴良:《虚拟财产的刑法属性及其保护路径》,载《中国法学》2017 年第 2 期。

② 陈兴良:《网络犯罪的类型及其司法认定》,载《法治研究》2021 年第 3 期。

③ 齐晓丹:《涉虚拟货币合同纠纷的司法裁判路径辨析——以政府监管政策导向与民事法律规范适用的衔接为视角》,载《法律适用》2022 年第 9 期。

④ 李燕、常烨:《虚拟货币的法律属性争议与思考》,载《内蒙古社会科学》2021 年第 6 期。

⑤ 林侃、操群、陈哲立:《国际视角下虚拟货币与代币发行融资的法律监管与风险防范》,载《清华金融评论》2019 年第 5 期。

范,从2013年对虚拟商品的定性,发展到2017年禁止法定货币与虚拟货币之间的兑换业务,再到2021年将涉虚拟货币相关业务定性为非法金融活动。监管态度日益趋严,监管用语从“不应”到“不得”再到“严格禁止”,对于投资虚拟货币的行为从“风险提示”转为“风险自担”。

表1 涉虚拟货币主要监管政策

出台日期	发布单位	文件	核心内容	效力级别
2013年12月3日	中国人民银行等五部委	《关于防范比特币风险的通知》(银发〔2013〕289号)	1. 比特币不是货币,是一种特定的虚拟商品。 2. 不能且不应作为货币在市场上流通,但普通民众在自担风险的前提下拥有参与的自由	部门规范性文件
2017年9月4日	中国人民银行等七部委	《关于防范代币发行融资风险的公告》	1. 代币发行融资是一种非法公开融资行为,要求加强代币融资交易平台管理。 2. 社会公众应高度警惕融资与交易风险隐患	部门规范性文件
2021年9月3日	国家发展和改革委员会等十一部门	《关于整治虚拟货币“挖矿”活动的通知》(发改运行〔2021〕1283号)	强化新增虚拟货币“挖矿”项目能耗双控约束,并将虚拟货币“挖矿”活动列为淘汰类产业,严禁利用数据中心开展虚拟货币“挖矿”活动	部门规范性文件
2021年9月15日	中国人民银行等十部委	《关于进一步防范和处置虚拟货币交易炒作风险的通知》(银发〔2021〕237号)	1. 虚拟货币相关业务活动属于非法金融活动。 2. 参与虚拟货币投资交易活动存在法律风险。任何法人、非法人组织和自然人投资虚拟货币及相关衍生品,违背公序良俗的,相关民事法律行为无效,由此引发的损失由其自行承担	部门规范性文件

我国的监管态度经历了一个从观望到逐步限制再到禁令型监管的过程，但现行法律并未将虚拟商品定性为非法财产。《中华人民共和国民法典》(以下简称《民法典》)第127条规定，“法律对数据、网络虚拟财产的保护有规定的，依照其规定”，该条将虚拟商品归类到数据、网络虚拟财产中，肯定了虚拟财产的价值，但“该条仅具有提示性或者照应性规定的性质”①，“目前在立法层面尚未形成较为完善、体系化程度较高的数据财产保护制度”②。监管政策长期作为行政执法的主要依据，在很大程度上直接影响了对虚拟货币合同纠纷的司法裁判理念与裁判结果。

二、涉虚拟货币合同纠纷司法裁判的样本分析

(一)近6年涉虚拟货币合同纠纷案件检索样态

笔者在法律文书检索平台北大法宝以“虚拟货币”“合同效力”“比特币”为关键词进行检索统计，发现“合同、准合同纠纷”案有裁判案件341件，其中2018～2021年逐年递增，分别为14件、34件、64件和133件，2022年80件稍有回落，2023年较少，截至检索日(2023年7月15日)为16件。为提高分析有效性，笔者按如下标准对341件裁判案件进行筛选：第一，从案由上仅分析民事裁判中的合同、准合同纠纷；第二，从审理程序上定位于二审；第三，对前述案件代表性案由再进行细分，主要包括委托合同纠纷、委托理财合同纠纷和买卖合同纠纷。

检索筛选后显示，2018年～2023年7月15日涉虚拟货币民事合同、准合同纠纷二审案件共134件，其中裁判文书为判决书的有111件，为裁定书的有23件。民事“合同、准合同纠纷”细分案由包括合同纠纷、不当得利纠纷和其他合同、准合同纠纷三大类分别为97件、1件和36件。虚拟货币合同纠纷类型多样，主要涉及确认合同效力纠纷、买卖合同纠纷、借款合同纠纷、委托合同纠纷、委托理财合同纠纷等诸多类型，其中以买卖合同纠纷、委托合同纠纷和委托理财合同纠纷为典型。

---

① 王利明：《论数据权益：以“权利束”为视角》，载《政治与法律》2022年第7期。

② 张新宝：《论作为新型财产权的数据财产权》，载《中国社会科学》2023年第4期。

(二)主要合同纠纷类型的司法裁判分歧

虚拟货币合同纠纷裁判文书共97份,合同纠纷项下买卖合同纠纷、委托合同纠纷和委托理财合同纠纷分别为23件、27件和12件。通过对裁判文书的分析,笔者梳理了四种类型涉虚拟货币合同纠纷的裁判分歧。

1. 委托合同纠纷的司法裁判分歧

样本中,涉虚拟货币纠纷共有委托合同纠纷二审案件27件,案件的裁判焦点主要在于委托合同是否有效以及合同效力认定后的处理方式两方面,主要形成如下裁判观点(见表2)。

表2 涉虚拟货币委托合同纠纷裁判文书检索情况

观点	合同是否有效	是否应当返还投资款	典型案例案号
有效说	是	否,委托事项已完成	(2022)辽01民终18706号
	是	是,未完成委托事项	(2021)鲁17民终1466号
无效说	否	否,自行承担责任	(2021)京03民终18277号
	否	是,50%责任	(2021)鲁10民终2401号
	否	是,未完成委托事项	(2021)鲁01民终3796号

(1)针对委托合同效力,持有效说的法院认为,矿机作为专门用于运算生成比特币的机器设备,具有财产属性,当事人之间就矿机形成的委托合同,属于合同双方真实意思表示,不违反法律、法规禁止性规定,应当依法认定有效。① 但目前司法判例以无效为主流,无效说的裁判文书主要以《关于防范代币发行融资风险的公告》《关于进一步防范和处置虚拟货币交易炒作风险的通知》为依据,具体理由有三种:一是认为参与虚拟货币投资交易"违背公序良俗",合同无效;二是"涉嫌从事非法金融活动",不受法律保护;三是买卖虚拟货币"严重扰乱金融秩序,损害公共利益",合同应属无效。

(2)针对投资款返还,若合同有效,法院认为是否返还的标准"取决于委托事项是否完成"。若合同无效,法院裁判出现了"支持全部返还、支持部分

① 参见淮北市云某网络科技有限公司与杜某、张某宝委托合同纠纷案,江苏省徐州市中级人民法院(2020)苏03民终3417号民事判决书。

返还和不支持返还”三种情形,包括全部返还、各自承担 50% 责任受托人部分返还,以及相关损失由委托人自行承担不予返还。故对于投资款返还问题,并无统一的标准,事实不同,理由不同,裁判结果也就大相径庭。

2. 买卖合同纠纷的司法裁判分歧

对于买卖虚拟货币或使用虚拟货币进行交易的行为,司法实践处理不一。样本中,涉虚拟货币纠纷共有买卖合同纠纷二审案件 23 件,其中裁判文书为判决书的有 19 件,为裁定书的有 4 件。相应的裁判规则总结如表 3 所示。

表 3 涉虚拟货币买卖合同纠纷裁判文书检索情况

案情	合同效力	法律后果	裁判观点
购买矿机并托管挖矿	购销矿机部分有效,委托托管部分无效	合同履行完毕无须返还	挖矿有损社会公共利益,但矿机本身具有财产属性
买卖维卡币	有效	合同履行完毕无须返还	国家法律法规并未禁止虚拟货币可作为商品,法无禁止即可为
购买矿机	无效	将收取的设备款项返还	购买矿机用于挖矿因违背公序良俗而应认定无效
买卖泰达币	无效	风险自担、不予返还	交易虚拟货币行为不受法律保护,引发的损失由其自行承担
买卖泰达币等虚拟货币	无效	应当返还	合同无效后行为人因该行为取得的财产应当返还
以虚拟货币支付货款案	无效	即使已足额支付虚拟货币,仍需支付货款	虚拟货币不具有法偿性

(1)买卖合同的合同效力多以违背公序良俗为由被否定。少量认定有效的裁判观点认为,尽管部委通知和公告规定虚拟货币不具有法偿性与强制性等货币属性,但国家法律、行政法规并未禁止虚拟货币可作为商品由公民个

人购买并持有,因此买卖合同应当认定依法成立并有效。[①]

(2)合同无效后的处理方式大多适用《民法典》之规定,而非直接援引《关于进一步防范和处置虚拟货币交易炒作风险的通知》的精神。根据《民法典》第157条的规定,[②]买卖合同被认定无效后,应当恢复到缔约前的状态,这是无效合同处理的一般原则,也是各个法院主流的裁判方法。主张不予返还的观点,遵循的则是《关于进一步防范和处置虚拟货币交易炒作风险的通知》的精神。[③]

3. 委托理财合同纠纷的司法裁判分歧

样本中,涉虚拟货币纠纷共有委托理财合同纠纷二审案件12件,其中裁判文书为判决书的有11件,为裁定书的有1件。针对委托理财合同是否有效和投资款是否应当返还问题,形成如下裁判结果(见表4)。

表4 涉虚拟货币委托理财合同纠纷裁判文书检索情况

观点	合同是否有效	是否应当返还投资款	典型案例案号
有效说	是	是	(2022)鲁06民终438号
无效说	否	否	(2021)闽02民终1300号
	否	是	(2022)辽02民终6634号; (2021)鲁14民终1770号

合同效力上,无效说仍旧占据主流,大多数裁判文书认为,"比特币不具有货币属性",投资"比特币这种明确缺乏价值基础的理财行为,损害了金融安全、市场秩序和国家的宏观政策,违反了公序良俗,为无效行为"[④]。对于

① 参见王某磊、吴某杰买卖合同纠纷案,广西壮族自治区防城港市中级人民法院(2021)桂06民终1365号民事判决书。

② 《民法典》第157条规定:"民事法律行为无效、被撤销或者确定不发生效力后,行为人因该行为取得的财产,应当予以返还;不能返还或者没有必要返还的,应当折价补偿。有过错的一方应当赔偿对方由此所受到的损失;各方都有过错的,应当各自承担相应的责任。法律另有规定的,依照其规定。"

③ 《关于进一步防范和处置虚拟货币交易炒作风险的通知》明确规定:"任何法人、非法人组织和自然人投资虚拟货币及相关衍生品,违背公序良俗的,相关民事法律行为无效,由此引发的损失由其自行承担。"

④ 吕某亭、闫某英民间委托理财合同纠纷案,山东省德州市中级人民法院(2021)鲁14民终1770号民事判决书。

合同无效后的返还问题，法院普遍认为，应当依据各方当事人的过错程度，就出资人所遭受的实际损失分别承担责任。也有部分裁判文书认为，“基于国家金融监管政策，以比特币类虚拟货币为交易对象的交易行为属于非法金融活动，不受法律保护”，因此驳回原告提起返还虚拟货币投资款的诉讼请求。[①]

4. 挖矿类合同纠纷的司法裁判共识

虚拟货币“挖矿”活动，通常是指通过专门的“矿机矿”计算生产虚拟货币的过程。由于这类“挖矿”活动能源消耗和碳排放量大，既不利于我国节能减排，又不利于我国实现碳达峰、碳中和的目标，有损社会公共利益，为国家所明令禁止。2021 年 9 月，国家发展和改革委员会等部门发布了《关于整治虚拟货币“挖矿”活动的通知》，全面整治虚拟货币“挖矿”活动。对于虚拟货币挖矿类合同纠纷，现行裁判案例将“挖矿”行为上升到影响金融秩序、市场秩序的高度，最终以违背社会公共利益为由，认定其无效。该等裁判理由，已经逐渐成为对“挖矿”行为的裁判共识。

（三）虚拟货币合同纠纷司法实践困境的追问

1. 合同效力认定路径冲突

《民法典》第 143 条从正面确立了民事法律行为有效的构成要件，其中第 3 项规定，“不违反法律、行政法规的强制性规定，不违背公序良俗”。《民法典》第 153 条从反面明确，“违反法律、行政法规的强制性规定的民事法律行为无效。但是，该强制性规定不导致该民事法律行为无效的除外。违背公序良俗的民事法律行为无效”，以此形成了逻辑周延的规则体系。而最高人民法院 2019 年发布的《全国法院民商事审判工作会议纪要》（以下简称《九民纪要》）第 30 条和第 31 条规定，强制性规定应当仅限于“效力性强制性规定”，不包括“管理性强制性规定”。违反规章一般情况下不影响合同效力，但该规章的内容涉及金融安全、市场秩序、国家宏观政策等公序良俗的，应当认定合同无效。此外，人民法院在认定规章是否涉及公序良俗时，要在考察

---

① 参见李某与吴某等委托理财合同纠纷案，福建省厦门市中级人民法院（2021）闽02 民终 1300 号民事判决书。

规范对象基础上,兼顾监管强度、交易安全保护以及社会影响等方面进行慎重考量,并在裁判文书中进行充分说理。由此,我们可以总结出违反法律、行政法规和部门规章的七种情形,采用“两步法”路径对合同效力予以认定(见表5)。

表5 涉虚拟货币合同效力认定路径

情形	第一步	是/否	第二步	是/否	有效/无效	裁判要求
情形一	是否违反法律、行政法规的强制性规定	是	该强制性规定是否属于效力性强制性规定	是	无效	—
情形二				否	有效	—
情形三		否	是否违背公序良俗	是	无效	—
情形四				否	有效	—
情形五	是否违反部门规章及其规范性文件	是	是否涉及公序良俗	是	无效	慎重考量+充分说理
情形六				否	有效	
情形七		否	—		有效	—

当前,我国涉虚拟货币的监管文件,全部由国务院各部委出台发布,其法律位阶属于部门规范性文件而非行政法规,因此应当采用上述情形五和情形六进行推进:第一步,审查涉虚拟货币合同是否违反2017年《关于防范代币发行融资风险的公告》、2021年《关于整治虚拟货币“挖矿”活动的通知》和《关于进一步防范和处置虚拟货币交易炒作风险的通知》等部门规范性文件。若未违反,合同应当认定为有效;若违反则进入第二步,对部门规范性文件内容进行审查,考察其内容是否涉及金融安全、市场秩序、国家宏观政策等公序良俗。若涉及则应当认定合同无效,反之则有效。无论是否涉及,法院均应在监管强度、交易安全保护以及社会影响等方面进行慎重考量,并在裁判文书中进行充分说理。

当前,针对涉虚拟货币合同纠纷同案不同判、同行为同规章不同评价的问题较为突出。有效说认为,委托合同或委托理财合同系双方真实意思表示,未违反法律、行政法规强制性规定,应当认定有效;无效说则以合同违反《关于防范代币发行融资风险的公告》《关于进一步防范和处置虚拟货币交易炒作风险的通知》部门规范性文件为由，直接将违反部门规范性文件的行为等同于违背公序良俗，从而认定无效。有效说否定了部门规范性文件作为认定合同效力的依据，仅关注位阶并不可取。而无效说将违反部门规范性文件与有悖公序良俗画等号，认为强制性规定和公序良俗之间存在天然的联系，主张“应当以一元化的‘公序良俗’作为判断法律行为效力的标准”①，默认《关于防范代币发行融资风险的公告》《关于进一步防范和处置虚拟货币交易炒作风险的通知》等部门规范性文件内容一定暗含社会公共利益，而不对违反的具体规定进一步考察和论证的做法，同样欠缺妥当。

2. 裁判规则的选择适用欠缺规范

一是涉虚拟货币的裁判规则适用欠缺具体规范，主要体现在合同效力判断的规则上适用不一，有效说认为，违反行政规章并未违反法律、行政法规，并以意思自治与公序良俗脱钩认定合同有效；无效说将行政规章的违反与社会公共利益损害、公序良俗违背相等同进而认定合同无效。二是对于合同效力认定后的处理方式欠缺统一。尤其是在认定合同无效情况下，司法实务存在支持返还和不支持返还两种截然不同的判决结果情况。三是监管政策的变化损害司法的稳定性。“元宇宙是新生事物，肯定会引发一系列的新情况、新问题，元宇宙世界中的许多现象在现实中可能还没有相关的法律规定。”②司法裁判若依附于易变的监管政策，一旦监管规则发生重大变化或转向，司法的稳定性和权威性将会受损，司法裁判的可预期性将被弱化，进而加剧司法的不确定性。

3. 对违背公序良俗的界定模糊

现行裁判文书在引入《关于防范代币发行融资风险的公告》《关于进一步防范和处置虚拟货币交易炒作风险的通知》认定合同无效时，其核心裁判理由是相关行为违背公序良俗。背后实质是维护“金融稳定”和“金融安全”，契约自由、意思自治不断受到金融监管的干预和制约。然而，“自治和管

① 孙鹏：《论违反强制性规定行为之效力——兼析〈中华人民共和国合同法〉第52条第5项的理解与适用》，载《法商研究》2006年第5期。

② 鲁照旺：《元宇宙的秩序和规则》，载《学术界》2022年第2期。

制是民事法律行为效力制度的关键点,也是公法和私法相接轨的衔接点"[①]。司法若欲通过公序良俗原则的引用,将监管规章成为认定合同效力的依据,绝不能满足于形式主义的司法范式,而应穿透监管政策背后的精神实质,应当"从司法层面准确识别判断无效的法律规范性质,妥善处理私法自治与国家强制的关系,维护交易的安全有序"[②],不断充实裁判的合理性和说服力。尤其是发生在自然人之间的涉虚拟货币委托、买卖行为,如何会影响涉及大多数人的公共利益乃至对公共利益造成损害,司法应当就其逻辑连接进行"充分且必要"的回应和论证。无论是公共利益还是公序良俗,都是"一个不确定概念,需要进行价值补充"[③],法律概念的模糊以及监管政策的导向,使法院在司法适用时不得已"搭便车",以违反监管规章及悖于公序良俗进行机械裁判。尤其是在监管政策已经明令相关行为不受法律保护的情况下,司法在违背监管政策与损害公共利益、有悖公序良俗间画等号,将使司法出现"向一般条款逃逸"的现象。[④]

三、司法裁判与金融监管的平衡选择

(一)合同纠纷的多重复杂性需平衡效力与安全

1. 正视虚拟货币合同的多重复杂性特点

虚拟货币活动的场景多元,情形复杂,通过从"行为"上精细化列举,以"主体"进行高度概括,以及对"环节"进行归纳,笔者总结出虚拟货币的业务活动场景(见表6)。

---

① 苏永钦:《私法自治中的国家强制——从功能法的角度看民事规范的类型与立法释法方向》,载《中外法学》2001年第1期。

② 王利明:《论效力性和非效力性强制性规定的区分——以〈民法典〉第153条为中心》,载《法学评论》2023年第2期。

③ 黄薇主编:《中华人民共和国民法典人格权编解读》,中国法制出版社2020年版,第466页。

④ 参见王利明:《论效力性和非效力性强制性规定的区分——以〈民法典〉第153条为中心》,载《法学评论》2023年第2期。

表 6 虚拟货币业务活动场景

主体(6 个)	行为(11 个)	环节(9 个)
金融机构	兑换;中央对手方买卖;信息中介和定价;登记支付与结算;保险;虚拟货币储存、托管、抵押	定价、兑换、交易、登记支付结算、受托管理和保险 6 个环节
(非银行)支付机构	兑换;中央对手方买卖;信息中介和定价;登记支付与结算;保险;虚拟货币储存、托管、抵押	定价、兑换、交易、登记支付结算、受托管理 5 个环节
互联网平台	互联网营销	宣传环节
代币融资交易平台	兑换;中央对手方买卖;信息中介和定价	定价、兑换、交易 3 个环节
发行人	代币发行融资	发行环节
消费者	虚拟货币交易;虚拟货币衍生品交易;挖矿	交易、生产 2 个环节

从“行为”分类上清晰可见,就广大社会公众而言,其参与虚拟货币的形式只能是代币发行融资、虚拟货币交易、虚拟货币衍生品交易和挖矿四类,其他并不涉及。其中,代币发行融资因涉嫌非法发售代币票券、非法发行证券、非法集资甚至金融诈骗,在民事关系上因违反法律法规自然无效。而投资虚拟货币及其相关衍生品,行为上统一归纳为“交易”环节,挖矿则属于虚拟货币的生产环节,两类行为发生于消费者主体之间,以普通法人组织、非法人组织和自然人为主,派生的相关合同纠纷及其合同效力应当充分论证后准确界定。

2. 解构虚拟货币交易与金融安全稳定的映射关系

国家各部委在不同时期以通知、公告形式出台政策,对虚拟货币交易的法律风险“三令五申”。通过对各个政策文件的分析,虚拟货币交易并未与危害金融安全稳定建立线性映射关系。首先,2017 年 9 月中国人民银行等七部委发布的《关于防范代币发行融资风险的公告》规定代币发行融资违法,各金融机构和非银支付机构不得开展与代币发行融资交易相关业务,提示“应高度警惕相关风险隐患”,并不能推导出参与代币交易行为无效的论断。其次,2021 年 9 月中国人民银行等十部委发布的《关于进一步防范和处置虚拟货币交易炒作风险的通知》指出,投资虚拟货币及相关衍生品,违背公序良俗的,相关民事法律行为无效,由此引发的损失由其自行承担;涉嫌破坏金融秩序、危害金融安全的,由相关部门依法查处。由此可知,一方面,虚拟货币投资交易并不当然违背公序良俗或破坏金融秩序、危害金融安全;另一方面,只有存在违背公序良俗合同才无效。因此,个体之间的虚拟货币交易,并未与金融安全稳定建立一一映射关系。

(二)效力否定须秉持谦抑原则

从法经济学上来说,对监管规则的"拿来主义",一定程度上可以提高司法裁判效率、降低裁判成本。但是违背公序良俗是一项具有补充和兜底性质的规则,"只有在法律和行政法规欠缺明确规定时,才能依据违反公共秩序和善良风俗确定法律行为无效,可以说公序良俗条款在适用上具有明显的劣后性"①。实践中,"公序良俗原则还经常被误用滥用,被广泛用作其他法律工具的替代"②。因此,在运用规章违反判定合同无效时应秉持谦抑原则,主要原因在于:部门规章与公序良俗并非对等关系。违反监管规章并不一定损害公序良俗。"简单地借助于公序良俗概念将规章纳入合同无效的判断依据,与我国《民法典》第153条的规定不符。"③此外,比例原则要求规范目的实现并不以合同无效为必要。"比例原则要求行为要合比例、适度,着眼于相关主体利益的均衡,比例原则的精神在于反对极端,实现均衡,既不能过,也不能不及。"④"若可通过行政制裁等威慑和惩处的方式实现规范目的,则不必然判定合同无效。"⑤动辄以合同无效为行政监管"保驾护航",不仅动摇了契约自由的根基,而且代价往往更大。

---

① 于飞:《〈民法典〉公序良俗概括条款司法适用的谦抑性》,载《中国法律评论》2022年第4期。

② 李岩:《公序良俗原则的司法乱象与本相——兼论公序良俗原则适用的类型化》,载《法学》2015年第11期。

③ 王利明:《论效力性和非效力性强制性规定的区分——以〈民法典〉第153条为中心》,载《法学评论》2023年第2期。

④ 蔡震荣:《行政法理论与基本人权之保障》,台北,五南图书出版公司1999年版,第105页。

⑤ 吴越、蒋平:《论股权代持违反强制性规定之效力》,载《重庆大学学报(社会科学版)》2022年第2期。

(三)维护金融秩序应兼顾绿色原则与意思自治

维护金融秩序,其背后代表的价值取向实质是"公共秩序"或"公共利益"。然而,虚拟货币交易行为是否必然会造成金融秩序损害?个体之间的虚拟货币交易是否一定会严重危及金融安全或损害公共利益?答案并非必然。通过合同效力判定的进路以维护金融安全,应当兼顾绿色原则与意思自治。《民法典》第9条明确了"绿色原则",从文义来看,绿色原则有"节约资源"和"保护生态环境"双重面向。[①] 司法应当聚焦服务经济社会发展全面绿色转型、助推构建低碳安全高效能源体系和涉碳市场交易等重点法律适用,完善涉碳案件裁判规则,保障裁判统一。对于比特币生产之外的交易环节所涉合同纠纷,应在尊重意思自治原则的基础上作出适当判断。私法自治或意思自治是"民法所遵循的基本原理"。[②] 尽管我们承认需要运用公法手段填补契约自由的缺陷,以维护金融秩序安全,但同时要避免监管政策对意思自治原则的不当干预,避免合同无效的滥用。

(四)细化修正公序良俗的认定标准

传统理论中,常将公序良俗或善良风俗与道德直接联系,"公共秩序或善良风俗者,指社会一般利益或道德观念而言"[③]。公序良俗本应有"公序+良俗"的两重拆分,[④]包含"公序"和"良俗"两层含义。虚拟货币交易所涉的更多是"公序",经常与普遍意义上的"社会公共利益"混同。《九民纪要》第31条在阐释部门规则涉及公序良俗时,列举了"金融安全"、"市场秩序"和"国家宏观政策"等考察要素,对于准确区分是否涉及公序良俗有一定意义。然而,这些概念仍旧过于宏大,司法实践过程中,难以用前述词汇准确解释公序良俗的概念,有必要作进一步细化。"类型化是以事物的根本特征为标准对

---

① 参见贺剑:《绿色原则与法经济学》,载《中国法学》2019年第2期。

② 参见梁慧星:《民法总论》(第6版),法律出版社2021年版,第49页。

③ 王泽鉴:《民法总则》,北京大学出版社2009年版,第278页。

④ 参见杜一华、尹鑫鹏:《金融监管规章影响合同效力的公序良俗通道研究》,载《河北法学》2020年第11期。

研究对象的类属划分”①,笔者认为,要采用类型化的方法对虚拟货币活动进行场景化拆解,剖析行为的本质属性,结合是否公开以及对金融交易秩序的分析,就是否悖于公序良俗形成结论(见表7)。

表7 虚拟货币活动场景与金融秩序安全关系

行为	环节	本质属性	是否公开	是否损害金融秩序
代币发行金融	发行	擅自公开发行	公开性	是
平台兑换	兑换	非法发售代币票券	公开性	是
中央对手方买卖	交易	未获批准的非法金融活动	公开性	是
信息中介和定价	定价	未获批准的非法金融活动	公开性	是
登记支付与结算	登记支付结算	未获批准的非法金融活动	公开性	是
保险	保险	未获批准的非法金融活动	公开性	是
虚拟货币储存、托管、抵押	存管服务	未获批准的非法金融活动	公开性	是
虚拟货币交易	交易	兼顾意思自治	不公开	不涉及
虚拟货币衍生品交易	交易	非法经营期货业务	不公开	是
挖矿	生产	违反绿色原则	不公开	是

结　语

当下,元宇宙方兴未艾,在元宇宙快速发展的同时,相伴而生的涉虚拟货币合同纠纷日益增多,案件越发复杂。面对数字经济的日新月异,司法裁判

① 李可:《类型思维及其法学方法论意义——以传统抽象思维作为参照》,载《金陵法律评论》2003年第2期。

规则的适用困境尤为凸显。笔者认为,司法应张弛有度协同金融监管,以其自身逻辑自洽,建立与金融监管政策相协同的裁判规则:一是在结合现有监管政策对虚拟货币及相关业务活动本质属性概括和《民法典》对虚拟财产保护作出规定的基础上,明确虚拟货币"财产"和虚拟货币"行为"的法律属性;二是运用庖丁解牛的手法,对元宇宙发展下虚拟货币的业务活动场景一一解构,探索分析不同场景下数字经济行为对金融秩序的影响;三是秉承包容性司法的理念,谦抑适用公序良俗原则,保持与金融监管的清晰边界,最终形成开放完善的金融科技司法体系,以适应和促进新形态下数字经济的发展。

地方金融组织的风险处置与破产退出

——以上海金融法院首例地方金融组织破产案件为例

肖　凯[*]　葛　翔[**]

引　言

自2017年第五次全国金融工作会议召开以来，各省市通过制定地方性法规，基本确立了将小额贷款公司、融资担保公司、区域性股权市场、典当行、融资租赁公司、商业保理公司、地方资产管理公司7类金融机构和辖区内投资公司、农民专业合作社、社会众筹机构、地方各类交易所4类组织作为"地方金融组织"，由地方金融监管部门实施监管。① 习近平总书记在第五次全国金融工作会议上也再次强调，"地方政府要在坚持金融管理主要是中央事权的前提下，按照中央统一规则，强化属地风险处置责任"②。而值得关注的是，自四川融资担保案③、泛某案④、e某某案⑤，到2017年后互联网金融整治、

* 法学博士，上海市虹口区人民法院党组书记、院长，时任上海金融法院党组成员、副院长。

** 法学博士，上海金融法院综合审判三庭三级高级法官。

① 参见中共中央、国务院《关于服务实体经济防控金融风险深化金融改革的若干意见》（中发〔2017〕23号）。

② 习近平：《深化金融改革　促进经济和金融良性循环健康发展》，载中国共产党新闻网，http://cpc.people.com.cn/n1/2017/0716/c64094-29407694.html。

③ 参见吴红毓然、杨巧伶：《重塑融资担保》，载《财新周刊》2015年第33期。

④ 参见孙斌：《"泛亚"真相再调查》，载《期货日报》2015年9月18日，第3版。

⑤ 参见余胜良：《E租宝们怎样消灭财富》，载《证券时报》2016年3月7日，第3版。

2020年温州金融资产交易中心案①等,在对地方金融组织加强监管的同时,相关风险事件仍然时有发生。上海金融法院于2021年受理了上海市首例地方金融组织破产案件——卡某某某商业保理有限公司破产案(以下简称卡某某某案),②其中也反映出地方金融组织在风险处置和破产退出过程中值得进一步研究的问题。因此,本文拟从地方金融组织监管职能定位出发,对地方金融风险处置和市场化退出作一些初步讨论,以求在《中华人民共和国金融稳定法(草案)》(以下简称《金融稳定法(草案)》)、《地方金融监督管理条例(草案征求意见稿)》制定过程中为相关规范的完善提供有益的解决进路。

一、地方金融组织风险处置与破产退出中的困境

2023年《党和国家机构改革方案》对金融监管体制进行了重大调整,在党中央设立中央金融委员会、中央金融工作委员会,强化金融工作中党的全局性统一领导的同时,确立了以国家金融监管总局及其派出机构为主体的,集"机构监管、行为监管、功能监管、穿透式监管、持续监管,统筹负责金融消费者权益保护,加强风险管理和防范处置"于一体的相对统一的监管体系。当然在国家金融监管总局建立后,"7+4"地方金融组织的行为监管、机构监管等职能可能仍然由地方金融监管部门来承担,而中央层面更多聚焦于地方金融组织的准入标准等规范设定和监管业务指导。在现行国家金融总体监管框架下,地方金融组织的风险处置和退出,仍然面临一些问题。

一是地方金融组织的跨区域经营活动可能带来的风险,难以依靠单一地方进行处置。虽然《地方金融监督管理条例(草案征求意见稿)》第11条规定,地方金融组织原则上不得跨省级区域经营,③但是资本本身具有集聚性,以小额贷款公司为例,根据中国人民银行2023年一季度统计数据,当季全国

---

① 参见朱亮韬:《温州地方金交所爆雷后续:原董事长等被批捕》,载财新网,https://finance.caixin.com/2021-01-22/101654093.html。

② 参见段思宇:《卡得万利申请破产 成上海首例地方金融组织破产清算案》,载《第一财经日报》2021年12月16日,第7版。

③ 参见亓宁:《地方金融组织迎最强监管"7+4"类机构不得跨省展业》,载《第一财经日报》2022年1月5日,第3版。

共有5801家小贷公司,平均实收资本1.30亿元,平均贷款余额1.50亿元,但是按照所在地区来看,31个省(自治区、直辖市)小贷公司平均实收资本高于全国平均数的只有重庆、福建、广东、四川、浙江、上海、山东、海南8个省(直辖市),而平均贷款余额高于全国平均数的只有7个省(自治区、直辖市)。[①] 资本集聚端和资本需求端分离使地方金融组织存在客观的跨区域经营需求,目前处于资本集聚省市的保理、融资租赁、小贷公司等相当一部分地方金融组织存在普遍的跨区域经营情况。这些地方金融组织发生风险时,地方监管属于一地,而风险处置可能分布于多区域,虽然依靠协调和信息沟通机制可以解决部分问题,但在处置效率和市场预期性等方面仍存在不足。2015年国务院《关于进一步做好防范和处置非法集资工作的意见》中明确,对跨省案件"坚持统一指挥协调、统一办案要求、统一资产处置、分别侦查诉讼、分别落实维稳的工作原则"(以下简称"三统二分"原则)。2021年《防范和处置非法集资条例》第20条规定,对跨行政区域的涉嫌非法集资行为,由单位登记地或自然人住所地有关部门调查认定,非法集资行为发生地、集资资产所在地以及集资参与人所在地处置非法集资牵头部门应当配合调查认定工作。在e某某案中,案件虽然由北京市相关司法机关处理,但考虑到涉众面广,公安部首次专门开通线上登记平台,试图通过技术手段解决金融风险跨区域与集中管辖之间的矛盾。然而对于非法集资财产,如果分布于不同区域且相应资产结构复杂,如何进行统一处置,尤其在不同司法机关管辖、保全等情况下,仍然存在不确定性。

二是由于资本的流动,风险在地方金融组织和金融机构之间具有传递性。如一些银行低利率信贷资金通过地方金融组织进入非法金融领域,[②]而在非法金融活动中,类金融控股集团通过地方金融组织和金融机构之间的金融产品嵌套,最终达到套取资金的违法目的。如近期发生的雪某控股集团有限公司所涉非法集资案件,[③]以及河南村镇银行事件中也存在资金在金融机

---

① 参见《中国人民银行2023年一季度小额贷款公司统计数据报告》,载中国人民银行官网2023年4月24日,http://www.pbc.gov.cn/diaochatongjisi/116219/116225/4862035/index.html。

② 参见刘志伟:《中国式地方金融的乱象与治理创新》,载《经济研究参考》2020年第8期。

③ 参见邱德坤:《涉嫌非法吸收存款 雪松控股下属公司被警方立案查处》,载上海证券报·中国证券网2023年5月8日,https://company.cnstock.com/company/scp_gsxw/202305/5057477.htm。

构和地方金融组织之间违规流动的影子。[①] 此外,同一地区由于同类地方金融组织的集聚,单个机构的风险通过交叉业务传染给其他机构,从而产生系统性风险,如四川汇某信用融资担保有限公司发生风险后,由于与其他担保公司存在关联业务,四川整个担保行业受到系统性影响。[②] 从中反映出,区域性金融风险的形成很多情况下都源于预防性监管的不足,中小银行、信托公司等金融机构与地方投资公司等地方金融组织之间往往存在比较密切的金融联系,地方金融监管机构在缺乏监管手段的情况下,可能无法及时防控金融风险,而只能采取事后处置措施。

三是在地方金融组织的市场化退出过程中,行政前置程序与司法程序之间缺乏有机衔接关系。《中华人民共和国保险法》(以下简称《保险法》)、《中华人民共和国证券法》等法律中规定了金融机构破产须由监管部门批准,同时《中华人民共和国企业破产法》(以下简称《企业破产法》)第134条规定了国务院金融监管机构在金融机构存在破产情形时也可以向法院提出破产申请。其缘由即在于区分金融机构自有财产和客户财产,保护金融投资者和消费者权益,并防范群体性风险。[③] 但是地方金融组织破产并没有类似上位法规定。由此出现地方金融组织破产过程中可能存在群体性风险,无法在破产受理时及时进行识别的问题。如卡某某某案中,破产人作为保理公司,在破产申请时,其已到期的对外保理债权涉及商户达22,584户,已进入诉讼追收程序的达914户,未进入诉讼追收程序的达5800户。显然,如果群体性风险在破产受理前未能得到及时识别,可能给破产程序的有效推进带来障碍,也不利于地方金融组织的市场化退出。

四是地方金融组织金融债权债务关系可能十分复杂,[④]造成破产清算难度大。如卡某某某案中,破产人所负主要债务系其与债权人签订的《保理资

---

① 参见孙良滋:《吕奕:失去管束的咬钱金蝉》,载财新网,https://finance.caixin.com/2022-09-18/101941413.html。

② 参见马灿坤、洪正、韩雨萌:《地方金融发展、监管与风险处置——基于地方性政策文件的研究》,载《财经理论与实践》2021年第1期。

③ 参见《〈中华人民共和国企业破产法〉释义及实用指南》编写组编著:《〈中华人民共和国企业破产法〉释义及实用指南》,中国民主法制出版社2012年版,第328~330页。

④ 参见左北平:《论破产程序中金融债权处置的相关问题》,载《中国注册会计师》2019年第2期。

产及权益转让与回购协议》,由此同一笔保理资产既构成了企业债权,又构成了企业债务。实际上小贷公司、融资租赁公司等地方金融组织将应收账款债权进行转让回购融资,或者通过其他金融交易设计达到融资目的,在运营中十分常见。部分金融交易设计复杂,存在跨区域、跨机构的情形,既增加了金融风险,又增加了债权债务清理的难度。同时,在破产过程中,这类金融资产的处置变现率也较低,不利于破产债权的保护。

二、地方金融组织监管与风险防控处置的逻辑分析

(一)党的十八大以来相关政策文件中形成的央地协同金融监管格局

2013年,中共中央《关于全面深化改革若干重大问题的决定》提出,"落实金融监管改革措施和稳健标准,完善监管协调机制,界定中央和地方金融监管职责和风险处置责任"①。2014年,国务院向全国人民代表大会所作专项报告中又提出,"进一步明确地方政府金融监管职责,落实对小额贷款公司、融资性担保机构和新型农村合作金融组织等领域的监管责任,切实发挥地方政府在防范化解区域性金融风险和打击非法金融活动中的重要作用"②。2017年,全国金融工作会议召开后,在强调金融监管属于中央事权的同时,相关文件明确了地方金融监管部门的监管范围,即前述"7+4"地方金融组织,并再次强调金融风险的属地处置责任。其实,早在2015年国务院《关于进一步做好防范和处置非法集资工作的意见》中,就提出"省级人民政府是防范和处置非法集资的第一责任人",同时对非法集资的央地协同机制作了明确,即"中央层面,充分发挥部际联席会议作用,银监会作为牵头单位要进一步强化部门联动,加强顶层推动,加大督促指导力度,增强工作合力。地方各级人民政府要建立健全防范和处置非法集资工作领导小组工作机制,由政府分管领导担任组长,明确专门机构和专职人员"。这一意见也改变了2011年《非法金融机构和非法金融业务活动取缔办法》(已失效)中规定的,

---

① 参见中共中央《关于全面深化改革若干重大问题的决定》。

② 国务院《关于加强金融监管防范金融风险工作情况的报告》(2014年6月24日在第十二届全国人民代表大会常务委员会第九次会议上)。

由中国人民银行作为取缔决定的主体,地方政府辅助清理债权债务的基本职能格局。2020 年中共中央、国务院《关于新时代加快完善社会主义市场经济体制的意见》中则又再次重申,"依法依规界定中央和地方金融监管权责分工,强化地方政府属地金融监管职责和风险处置责任"。

因此,有的学者认为,目前地方金融监管模式是一种分层监管格局;①也有学者认为,地方金融监管存在央地分权。② 2018 年,中共中央《关于深化党和国家机构改革的决定》对央地分工作了一般性的表述——"属于中央事权、由中央负责的事项,中央设立垂直机构实行规范管理,健全垂直管理机构和地方协作配合机制。属于中央和地方协同管理、需要地方负责的事项,实行分级管理,中央加强指导、协调、监督"。结合前述政策文件表述来看,实际上在金融监管权的分配上,地方是配合中央进行监管,这一点在 2023 年《党和国家机构改革方案》也有明显体现,即"建立以中央金融管理部门地方派出机构为主的地方金融监管体制,统筹优化中央金融管理部门地方派出机构设置和力量配备"③,地方政府对地方金融组织的监管要服从中央的统一规范,同时,地方监管机构也不参与持牌金融机构的监管。此外,在金融风险处置职责上,则明显突出地方负责,中央承担的是指导、协调、监督职责。也就是说,在监管职能上央地之间不存在权力的分配关系,而是地方对中央监管职能的补充;而在风险处置上,明确属于地方职责。因此,在现有金融监管架构下前述政策文件中形成的是监管与风险处置的二元结构。

(二)二元结构下地方金融组织风险处置和市场退出需要处理的几对关系

问题机构的金融风险处置,一是订立"生前遗嘱",制定翔实可行的恢复和处置计划;二是"自救安排",落实机构及其股东、实控人等主体责任;三是

---

① 参见李有星、潘政:《"条块关系"视角下地方金融监管双重领导体制构建》,载《治理研究》2023 年第 1 期;管斌、万超:《论我国金融监管权"央 – 地"配置制度的科学设计》,载《中国矿业大学学报(社会科学版)》2020 年第 1 期。

② 参见黄韬:《金融管理:从中央事权到央地分权》,载《检察风云》2017 年第 24 期。

③ 李诗林:《我国新一轮金融监管体制改革的动因、考量与未来展望》,载《价格理论与实践》2023 年第 3 期。

“注入基金”,必要时通过存款保险等行业保障基金和金融稳定保障基金予以救助;四是“及时止损”,及时让难以存续的机构退出市场;五是“快速启动”,当金融机构突然爆发风险时,启动处置机制必须有特殊授权安排。[①] 从地方金融组织风险处置与普通企业破产程序的差异来看,问题机构的风险处置是在地方金融组织等机构财务陷入困境、非平稳安全运营的状态下,监管当局采取一系列旨在盘活或者帮助问题机构有序清算,使其核心业务和功能保持稳定,阻断金融风险扩散蔓延的制度。[②] 因此,地方金融组织的风险处置和一般金融机构的处置一样,具有比较强的行政属性和监管目的,且风险处置过程中既包含了救助托管、重组等司法外程序,又包含了破产重整、清算等司法程序。而一般企业的破产申请主要基于民商事主体的意思自治,并不以行政处置为前提,也一般无须监管部门介入破产程序。从资产处置角度来看,一般企业破产过程中的资产处置主要体现为债权人自治原则和集体清偿原则。[③] 但是在问题地方金融组织处置过程中,其资产处置的首要目的是化解金融风险,并尽可能减少普通金融消费者权益损失,因此在相应资产处置过程中并不完全系于债权人意思,也不能严格拘泥于平等清偿原则。

基于这些区别,地方金融组织风险处置和市场退出需要理顺这样几对关系。

1. 中央统一监管协调与地方风险处置的关系。在目前的监管体制下,金融机构由中央监管,地方金融组织由地方监管,而金融风险处置交由地方负主责。但是对于地方金融组织发生跨区域性风险时,协调机制如何运行,目前尚不明确。《金融稳定法(草案)》第27条规定,“金融风险外溢性强、涉及范围广、影响程度深,严重危及金融稳定的,处置方案应当由统筹协调机制议定,按照程序报国务院批准后实施。情况特别紧急、必须临机处置的,统筹协调机制应当快速议定,按照程序请示报告后依法采取必要措施”。其中也并未对跨区域地方金融风险是否仍贯彻“三统二分”原则作出明确规定。地方

① 参见郭树清:《加强和完善现代金融监管》,载《中国农村金融》2022年第22期。

② 参见袁达松:《金融稳定法论》,法律出版社2019年版,第80页。

③ 参见许德风:《破产法论:解释与功能比较的视角》,北京大学出版社2015年版,第84~92页。

金融组织产生的风险与一般金融机构产生的风险在统一处置过程中最大的区别在于，一般金融机构可以依托中央监管机制来作为统一协调的抓手，而地方金融组织所产生的跨区域风险，不同区域之间需要协调配合，但是所有协调事项都交由中央统筹协调机制，在处置效率上可能受到较大影响。

2. 行政监管处置与司法程序的关系。就此问题涉及两个方面：一是行政处置与地方金融组织涉诉司法程序的协调；二是行政监管处置与破产程序的衔接。前者体现为《企业破产法》第 134 条以及《金融稳定法（草案）》第 37 条（集中管辖）、第 38 条（中止诉讼、执行和仲裁）。实践中，集中管辖和“三中止”作为风险处置的常见方式，为问题机构的资产统一处理和统一分配、盘活处置资源提供了有力的司法支持。但是客观而言，集中管辖作为统一处理问题机构资产的方式，也面临一些问题。由于集中管辖本身是以当事人作为唯一识别因素的程序性机制，相关案件并不一定与财产处置存在必然联系，与此同时当大量非风险处置关联案件进入同一法院受理时，还可能占用法院有限的审判资源，反而影响了财产统一处置效果。虽然金融案件集中管辖在处理风险，确保监管统一性上有专业性优势，[①]但是集中管辖案件并非皆属于金融案件的范畴，且金融审判专门法院以及专门审判庭也并不广泛设立，故在集中管辖的决策过程中需要在审判资源分配和统一处置需求之间进行必要的平衡。而中止诉讼、执行、仲裁虽然也是为了确保问题机构财产处置的统一，但是在实践中存在期限不确定等问题。

此外，目前法律规范中对行政处置与破产程序之间的衔接并没有作出明确规定。《企业破产法》第 134 条规定了金融监管机构可以就银行、保险、证券等机构向法院提出破产申请。《最高人民法院关于审理企业破产案件指定管理人的规定》第 18 条、第 19 条则对指定清算组作为破产管理人作了规定。上述内容构成了行政处置与破产司法程序衔接的原则内容。但是，实践中金融机构的行政处置过程较长，行政处置的结果为破产程序继受并没有法律明确规定。《金融稳定法（草案）》第 39 条规定，金融风险处置程序中，已经完成的资产核实、资产评估、资产保全、债权登记、财产处分等措施，人民法院经

① 参见王春霞：《金融审判对监管政策的审查与适用》，载《齐鲁金融法律评论》2021 年卷。

过审查后依法认定其效力。但是具体在何种程序中进行审查,其实并不明确。同时需要指出的是,《保险公司管理规定》《证券公司监督管理条例》《信托公司管理办法》等对一般金融机构的退出作了详尽规定,但是地方金融组织的风险退出缺乏统一规定,目前仅上海、内蒙古、江西、湖北、贵州、福建6个省(自治区、直辖市)在地方金融法规中规定了地方金融组织的风险接管、托管。由此,可能造成在地方金融组织风险退出过程中无法依照《企业破产法》等相关规定形成风险处置和破产司法程序之间有效的衔接。

3. 刑事程序和民事程序之间的关系。地方金融风险中有相当一部分源于非法金融活动,由此牵涉到刑事犯罪和民事争议并行的问题。2023年全国金融审判工作会议召开后,对金融案件中刑民交叉问题从司法政策角度作了统一。"刑事案件与民事案件涉及'同一事实'的,原则上应通过刑事诉讼方式解决,刑事程序吸收民事程序;不属'同一事实'的,刑事和民事案件分别审理,'刑民并行';在'刑民并行'的案件中,如民事案件必须以相关刑事案件的审理结果为依据,民事案件中止审理,'先刑后民'。"①但在金融风险处置过程中比较难以"同一事实"作为判定民事程序、刑事程序先后的主要标准。因地方金融风险处置主要立足于稳定金融秩序,保障资产统一处置,故刑事程序具有一定优先性,也有利于民事程序在证据认定、事实查明等方面更为接近客观真相,以充分保障投资者、金融消费者的权益。

三、地方金融组织风险处置和破产退出机制的完善

(一)进一步明确地方金融组织风险处置的牵头机制

2014年金融稳定委员会(Financial Stability Board, FSB)发布《金融机构有效处置机制的关键要素》(Key Attributes of Effective Resolution Regimes for Financial Institutions,以下简称《处置要素》),②其中提出:每个管辖区都应

---

① 刘贵祥:《关于金融民商事审判工作中的理念、机制和法律适用问题》,载《法律适用》2023年第1期。

② FSB, Key Attributes of Effective Resolution Regimes for Financial Institutions, https://www.fsb.org/work-of-the-fsb/market-and-institutional-resilience/post-2008-financial-crisis-reforms/effective-resolution-regimes-and-policies/key-attributes-of-effective-resolution-regimes-for-financial-institutions/.

指定一个或多个行政机构,负责在决议制度范围内对公司行使处置权。如果一个司法管辖区内有多个处置机构,则应明确界定和协调各自的任务、作用和责任。如果不同的处置机构负责解决同一管辖区内同一集团的实体,则该管辖区的处置制度应确定一个牵头机构,协调该管辖区内法律实体的处置。国务院《关于界定中央和地方金融监管职责和风险处置责任的意见》(国发〔2014〕30 号)明确,“省级人民政府承担补充金融监管和风险处置的责任”,“省级人民政府承担的金融监管职责,不能层层下放到市、县两级政府”①。地方金融组织虽然局限于一定区域经营,但基于风险的跨区域属性以及风险在金融机构和地方金融组织之间传递的可能性,应当由省级部门牵头风险处置,而具体处置方案的落实则可以由省级地方金融监管局来具体实施。就此,《地方金融监督管理条例(草案征求意见稿)》第 4 条第 2 款规定,“省级人民政府履行对地方金融组织的监督管理和风险处置职责,承担地方法人金融机构的风险处置属地责任,督促各类股东履行补充资本的义务,对省级行政区域内防范和处置非法集资工作负总责”。

目前《金融稳定法(草案)》中对于跨省级区域的风险处置牵头机制并没有作出明确规定,而是在第 27 条中规定:“金融风险处置职责存在重大争议的,由统筹协调机制确定牵头处置部门。金融风险外溢性强、涉及范围广、影响程度深,严重危及金融稳定的,处置方案应当由统筹协调机制议定,按照程序报国务院批准后实施。”《地方金融监督管理条例(草案征求意见稿)》第 6 条规定:“省级人民政府应当加强跨区域监督管理协作和信息共享,共同打击跨区域违法违规金融活动,金融委办公室对涉及跨区域监督管理协作的事项进行统筹协调,国务院金融管理部门及其派出机构给予支持配合。”对于一般金融机构而言,可以依托条线监管机制来解决风险处置问题。但是单一地方金融组织的风险发生跨省市传播时,需要解决的不是处置职责争议问题,或者单纯的信息共享问题,而是处置职责分配问题,且跨区域金融风险传播快,对社会面影响程度大,应当原则性明确牵头机构,加快风险处置的进程。因此在这种情况下,笔者认为在对地方金融组织经营方式、经营地域等进行分

① 《关于〈浙江省地方金融条例(草案)〉的说明》,载浙江人大网,https://www.zjrd.gov.cn/dflf/lfzt/jrtl/201901/t20190123_79156.html。

类的基础上,应当从有利于风险统一处置角度,以资产所在地或主要经营所在地省市作为主要牵头处置机构,同时联合中央金融监管部门派出机构共同负责。

根据《处置要素》的要求,对于地方金融组织风险处置的牵头机构,其首要职责是实现金融稳定,并通过适当方式保护金融消费者、普通投资者利益,尽可能减少处置成本以及债权人的损失;还应当考虑其处置行动对其他区域金融稳定的潜在影响。因此,对跨省级区域地方金融组织的风险处置牵头机构进行明确规定的同时,也须规定相应风险处置方案应当经上一级金融统筹协调机构的批准,在贯彻“三统二分”原则的基础上,通过统一牵头机构,统一处置方案,各区域分别落实的方式完善风险处置机制。

此外,进一步明确非法金融活动,尤其是非法金融中介活动的监管分工。无论是《金融稳定法(草案)》还是《地方金融监督管理条例(草案征求意见稿)》,虽然规定了非法集资等非法金融活动由地方监管部门进行取缔、处罚,但同时也规定了“国务院金融管理部门建立所监督管理行业、机构、业务、市场的金融风险监测预警机制,依法实施监督管理,按照实质重于形式原则及时发现和处置无证经营等非法活动”。显然在非法金融活动监管中,央地之间存在明显的职权交叉,而在涉及金融中介服务活动中,职能分工则更为模糊,诸如金融服务推介、贷款信息撮合等活动中往往存在非法金融风险,金融中介服务和金融活动本身也可能界限不明。而自2016年互联网金融整治以来,互联网等新业态中的非法金融中介服务活动存在监管缺位、风险扩散的情形。[1] 因此,建议在相关法律法规制定过程中对金融活动和金融中介活动进行相对统一的定义和界定,并就央地监管部门对非法金融活动的监管职责分工作出明确规定,将非法金融活动的监管和风险处置进行必要的统一,完善相应治理体系。

(二)完善地方金融组织退出中行政处置与司法程序的衔接

首先,需要进一步提高地方金融组织风险处置过程中的行政、司法效能

---

① 参见陈意:《地方金融风险的监管》,载《中国金融》2018年第3期。

和可预期性。为了提高司法程序的透明度和可预期性，对于风险处置过程中的“三中止”以及集中管辖，可以设定必要的条件和期限。如美国联邦存款保险公司（The Federal Deposit Insurance Corporation, FDIC）在成为问题银行的财务管理人之后，可以向法院申请最长期限为90天的未决诉讼中止命令。[①]从金融机构的风险处置来看，根据《保险法》第145条、《证券公司风险处置条例》第11条等的规定，行政接管的期限一般为1年，必要时可以延长。参照该规定，实施中止诉讼、中止执行的期间也可以原则规定在1年内。而集中管辖对当事人的诉讼权利影响较大，涉及关联企业和关联诉讼众多，针对地方金融组织不同程度的风险特征，可以分别采取不同的司法措施：对于风险等级较低、范围较可控、可以适用《企业破产法》加以解决的地方金融风险，可以通过破产重整简化处置程序，将行政处置和破产重整并行，提高处置效率，同时对于风险范围可控的问题机构案件，必要时也可由受理破产案件的法院依法集中管辖；对于涉及地方金融组织的跨区域风险，可以参照金融机构风险处置模式，通过托管、行政接管等方式，进行先行处置，并依托“三中止”和集中管辖等司法措施，及时化解风险。从目前实践来看，集中管辖虽然有利于统一处置金融资产，确保问题机构的债权债务关系得到统一解决，但将大量案件集中在部分法院势必影响到审理效率。因此，应当考虑建立风险处置过程中的“快轨机制”。从域外比较来看，在涉及系统性金融风险时必须快速进行处置，以避免风险蔓延。2023年年初，美国硅谷银行（Silicon Valley Bank, SVB）倒闭就充分体现了这一特征。2023年3月8日，美国硅谷银行即因流动性危机遭遇挤兑，随后在3月10日就被美国联邦存款保险公司接管，美国联邦存款保险公司在3月13日就成立了硅谷过桥银行（Silicon Valley Bridge Bank, N. A.）承接美国硅谷银行资产和相关业务，并承诺为原储户提供保险资金托底，确保金融秩序的稳定。所以在“快轨机制”中首要的是行政处置快速进行，而在“集中管辖”模式中司法程序也应当进行配套性的改造来符合风险处置的要求。一方面，对集中管辖案件审理方式进行必要统一和简化，如强化集中管辖相关案件的举证责任分配机制，并从提高效率的

① 参见黄韬：《我国金融机构市场退出法律机制中的“权力版图”——司法权与行政权关系的视角》，载《中外法学》2009年第6期。

角度对该类案件处理赋予法官更多的裁量空间,即在质的判断上保持关联案件的统一,在量的判断上由法官酌处;另一方面,可以考虑引入示范判决机制,简化关联案件的处理方式。在示范判决作出后,其他关联案件既可以简化裁判,又可以通过行政处置等其他方式进行一并解决。由此,在处置地方金融组织引发的跨区域性风险时,能够更为有效地实现"三统二分"原则。

其次,行政处置结果在事后的必要审查。《处置要素》中设定了处置机构广泛的风险处置手段,包括转让合同、购买或出售资产、减记债务以及采取任何其他必要行动重组或结束公司运营的权力;或将资产和负债、法定权利和义务转让或出售给有偿付能力的第三方;或建立一个临时过渡机构(bridge institution)来接管并继续运营问题机构的某些关键职能。同时《处置要素》第5.5条明确,建立处置机制的立法不应规定可能限制处置机构在其合法权力范围内善意行使的措施的实施或导致其所采取措施的逆转。除非有相反情况,可以通过给予赔偿来提供补救。因此金融风险的处置权力虽然是广泛的,但是并非毫无限制,同时这种限制是一种事后限制——通过赔偿或者补偿的方式,而不至于延宕风险处置进程,影响金融稳定。实践中,金融风险处置过程中存在大量资产转让、业务转移等活动,或者由新设主体承接相关债权债务,这类基于行政指令或者行政决定所进行的民事权益转移,应当受到一定的合法性约束。《金融稳定法(草案)》第39条规定对于风险处置行政措施,法院"经过审查后依法认定其效力"。这只解决了处置措施效力在其他司法程序中的效力问题,并不是对处置措施本身的合法性审查。因此,建议增加规定利害关系人如果认为处置措施不合法,可以在处置措施实施完成后,提出赔偿请求,由法院审理后判决是否准予赔偿。这样既解决了风险处置措施的合法性规制,又确保处置进程不至于受到影响。

最后,地方金融组织的破产退出应当参照金融机构,由监管部门批准或备案后申请破产。金融机构破产的批准制度是为了确保金融稳定性以及金融供给的连续性,不致因部分金融机构破产而发生系统性风险。地方金融组织虽然与一般金融机构有区别,但是诸如小贷公司、投资公司、区域性交易所等存在涉众业务的机构,如果在破产过程中不能识别风险,可能在破产司法程序中产生一定风险。此外,地方金融组织容易与非法金融活动存在关联,如果贸然允许其直接进入破产程序,也可能引发逃避违法责任的问题。因此,考虑上述因素,可以对地方金融组织的破产退出与风险处置关系设置两种路径:(1)对于跨区域经营的地方金融组织,其破产应当经过监管部门的批准或者备案,方能进入破产程序。因为根据《地方金融监督管理条例(草案征求意见稿)》的规定,跨区域经营本身属于需要批准的事项,其退出市场应当经过监管部门的相应监管过程,有助于降低破产本身引发的风险。(2)其他地方金融组织如果在破产过程中可能存在区域性或群体性风险应诉,法院可以要求地方金融监管部门介入破产程序,在破产程序中衔接行政风险处置,或者指定地方金融监管部门牵头的处置机构作为破产管理人,将破产程序与风险处置程序相互结合,化解地方金融组织在破产中可能产生的金融风险。[①]

(三)建立符合金融资产特征的地方金融组织破产财产处置方式

从相关案例来看,一般金融机构破产中大多数通过业务转移的方式,由承接主体继受金融业务,在剥离主要业务资产后金融机构自然触及破产条件,此时金融机构在破产中的债权债务关系往往相对简单。但是地方金融组织破产过程中并不一定存在承接业务的桥梁机构。而此时在破产中厘清金融债权债务关系往往存在一定的困难,比如投资公司,需要甄别自有资产和募集资产所形成的债权债务关系;又如不少地方金融组织将应收账款债权通过质押回购等作为融资渠道,形成融资债务,如果单纯通过拍卖、变价等方式处置应收账款债权,获偿率较低。而且从统计来看,杠杆率越高的企业,其破产资产处置的效率也越低。[②] 目前实践中对破产人财产的定位更多倾向于作为权利客体,[③]但是将金融债权债务单纯作为权利客体进行处置,可能很难发挥金融资产的独特属性。因此,可以考虑在地方金融组织破产过程中将部分不易变现的或者通过传统方式变现易价值贬损的金融资产转化为信托,进一步发挥其融资功能。实际上通过债务重组、破产重组中设立信托方式剥离有

---

① 参见孙宏涛:《我国保险业风险处置的制度构建研究》,载《政法论丛》2019 年第 2 期。

② 参见郝杨:《问题企业债务风险处置效率研究——典型事实与经验证据》,载《金融监管研究》2022 年第 5 期。

③ 参见傅穹、王欣:《破产债务人财产制度的法律解释》,载《社会科学研究》2013 年第 5 期。

价值资产,提高企业重组以及破产效率,已经有一些成功案例。如北大某某破产重整案,方某集团本身资产结构复杂,关联多家企业,导致持股交叉、部分权益无法厘清。在严重资不抵债的情况下,选择"出售式重整+他益财产权信托"的模式进行了重整,即以方某集团下属优质保留资产出资设立新方某集团,投资者整体收购新方某集团股权,以此隔绝方某集团主体业务与历史遗留问题。在此过程中,他益财产权信托对保护债权人利益起到了决定性作用。重整部分的资产能够轻装上阵,摆脱不良资产及其他非主业资产的影响,同时也有利于各方抓住重点、搁置争议,有效推动重整进程有序开展。对于设立信托部分的资产,因其处于独立地位,重整计划其余部分成功与否都不影响信托正常运营,如果重整企业重整失败导致破产清算,信托则可以避免让债权人再次遭受债权清偿受损风险。[①] 在地方金融组织风险处置和破产程序中,对于债权债务关系以及资产关系复杂的主体,应当有条件地运用信托方式来承接部分有价值资产,提供金融资产的运行价值,在风险处置和破产过程中尽可能实现债权人、投资者的利益。实际上《处置要素》第3.2条、第3.4条中都明确了,在处置过程中可以建立临时过渡机构(a temporary bridge institution)或者建立单独的资产管理工具(separate asset managementvehicle),前者是为了接管并继续经营破产公司的某些关键职能,确保重要经营活动的连续性,而后者作为陷入困境的主体的子公司,是单独的实体,或作为信托或资产管理公司,将不良资产或难以估价的资产移交给管理工具,以达到其他资产有效处置或者顺利重整的目的。显然,这一机制在地方金融组织破产过程中也值得加以借鉴。

结　　语

地方金融组织作为金融机构的有益补充,也是国家整体金融体系的重要组成部分。如何在拓宽融资渠道,盘活金融资产的同时,防范区域性金融风险,是"金融稳定法""地方金融监督管理条例"制定过程中亟须考虑的问题。

---

① 参见李韵石:《解析北大方正破产重整》,载《法人》2023年第4期。

因此,建议在相关法律、法规制定过程中进一步明确中央地方的监管职能,完善地方监管机构在地方金融风险处置过程中的处置机制、处置程序,促进金融监管、风险处置、破产退出之间的有效衔接,使金融法治环境得到系统性提升。

注册制时代上市公司破产重整中股票定价争议与思考*

符　望**　余　璐***

一、注册制时代对上市公司破产重整的影响

近年来,中国资本市场不断推行注册制改革,从 2018 年科创板的率先破冰到后来全面注册制改革的推进,市场见证了历史的变迁。2023 年 2 月 17 日,中国证券监督管理委员会(以下简称中国证监会)发布《首次公开发行股票注册管理办法》及配套制度,为全面实行注册制搭建起整体制度框架体系。该办法共 6 章、71 条,分为总则、发行条件、注册程序、信息披露、监督管理和法律责任、附则,明确交易所发行上市全面实行注册制,由交易所负责发行上市审核并报中国证监会注册,发行人和保荐人、证券服务机构等承担市场主体责任。

在实施注册制的过程当中,上市以及退市制度均有较大变化,如更注重信息披露,更注重"优胜劣汰"强调退市,这也导致上市公司破产相关制度与实践相应变化。如 2020 年 12 月 31 日,围绕新一轮退市制度改革,沪深交易所发布新修订的《股票上市规则》,完善面值退市指标,新增市值退市指标,并严格退市执行,压缩规避空间。2022 年 3 月 31 日,上海证券交易所发布《上

---

* 本文获 2023 年浙江省法学会金融法研究会换届年会论文评选一等奖。

** 法学硕士,上海金融法院审判委员会专职委员。

*** 法学硕士,上海金融法院综合审判二庭法官助理。

海证券交易所上市公司自律监管指引第13号——破产重整等事项》[①](以下简称《上海证券交易所破产指引》),总共包括8章、54条,重点规范上市公司以及控股股东等相关方的重整、和解及破产清算事项,保障破产事项秩序,实现制度效果。

《上海证券交易所破产指引》在许多方面对上市公司的破产程序提出了更高要求,一是对信息披露提出了较高的标准。如要求管理人及其成员应当按照有关法律法规及上海证券交易所业务规则等及时、公平地向所有债权人和股东披露信息,并保证信息披露内容的真实、准确、完整。[②] 二是对破产停牌时间进行了限制。上市公司董事会或者管理人认为确有需要的,可以向上海证券交易所申请股票及其衍生品种停牌,停牌时间原则上不超过2个交易日,确有必要的,可以延期至5个交易日。[③] 三是对于"重整投资人"的介入明确了要求。如要求重整投资人受让上市公司资本公积转增股份的,相关受让股份价格定价应当合理、公允,低于上市公司股票在投资协议签署当日收盘价80%的,应当聘请财务顾问出具专项意见并予以披露。重整投资人取得上市公司股份后成为控股股东、实际控制人的,应当承诺在取得股份之日起36个月内不转让或者委托他人管理其直接和间接持有的股份,其他重整投资人应当承诺12个月内不转让或者委托他人管理其直接和间接持有的股份。[④]

注册制与上述相关规则的实施,对微观层面的操作产生影响。如在破产重整中如何平衡股东、债权人、重整投资人利益以保住上市公司营运价值,破产实务界对于股票转增、分配、定价出现了种种做法,这些做法也引起了较大争议。比如,市场常见的通过资本公积转增股本引入重整投资人的股票定价以及对债权人以股抵债的股票定价,不仅对公司后续经营产生影响,也引发了相关诉讼。下文中,笔者对此逐一分析讨论。

---

① 参见《关于发布〈上海证券交易所上市公司自律监管指引第13号——破产重整等事项〉的通知》,载上海证券交易所官网2022年3月31日,http://www.sse.com.cn/lawandrules/sselawsrules/stocks/mainipo/c/c_20230209_5715995.shtml。

② 参见《上海证券交易所破产指引》第19条第1款。

③ 参见《上海证券交易所破产指引》第7条第1款。

④ 参见《上海证券交易所破产指引》第28条、第46条。

二、资本公积转增股本定价的争议

(一)破产重整中资本公积转增模式的兴起

重整制度的目标在于积极拯救困境公司,以维持公司营运价值,而非出售公司资产清偿债权人,这是清算制度与重整制度根本之区别。启动重整的公司,大多数情况下,债权人、原股东需要作出一定的让步,才能引入"白衣骑士",包括战略投资人以及财务投资人。在这个过程当中,原股东也就是出资人的权益调整,成为一种合理的选择以及市场常态。

从目前上市公司破产重整的实践来看,出资人权益调整的方式主要包括股权让渡、资本公积转增股本、减资缩股等。根据统计数据,自2007年《中华人民共和国企业破产法》(以下简称《企业破产法》)实施至2017年,全国范围内51家上市公司重整,其中44家上市公司进行了出资人权益调整。在44家上市公司当中,有31家采用无偿让步方式。采用资本公积转增股票的有18家,占比约为41%。[①] 但在初始阶段,转增股票这一模式并未被实务界采用,2018年以后,采用资本公积转增股本的模式大量增加,成为一种相对主流的模式。大多数重整案件中的上市公司将转增股份分配给债权人或用于引入重整投资人,也有少数上市公司将部分转增股份分配给原股东。[②] 资本公积转增股份给债权人主要是为了清偿债权,即"债转股"或"以股抵债"。

根据2018年《中华人民共和国公司法》(以下简称《公司法》)的规定,资本公积主要包括资本或股本溢价、处置公司资产所得、资产重估增值、接受捐赠、拨款转入等。[③] 同时,2018年《公司法》第168条第1款也对资本公积的使用作出了限制规定:"公司的公积金用于弥补公司的亏损、扩大公司生产经营或者转为增加公司资本。但是,资本公积金不得用于弥补公司的亏损。"[④]资本公

---

① 参见曹文兵:《上市公司重整中出资人权益调整的检视与完善——基于51家上市公司破产重整案件的实证分析》,载《法律适用》2018年第17期。

② 2020年,银亿股份和安通控股的转增股份对象包含了原股东。

③ 2018年《公司法》第167条规定:"股份有限公司以超过股票票面金额的发行价格发行股份所得的溢价款以及国务院财政部门规定列入资本公积金的其他收入,应当列为公司资本公积金。"

④ 2023年新修订公司法解除了资本公积金弥补亏损的限制,但并不影响资本公积金转增股本。

积转增股份用于引入重整投资人,主要是指投资人在支付相应对价后受让股权,投资人通常可以以较低的价格获得股份,并获得目标公司的控制权。正如学者评价,由于环节设计精巧,协商与执行成本较低等,转增模式很快便赢得了诸多重整债务人的青睐,成为上市公司重整中普遍采纳的用于改善公司资产负债情况的重要手段。① 笔者标明了资本公积在所有者权益中的列明方式以及转增股本后的多项用途(见图1),以便读者一目了然地了解"转增模式"。

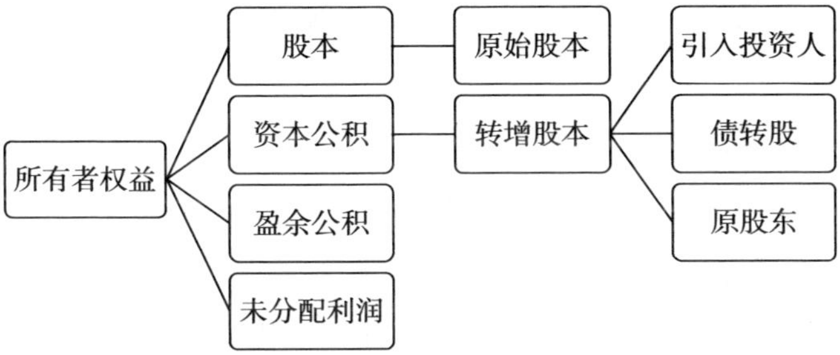

图1　上市公司所有者权益

(二)资本公积转增股票定价的实务样本与争议

资本公积转增股本之后,就会引发相应股票数量的增加,以及新增股票的分配。如分配给战略投资人或财务投资人,此时涉及定价以及后续除权计算问题。以2022年为例,共11家上市公司被裁定批准重整计划并终结重整程序,分别是＊ST尤某、＊ST安某、＊ST星某、＊ST天某、＊ST博某、＊ST中某、＊ST瑞某、＊ST恒某、＊ST方某、＊ST海某、＊ST雪某。② 对此笔者选取一些案例作为观察样本。

在＊ST天某的重整计划中,③按每10股转增约6.3股的比例实施资本公积转增股票,共计转增约76,520万股股票。转增完成后,＊ST天某的总股本由121,461万股增至197,981万股。前述转增股票不向原股东分配,分

① 参见张欣然:《重整中资本公积转增股本模式分析》,载《金融法苑》2023年第1期。

② 参见高美丽、刘纾含、黄亚楠、吴琼:《上市公司重整2022年度观察》,载微信公众号"破产法实务"2023年1月3日,https://mp.weixin.qq.com/s/brs9RhBoqtL5YPGE31_phg。

③ 参见《天马轴承集团股份有限公司重整计划》,载巨潮资讯网,http://www.cninfo.com.cn/new/disclosure/detail?plate=szse&orgId=9900002421&stockCode=002122&announcementId=1215289001&announcementTime=2022-12-07。

配如下:34,590万股分配给 * ST 天某的债权人用于清偿债务;41,930万股由重整投资人有条件受让。重整投资人合计支付的重整投资款为人民币4.193亿元。重整投资人受让41,930万股转增股票的条件是提供4.193亿元资金用于支付重整费用、清偿债务、补充公司流动资金;承诺12个月内不减持;利用其自身优势为上市公司提供产业资源和金融服务等支持,并按照重整计划中经营方案的规定,全面履行相应的义务,提升上市公司质量。按照重整计划,重整投资人取得的每股价格为1元,低于重整投资协议签署日公司股票收盘价的80%。

关于转增数量: * ST 雪某①每10股转增4.6股, * ST 瑞某②每10股转增15股,其余上市公司转增比例在每10股转增4~15股。③

关于转增股票给投资人的价格,2022年多起案例中重整投资人受让公司股票的价格低于重整投资协议签署日公司股票收盘价格的80%(见表1)。④

表1　重整投资人受让转增股票价格

公司名称	重整投资人受让转增股票价格
* ST 海某	产业投资人:2.14元/股; 财务投资人:3.3元/股
* ST 天某	重整投资人(财务投资人):1.00元/股
* ST 博某[1]	与重整投资人签署重整投资协议:3.00元/股; 与重整投资人之一签署补充重整投资协议,受让公司股票价格调整为3.07元/股

〔1〕参见《博天环境集团股份有限公司重整计划》,载巨潮资讯网,http://www.cninfo.com.cn/new/disclosure/detail? orgId = 9900028820&announcementId = 1215305967&announcementTime = 2022 - 12 - 09。

① 参见《广东雪莱特光电科技股份有限公司重整计划》,载巨潮资讯网,http://www.cninfo.com.cn/new/disclosure/detail? plate = szse&orgId = 9900001102&stockCode = 002076&announcementId = 1215267375&announcementTime = 2022 - 12 - 03。

② 参见《哈尔滨奥瑞德光电技术有限公司重整计划》,载巨潮资讯网,http://www.cninfo.com.cn/new/disclosure/detail? plate = sse&orgId = gssh0600666&stockCode = 600666&announcementId = 1215496111&announcementTime = 2022 - 12 - 31。

③ 参见申林平、吴少卿、胡玉斐:《中国上市公司破产重整2022年度报告》,载锦天城网站2023年1月5日,https://www.allbrightlaw.com/CN/10475/a3e97be79e8db425.aspx。

④ 参见申林平:《上市公司破产重整月报(2022年11月)》,载微信公众号“破产法快讯”2022年12月1日,http://mp.weixin.qq.com/s/UwTc-JMssXxju7kF5rrgSg。

也有的案例中，股票定价与市场价挂钩。比如在＊ST雪某重整中，重整投资人以1.20元/股受让股票，该价格系按照重整投资框架协议签署日前20个交易日公司股票的收盘均价1.50元/股的8折确定的。①

观察2022年的重整案例，资本公积转增的股票比例，并无统一的做法，重整投资人受让所得的股票，定价也无统一的公式。这些情况，也引发了相关的质疑，如有观点就认为这种定价侵害了上市公司中小投资者的权益。②这是因为2022年3月31日上海证券交易所发布了《上海证券交易所破产指引》，专门针对资本公积转增股本作出了相应的规定。③ 其中，第28条规定："重整投资协议涉及重整投资人受让上市公司资本公积转增股份的，相关受让股份价格定价应当合理、公允，不得损害中小投资者利益。相关受让股份价格低于上市公司股票在投资协议签署当日（遇到非交易日的，则以签署日前一个交易日为基准日）收盘价80%的，上市公司或者管理人应当聘请财务顾问出具专项意见并予以披露。"除此之外，对于权益调整之后的除权，该指引第39条第2款规定："上市公司拟调整除权（息）参考价格计算公式的，应当结合重整投资人支付对价、转增股份、债务清偿等情况，明确说明调整理由和规则依据，并聘请财务顾问就调整的合规性、合理性及除权（息）参考价格计算结果的适当性发表明确意见。如权益调整方案约定的转增股份价格高于上市公司股票价格的，可以不对上市公司股票作除权（息）处理。"

（三）转增股份定价的会计争议与法律隐情

根据上文的样本，投资人受让股份价格低于上市公司股票在投资协议签署当日收盘价80%的，表面上看，似乎存在大量侵害中小投资者权益的行为。这里面，既有会计争议，又有法律实务的特殊需求。

---

① 参见《广东雪莱特光电科技股份有限公司重整计划》，载巨潮资讯网，http://www.cninfo.com.cn/new/disclosure/detail? plate = szse&orgId = 9900001102&stockCode = 002076&announcementId = 1215267375&announcementTime = 2022 - 12 - 03。

② 参见《警惕上市公司重整定价侵害中小股东合法权益》，载证券日报网，https://finance.sina.com.cn/roll/2021 - 12 - 18/doc-ikyakumx4836938.shtml。

③ 深圳证券交易所亦出台了相类似的指引。因篇幅所限，不再展开分析。

1.资本公积转增的会计视角:资本公积科目及意义

在会计学上,公司所有者权益(股东权益)来源于两个方面,一是公司经营过程中赚到的钱,系每年的收益逐渐累积下来的;二是股东投入的资本,包括现金、实物资产、无形资产等。所有者权益类科目通常包括四个科目:股本(实收资本)、资本公积、盈余公积和未分配利润。为了方便理解,笔者以一家上市公司的报表数据为例子(见表2)。

表2 某上市公司股东权益报表数据

股东权益:			
股本	六.35	674,279,488.00	674,279,488.00
其他权益工具			
资本公积	六.36	2,345,054,968.46	2,353,756,369.58
减:库存股			
其他综合收益	六.37	-4,211,511.29	-2,145,997.28
专项储备			
盈余公积	六.38	53,903,805.55	53,903,805.55
未分配利润	六.39	-2,377,716,769.68	-1,690,731,037.49
归属于母公司股东权益合计		691,309,981.04	1,389,062,628.36
少数股东权益		18,602,523.77	49,699,582.16
股东权益合计		709,912,504.81	1,438,762,210.52
负债和股东权益总计		4,098,239,282.92	6,012,640,299.18

在表2中,可以看到股本与资本公积是清晰的分别界定的。股本和资本公积这两个科目,代表着股东投入的资本,而不是公司通过经营赚到的钱。而盈余公积和未分配利润这两个科目,则是公司经营过程中赚到的钱,通过实现利润累积下来的。尽管这些都是所有者权益中的科目,但其来源与会计对待有所不同。

资本公积金来源于企业经营之外,由于法定注册资本制度的规定而无法以资本的名义出现,其中大部分是股东的投资,具有资本的属性,与企业经营所得的收益无关。因此用资本公积金来弥补公司亏损会模糊资本与收益的界限,其结果是无法正常反映企业的真实经营业绩。因此,根据2018年《公司法》的规定,资本公积金不得用于弥补公司的亏损,其目的就在于此,避免投资人无法判断公司的真实经营状况。但由于形势变化,公司需要多方弥补亏损用于提升业绩、对外分红、缴纳税收,2023 年《公司法》对资本公积弥补亏损的规则进行了修改,在第 214 条第 1 款、第 2 款规定:"公司的公积金用于弥补公司的亏损、扩大公司生产经营或者转为增加公司注册资本。公积金弥补公司亏损,应当先使用任意公积金和法定公积金;仍不能弥补的,可以按照规定使用资本公积金。"也就是说,允许在限定条件下用于弥补亏损。

由于公司法允许资本公积转增股本,对于正常经营、所有者权益为正的公司,股票数量增加,而所有者权益并无变化,会引发除权操作,股票价格下跌。因为股本的变化并不代表外来资源的增加或者公司经营的突然好转,在会计意义上并不会带来所有者权益的变化。对于专业投资人而言,这就是一个数字游戏,但对于证券市场的交易而言,因为每股股票价格变低,会带来一些投资人心理上的变化,如认为较低价格的股票上涨空间更大,从而较低价格的股票受到追捧。

在上市公司破产重整程序中,重整的启动要求与清算有所不同。《企业破产法》第 2 条规定:"企业法人不能清偿到期债务,并且资产不足以清偿全部债务或者明显缺乏清偿能力的,依照本法规定清理债务。企业法人有前款规定情形,或者有明显丧失清偿能力可能的,可以依照本法规定进行重整。"也就是说,只要有明显丧失清偿能力可能性,就可以启动破产重整程序。但实务中,绝大部分进入破产重整程序的上市公司,并非一种"可能性",而是已经符合其他条件,如资产负债表中的所有者权益为负,其实已经符合破产清算条件,并非会计意义上与其他进入破产程序的公司有所不同,而只是因为这些企业还有挽救的希望,或者因为对上市公司所在地营商环境、就业压力的考虑,而启动重整程序。

在这种资不抵债,即所有者权益为负的情况下,上市公司虽然账面上还保留着巨额正数的股本和资本公积项目,但实际上并无任何意义,因为只能反映历史情况,而不能反映现状,更不能代表未来。当然,在某些情况下,资不抵债是一个很难确定的标准,如有的无形资产价值可能无法准确反映在资产负债表上。真正有价值的,往往是上市公司这一身份,尽管在注册制时代

"壳价值"已经大大缩水,但这种价值,很难在评估报告中直接体现,因为"壳价值"的背后是行政许可,在破产重整程序中有巨大的不确定性。

因此,笔者认为,所谓的资本公积转增股本,只是一种借助公司法条文的财务操作手法,并无过多实际意义。这种做法并不影响所有者权益,因此转股的时候,资本公积这一科目中数额的多少,与转增比例并无太大关系。比如上述样本案例当中,上市公司转增比例在每10股转增4~15股,并无证据表明与原先的资本公积数额相关。相反,笔者认为,转增比例更多的是与如何缩减原股东权益、引入投资人相关。这则是下一个需要思考的问题。

2. 资本公积转增的法律隐情:出资人权益调整的中国实践

资本公积转增股本模式的流行,有其法律隐情,而这与出资人权益调整的中国实践密切相关。根据破产法的理论与实践,重整中不仅可以调整债权人的权利(如减少清偿、延期清偿),还可以调整股东的权利。股东权益的调整目前已经成为上市公司重整中的普遍现象。在许多上市公司重整案件中,公司已经资不抵债,股东权益已经为负值。针对这种情况,有观点认为,在上市公司的资产不足以清偿债务人的情况下,重整计划对股东权益的调整是必须和应当的,具有法律的强制性。也有观点认为,在重整程序中对股东权益的削减应当经过股东的意思自治,因为至少"壳资源"还有一定的价值,[①]股东亦应享有。笔者认为,应优先考虑债权人的利益,这是基于公司股债区分的基本法律原理。如果打破这一规则,则公司融资中股债的区分将被模糊化。因此,在债务人资不抵债尤其是严重资不抵债的情况下,即便上市公司"壳资源"存在一定的价值,亦应归于债权人所有,而与原有股东关系不大。

但是,中国国情的特殊性,决定了许多理论并非直接照搬运用。在国际通行的破产重整实践中,公司破产时股东几乎没有什么权利。例如,根据美国证券交易委员会官方网站关于公司破产程序对投资人的介绍,在绝大多数情况下,破产重整计划将剥夺原有的股东权益。[②] 又如,在美国通用公司的重整计划草案中,原有股东的股权完全被剥夺。在个别的情况下,会给股东保

---

① 参见赵柯:《上市公司重整中的股东权益调整问题研究》,载最高人民法院民事审判第二庭编:《民商事审判指导》2009年第2辑(总第18辑),人民法院出版社2009年版。

② 参见SEC官方网站,http://www.sec.gov/investor/pubs/bankrupt.htm。

留名义上的极少部分股权,不超过5%。但在中国的破产重整实践中,往往给股东保留了相对较多的权利,因此有时候得牺牲债权人的利益保护。因为中小投资者众多(维稳成本更高)、债权人相对较少,并且由于上市公司监管方面存在的种种不足,控股股东经常出现违法行为而得不到有效制止,如果在破产重整中完全剥夺中小股东权益,则容易引发中小股东对监管部门的质疑。

因此,适当调整出资人权益,而不是全部剥夺,是中国破产重整程序的通常做法。以往的实践中,经常采用的是出资人让渡股票的做法,剥夺原出资人的股票给重整投资人与债权人,重整上市公司根据个案情况让渡比例有所不同,在考虑具体控股股东过错的情况下,控股股东与中小股东让渡比例会有所不同。在重整方案中写明需要让渡的比例,并经由出资人会议表决通过,[①]然后在证券交易所办理让渡过户手续。但是,这种方式在实务中相对麻烦,如即便采取了网络投票方式,出席会议的出资人人数也不多,或者出资人不同意方案,而需要法院强行裁定通过重整计划草案。为了通过重整计划草案,在早期的"郑某文"案中,甚至采取了"默示同意"的表决原则,备受诟病。[②] 即便顺利通过,在后续办理过户手续后,中小股东证券账户中的股票数量会变少,不关心上市公司公告、不参与表决过程、不理解破产法理论的中小股东,在发现股票数量变少时,会不断向交易所、监管部门、破产法院提出抗议与质疑,形成舆论压力。在这种情况下,资本公积转增股本的方式应运而生。在转增的股票不分配给原股东并正常除权的情况下,这种做法相当于剥夺了股票实现调整出资人权益之效果。如每10股转增10股,相当于将原出资人权益调整为50%。而这种做法,表面上股票数量并不减少,也不会去交易所强制过户股票。因为转增的股票往往由破产管理人代持,并由此分配给重整投资人以及债权人。

由此可见,资本公积转增股本只是表象,实质意义在于出资人权益调整。

---

① 《企业破产法》第85条规定:"债务人的出资人代表可以列席讨论重整计划草案的债权人会议。重整计划草案涉及出资人权益调整事项的,应当设出资人组,对该事项进行表决。"

② 参见韩长印、康伟:《"郑百文"重组的破产法分析》,载《河南大学学报(社会科学版)》2002年第6期。

在调整之后,需要作除权处理。但无论是正常除权还是根据交易所破产指引作特殊对待,除权之后由于股票还在不断交易,市场总归会通过其价值发现功能确定股价。在做重整计划草案时,尽管可以进行各种事先计算,但市场交易出来的价格,不可预测。因此,笔者认为,在这种情况下,既要适当地调整出资人权益,确定合适的转增比例,又要对重整投资人投入的资源通过让渡股票合理定价,还要以股抵债去满足债权人,几乎不可能实现。因此,破产管理人与重整投资人约定的价格,是基于各种现实考虑的安排,但不见得能实现《上海证券交易所破产指引》要求的80%定价标准。

3. 资本公积转增定价不宜简单套用定向增发规则

上文提及,资本公积转增的方案减少与中小股东的直接冲突,但却不易满足80%的价格要求。由此,引发了80%规则合理性的问题。笔者无从了解该规则制定的过程与意图,但注意到中国证监会2023年公布的《上市公司证券发行注册管理办法》第56条规定:"上市公司向特定对象发行股票,发行价格应当不低于定价基准日前二十个交易日公司股票均价的百分之八十。前款所称'定价基准日',是指计算发行底价的基准日。"应当说,上述规定针对向特定对象再融资的定向增发行为,与上市公司破产重整中重整投资人投入资源并受让股票可以说是"异曲同工",有许多相似之处。因此,笔者以为《上海证券交易所破产指引》中的80%规则,属于定向增发规则的直接套用。

对于定向增发,中国证监会于2020年2月14日修改了一系列再融资的规则,[①]以支持上市公司引入战略投资人。其中,调整了定向增发股票定价和锁定机制,可以三选一择取基准日,将发行价格由不得低于定价基准日前20个交易日公司股票均价的9折改为8折;将锁定期由36个月和12个月分别缩短至18个月和6个月,且不适用减持规则的相关限制。虽然这些规则被2023年《上市公司证券发行注册管理办法》所取代,但可以看出其演变脉络。笔者认为,从相应规则可以看出,定向增发会带来新的资源,会提高每股净资

---

① 中国证监会《关于修改〈创业板上市公司证券发行管理暂行办法〉的决定》(中国证券监督管理委员会令第164号);中国证监会《关于修改〈上市公司非公开发行股票实施细则〉的决定》(中国证券监督管理委员会公告〔2020〕11号);《发行监管问答——关于引导规范上市公司融资行为的监管要求》(中国证券监督管理委员会2018年11月9日修订发布)。

产["每股净资产 = 净资产/股本总数 = (原每股净资产 × 原股本 + 定增价格 × 增发股本)/(原股本 + 增发股本)"],因此必须以原股价为基础(原股价包含了市场对净资产的判断),但由于有相应的锁定期,又必须考虑流动性折扣,定价会采取折扣做法。又由于市场波动定增投资人容易亏损,为增加定向增发的吸引力,定价规则从原先的 90% 折扣下降为 80%。

上市公司破产重整引入重整投资人,虽然也是引入一定的资源,但与定向增发有所不同。首先,正如前文所述,进入重整的上市公司往往资不抵债,在这种情况下,净资产为负值,考虑净资产意义并不大,因为能否保持营运价值才是重中之重。其次,重整投资人有所区分,财务投资人带来的主要是金钱资源,而战略投资人不限于此,还往往利用自身优势为上市公司提供产业资源和金融服务支持,①这种特殊支持,是重整获得表决通过、保持营运价值的信心所在。非金钱资源很难直接套用定增公式计算净资产的变化,而且战略投资人进入后基本表明控股股东易主,此时就不再视为定向增发。最后,在定向增发中,上市公司向特定对象发行股票将导致上市公司控制权发生变化的,还应当符合中国证监会的其他规定,②此时已经构成了上市公司的并购重组。因此,定向增发会尽量避免触发此类情形。上市公司重整则大不相同,实务中会考虑原控股股东过错而大比例甚至全部剥夺其股权而将其清除出场,即绝大多数发生了控制权的变更,上市公司可以依照《上市公司收购管理办法》第 62 条的规定,③要求中国证监会豁免要约收购义务。

从上述比较可以看出,定向增发与重整挽救上市公司的理论与实务有所不同,因此不宜直接套用 80% 规则。笔者认为,定向增发的价格是"算"出来的,考虑净资产等数据,而重整转增的价格是"谈"出来的,由重整各方谈判确定,并经债权人、出资人表决、法院批准而通过,很难公开解释定价的合理性

---

① 参见《天马轴承集团股份有限公司重整计划》,载巨潮资讯网,http://www.cninfo.com.cn/new/disclosure/detail? plate = szse&orgId = 9900002421&stockCode = 002122&announcementId = 1215289001&announcementTime = 2022 - 12 - 07。

② 参见《上市公司证券发行注册管理办法》第 87 条。

③ 《上市公司收购管理办法》第 62 条第 2 项规定:"有下列情形之一的,收购人可以免于以要约方式增持股份……(二)上市公司面临严重财务困难,收购人提出的挽救公司的重组方案取得该公司股东大会批准,且收购人承诺 3 年内不转让其在该公司中所拥有的权益……"

基础,其合理性基础应该是股东与债权人、重整投资人之间的博弈与平衡。

这也可以在券商针对资本公积转增价格的相关专项意见中找到印证。如在＊ST博某的案例中,几位重整投资人受让股票价格与补充协议签署当日收盘价的比例分别为43.54%、59.96%。对此,中信建投证券出具的专项意见①针对"重整投资人受让股票价格的合理性与公允性"提出了六大理由:(1)重整投资人面临较大风险;(2)重整投资人提供各项资源;(3)本次资本公积转增股票的受让价格系通过市场化机制形成;(4)重整计划尚须履行法律程序批准后予以实施,债权人、股东表决通过是重整计划实施的前提;(5)与同类重整案例相比具备合理性;(6)引入重整投资人有利于维护中小股东权益。在＊ST雪某重整的专项意见中,理由类似。② 与此同时,券商在专项意见中,还专门提及2021年以来,重整计划已被法院裁定批准的上市公司重整案例,重整投资人平均对价与投资协议签署当日收盘价的比例普遍在80%以下。如中信建投证券的专项意见中,专门列明下列数据(见表3)。

表3　各上市公司重整计划的受让价格与收盘价格

证券代码	证券简称	投资协议签署日	投资协议签署日收盘价/(元/股)	重整投资人平均受让价格/(元/股)	受让价格/收盘价/%
600225. SH	天津松某	2021年10月21日	2.90	1.00	34.48
002323. SZ	雅某股份	2021年9月10日	4.23	1.00	23.64
600518. SH	ST康某	2021年12月14日	4.58	1.57	34.24
000980. SZ	ST众某	2021年9月30日	6.43	0.99	15.34
002175. SZ	东某网络	2021年7月22日	3.47	0.60	17.29
300071. SZ	福某控股	2021年11月15日	2.53	1.10	43.48

① 参见《中信建投证券股份有限公司关于重整投资人受让博天环境集团股份有限公司资本公积转增股份价格的专项意见》,载巨潮资讯网,http://www.cninfo.com.cn/new/disclosure/detail?plate=sse&orgId=9900028820&stockCode=603603&announcementId=1215222428&announcementTime=2022-11-29。

② 参见《中信证券股份有限公司关于广东雪莱特光电科技股份有限公司重整投资人受让资本公积转增股份价格的专项意见》,载巨潮资讯网,http://www.cninfo.com.cn/new/disclosure/detail?plate=szse&orgId=9900001102&stockCode=002076&announcementId=1215186298&announcementTime=2022-11-24。

续表

证券代码	证券简称	投资协议签署日	投资协议签署日收盘价/(元/股)	重整投资人平均受让价格/(元/股)	受让价格/收盘价/%
002072. SZ	*ST 凯某	2021 年 12 月 6 日	7.22	0.50	6.93
300278. SZ	华某某	2021 年 12 月 1 日	4.67	1.20	25.70
002321. SZ	ST 华某	2021 年 12 月 23 日	3.59	0.62	17.27
600734. SH	ST 实某	2021 年 12 月 6 日	3.64	0.58	15.89
002766. SZ	索某股份	2021 年 12 月 15 日	6.93	2.45	35.35
002356. SZ	赫某集团	2021 年 11 月 29 日	4.32	1.00	23.15
300256. SZ	*ST 星某	2022 年 7 月 10 日	3.01	0.91	30.23
600601. SH	*ST 方某	2022 年 10 月 28 日	2.34	1.54	65.81

综上，笔者认为，资本公积转增股票的定价问题，80%规则并非一个合理的规则，因为市场普遍做不到。低于 80%，亦不代表侵犯了中小投资者的权益。

三、债转股定价与实际清偿率不符引发的争议

（一）重整债转股中脱离市价的强行定价引发诉讼

上市公司破产程序中债转股属于常用手段，又称以股抵债。但是抵债的价格，却经常成为争议的焦点。因为债权人得到现金清偿的比例很低，实际清偿所得必须依赖于股票的价格。基于各种原因，为了强行实现高比例清偿的目的，重整方案中确定的股票的抵债价格与市场交易价格在很多情况下偏离较大。这种情况引发了诉讼，涉及相关连带责任人的责任认定。以下是一起典型案件。

2019 年 9 月 5 日，上海金融法院裁定受理庞某汽贸集团股份有限公司（以下简称庞某公司）重整一案，原告某银行作为电子票据的持票人享有票据债权 400 万元（庞某公司为出票人）。2019 年 12 月 9 日，庞某公司重整计划草案获得第二次债权人会议各表决组通过，随后法院批准。根据重整计划，原告可获偿现金 50 万元，另 350 万元债权按 5.98 元/股的价格，在重整计划

执行期限内以庞某公司资本公积转增股票的方式清偿,原告债权清偿比例为100%。重整计划同时明确,债权人应当自债权人会议表决重整计划之日起5日内,即2019年12月14日前,提供受领偿债现金及股票的账户。债权经法院裁定确认后的债权人未按照上述规定受领的,应向其分配的资金和股票将提存至管理人指定的账户。提存后重整计划视为执行完毕。2019年12月30日,上海金融法院作出民事裁定书,裁定确认庞某公司重整计划执行完毕。2020年7月22日,管理人出具关于某银行债权受偿情况的说明,载明原告债权清偿比例为100%,其中现金受偿金额50万元、股票受偿数量585,285股,原告未向管理人或庞某公司提供用于接收偿债现金及股票的指定账户信息,上述现金及股票已分别于2019年12月23日、27日提存至管理人账户和管理人指定的证券账户。此后,原告并未受领提存的现金及股票,并将涉案票据上的其他义务人(贴现人、票据前手、票据保证人)作为被告诉至法院,要求行使票据追索权,主张各被告连带支付剩余票款400万元及相应利息。[①]

上述票据案件引发了许多法律问题,如电子票据能否拆分追索问题,管理人提存的性质认定,债权人能否拒绝受领,票据利息在破产程序中如何计息等。但最核心、最关键的法律问题是,债权人能否在接受以股抵债之后再向其他连带债务人追索。《企业破产法》第124条规定,破产人的保证人和其他连带债务人,在破产程序终结后,对债权人依照破产清算程序未受清偿的债权,依法继续承担清偿责任。

对于担保人的责任,《最高人民法院关于适用〈中华人民共和国民法典〉有关担保制度的解释》进一步明确了相关责任。该解释第22条规定:"人民法院受理债务人破产案件后,债权人请求担保人承担担保责任,担保人主张担保债务自人民法院受理破产申请之日起停止计息的,人民法院对担保人的主张应予支持。"第23条规定:"人民法院受理债务人破产案件,债权人在破产程序中申报债权后又向人民法院提起诉讼,请求担保人承担担保责任的,人民法院依法予以支持……债权人在债务人破产程序中未获全部清偿,请求担保人继续承担担保责任的,人民法院应予支持;担保人承担担保责任后,向

① 参见上海金融法院民事判决书,(2022)沪74民初3257号。

和解协议或者重整计划执行完毕后的债务人追偿的,人民法院不予支持。"

该案票据权利义务当中,虽然并没有担保人的概念,但连带责任人并不限于担保人。票据的持有人,依据票据法有权向其他连带责任人(如承兑人、背书人、贴现人等)进行追索,主张未受清偿部分的债权。但需要解决的前提问题是,未获得清偿才视为债权存在,如果已经全额清偿,权利人将会失去追索的权利。如果破产重整方案写清楚了抵债的价格而不仅仅是股票数量,并写明了"债权清偿比例为100%",在此情况下,是否应认定为债权已经获得全额清偿,而失去了追索的权利?目前,不少重整方案采用了这种表述。例如,*ST 海某的重整方案:[①]20 万元以下(含 20 万元)的债权部分,在重整计划执行期间以现金方式清偿;超过 20 万元的债权部分,按照 14.00 元/股的抵债价格获得相应数量的转增股票,即每 100 元普通债权分得约 7.14 股*ST海某股票,该部分债权视为100%清偿。又如,*ST 天某的重整方案:[②]5 万元以下(含 5 万元)的债权部分,在重整计划获得法院裁定批准之日起 15 个工作日内依法以现金方式一次性清偿完毕;超过 5 万元的债权部分,以股票方式清偿,即每 100 元普通债权分得约 11.20 股*ST 天某股票,该部分普通债权的清偿比例为 100%。这种情况引发的争议较大。

在该案中,重整计划并未明确该股票抵债价格系基于专业评估机构评估而得的股票价格,而很有可能是破产管理人希望了解后续相关债务、破解担保链条而采取的作价方案,具体确定价格以实现 100% 清偿倒推而来。[③] 但对于债权人而言,以此实际清偿是不可能的。观察庞某公司的股价可以发现:(1)上海金融法院裁定批准重整计划之日(2019 年 12 月 9 日),收盘价为 1.39 元/股。(2)原告可获抵债股票提存后的首个交易日(2019 年 12 月 30 日)收盘价为 1.38 元/股。(3)2019 年 12 月 9 日至票据案件审理时,该股票

---

① 参见《台海玛努尔核电设备股份有限公司重整计划》,载巨潮资讯网,http://www.cninfo.com.cn/new/disclosure/detail?plate=szse&orgId=9900010927&stockCode=002366&announcementId=1215233228&announcementTime=2022-11-30。

② 参见《天马轴承集团股份有限公司重整计划》,载巨潮资讯网,http://www.cninfo.com.cn/new/disclosure/detail?plate=szse&orgId=9900002421&stockCode=002122&announcementId=1215289001&announcementTime=2022-12-07。

③ 许多情况下,管理人报酬的计算也会与清偿比例挂钩,引发一定的利益冲突。

的日收盘价最高为2.03元/股。笔者整理了庞某公司的股票走势图(见图2),可见如果根据实际交易价格,接受以股抵债的债权人,无论如何也无法以5.98元/股的股价变现。

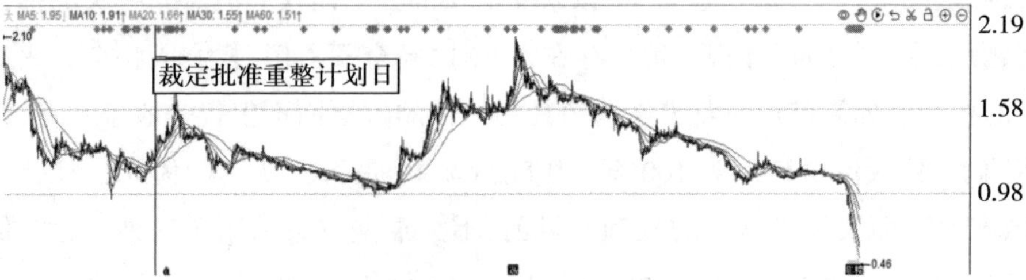

图2　庞某公司股票走势

(二)重整集体行动机制压迫导致的债转股定价偏离

股与债的性质不同,债转为股之后,原先的债权人成为股东,无法追索债务,因此产生了从实体上消灭债权的法律效果。至于原债权的担保权人,由于民法认定担保债权的从属性,当主债权消灭时,担保权将同时消灭。因此,在通常情况下,根据民法上的代物清偿理论,债转股如果是基于双方的真实意思表示,上述逻辑推演并无不妥,但在破产重整程序中,由于集体行动机制的压迫以及制度实施中的缺陷,这一逻辑会出现问题,原因如下。

1.进入破产重整程序,债务人企业往往资不抵债或者有丧失清偿能力的可能性,这一基础条件决定了债权人不太可能获得全额清偿,最多仅在重整方案中对部分小额债权人全额清偿。即便是引入了“白衣骑士”即新的战略投资人,也不见得立刻就能全额清偿,因为股票的定价不仅依赖于企业的现有资产状况,也依赖于战略投资人带来的新资产以及经营管理能力。因此,这种依赖于将来情况而作出的股票定价以及写明的“全额清偿”,也只能是一种推定。

2.重整程序包含集体行动机制,债权人团体根据债务人企业的清算价值,结合重整计划草案的安排,权衡利弊后集体表决,其并非寄希望于全额清偿,即通过债转股实现物有所值,等价交换,而是“两害相权取其轻”,获得比清算程序更高的回报，这是重整制度的核心要义。在表决时，存在集体压迫性，①根据《企业破产法》第 84 条的规定，出席会议的同一表决组的债权人过半数同意重整计划草案，并且其所代表的债权额占该组债权总额的 2/3 以上的，即为该组通过重整计划草案。因此，许多不同意这种清偿方案的债权人，只能被动跟随被表决通过的方案接受清偿。此外，法院在必要情况下可以强行裁定通过重整方案，②债权人不同意但法院强行裁定通过的情形并非罕见。

3. 上市公司作为各地政府的重要税收对象以及经济来源，在重整成功方面具有较大的迫切性，因此虽然破产重整是一个司法程序，但提倡"府院联动"安排。当中的一些措施以及手段，具有一定的非市场性，相关的金融机构基于各种原因会配合表决通过重整方案，但由于集体行动机制的存在，即便有些债权人不同意债转股方案，或者具体的转股价，也必须遵守重整方案的规定。这完全不同于企业正常状态下双方自愿协商的债转股以及股票定价。

对于这个问题，最高人民法院在一件再审案件的裁判要旨中提出：部分不同意的债权人也要受重整计划约束，如其债权设有保证担保，在他们不同意重整计划的情况下将债务人的保证人和其他连带债务人的责任也随之减免，不尽合理。《企业破产法》第 92 条第 3 款规定，"债权人对债务人的保证人和其他连带债务人所享有的权利，不受重整计划的影响"，即不因重整计划中对债权人的债权数额、清偿条件的调整而受到影响，仍应按照原有数额和条件进行清偿，重整计划的效力不及于债务人的保证人和其他连带债务人，其不能以重整计划来对抗债权人的权利主张。③

当然，上述案件针对的是一个未表决同意重整计划的债权人，如果是表决同意的债权人，是否视为已经全额清偿，也仍存在争议。这种争议也反映在法官会议纪要当中，但也引起了最高人民法院相关领导的重视，如有文章写道："'法官会议纪要'是法官按照一定程序讨论后对某一法律适用问题形成的多数意见，尽管具有很强的参考价值，但不具有强制适用效力。尤其是

---

① 《企业破产法》第 84 条第 2 款规定："出席会议的同一表决组的债权人过半数同意重整计划草案，并且其所代表的债权额占该组债权总额的三分之二以上的，即为该组通过重整计划草案。"

② 参见《企业破产法》第 87 条。

③ 参见许昌恒某某制品股份有限公司、赵某栓保证合同纠纷再审审查案，最高人民法院(2020)最高法民申 1676 号民事裁定书。

对于某些争议很大的问题,如债务人破产重整是否意味着债务人已经获得全部清偿、能否继续请求保证人承担担保责任等问题,在这些问题上所形成的纪要仅代表法官会议按照司法责任制要求在一定阶段就个案涉及的法律适用问题所形成的多数意见。该意见若与事后发布的指导性案例、最高人民法院审判委员会讨论案件所形成的最终意见相悖,当然应以后者为准。"①

针对重整方案中的股票定价以及清偿率,最高人民法院二级大法官刘贵祥给出了更确定的观点:"确定担保人责任范围应以债转股实际清偿率为依据。基于前述,担保人的担保责任与重整程序中债权实际清偿率有很大关系。如果在人民法院确认的重整计划方案中,对债转股实际清偿率或股权价格已予以明确,原则上应作为核算担保人责任范围的依据。问题是,实践中破产重整计划中的清偿率并非实际清偿率,而是'股权价值+豁免债务'的所谓清偿率。有时载明的股权价格也非股权的实际价值,而是根据确定的可用于债转股的股权数抵偿需要债转股的债权额,倒推出债转股的价格。这种做法实际上根本没有测算出股权实际价值或债权实际清偿额。担保人如果以此作为不承担担保责任的抗辩依据,债权人实难认可。"②笔者非常赞同这一观点,如果为了强行破除担保链,而扭曲了破产重整制度中清偿率这一概念,强行消除担保债务,虽然似乎解决了眼前的、短期的个案问题,但会引发将来的、长期的系统问题。因为破产上市公司的投资方、交易方、债权人会更缺乏合同与担保预期,反而不敢与任何出现一丁点破产可能性的上市公司进行交易。在失去市场交易机会可能性的情况下,上市公司会更难在市场上存活。这种看不见的成本,要比上市公司破产个案的成本大得多。成功的重整不是简单地以股抵债、债务减免,而是引入重整投资人真正改变重整企业的经营质效,即必须做到脱胎换骨而不是"美容化妆"。如果通过解释清偿率以强行消除担保债务,债权人以及整个市场也会采取相应的行动,如对于曲解法律本意的企业敬而远之。许多貌似重整成功的企业股票价格又会不断下滑而

① 贺小荣:《体系化思维对民事裁判统一性的内在约束——以〈民法典〉适用为视角》,载《中国应用法学》2022年第4期。

② 刘贵祥:《当前民商事审判中几个方面的法律适用问题》,载王利明主编:《判解研究》2022年第2辑(总第100辑),人民法院出版社2023年版。

不得不面临一元面值退市的困境,庞某公司就是一个鲜活的例子。

因此,在以债转股方式清偿债务的情况下,重整计划中所明确的股票价格不应视为清偿价格。在后续追索连带责任人的案件中可根据案件情况予以区别对待。

一是以股票实际交易价格确定。许多上市公司重整中债转股之后,通过停牌限制股票交易的情况成为非常态。如根据《上海证券交易所破产指引》的相关规定,停牌时间已经大大缩短。① 在重整方案通过、股票继续交易的情况下,此时削减债务情况,引入的战略投资人、财务投资人情况,已经为市场所知悉,市场中的交易者会考虑企业发展前景、未来盈利能力等因素,在交易价格中充分反映股权的公允价值。当然,因为股价有波动,某一天的股价不一定能反映企业的真实价值,笔者建议采用证券虚假陈述案件中确定股票价格的规则与方法,采用30日均价来确定清偿的实际价格,②再由此判断连带责任人的清偿范围。应当说,市场交易出来的价格,在排除人为操纵的情况下,是最能反映真实的价格。

二是通过评估的方法确定。上市公司通过股票交易容易确定市场价值,但有的时候由于长时间停牌无法交易。还有一些非上市公司也进入破产重整,无法通过证券市场进行定价。在这种情况下,评估亦是一种次优方法。在一些案件中,破产重整计划已经基于专业评估机构评估而明确债转股的股票实际价值,这可以作为确定实际清偿率的依据,除非利害相关方提供证据证明评估机构对股票价值的评估存在明显错误。如果情况表明重整方案中的股票定价未经评估,而是随意定价,则无法体现债转股的股票实际价值,法院亦可以在其他案件中根据当事人请求委托专业评估机构评估。当然,股票/股权价值评估,有一个评估基准日与评估方法的问题,评估基准日则有重整方案决议通过日或法院确认日、重整计划执行完毕日等。《资产评估基本

---

① 《上海证券交易所破产指引》第6条规定:"上市公司实施预重整、重整、和解、破产清算期间,原则上股票及其衍生品种不停牌,上市公司及有关各方应当切实做好内幕信息保密及内幕交易防控工作,分阶段披露破产事项的进展,并充分提示相关风险。"第7条第1款规定:"上市公司董事会或者管理人认为确有需要的,可以向本所申请股票及其衍生品种停牌,停牌时间原则上不超过2个交易日,确有必要的,可以延期至5个交易日。"

② 参见《最高人民法院关于审理证券市场虚假陈述侵权民事赔偿案件的若干规定》第26条。

准则》第16条规定:“确定资产价值的评估方法包括市场法、收益法和成本法三种基本方法及其衍生方法。资产评估专业人员应当根据评估目的、评估对象、价值类型、资料收集等情况,分析上述三种基本方法的适用性,依法选择评估方法。”笔者认为,评估是带有主观性的,评估过程是基于历史数据对企业未来的估计和判断。任何一种评估方法都是基于一定的理论、数据基础对公司内在价值尽可能地客观估算的过程。尤其是市场法最容易高估企业的价值,因此有时需要结合多种方法来交叉验证,以保障债权人的合法权益。《中华人民共和国资产评估法》第26条第1款对此有明确规定:“评估专业人员应当恰当选择评估方法,除依据评估执业准则只能选择一种评估方法的外,应当选择两种以上评估方法,经综合分析,形成评估结论,编制评估报告。”

综合上述分析判断,上海金融法院对于上述票据案件,认定重整计划规定原告债权清偿比例100%,不等于原告的票据追索权已消灭。所谓原告申报债权清偿比例100%,应理解为完成债转股后,无论实际清偿率为多少,债权人对破产债务人不再享有偿还请求权,债权相对债务人消灭,而相对于担保人或其他连带债务人,债权只在已实际清偿范围内消灭。关于债权实际清偿金额的认定,一审、二审法院均认为,该重整计划中债权清偿比例100%是建立在债转股部分的股票价格按5.98元/股计算的基础上。然而利益相关方如庞某公司等未能提交证据证明该价格经专业评估机构评估,而且破产法项下100%清偿比例之含义不必然等同于票据法项下持票人权利的实际、完全之实现。由于该案重整计划确定的抵债股票价格并无明确的计算依据,亦未经专业评估机构评估,且庞某公司系上市公司,为客观反映股票公允市场价格,以庞某公司转增股本上市交易之日起30个交易日内在二级市场收盘价的平均价1.44元计算原告获得的实际清偿金额。清偿不足部分,有权向连带责任人追索。①

① 参见上海金融法院一审民事判决书,(2022)沪74民初3257号;上海市高级人民法院二审民事判决书,(2023)沪民终593号。

开曼基金大热背后的法律逻辑

符　望*

开曼群岛虽然地方不大,但成功地发展成为一个离岸金融中心。因税收天堂的盛名,目前其已成为世界第一的对冲基金热门注册地,世界前 50 大银行的 80% 都在这里提供银行服务。

既然是基金的优选注册地,开曼基金的发展必定会需要法律保障,并存在相应的制度设计和纠纷解决机制,可以给我们提供一个独特的视角。在上海建设资管中心的过程中,也出现了许多资管/基金的争议,这些纠纷给司法带来了新的难题,需要拓展思路。以资管产品或者私募基金的退出为例,在哪里都不见得容易,尤其是在今年世界经济不确定猛增的情况下。中国法语境下的投资退出,由于独特的国情,目前法律争议主要集中于保底、回购、刚兑等安排,引发了大量的诉讼。近几年随着资管新规的实施,此类条款的效力出现了较大的争议,又引发了起诉基金管理人侵权赔偿的新动向,但基金退出的障碍,又给裁判设置了绊脚石。反观开曼这一司法辖区的基金设计与退出争议,其制度设计有一定的可借鉴之处。

以开曼为例,基金的常用组织架构有公司法下面的资产组合分离公司(Segregated Portfolio Company, SPC)以及非公司法下的豁免有限合伙(Exempted Limited Partnership, ELP)。

根据《开曼群岛公司法》(CAYMAN ISLANDS COMPANIES ACT)第 216 条之规定,SPC 系注册为独立投资组合公司的豁免公司,系独立的法律主

* 法学硕士,上海金融法院审判委员会专职委员。

体,可以设立任意数量的独立投资组合(Segregated Portfolio, SP),但SP本身并不具有独立法律主体地位,且SP之间的资产及债务在法律上与SPC的资产及债务,以及任何其他SP的资产及债务相互分离,此为《开曼群岛公司法》之隔离原则。为达到SPC风险隔离之效果,SPC在代表某一SP行事或签署文件时,应明确其系以该SP的名义行事或签署文件。SP的概念在其他国家或地区,如美国特拉华州、百慕大群岛等也存在,并且越来越广泛被接受。这种设置有点像当年证券市场配资流行时的分仓系统,但法律制度与设立目的则有所不同。从中国香港特别行政区及英国等国家或地区的司法实践看,对于涉及SPC下设SP的商事纠纷,在诉讼主体列明时会写明是SPC下设的哪个SP,以"SPC,SP"或"SPC for SP"等形式出现。如在上海金融法院受理的涉及离岸债务的维好协议一案中,申请人就是"甲基金SPC—甲基金SP"。目前在中国的商业信托、证券投资基金等投资产品的运行模式中,亦有类似隔离原则之要求,也形成了投资产品或者信托专户单独结算的做法,以券商资管为例,一个券商会担任多个资管产品的管理人。但在诉讼中尚无法将某一投资组合或者账户单独列明成诉讼主体,这就导致了在判决时法官需要进一步明确执行到的财产归谁所有,否则容易混同管理人与投资人的财产,或者混同甲产品的财产与乙产品的财产。

基金以SPC架构成立,而SPC是公司法的制度安排,因此投资人就会成为公司的股东,公司也会有董事会。这样一来,这种基金就会受到公司法的保护,而公司法的保护相对于有限合伙要完善许多。虽然与其他发达国家的公司法相比,开曼的公司法经常被诟病,但公司法的保护仍有值得借鉴之处。

比如,公司法里面的信息查阅权/知情权就是一个有力的武器。公司股东(SPC投资人即为股东)经常援引这一制度去保护自己的权利。与中国法相比,《开曼群岛公司法》对股东查阅权是有限制的,不像中国法一样,任意股东可以要求查阅公司会计账簿,因此这一点保护力度不足。但是《开曼群岛公司法》第64条专门赋予了股东申请法院任命调查员(Inspectors)去调查公司的权利,该款规定持有1/5以上股份的股东可以向法院申请任命调查员调查公司,而且调查的范围包括了账册等资料。法律明确规定调查员的调查结果可以在法庭上直接作为证据使用。另外,法院有权根据案情决定调查的所有费用由公司承担。这样一种程序设计比较简便。

值得一提的是,开曼的法律源自英国法。英美法的公司法知情权诉讼,相对来说程序上比较灵活,如在笔者审理的一起跨境承认与执行案件中涉及的一起美国特拉华州案件。在这个案件中,一家中概股公司对于其他小股东的查阅请求不予理睬。在法庭判决允许查阅之后仍然不予理睬,并且编个理由说公司账册被水淹了,最后小股东提出了动议,法官就直接判决该公司必须全部回购小股东所持有的股份,价格以此前最后一份经审计的公司会计报表中记载的股份价值为准,同时判决实控人对回购承担连带责任。

此外,接管制度(receivership)也可以在公司/基金出现问题时及时止损。根据《开曼群岛公司法》第224条的规定,在资管产品或者基金出现问题的时候,法庭可以作出接管的命令,指定接管人去接管某一个公司。如果是SPC的话,还可以单独接管公司里面一个或者多个资产组合。根据法律的规定,接管的前提条件比较宽松。只要法院认为某一个公司或某一个资产组合有可能不足以清偿债权,就可以下令进行接管。接管并不需要以约定的投资退出期限届满为前提。接管的目的就在于使接管的资产组合有序地退出,并且将资产组合中的资产分配给投资人或者其他有权接受分配者。接管与公司法上的破产清算程序并不重叠,如果公司已经进入破产清算程序,因为此时已经有破产管理人去处置公司财产,就不会允许再去进行接管。但如果一个公司或者一个资产组合先被接管了,公司在这种情况下就不能要求自行清算。

接管申请的提出者范围较广,包括公司、公司董事、公司债权人、持有公司股票者(投资人)以及金融监管部门。应当说建立这样一个接管制度好处非常多,如在某个基金或者某项资管产品出现问题的时候,可以及时地进行接管,避免原先的管理人不负责任或者滥用职权导致资产不断缩水,较好地保护投资人的利益。关于接管,近期的一个案例是2021年的方尖碑全球分仓组合基金申请案(In the matter of Obelisk Global Fund SPC),该案中一个资产组合对外负债,债权人向法院申请接管,争议在于用什么标准去接管,是资产负债表标准还是现金流标准,最后法院认定应该用资产负债表标准。

至于 ELP 这个基金架构,则由不同的法律即《豁免有限合伙法》(THE EXEMPTED LIMITED PARTNERSHIP LAW)去另行规范。这个架构相对来说比较灵活。因此,来自中国的资金运用得比较多。普通合伙人(General Partner, GP)可以是一个开曼的公司,或者是一个外国公司,或者是在开曼注册的有限合伙。合伙协议并不对外公开,有限合伙人(Limited Partner, LP)的信息也不对外公开,因此保密性较强。

有限合伙本身并不是法律实体,因此投资的基金财产都作为信托财产挂在 GP 的名下,在这种情况下,如果发生纠纷一般是起诉 GP 而不是起诉 ELP。2022 年,开曼法院判决了一起案件,即阵型集团(开曼)一号有限合伙基金申请案[in The Matter of Formation Group (Cayman) Fund I LP],开始偏离这一做法,允许起诉 ELP。

值得一提的是,根据开曼的《豁免有限合伙法》,即便是 ELP,在清算退出方面,也直接准用了《开曼群岛公司法》的清算制度,这一点为基金的退出带来了便利。清算程序(winding up)的规定,比接管(receivership)更详尽更有力,算是基金退出问题的终极大法。一个基金到了约定的清算期限、退出期限,利益相关方就可以要求解散清算。《开曼群岛公司法》第 98 条赋予法院的权力较大,如果利害关系人提出根据公平合理原则(Just and equitable)应该对公司进行解散清算,而法院认为不需要解散清算,则可以作出其他替代命令,如强制公司或者一个股东去收购另外股东的股份。

我国的资产管理和退出纠纷,尤其是针对有限合伙架构,尚有一些不足之处。

1. 实务中极少看到针对资管产品或者有限合伙的知情权诉讼。在中国公司法中,知情权诉讼并进而引发仔细深入追究公司账目问题的诉讼更是罕见。在上市公司造假也不少的情况下,有限责任公司的知情权诉讼,法官还经常纠结于给不给看原始凭证,直至 2024 年修订实施的公司法解决了这一争议问题。法务会计(forensic accounting)概念还不为人熟知,在中国公司法中运用较少。因此,小股东的权利保障较弱。

2. 没有建立对资管产品或者基金的接管制度(金融监管部门的接管针对的是较大型金融机构,还看不上和顾不上这些规模小的资管),目前也看不到公司法引入接管制度的规划和安排。投资人有时候只能眼睁睁看着财产逐日贬损。

3. 有限合伙基金中,虽然约定 LP 可以投票更换 GP,但由于集体行动机制的种种不便,更换 GP 太难(更换物业公司有多难,更换 GP 就有多难)。即便 LP 投票决定同意更换 GP,去哪找一个可以接替的 GP 也是一个难题。

4. 强制清算制度,对于资管产品或者私募股权基金而言,案例较少。合伙企业法虽然规定了清算制度,但出于种种原因,现行的公司强制清算制度以及管理人名单还没有办法无缝链接地适用于有限合伙企业。有的基金虽然约定了到期清算,但管理人不作为不去清算,甚至约定了管理人有权自行延长清算期限不受限制。

5. 由于没有接管,或者无法清算,基金的对外投资没有办法处置,没有处置价格就无法确定投资人的最终损失。在有的案件中,投资人会起诉基金管理人违反信义义务或者各种不作为造成损失,法院审理后认为由于没有清算,损失没有确定,无法确定赔偿数额,驳回了投资人的诉请,让其等待基金清算完成后再来起诉。而基金的管理人继续不作为不去清算,由此进入了一个死循环。其实这个问题是制度设计造成的。一个基金对外的投资,无论是股权还是债权,只要有公开的二级市场,就会形成相应的价格。就像许多陷入困境的投资,即便缺乏流动性,也可以纳入侧袋(公募基金目前设立了侧袋机制),作为侧袋资产对外出售给那些从事不良资产投资的基金。以 2008 年金融危机引爆的麦道夫骗局为例,麦道夫基金对外投资的许多资产,及时出售给一些专门做不良处置的基金之后,这些专业性的基金现在还在处置和清收资产。但麦道夫基金的受偿者,已经受偿了 81.35%。

笔者认为,要建设资管中心,法律的保障是非常重要的一环。在宏大叙事之余,还应该思考一些法律的细节问题,通过制度的改进,带来市场的繁荣和投资者的信心。这方面,任重道远。

他山之石

2022年全球加密资产监管政策的不完全观察

葛　翔*

2022年币圈市场可谓动荡不安,从年初加密货币TerraUSD等价格暴跌,到11月全球第三大加密货币交易所FTX突然宣布破产,都对加密资产生态圈产生了显著影响。与此同时,2022年也是加密资产监管政策频出的一年,让我们做一下简单回顾或许有助于对加密资产的未来发展有更清晰的解读。

一、国际组织对加密资产的监管政策

2022年2月,金融稳定委员会(Financial Stability Board,FSB)发布《评估加密资产对金融稳定的风险》(Assessment of Risks to Financial Stability from Crypto-assets)报告,该报告主要聚焦于私营部门发行的加密资产,并集中讨论了无担保加密资产、稳定币的脆弱性,以及去中心化金融(Decentralized Finance,DeFi)、加密资产交易平台对金融稳定的影响。报告中提出,加密资产虽然还未广泛接入传统金融领域,但已经产生了一定影响。2020~2021年,越来越多的机构投资者参与加密资产的交易,加密资产交易所交易基金的出现也扩大了"主流"机构与加密资产的接触。如2021年10月,美国推出第一个基于加密资产的芝加哥商品交易所(Chicago Mercantile Exchange,CME)期货并开始在纽交所交易。稳定币相对而言与传统金融体系产生更

* 法学博士,上海金融法院综合审判二庭三级高级法官。

为紧密的联系,但稳定币的锚定机制并不统一,所锚定的资产也不透明。而基于分布式账本技术等加密技术产生的 DeFi 交易平台,因很难确定监管对象且跨域存在,难以确定司法管辖,存在吸引非法活动、洗钱等风险。因此,FSB 认为加密资产的价格不稳定,如果伴随着杠杆、流动性错配和与传统金融系统的相互联系,可能会放大金融系统性风险。

鉴于 DeFi 对金融体系产生越来越深远的影响,国际组织在 2022 年相关报告中也对之作了专门分析。2022 年 3 月,国际证监会组织(International Organization of Securities Commissions,IOSCO)发布《去中心化金融报告》(IOSCO Decentralized Finance Report),详述了 DeFi 的具体构成,报告中比较了 DeFi 与传统金融(Traditional Financial Market,TraFi)在借贷、商业、衍生品交易、担保等方面的差异。实际上 DeFi 的核心就是加密资产,加密资产持有人可以使用这些资产来从事 DeFi 交易、借贷和其他活动。同时,稳定币是 DeFi 的关键组成部分之一,因为加密资产市场认为稳定币相比其他加密资产波动较小,从而稳定币在 DeFi 市场中成为法定货币的替代品或担保品。2022 年 4 月,继 2021 年度报告之后,国际货币基金组织(International Monetary Fund,IMF)在 2022 年上半年《全球金融稳定报告》(Global Financial Stability Report)中继续聚焦加密资产给金融体系所带来的风险。报告第三章"金融科技的高速发展:脆弱性与对金融稳定的挑战"(The Rapid Growth of Fintech: Vulnerabilities and Challenges for Financial Stability)指出,DeFi 与传统金融中介机构的相互联系越来越紧密,虽然其市场规模仍然相对较小,但在法律不确定性的背景下,不受监管的 DeFi 会带来显著风险,监管应关注加密货币生态系统中能够实现 DeFi 的要素,如稳定币发行商和集中式交易所。监管当局还应该鼓励 DeFi 平台接受强有力的治理计划,包括行业规范和自律监管。

2022 年 6 月,国际清算银行(Bank for International Settlements,BIS)发布的《年度经济报告》(Annual Economic Report)第三章"未来的货币体系"(The future monetary system)中对加密资产在货币体系中的地位进行了讨论,并认为随着技术发展,数字货币将服务于公众,但加密资产因为缺乏稳定锚,并不适合作为货币体系的基础,与去中心化的观点相反,加密货币依赖于不受监管的中介机构,从而带来金融风险。可编程性、可组合性和代币化等新能力并非加密货币的专利,也可以建立在中央银行数字货币、快速支付系统和相关数据架构之上。

2022年7月,IOSCO发布《金融市场基础设施原则在稳定币安排中的应用》(Application of the Principles for Financial Market Infrastructures to Stablecoin Arrangements),该报告为金融市场基础设施原则(Principles for Financial Market Infrastructures,PFMI)中监管、风险管理、结算最终性、货币结算四部分原则适用于具有系统重要性金融市场基础设施的稳定币安排提供了指引,但该报告中的稳定币范围并不包括锚定法定货币的稳定币。

随后,FSB在7月发布《关于加密资产国际监管的声明》(FSB Statement on International Regulation and Supervision of Crypto-asset Activities),重申了加密资产给金融体系带来显著风险,因此加密资产和市场必须受到与风险相称的有效监管,根据"相同的活动、相同的风险、相同的监管"的原则,它们受适用于加密资产的基本经济和金融性质的相关法规约束;加密资产服务提供商亦应受到监管。同时鉴于稳定币的风险,应当开展广泛的国际合作监管。同年10月,FSB连续发布《加密资产活动的国际监管》(International Regulation of Crypto-asset Activities)、《加密资产活动和市场的规制和监管》(Regulation, Supervision and Oversight of Crypto-Asset Activities and Markets)、《对FSB关于全球稳定币监管的高级别建议的审视》(Review of the FSB High-level Recommendations of the Regulation, Supervision and Oversight of "Global Stablecoin" Arrangements)三项咨询文件。在《加密资产活动和市场的规制和监管》中,FSB对加密资产监管提出了九项建议,包括:(1)监管当局应拥有适当的权力、工具和充足资源,以对加密资产发行者和服务提供商进行监督;(2)按照"相同的活动、相同的风险、相同的监管"的原则,监管与加密资产风险相称;(3)主管部门应在国内和国际上相互合作和协调;(4)监管当局应要求加密资产发行者和服务提供商建立并披露全面的治理框架;(5)监管当局应要求加密资产服务提供商建立有效的风险管理框架;(6)监管当局应要求加密资产发行者和服务提供商建立强有力的框架,以收集、储存、保护和及时准确地报告数据;(7)监管当局应要求加密资产发行者和服务提供商向用户和利益相关方披露有关其业务、风险状况和财务状况以及其提供的产品和开展的活动的全面、清晰和透明的信息;(8)监管当局应确定并监测加密资产生态系统内部以及加密资产生态系统与更广泛的金融系统之间的相互联系;(9)监管当局应确保加密资产交易平台受到监管并全面处理相关风险。

2022 年 11 月,经过 6 月的第二次征询,巴塞尔委员会(Basel Committee on Banking Supervision,BCBS)正式发布《加密资产风险敞口的审慎处理》(Prudential treatment of cryptoasset exposures)监管标准(SCO60),其中首先明确将加密资产区分为两大类:第 1 类加密资产是完全满足一套分类条件的资产,包括代币化传统资产(第 1a 组)和具有有效稳定机制的加密资产(第 1b 组),第 1 类加密资产仅须遵守现行巴塞尔框架中既定的基于相关风险权重的资本要求。第 2 类加密资产是那些不符合任何分类条件的资产。因此,与第 1 类加密资产相比,它们构成了额外的、更高的风险,并因此受到新规定的保守资本要求规制。除了未能满足分类条件的任何代币化传统资产和稳定币,第 2 类还包括所有无担保的加密资产。SCO60. 8 – 60. 19 对第 1 类加密资产的分类标准作了明确限定,包括:(1)代币化的传统资产,具有全时锚定传统资产的有效稳定机制。(2)加密资产所产生的所有权益、义务都有明确的定义,并可在资产发行和赎回的所有管辖区依法执行。适用的法律框架应确保结算的最终性。(3)加密资产基于 DLT 或类似技术所具备的功能和运行网络,其设计和运行必须能充分管理任何重大风险。(4)执行加密资产的赎回、转移、存储或结算等相关实体必须接受监管,制定并披露治理框架。从上述分类标准来看,第 1a 组加密资产可能已接近于数字法币等稳定资产。

二、加密资产的区域性监管和发展政策

除国际监管政策逐步完善外,全球各区域加密资产的发展和监管政策在 2022 年也逐渐明晰。2022 年 3 月,美国发布《关于确保数字资产负责任发展的总统令》(Executive Order on Ensuring Responsible Development of Digital Assets, Executive Order 14067),在联邦层面确立了美国数字资产的发展战

略,并启动了美国的央行数字货币规划。2022年9月,美国财政部根据前述14067号总统令S4(b)的要求,提交了报告《货币和支付的未来》(The Future of Money and Payments),其中对美国央行数字货币的设计相关问题提出了一些设想和讨论,并就美国支付系统的完善,尤其是跨境支付,提出了相关建议。美国司法部则根据S5(b)(iii)的要求,于9月提交报告《执法部门在侦缉、调查和起诉与数字资产有关的犯罪活动中的职能》(The Role Of Law Enforcement In Detecting, Investigating, And Prosecuting Criminal Activity Related To Digital Assets),在提出一系列法律修订、执法协作等建议之后,美国司法部认为需要寻求更多的资源支持,以应对高速变化的加密资产技术。

2022年,欧盟也加快了完善加密资产法律监管的步伐。6月30日,欧盟理事会和议会达成初步协议,同意就《加密资产市场指令》(Markets in crypto-assets,MiCA)交付表决,10月欧洲常驻代表委员会和经委会分别通过了指令草案审议。该指令已于2023年5月31日正式颁布。届时,欧盟区域加密资产监管将由成员国依国内法治理,转为欧盟统一监管体系。

2022年10月31日,作为我国重要的金融开放窗口,香港特别行政区政府发布《有关香港虚拟资产发展的政策宣言》,阐释了在DLT和Web 3.0等技术趋势下,加密资产在香港特别行政区的宏观政策和发展方向。同时对非同质化代币发行、绿色债券数字发行、数字港币等加密资产沙盒监管提出了原则性设想。应该说,我国香港特别行政区为了进一步提升竞争力,在加密资产发展领域中的动作也十分迅速。就在2023年1月31日,我国香港特别行政区金融管理局在官网上发布了《关于加密资产和稳定币的商讨结论》(Conclusion of Discussion Paper on Crypto-assets and Stablecoins),其中提出拟将法币稳定币纳入监管且不接受算法稳定币,并建议对法币稳定币相关活动予以强制发牌。

三、全球加密资产监管的一些启示

1. 无论承认与否,在全球范围内加密资产已经成为金融活动的一部分。但是不受监管的加密资产活动始终与风险、违法行为相关联。2022年12月

13日,FTX联合创始人萨姆·班克曼－弗里德(Sam Bankman-Fried)应美方要求在巴哈马被拘捕,理由就是认为其在FTX运营和破产过程中涉嫌欺诈。在前述相关国际组织报告中也明确指出,一旦加密资产以及DeFi平台脱离监管,往往成为滋生违法行为的温床,并造成投资者损失。

2. 在不够健全的金融环境中,加密资产对金融稳定的影响十分巨大,尤其是针对发展中国家,在法币币值大幅贬值过程中,加密货币对法币有很强的替代作用,而大量使用加密货币也会进一步动摇法币地位,进而对实体经济造成影响。而目前全球几大经济体并未因加密货币应用产生冲击,一方面,在于加密货币在金融活动中占有的比例还比较小;另一方面,也源于几大经济体的法币保持基本稳定,很多投资者只是将加密资产作为传统投资的补充。

3. 当然就DLT应用来看,加密资产以及DeFi的确可能在金融活动便利性,以及降低金融活动成本上有一些独特优势。当然这些优势是不是独一无二的,还需要进一步观察。单纯就支付便捷性、安全性等问题来看,实际上存在其他替代性方式。如2022年第四季度,数字人民币已经推出硬钱包试点,双离线支付亦正在内测。数字人民币的逐渐普及,在筑起风险防范藩篱的同时,实际上为后续加密资产的可能安排以及DeFi与TraFi的部分交汇提供了制度余量。

4. 加密资产可能需要进一步考虑国际协作和跨境监管问题。BIS在2023年1月发布《应对加密资产风险的各种选项》(Addressing the risks in crypto: laying out the options),建议因加密资产市场促成的"影子金融"功能与传统金融有许多共同的弱点,监管当局可以考虑采取不同的行动方针来应对加密资产的风险,包括遏制或加强监管,甚至直接禁止部分加密资产活动。在单一法域内,采取何种路径可以根据该法域的客观环境进行选择。但是当加密资产伴随金融活动跨境流动的时候,跨境双方对加密资产的监管强度和监管方式可能需要协调。

马斯克的证券欺诈历险记带来的思考

李玉民*

2023年2月,在美国加州北区联邦法院,陪审团在历时3周的庭审结束后,对马斯克涉及的标的额高达120亿美元的证券欺诈集体诉讼案件作出判决,该案源于2018年马斯克发表的一系列推文。他不仅因证券欺诈案丢掉了特斯拉董事长一职,甚至美国证监会曾要求法官扣押马斯克,此次证券欺诈案对于经历大风大浪的"硅谷钢铁侠"而言称得上一次历险,本文将分析马斯克的证券欺诈历险记,探寻马斯克个人发推文引发证券欺诈案的原因。

一、马斯克证券欺诈历险险情在何处?

2018年8月7日,马斯克在推特上称,考虑以每股420美元的价格将特斯拉私有化,且资金已有保障。约3小时后,马斯克声称:投资者的支持已经确认,唯一的不确定性在于股东的投票,并且链接至早间的推文。市场对这一消息作出了反应:特斯拉的股价比前一天上涨了10.98%。但又在不到3周的时间里因交易未实现而暴跌。8月24日,马斯克通过推特和特斯拉网站上的博客宣布,特斯拉仍将是一家上市公司。

在此期间,美国证监会对特斯拉的私有化计划和马斯克涉及资金的声明进行调查,随后马斯克与美国证监会达成和解,同意辞任特斯拉公司董事长职务并支付2000万美元的罚款。针对马斯克推文的证券欺诈集体诉讼也被

---

* 法学硕士,上海金融法院申诉审查及审判监督庭法官助理。

发起,原告指控被告马斯克和特斯拉公司及公司董事会违反1934年美国《证券交易法案》以及美国证监会规则10b－5,声称马斯克发布推文时,将特斯拉私有化的资金实际上并未“到位”,且马斯克和特斯拉公司尚未考虑或采取必要步骤以执行该交易,因此马斯克的推文构成具有重大性的不实陈述,投资者要求赔偿投资损失。①

2020年4月,美国加州北区联邦法院否决了马斯克一方提出的驳回起诉动议,认为原告的起诉状充分主张了证券欺诈的诉求,由此该案进入了证据开示的阶段。从1997年到2021年,只有不到0.2%的联邦证券集体诉讼案件(不包括涉及并购的案件)持续到开庭审理阶段。2022年4月,在进行证据开示后,一份不利于马斯克的即决判决,使马斯克证券欺诈历险的危险指数直线上升:以证据开示中的证据为依据,美国加州北区联邦法院证明了马斯克的推文系基于“主观恶意”作出的“不实陈述”,对于构成证券欺诈而言这是两个关键的法律要件。

马斯克还能否化险为夷?对于证券欺诈的证成,还有一个关键的法律要件:重大性。马斯克一方提出,即决判决只是认定了推文是不实陈述,但该不实陈述是否具有重大性并没有认定,换言之,即决判决并没有认定推文的陈述是否重大到影响理性投资者决定、是否交易特斯拉的股票,该事项还是要由陪审团来决定。马斯克一方认为,“正在考虑以每股420美元的价格将特斯拉私有化”是马斯克当时的打算,该陈述是真实的,不实的陈述是“资金到位”“投资者的支持已确认”,原告方主张的会对投资者产生影响的是前面的真实陈述,并没有证明后面的不实陈述会对理性投资者的判断产生任何影响。陪审团就此得出了马斯克推文中的不实内容不构成重大不实陈述的结论,原告起诉的证券欺诈不成立,被告不承担赔偿责任。②

---

① See In Re Tesla, Inc. Securities Litigation. No. 18－cv－04865－EMC United States District Court, N. D. California October 13, 2022.

② 参见《昆鹰代表马斯克成功挫败“特斯拉私有化”推文证券欺诈集体诉讼》,载微信公众号“美国昆鹰律师事务所”2023年3月2日,https://mp. weixin. qq. com/s? __biz = MzU5MTcwODk4Mw = = &mid = 2247484185&idx = 1&sn = 38d3c81f0c42e85b469378b83f84168a&chksm = fff1684f2c92c5b6b87543d91148d4d0cc517f7e770f6a7bbd54567cdce5d4533a6374dc633e&mpshare = 1&scene = 1&srcid = 0323mEinA9gmHvBnstdcYm0y&sharer_shareinfo = 16a4d01fb47723bd17c2f068ab444c7a&sharer_shareinfo_first = 16a4d01fb47723bd17c2f068ab444c7a#rd。

二、马斯克证券欺诈历险热闹在何处？

除马斯克的光环外，该案本身在证券欺诈司法中也很前沿，颇具特色。马斯克一方在诉讼中将同一条推文内容拆解为真实陈述和不实陈述两部分，就是一个有创意的思路。此外，诉讼中在认定损失因果关系时，马斯克一方提出股价下跌并非其推文内容导致，而是美国证监会对其进行调查，因此并非虚假陈述而是其他因素导致的损失。法院认为，鉴于这些事件发生的时间跨度很短，因果关系链相对清晰，且主张了这些损害的计算范围，陪审团很可能会确定这些间接影响是马斯克推文的合乎逻辑且可预见的后果，因此“间接影响”是由马斯克的推文直接引起的，这些影响就可以被认定为损害。[①]这是“近因理论”在损失因果关系认定中的一种运用，也值得关注。

但马斯克的证券欺诈历险记中，最精彩的情节其实还另有所属：马斯克发推特的行为属于证券欺诈针对的信息披露吗？换言之，在社交媒体上发信息，是不是合法的信息披露呢？一般情况下上市公司都是在相关的网站或媒体上进行公告，在个人推特上发文是不是在进行证券法要求的信息披露呢？如果不是在进行信息披露，自然也就不会导致证券虚假陈述。例如，我国《最高人民法院关于审理证券市场虚假陈述侵权民事赔偿案件的若干规定》第7条第2款中对于信息披露方式的规定，包括两种：一种是在证券交易场所的网站或者符合监管部门规定条件的媒体上公告，另一种是在具有全国性影响的媒体上公布。通常法定的信息披露渠道都是中心化的，个人在社交媒体上的发文是否属于证券虚假陈述中信息披露的范围值得研究。国内证券虚假陈述司法实践中暂时也没有通过社交媒体进行信息披露的案例。

美国加州北区联邦法院在审理该案时并未就此专门讨论，但不能由此说明这一问题不重要。根据笔者研究，原因可能如下。2012年7月3日，奈飞首席执行官里德·黑斯廷斯在其个人脸书（Facebook）页面上发布了一条消息，涉及奈飞的业绩信息，这引起了美国证监会的注意。最终，美国证监会发

---

① See In Re Tesla, Inc. Securities Litigation. No. 18 – cv – 04865 – EMC United States District Court, N. D. California December 7, 2022.

布了一份被称为“里德—黑斯廷斯规则”的报告,其中提道:如果没有事先通知投资者某位高级管理人员(以下简称高管)在社交媒体上的个人账号将用于公司披露,即使这些账号拥有大量粉丝,该渠道也不太可能成为一种“向公众进行广泛的、非排他性的信息发布”的合理方式。[①] 可见,美国并不认为在社交媒体上的发文当然属于信息披露的方式。但是特斯拉和马斯克在2013年履行了相应的程序,通知马斯克的推特账号会被用以向投资者进行信息披露。[②] 换言之,如果不存在“里德—黑斯廷斯规则”,马斯克的推文是否属于信息披露在该案中应该是有待认定的问题。

三、马斯克证券欺诈历险启发在何处?

如果我国上市公司高管在个人社交媒体发布涉及公司的信息,即法定信息披露主体通过非法定信息披露渠道作出披露,是否属于合法有效的信息披露呢?是否属于我国证券虚假陈述的涵摄范围呢?对于这一问题的讨论,其实就是马斯克证券欺诈历险记对我们的启示。

信息披露制度是现代证券法的基石,在有效资本市场的设定下,信息披露对于资本市场至关重要。证券信息规制的基本思路是在形式上区分有意义和无意义的信息,从而减少公众对信息真伪的辨识成本和接收成本。所谓有意义的信息,是指发布者的身份、渠道和时间满足要求的信息。任何主体在非法定渠道中作出的表述,都不应使理性的证券市场主体产生合理信赖,非法定披露渠道披露的信息在法律上应当是无意义的。[③] 因此,非法定渠道披露的信息一般不应该产生证券虚假陈述的责任。

但随着社交媒体的发展,各国面对社交媒体在信息披露中的应用,也在不断摸索并给予回应,其本质在于回应技术发展对于法律制度的挑战。技术的发展,在持续改变资本市场内各参与主体之间的沟通方式。当下越来越多的公司开始使用社交媒体,并将其纳入自己的商业模式;同时企业也需要更

① See Netflix, Inc., & Reed Hastings, 2013 WL 5138514.
② See Telsa Motors, Inc., Current Report (Form 8 - K) (Nov. 5. 2013).
③ 参见缪因知:《证券虚假信息规制的原理反思与实证评价》,载《北方法学》2018年第4期。

加便捷、成本更低的信息披露方式,有观点认为社交媒体是企业披露信息最民主、最具经济的平台。[①] 法定的披露渠道并不应该是一成不变的,因此,社交媒体是否应该被纳入法定的信息披露渠道,以及是否可能产生虚假陈述责任,是一个值得讨论的问题。

讨论个人社交媒体是否应该被纳入信息披露的法定渠道,可以从事实和价值两方面来判断。一是在事实层面,通过社交媒体进行披露是否能满足信息披露的要求?根据《中华人民共和国证券法》(以下简称《证券法》)的相关规定,信息披露应当及时(第78条第1款),应当真实、准确、完整,简明清晰,通俗易懂(第78条第2款),应当同时向所有投资者披露(第83条第1款)。毋庸置疑,通过个人社交媒体可以实现及时披露,甚至可能比传统渠道更及时;关于披露内容的真实、准确、完整,披露渠道对此几乎没有影响。那么通过个人社交媒体是否满足"同时向所有投资者披露"的要求呢?在此可能有两个疑问:第一,社交媒体平台通常限制只有注册用户才能使用,非注册用户可能就无法获取信息;第二,社交媒体的关注者、朋友或订阅者数量或者社交媒体影响力达到何种程度时,才可以认为在向所有投资者进行披露呢?例如,里德·黑斯廷斯的公开脸书页面在发布时有约20万用户,而马斯克在发推文时有2000多万粉丝。抑或是否只要投资者有获取信息的可能性,就可以认为实现了向所有投资者披露呢?但这两个问题通过技术加持和制度设计可能将不是问题,如美国证监会的做法,事先向投资者告知社交媒体将被用以披露信息,而大部分社交媒体在用户进入阶段几乎没有障碍。

二是在价值层面,信息披露的价值包括:维持有效市场、减少信息不对称和保障散户投资者权利(信息披露要求公平),[②]其间的价值判断需要仔细考虑。增强信息披露的灵活性,会使信息披露更加便捷,一般来说会带来更充分的信息披露,更有助于维持有效市场,减少信息披露义务人与投资者之间的信息不对称。但是,普通散户投资者缺乏对市场新信息进行分析和采取行动所必需的能力,这一问题同样存在于社交媒体领域。允许通过社交媒体披

① See Pulling Back the Curtain: Blockchain and Investor Communications, EQIBIT GROUP (Mar. 14,2018).

② See Selective Disclosure and Insider Trading,65 Fed. Reg. 51,962,51,716 -17(Aug. 24,2000).

露信息,可能导致披露信息大爆炸。[①] 我国《证券法》在2019年修订时,对信息披露增加了"简明清晰"的要求,其实也是考虑到纷繁复杂、长篇累牍的披露对于中小投资者而言可能是低价值的信息披露。因此,各种渠道的信息披露涌向散户投资者,其可能越发无所适从,自然无法成为信息投资者,只能成为跟风投资者。美国证券市场以机构投资者为主,而我国仍以散户投资者为主,因此信息披露公平的问题需要结合国情仔细权衡。

此外,跳出证券法,个人在社交媒体发文作为一种言论,还涉及言论自由的问题。或许有观点认为,个人在社交媒体发言时言论自由,证券虚假陈述的制度不应该介入,否则可能引发寒蝉效应。如果个人社交媒体发言内容可能导致证券虚假陈述,将迫使公司高管承受巨大的不合理负担,他们要么就必须成为语言专家,要么就得生活在可能导致虚假陈述的恐惧中。[②] 而且即便高管发布内容与公司并无直接关联,但只要解读者愿意,一名高管所说的任何话,如对经济、政治、天气或他目前的健康状况的描述,都可能成为实质性信息。这一观点有一定合理性。但是言论自由也是有边界的,不能侵犯公共利益和他人利益。这里面其实涉及价值位阶和利益权衡的问题,即个人言论自由更重要,还是证券市场的公共秩序更重要?这一问题很难简单给出答案。但是,值得注意的是,美国判例对于言论自由有所区分,不同于文化艺术等言论,商业言论受保障但保障层次较低,允许法律对其进行一定的限制。[③] 高管在个人社交媒体发布信息涉及虚假陈述时,一般属于商业信息,对于经过谨慎界定及范围有限的具有重大性的不实陈述加以处罚,似乎也难以认为违反了宪法规定的言论自由。

因此,实然层面上,高管在个人社交媒体披露信息当下在我国可能并不会涉及证券虚假陈述责任。但应然层面上,对于其应否在我国成为一种合法有效的信息披露方式,还有待进一步讨论。

---

① See Marisa Papenfuss, *Inflated Private Offering: Regulating Corporate Insiders and Market-Moving Disclosures on Social Media*, 73 VAND. L. REV. 311 (2020).

② See SEC v. Siebel Sys., Inc., 384 F. Supp. 2d 694, 701 (S. D. N. Y. 2005).

③ Stone, Seidman, Sunstein, Tushnet, Constitutional Law (second edition), Little Brown and Company, p. 1150 – 1154. 转引自周韶龙:《言论自由与证券市场秩序的协调——评证监会规制社交媒体》,载《证券法苑》2013年第2期。

众多法律制度都制定于工业时代，对于信息披露而言，法律考虑的也是传统媒体。但在互联网时代，社交媒体、区块链等技术可能在投资者获得信息的过程中发挥更重要的作用，法律如何对此予以回应，是我们应该从马斯克证券欺诈历险记中看到的。但是，也别着急简单地喊出：修改法律以拥抱互联网时代。正如美国证监会面对层层递进的实践仍然保持着克制，[①]或许难以只用保守来解释。技术在进步，法律适用的对象在变化，但蕴含在法律制度背后永恒的价值判断和利益衡量，是人类在追求公平正义路上永远的倔强。

---

① See Marisa Papenfuss, *Inflated Private Offering: Regulating Corporate Insiders and Market-Moving Disclosures on Social Media*, 73 VAND. L. REV. 311 (2020).

典型案例

全国首例证券集体诉讼和解案

——投服中心代表全体原告投资者诉泽某某某等证券虚假陈述责任纠纷案*

朱颖琦**　李瑶菲***

【调解要旨】

本案是全国首例涉科创板上市公司特别代表人诉讼,也是中国证券集体诉讼和解第一案。审理中,人民法院秉持“惩治首恶”和“实质解纷”并重的原则组织各方达成调解,明确上市公司及实际控制人承担主要责任,积极推动投保机构有效履职,引导各方责任主体各担其责。以和解方式高效、终局化解纠纷,可以在保护中小投资者权益和有效控制证券市场风险之间达成平衡,有利于维护证券交易市场健康秩序。本案引导构建科创企业融资环境的良性生态,进一步提升资本市场法治化水平,为上市公司和投资者注入信心,是人民法院深入贯彻落实中央金融工作会议关于更好发挥资本市场枢纽功能,推动股票发行注册制走深走实要求的最新司法实践。

【案号】

上海金融法院(2023)沪74民初669号

---

* 本案入选证监会十大投资者保护典型案例、上海金融法院2023年度十大典型案例。

** 法学硕士,上海金融法院综合审判一庭庭长。

*** 法学硕士,上海金融法院综合审判一庭法官助理。

【案情】

原告:郑某锋、胡某伟等7195名投资者

代表人:中证中小投资者服务中心有限责任公司(以下简称投服中心)

被告:泽某某某(天津)科技股份有限公司(以下简称泽某某某公司)、林某、应某、王某亮、姜某莉、雷某锋、刘某松、东某证券股份有限公司(以下简称东某证券)、胡某莉、陶某亮、天某会计师事务所(特殊普通合伙)、北京市康某律师事务所(以下简称康某律师事务所)

2023年4月,泽某某某公司因在公告的证券发行文件中隐瞒重要事实、编造重大虚假内容,在披露的年度报告中存在虚假记载、重大遗漏,被中国证券监督管理委员会(以下简称证监会)作出行政处罚决定。4月28日,原告胡某伟等12名投资者共同起诉泽某某某公司、林某、应某、王某亮、姜某莉、东某证券、胡某莉、陶某亮、天某会计师事务所、康某律师事务所等被告。2023年6月30日,上海金融法院经依法审查决定适用普通代表人诉讼程序审理,确定了本案权利人范围并发出普通代表人诉讼权利登记公告。

2023年7月21日,投服中心称接受了郑某锋等58名权利人的特别授权,向上海金融法院申请作为代表人参加诉讼,并申请追加刘某松、雷某锋为本案被告。根据《中华人民共和国证券法》(以下简称《证券法》)第95条第3款和《最高人民法院关于证券纠纷代表人诉讼若干问题的规定》第32条第1款的规定,上海金融法院决定适用特别代表人诉讼程序,并同意追加刘某松、雷某锋为被告。2023年7月28日,上海金融法院发布特别代表人诉讼权利登记公告,公告明确权利人范围为自2020年6月2日(含)至2022年5月11日(含)买入、并于2022年5月11日闭市后当日仍持有被告泽某某某公司的股票(包括向社会公众首次公开发行的股票,证券代码:688555),且与本案具有相同种类诉讼请求的投资者。根据特别代表人诉讼"默示加入、明示退出"的规则,退出期间内共有26名投资者声明退出,形成的原告集体共有7196名投资者(以下简称全体原告投资者)。

全体原告投资者诉称,被告泽某某某公司系在上海证券交易所科创板上市的公司。2023 年 4 月 21 日,泽某某某公司发布公告收到行政处罚决定书(〔2023〕29 号),证监会认定泽某某某公司在公告的证券发行文件中隐瞒重要事实、编造重大虚假内容,并且其披露的 2020 年年度报告、2021 年年度报告中存在虚假记载、重大遗漏。原告主张被告泽某某某公司构成证券虚假陈述,应承担民事赔偿责任,其行为实施日为 2020 年 6 月 2 日,揭露日为 2022 年 5 月 12 日。原告还要求泽某某某公司实际控制人林某、直接负责的主管人员应某以及公司高级管理人员、保荐机构及主承销商东某证券、保荐代表人、审计机构天某会计师事务所以及康某律师事务所承担连带赔偿责任。

审理中,依原、被告共同申请,上海金融法院委托中国证券投资者保护基金有限责任公司对全体原告投资者的损失进行测算。各原告的投资差额损失系按照移动加权平均法计算买入均价,并扣除相关证券市场风险因素测算所得,原告投资者的损失还包括佣金及印花税损失。经中国证券投资者保护基金有限责任公司测算的全体原告投资者的损失金额总额为 284,590,301.96 元。

考虑到涉案事实认定相对清晰,被告承担民事赔偿责任符合当事人预期,上市公司实控人、高级管理人员、中介机构及直接责任人员有一定偿付能力,且均有积极赔付意愿,为有效降低投资者维权成本,最大限度保障投资者胜诉权益,同时也给各被告弥补自身过错的机会,减少违法事件对资本市场特别是科创板市场的负面影响,上海金融法院决定组织各方开展调解,促进纠纷实质性化解。

值得一提的是,本案立案后,上海金融法院第一时间启动群体性纠纷概括式先行保全机制,依职权对濒临退市的泽某某某公司财产进行保全,为调解的开展奠定了坚实基础和款项保障。同时,积极扩容升级上海金融法院投资者司法保护综合平台,完善代表人诉讼系统,确保投资者实时登录了解诉讼进程并行使退出、异议等诉讼权利。

2023 年 12 月 5 日,经上海金融法院主持调解,投服中心代表全体原告投资者与 12 名被告共同签署调解协议草案,并向上海金融法院提交制作民事调解书的申请。上海金融法院遂向全体原告投资者发出通知,于 12 月 12 日召开调解协议草案异议听证会,组织异议投资者、原被告就异议意见进行充分论证。听证会上,法院向全体适格投资者开放庭审公开网定向观摩直播权限,保障群体性诉讼投资者的知情权利。

听证会后,合议庭综合考虑投资者意见、案件所涉法律和事实情况、调解协议草案的合法性、适当性和可行性等因素,决定制作民事调解书。其间有1名投资者申请退出调解,最终参与调解的投资者为7195名。

【调解结果】

根据调解协议达成的内容,各被告确认须向全体原告投资者承担证券虚假陈述民事责任,其中发行人泽某某某公司、实际控制人林某及直接负责的主管人员应某承担主要责任,泽某某某公司其他直接责任人员刘某松、王某亮、雷某锋、姜某莉,中介机构及其直接责任人员东某证券、天某会计师事务所、康某律师事务所、胡某莉、陶某亮根据各自的过错程度承担相应责任。为及时保障投资者合法权益、本着一次性实质化解纠纷、尽量减少对资本市场负面影响的原则,各方形成款项支付方案,按照第三方损失核定的赔偿金额全额赔付。至此,原告及各责任主体一次性解决案涉证券虚假陈述民事赔偿纠纷。

通过本次调解,7195名投资者获得全额赔付,实际参与调解的投资者人数占全体适格投资者的比例高达99.6%,代表性强,覆盖面广。其中,单个投资者最高获赔500余万元,人均获赔3.89万元。民事调解书生效后,各被告均依约履行。上海金融法院划拨赔付款项至中国证券登记结算有限责任公司上海分公司,通过赔偿款项自动分配机制发放至各原告投资者证券资金账户。

【评析】

本案是人民法院深入贯彻落实中央金融工作会议关于更好发挥资本市场枢纽功能,推动股票发行注册制走深走实要求的最新司法实践。法院在审理中探索形成了三方面工作思路和举措,丰富了新时代证券集体诉讼纠纷领域“枫桥经验”内涵。

一、达成和解是集体诉讼纠纷化解的最优选

特别代表人诉讼被称为“中国式证券集团诉讼”,它能保障投资者权益,但同时极具威慑性,上市公司往往面临巨额赔偿,对证券市场的冲击也不可谓不大。证券群体性纠纷涉诉主体范围广、争议问题多且复杂,诉讼流程通常比较长,审理期一般平均为 1 年。即便是审结之后法院判处投资者可以获赔,上市公司受长期诉讼的负面影响,偿付能力也已经非常有限。与以往判决方式审结的证券群体性纠纷相比,以和解方式化解集体诉讼矛盾的好处是显而易见的。首先,可以降低投资者维权的时间和诉讼成本,大幅缩减赔偿周期,最大限度保障投资者胜诉利益。对各被告来说,和解给发行人、实际控制人和公司董监高弥补自身过错的机会,侵权人通过积极赔付及时摆脱诉累、轻装上阵,也减少了违法事件对资本市场的二次冲击。其次,其他涉诉的中介机构、责任人员可通过主动认责、积极赔付,向证券监管部门申请适用国务院于 2021 年发布的《证券期货行政执法当事人承诺制度实施办法》,①力争免于行政处罚,降低社会不良影响。并且,通过“一揽子”达成和解、终局化解纠纷,减少事后连环追责,节约诉讼资源。总的来说,证券集体诉讼的平稳处置、妥善化解,有利于维护证券交易市场健康秩序。

法院在审理过程中注意到本案具备调解的优势。近年来,随着最高人民法院在证券民事诉讼中取消前置程序,诸多投资者在行政监管机构对信息披露义务人作出立案调查之初便提起民事索赔诉讼,导致法院面临难以查明侵权事实的难题。本案的优势就在于证券监管部门的行政处罚、刑事案件中认定的发行人、董监高等有关欺诈发行、虚假陈述等事实相对清晰,可直接作为民事案件调解的事实基础。

---

① 《证券期货行政执法当事人承诺制度实施办法》第 2 条规定:本办法所称行政执法当事人承诺,是指国务院证券监督管理机构对涉嫌证券期货违法的单位或者个人进行调查期间,被调查的当事人承诺纠正涉嫌违法行为、赔偿有关投资者损失、消除损害或者不良影响并经国务院证券监督管理机构认可,当事人履行承诺后国务院证券监督管理机构终止案件调查的行政执法方式。

泽某某某公司、实控人及证券公司、律师事务所、会计师事务所等责任主体有一定偿付能力,调解之初,肇事主体就向法院表明担责的积极态度。上市公司实控人希望通过积极赔付取得受害人谅解,这些都为民事赔偿的调解提供契机和一定资金保障。对于东某证券、天某会计师事务所、康某律师事务所3家中介机构及相关责任人员来说,虽被诉民事索赔但尚未受到行政处罚,而行政调查已经启动。在本案调解中主动认责、积极赔付,有利于其申请适用证券期货行政执法当事人承诺制度,因此他们有充足动力参与和解方案谈判。

特别要指出的是,支持原告起诉的投保机构投服中心积极高效履职也是达成和解的关键所在。集体诉讼中,投保机构代表全体投资者统一行使诉权,扩充投资者知权渠道,能解决集体行动困境。投服中心作为经证监会批准设立并直接管理的证券金融类公益机构,在各方沟通和解中能够提供协商便利,使赔付方案的达成更加高效可行。

二、调解中坚持各担其责原则区分主体责任

根据《证券法》第85条的规定,上市发行过程中实施欺诈行为的信息披露义务人应当向证券交易中遭受损失的投资者承担民事赔偿责任,实际控制人、董事、监事、高级管理人员和其他直接责任人员以及保荐人、承销的证券公司及其直接责任人员,应当与发行人承担连带赔偿责任。

本案中的各方被告虽均有意达成调解,但履行方案中仍应按照分工职责、信息披露活动过程中所起的作用,区分主次责任。证监会在行政处罚决定书(〔2023〕29号)中认定泽某某某公司在其公告的证券发行文件中隐瞒重要事实、编造重大虚假内容的行为,构成《证券法》第181条第1款所述情形,实控人林某构成《证券法》第181条第2款所述情形。对于此违法行为,时任董事长、总经理林某全面负责泽某某某公司管理工作,对公司公告的证券发行文件、定期报告的真实性、准确性、完整性承担主要责任,系直接负责的主管人员,同时林某作为实际控制人组织、指使实施上述违法行为。时任董事、副总经理、财务总监、董事会秘书应某对公司负有管理责任,对公司公告的证

券发行文件、定期报告的真实性、准确性、完整性承担主要责任，系直接负责的主管人员。时任监事、内审部负责人王某亮，时任财务经理姜某莉知悉或者参与涉案公告的证券发行文件、定期报告所涉违法行为，系其他直接责任人员。时任董事刘某松，曾任职泽某某某公司、时任杭州畅鸿项目部经理雷某锋知悉或者参与泽某某某公司发行文件、定期报告所涉违法行为，系其他直接责任人员。由此，证监会根据实控人、董监高的不同身份、不同职责、不同行为，分别予以不同程度的处罚。

至于证券公司、会计师事务所、律师事务所等中介机构及直接责任人员，虽暂时未遭受行政处罚，但均不同程度参与了泽某某某公司证券发行：东某证券作为承销保荐机构，整体上发挥统揽全局、组织协调的关键作用，在职责履行中起着推荐和担保作用，是深度参与的服务机构。天某会计师事务所、康某律师事务所出具相应专业尽调报告，属于一般性参与的服务机构。根据《证券法》第 85 条、第 163 条的规定，证券公司、会计师事务所、律师事务所在证券发行过程中应当勤勉尽责，对所依据的文件资料内容真实性、准确性、完整性进行核查和验证。如果有虚假记载、误导性陈述或者重大遗漏，给他人造成损失，应当承担连带赔偿责任，但能够证明自己无过错的除外。纵观司法实践中五某某案、中某某案等先决案例，证券虚假陈述纠纷证券服务机构证明己方无过错责任难度较大，可能被判承担不等比例或全额的连带赔偿责任，诉讼风险也不可谓不大。

综合上述各方主体侵权行为性质、过错程度，法院确定以下赔偿原则：以发行人、实控人及直接负责的主管人员林某、直接负责的主管人员应某承担主要赔偿责任；刘某松、王某亮、雷某锋、姜某莉作为其他直接责任人员，东某证券、天某会计师事务所、康某律师事务所、胡某莉、陶某亮作为证券发行的中介机构及直接责任人员，根据各自的过错程度承担相应比例连带赔偿责任。

与民事赔偿责任的确定有所不同，款项分配方案还要考量各方偿付能力、及时保障投资者合法权益、尽量减少对资本市场负面影响等因素。经测算全体原告投资者可获赔金额达 2.8 亿元，泽某某某公司、实控人林某、应某应承担主要赔偿责任，但扣除公司通过上市发行募集资金剩余部分仍有超过一半的赔偿总额空缺。考虑到林某、应某作为自然人的赔偿能力有限,为尽快消除欺诈发行对资本市场的影响,证券公司、会计师事务所、律师事务所偿付责任的确定尤为关键。本案的调解有别于往常通过判决方式审结的群体性纠纷证券侵权,东某证券、天某会计师事务所、康某律师事务所作为本案欺诈发行的证券服务机构,在赔付方案中以各方对损失发生责任大小为基础适当调整偿付责任。在法院主导下十三方经过了多轮谈判,最终达成了实现利益平衡、兼顾各方责任轻重的和解方案,其中公司董监高人员根据行政处罚中认定的责任比例也积极主动赔付,从而实现了一次性终局解纷,避免事后连环追责。

上述款项支付方案可以看出,法院主导下证券群体纠纷和解充分考量了原被告利益诉求、调解意愿和顾虑,兼顾各方责任轻重、偿付能力、行业声誉、后续追偿等种种因素,在保护中小投资者权益、有效控制证券市场风险和保障市场秩序平稳有序之间找到了最佳的利益平衡点。

三、和解达成有赖于成熟的配套保障机制

特别代表人诉讼以原告“默示加入、明示退出”的意思表示方式确定参加诉讼的投资者名单,诉讼主体数量浩大,对人民法院提出了更高的程序保障要求,以保障中国证券集团诉讼的程序效能。

本案从诉前到执行保障证券群体性纠纷诉讼全过程的高效处置离不开法院成熟配套机制。为在诉前保障集体诉讼投资者的胜诉权益,2022年第二次修订实施的《上海金融法院关于证券纠纷示范判决机制的规定》确立了群体性纠纷概括式先行保全机制,群体性证券纠纷中有证据显示上市公司可能丧失偿付能力或被告存在转移、隐匿财产等可能使判决难以执行的,法院可以依职权裁定采取保全措施,保全金额可以依已登记案件的索赔金额确定。①本案在立案之初,泽某某某公司公告收到上海证券交易所作出的终止上市决定并进入退市整理期,②存在不能偿付的风险,法院遂依职权适用群体性纠纷

---

① 参见《上海金融法院关于证券纠纷示范判决机制的规定》第58条。

② 泽某某某公司于2023年6月1日发布《关于收到股票终止上市决定的公告》。

概括式先行保全机制对泽某某某公司财产进行了保全,为达成民事赔偿可行化方案奠定了坚实基础和款项保障。

审理过程中,法院通过与中国证券登记结算有限责任公司等金融基础设施之间搭建的证券执行查询专用线路,准确查询投资者交易记录,为原告投资者损失核算提供有利条件。2022年公布施行的《最高人民法院关于审理证券市场虚假陈述侵权民事赔偿案件的若干规定》,是确定原告投资者损失计算方法的法律依据。本案中各方对证券侵权行为的实施日、揭露日和基准日意见相对一致,并无较大争议,第三方损失核算机构据此迅速、精准核定了侵权人所承担的全部赔偿责任。

为满足投资者多元化解纷需求、提升投资者诉讼便利程度而建立的投资者司法保护综合平台,在本案7000余名投资者诉权保障方面贡献甚巨。上海金融法院投资者司法保护综合平台建立于2020年,是证券侵权群体性纠纷审理机制的创新,为中小投资者在立案登记、咨询查询、多元调解、集体诉讼、申请执行等全流程的诉讼程序中,提供"无纸化、一站式、交互型"的诉讼服务,满足中小投资者的多元化司法需求。2023年,本案特别代表人诉讼审理过程中再一次扩容升级,保障万名投资者同时登录查看案件审理情况并行使诉讼权利。在调解草案达成、召开听证会中,法院向全体原告投资者开放了庭审公开网定向观摩直播权限,扩大代表人诉讼听证会中原告投资者的参与度,保障每一位提出异议投资者都能听取案件审理细节,包括损失的计算、调解协议达成的背景、过程。

发放赔偿款项是投资者胜诉权益保障的"最后一公里"。代表人诉讼的特点在于原告方人数众多,如何准确、快速发放赔偿款是投资者获赔的关键。2022年,上海金融法院与中国证券登记结算有限责任公司上海分公司、证券监管部门磋商,就代表人诉讼赔偿款项自动分配机制达成了合作备忘录,本案的执行便通过该机制实现了一次性向7000余名投资者的证券账户发放赔偿款。具体的做法是先根据投资者姓名、证件号通过中国证券登记结算有限责任公司上海分公司查询证券账户号码以及账户适用状态,在有多个账户信息的情况下识别最为活跃账户,确定发放账户名单。再通过"法院代管款—中国结算—证券公司—投资者"流转路径,赔偿款逐级到达投资者个人账户,调解协议生效后不足1个月实现了全部发放。

作为证券集体诉讼和解工作的首次成功尝试,泽某某某特别代表人诉讼案于2023年4月立案至款项执行完毕,历时不足9个月,充分体现了法院对投资者合法权益保护的公正、高效、便捷。

结 语

我国证券集团诉讼首次采用“默示加入、明示退出”作为特别代表人诉讼原告确立方式,旨在通过法院主导无限扩大诉讼容量、实现一次性终局化解纠纷。本案作为全国首例以和解方式审结的特别代表人诉讼,人民法院结合审理中的司法实践总结中国式集团诉讼的制度应用和诉讼程序经验,形成了一系列工作思路和举措,以期为常态化推进证券集体诉讼纠纷化解、丰富新时代“枫桥经验”内涵提供可复制、可推广的实践样本。

收单机构违规设置特约商户结算账户的责任认定

——永某(上海)房地产开发有限公司诉杉某支付网络服务发展有限公司其他侵权责任纠纷案*

单素华**　黄佩蕾***

【裁判要旨】

收单机构作为特许经营的第三方支付机构,负有保障特约商户交易安全、资金安全的法定义务,因其未尽到合理的商户入网审核义务、未按规定设置结算账户而致特约商户资金损失的,收单机构应根据其过错承担相应的赔偿责任。

【案号】

一审:上海金融法院(2019)沪74民初3047号

二审:上海市高级人民法院(2021)沪民终1287号

---

* 本案入选2023年上海法院服务保障数字经济发展典型案例、2023年度上海法院金融商事审判十大案例、2023年度上海金融法院十大典型案例。

** 法学硕士,上海金融法院党组成员、副院长。

*** 法学硕士,上海市黄浦区人民法院金融审判庭审判员,原上海金融法院综合审判一庭法官助理。

【案情】

原告:永某(上海)房地产开发有限公司(以下简称永某房地产公司)

被告:杉某支付网络服务发展有限公司(以下简称杉某支付公司)

2018年1月,邱某某以永某房地产公司名义向杉某支付公司申请开通特约商户受理银行卡业务,并出具账户授权书,内容为永某房地产公司授权邱某某账户为清算账户,公章系伪造。杉某支付公司开通商户名为永某房地产公司的移动POS机一台,绑定结算账户为邱某某个人账户,杉某支付公司系统中上传的店照非永某房地产公司经营场所真实照片,永某房地产公司联系人实际设置为杉某支付公司工作人员。2018年1月~2019年2月,邱某某通过该POS机向购房人收取购房款,款项清算至邱某某个人账户。经委托审计,永某房地产公司实际发生的损失总计102,155,937元。事发后,公安机关以邱某某职务侵占立案,因邱某某未归案,该刑事案件仍在侦查中。后部分购房人起诉永某房地产公司退还购房款,法院判决予以支持。经永某房地产公司举报,中国人民银行上海分行出具答复意见,认定杉某支付公司存在对特约商户入网审核不严、未按照规定设置特约商户收单银行结算账户等问题。永某房地产公司遂提起诉讼,诉请杉某支付公司赔偿违规开立POS机造成的损失。对此,杉某支付公司辩称,其依约提供了POS机结算服务,无主观过错,不构成侵权;邱某某以欺诈手段骗取购房人的购房款,永某房地产公司并非违法行为的直接受害人,原告主体不适格;永某房地产公司明知且放任邱某某以个人账户收款,应自行承担损失。

【审判】

上海金融法院认为:现有证据不足以证明永某房地产公司授权邱某某办理相关支付业务并代收款。案涉POS机虽以永某房地产公司名义申请,但并非永某房地产公司真实意思表示,依法对其不产生法律效力。

关于杉某支付公司是否应负侵权损害赔偿责任:第一,杉某支付公司违规办理本案系争支付业务,其行为构成侵权。根据《银行卡收单业务管理办法》的规定,杉某支付公司在商户申请办理 POS 机收单支付业务时负有审核商户申请信息、进行现场检查以及按规定设置结算账户的特定义务。但杉某支付公司在本案中未尽上述义务,包括:(1)未严格核实邱某某的职权范围,而是将永某房地产公司商户联系人、财务联系人均设置为己方工作人员;(2)未对永某房地产公司进行现场检查,其信息系统中上传的照片并非永某房地产公司真实经营场所;(3)未将结算账户设置为单位同名账户,而绑定个人账户,且此后又根据邱某某指示两次变更结算账户。第二,杉某支付公司违规操作且未尽合理注意义务,为邱某某利用其业务漏洞违法侵占购房款提供便利并造成严重后果,存在重大过失。第三,永某房地产公司未收到通过 POS 机支付的购房款,但却通过履行和解协议及承担判决义务的方式向购房人交付房屋或退还购房款,损失已实际发生,永某房地产公司为直接受害人。第四,虽然邱某某的非法侵占行为是永某房地产公司损失的最终原因,但杉某支付公司的违规行为为邱某某侵占永某房地产公司购房款提供了必要条件,故杉某支付公司的侵权行为和永某房地产公司的财产损失之间存在直接因果关系。因此,杉某支付公司违规办理支付业务,造成侵害永某房地产公司合法利益的后果,应承担侵权损害赔偿责任。

关于杉某支付公司需承担赔偿责任的具体范围,需综合考量永某房地产公司是否存在过错、双方过错程度以及对损害后果产生的原因力。永某房地产公司对诉争损失的发生亦存在过错,主要体现在以下几个方面:(1)邱某某申请 POS 机时提供了永某房地产公司的营业执照、法定代表人护照、开户许可证等证件资料,永某房地产公司对其公司证件资料的保管、使用把控不严;(2)永某房地产公司房屋网签系统管理不到位,并在其与多名购房人签订的《商品房认购协议书》《出售合同》中对付款期限、逾期付款责任有明确约定的情况下,未及时发现款项欠付,以致未能及时发现邱某某所涉嫌的违法犯罪行为,造成损失扩大;(3)永某房地产公司对 POS 机刷卡支付管理不严,对 POS 机的使用及付款人身份核查不严,付款流程管理存在漏洞,为邱某某涉嫌的违法犯罪行为提供了便利。比较来看,杉某支付公司对开户申请资料审核不严、未落实现场检查监管要求且最为关键的是违规开立银行结算账户,其行为系邱某某能侵占资金并导致永某房地产公司损失的主要原因。永某房地产公司因自身管理不当,对损害结果的发生存在一定过错,故需自身承担部分损失。综上,结合双方的过错程度及对损失发生的原因力大小,酌情认定杉某支付公司需对永某房地产公司的损失承担60%的赔偿责任。

上海金融法院于2021年10月28日判决:(1)杉某支付公司应向永某房地产公司赔偿损失61,293,562元;(2)驳回永某房地产公司的其余诉讼请求。一审判决后,永某房地产公司、杉某支付公司提起上诉。上海市高级人民法院于2023年5月23日判决驳回上诉,维持原判。

【评析】

本案系特约商户(永某房地产公司)与收单机构(杉某支付公司)之间的纠纷,即收单机构在特约商户经办人无权代理的情况下为特约商户开通POS机收款,并违规将代收款结算至个人账户,而非商户同名单位账户,造成商户资金损失而产生纠纷,法律适用的难点在于银行卡收单的法律关系、收单机构的法律地位及其责任认定。

一、银行卡收单业务的法律关系

银行卡收单业务,是指收单机构与特约商户签订银行卡受理协议,在特约商户按约定受理银行卡并与持卡人达成交易后,为特约商户提供交易资金结算服务的行为。其中涉及五方主体,即持卡人、特约商户、收单机构、发卡行和银行卡清算组织。具体为,持卡人在特约商户消费,特约商户对持卡人及银行卡进行身份识别后,通过收单机构布放的POS机刷卡,将交易数据传输到发卡行取得授权,同时启动划款,持卡人在签购单上签名确认。发卡行与收单机构通过银联、网联等清算组织进行资金清算,特约商户凭签购单向收单机构收取款项,收单机构在规定周期内将资金结算给特约商户,并从中收取一定比例的手续费,如图1所示。

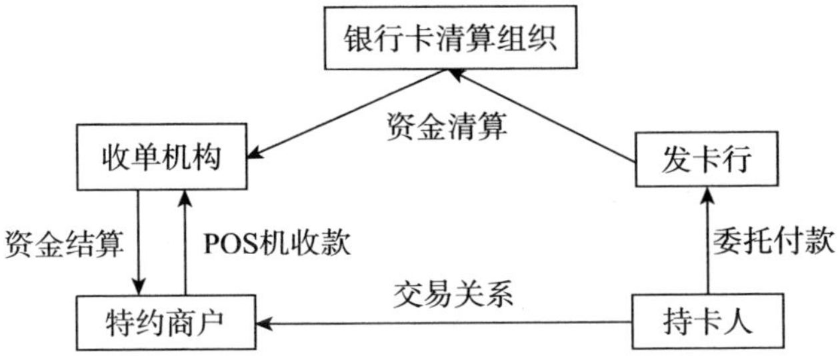

图1　银行卡收单业务架构

(一)特约商户与持卡人之间的法律关系

特约商户与持卡人之间的法律关系是发起整个收单业务的基础关系,或称为原因关系。理论上,凡是包含一方主体向另一方主体给付货币之内容的合同,且合意以 POS 机刷卡方式而非直接给付现金的方式履行付款义务的,均可构成该基础关系。本案中,永某房地产公司虽未收到购房款,但部分案涉房屋合同被法院生效判决认定构成表见代理,永某房地产公司基于该裁判规则与其他购房人签订和解协议,履行了交付房屋义务或退还购房款。故可认定永某房地产公司与购房人之间构成房屋买卖合同关系,永某房地产公司对购房人享有合法债权。

(二)持卡人与发卡行之间的法律关系

持卡人与发卡行(购房人开户行)之间主要是银行卡合同法律关系,[①]依据卡型分类,分别对应借记卡合同与信用卡合同。此外,因支付业务涉及持卡人与发卡行两方当事人之外的资金转移,还需混合委托合同的内容,即持卡人委托发卡行向特约商户付款。本案中,持卡人是依其真实意思向发卡行发出支付指令,实际亦发生对永某房地产公司债务清偿的效果,不涉及付款端盗刷的问题。

---

① 参见林文学、杨永清、张雪楳:《〈关于审理银行卡民事纠纷案件若干问题的规定〉的理解与适用》,载《人民司法》2021 年第 25 期。

(三)收单机构与发卡行之间的法律关系

一种观点认为,收单机构为发卡行的代理人,即发卡行因与特约商户无直接结算关系,需转委托特约商户开户行(收单机构)完成付款,收单机构在其中只起到传递交易信息的作用,无独立法律地位,交易仅涉及持卡人—发卡行—特约商户三方架构。[①] 相反观点则认为,收单机构与发卡行之间不是代理关系,而是独立主体,交易应为持卡人—发卡行—收单机构—特约商户之间的四方法律关系架构。[②]

笔者赞同后一种观点。理由在于,如果仅将收单机构定义为发卡行的代理人,无法周延至收单机构所承担的全部义务,如其与商户约定的卡片审核、资金结算方式、手续费分配等,也与收单机构在发卡行"委托"之前先与特约商户建立合同关系的现状不符。随着专业化分工的加深,发卡行的一部分职能已经完全由收单机构取代,如POS机信息传输后即取得发卡行即时授权,原来是发卡行对特约商户的付款承诺,变成收单机构对特约商户的付款承诺,发卡行与收单机构形成了互相清算的关系。收单机构作为以营业为目的的一方当事人参与交易,从中获取相应的利益,自然要承担相应的风险。因此,收单机构并非发卡行的代理人,其在支付关系中的法律地位如何定义,下文予以详述。本案中,收单机构与发卡行之间的清算关系与正常银行卡收单业务无异,双方不存在责任分担的问题。

(四)收单机构与特约商户之间的法律关系

对于如何从民法视角定性收单机构与特约商户之间的法律关系,理论争议较大。具体而言,依据其与基础关系是否有牵连,大约可分为两类:一类观

---

① 参见侯春雷:《银行卡民事纠纷法律适用:理论·案例·适用》,人民法院出版社2013年版,第44~45页。

② 参见侯春雷:《银行卡民事纠纷法律适用:理论·案例·适用》,人民法院出版社2013年版,第47页。

点是与基础关系相互牵连,包括委托合同说、债务承担说、债权买卖说等。[①]另一类观点是与基础关系相分离,包括担保合同说、无因债务约束说等。[②]当前,德国学者以无因债务约束说为通说,国内学者则以委托合同说为多数观点。此外,还有基于委托合同的复合法律关系的观点,即主张该法律关系包括委托代理结算法律关系、存款合同法律关系(收单机构为特约商户开户行的)、垫付资金法律关系(收单机构向特约商户付款早于其与发卡行清算的)等多重内容。[③]

从实务发展来看,笔者赞同复合法律关系说。《银行卡收单业务管理办法》第3条规定,收单机构是指为特约商户提供银行卡受理并完成资金结算服务的支付机构。从该监管规定来看,核心的委托代理结算关系包括两个方面,一是以特约商户的名义代收货币资金;二是按照约定与特约商户结算交易款。

本案特殊之处在于,第一,永某房地产公司已有银联POS机作为收款方式,无意再另行开通杉某支付公司的POS机。邱某某仅为永某房地产公司现场销售负责人,其职权范围不包括开通POS机等属于公司财会人员的职权,故其通过伪造公章的方式以永某房地产公司的名义申请开通POS机,属于无权代理,即永某房地产公司未授权杉某支付公司代收款。第二,杉某支付公司在邱某某伪造账户授权书的情况下,违反《银行卡收单业务管理办法》关于结算账户设置的明确规定,将邱某某个人账户设置为案涉POS机的结算账户,该行为使购房人向永某房地产公司支付的购房款悉数转移至邱某某账户,是本案产生纠纷的主要原因。

---

① 参见侯春雷:《银行卡民事纠纷法律适用:理论·案例·适用》,人民法院出版社2013年版,第63~65页。委托合同说认为,收单机构为发卡行或特约商户的受托人,受托为基础关系收付款;债务承担说认为,收单机构加入基础关系成为共同债务人,与持卡人负连带债务,收单机构清偿债务后依法定的债权转让向持卡人请求偿还消费金额;债权买卖说则认为,特约商户将其对持卡人所享有的债权转让给收单机构,签购单金额扣除手续费的余额即为债权转让价款。

② 参见侯春雷:《银行卡民事纠纷法律适用:理论·案例·适用》,人民法院出版社2013年版,第65~67页。该类观点建立在银行卡受理协议所约定的"收单机构收到符合条件的签购单即付款"的基础上,认为支付关系与基础关系分离,具体可为担保债务或类似票据结算的无因债务,如果基础关系消灭,则依据不当得利返还先前所作给付。

③ 参见侯春雷:《信用卡交易的民法分析》,法律出版社2010年版,第42~46页。

二、收单结算环节主体的法律地位认定

本案中,永某房地产公司所主张的损失即为购房人通过POS机向永某房地产公司支付,但公司未实际收到的购房款。但杉某支付公司辩称,邱某某以欺诈手段骗取购房人的购房款,永某房地产公司并非违法行为的直接受害人,而仅是通过债权转让取得尚不确定的诉权,原告主体不适格。问题在于,针对同一资金转移行为,持卡人与发卡行之间有委托付款关系,收单机构与特约商户之间亦有委托收款关系,两者的边界如何,收单机构与特约商户之间的结算环节是否可归结于持卡人委托付款的一部分,即发生在结算环节的资金损失,到底受害人是持卡人还是特约商户。此外,委托收款在支付业务中的定位如何,收单机构作为侵权行为人是否独立承担责任。

(一)银行卡收单业务的委托人认定

有观点将委托人解释为持卡人,即将每一次支付都认定为持卡人发起的委托付款,即持卡人委托发卡行向特约商户付款,发卡行转委托收单机构、银联组织等完成该付款指令。该种观点的理由如下:支付工具的选择反映的是持卡人的意思,即持卡人可以选择以现金、转账或者银行卡收单的方式进行支付,在收单业务中,特约商户、收单机构、银联均只是充当了持卡人的传递支付信息的信使,是以POS机搭建的网络为载体,将支付信息按照持卡人—特约商户—收单机构—银联—发卡行的顺序传递。那么,收单机构的委托人是持卡人,而不是特约商户,向特约商户收取的费用也并非受托收款的报酬,而是基于POS机的维护成本以及提供了便利的支付手段而使特约商户在吸引客源方面的获益。[①] 依该观点,收单机构将资金结算给特约商户也是持卡人委托付款合同的一部分,基于合同的相对性原则,在特约商户没有收到款项的情况下,特约商户应向持卡人主张权利,持卡人再向有过错的发卡行、收单机构追偿。

---

① 参见陈珺、吕琦:《银行卡相关民事法律关系研究》,中国银行法学研究会2015年年会论文。

笔者认为，上述观点虽在不区分具体支付方式，对所有银行卡法律关系作统一解释的角度有一定优势，但与收单实务不符。首先，收单机构与特约商户之间签订《受理银行卡业务协议》，约定了结算时间、结算账户、结算手续费、受理银行卡的标准等内容，系收单机构与特约商户之间合意的结果。从资金流即发卡行—收单机构—特约商户的顺序来看，仅发卡行到收单机构是完整执行持卡人支付指令的结果，收单机构到特约商户则并非完全反映持卡人的意思。其次，《非金融机构支付服务管理办法》、《银行卡收单业务管理办法》等监管规定以及《受理银行卡业务协议》的标准条款，均明确收单机构系为特约商户代收货币资金，故否认收单机构与特约商户之间的委托代理结算关系，而一律认定委托人是持卡人，与上述规定和当事人意思不符。最后，从委托报酬的支付对象来看，根据《银行卡收单业务管理办法》第 17 条的规定，收单机构应当按照有关规定向特约商户收取结算手续费，不得变相向持卡人转嫁结算手续费。收单机构与特约商户直接建立合同关系，约定按照刷卡次数向特约商户计收手续费，还另行收取 POS 机具押金、账户管理费等。因此，收单机构向特约商户收取的费用与委托收款服务直接相关，而对持卡人既无直接合同关系又无任何报酬请求权，持卡人始终为委托人的观点难以自圆其说。

实际上，相较于始终将支付业务的起点定位于付款端，委托付款与委托收款的并存关系才更能解释实践现状。就实现资金从持卡人到特约商户的转移而言，收单机构与特约商户之间的法律关系如同持卡人与发卡行之间的法律关系一样，均为支付机构与用户的关系。持卡人与发卡行之间为委托付款，特约商户与收单机构之间为委托收款，发卡行、收单机构同时接入银联卡组织进行清算。由于收单机构系代特约商户受领债权，对于持卡人的支付指令而言，资金从发卡行到达收单机构即为终结。至于收单机构与特约商户之间如何结算，与持卡人无关，也不影响持卡人在基础关系下的付款义务已履行完毕之认定。因此本案中，邱某某虽欺骗购房人通过 POS 机付款，但该付款对永某房地产公司而言成立表见代理，法律效果视为有权代理，购房人的付款义务已经履行完毕，委托付款的关系已终结。在此基础上，收单机构以永某房地产公司名义收款，但其后并未向永某房地产公司的账户进行结算，故结算环节的直接受害人并非购房人,而是永某房地产公司。

(二)收单机构作为支付服务提供者的类型认定

收单机构与特约商户之间的支付业务内容对外是代收款,对内是资金结算,支付机构的法律地位是否具有独立性以及各环节的责任主体认定,进一步取决于具体环节是否有其独立服务内容。

从域外对支付机构的分类来看,欧盟2015年《支付服务指令二》将第三方支付服务提供者划分为两类,即账户管理服务(account information services)与支付启动服务(payment initiation services)。① 学者观点认为,国内第三方支付机构也应具体区分为账户型和网关型。② 账户型支付机构对应欧盟指令的账户管理服务,其通过自有的支付账户,为用户进行收款、付款,实现资金从账户到账户的转移;网关型支付机构对应欧盟指令的支付启动服务,其不接触用户账户的电子簿记,而仅作为收款人或付款人提交支付指令的传达者,起到连接持卡人和商户的通道作用,故又称为支付指令传输服务提供者。对此进行区分的意义在于,账户型支付机构能够独立完成资金转移,故可以对外承担独立的损害赔偿责任,而网关型支付机构完成支付服务需借助银行或账户型支付机构配合资金转移,故还存在与银行或其他支付机构之间责任如何分担的问题。从我国对第三方支付的监管框架发展来看,此前包括《非金融机构支付服务管理办法》以及基于预付卡发行与受理、银行卡收单、网络支付三类子业态相继出台的《支付机构预付卡业务管理办法》、《银行卡收单业务管理办法》、《非银行支付机构网络支付业务管理办法》,未对支付机构作出明确分类。2024年5月施行的《非银行支付机构监督管理条例》从功能监管的角度对第三方支付进行分类,即分为从事储值账户运营业务、支付交易处理的支付机构,两种均属于根据收款人或者付款人提交的电子支付指令转移货币资金的支付业务,区别在于从事储值账户运营业务的支付机构能够接收付款人的预付资金。其中,银行卡收单被归入支付交易处理Ⅰ类,对应

① Payment services (PSD2) - (EU) 2015 / 2366.

② 参见李建星:《互联网非授权支付的责任分担规则》,载《法律科学(西北政法大学学报)》2020年第4期。

前述网关型支付机构。但具体到银行卡收单业务的代收款、资金结算两项内容来看,若支付机构的违规行为发生在资金结算环节,而非收款人支付指令的传递环节,不涉及与其他支付机构的配合,仍应独立向收款人承担损失赔偿责任。

三、收单机构责任的逻辑证成

本案中,对于永某房地产公司的购房款损失而言,显然存在邱某某和杉某支付公司两个不同的责任主体,故还需论证本案由杉某支付公司承担责任的理由及其与邱某某责任的关系。

(一)收单机构的责任认定

收单机构向特约商户提供的支付服务包括代为受领债权和按约结算款项两方面,在本案分别对应 POS 机的开立和结算账户的设置两项关键事实。在行政监管方面,据中国人民银行上海分行认定,杉某支付公司对特约商户入网审核不严、未按照规定设置结算账户,违反《银行卡收单业务管理办法》的相关规定。

关于 POS 机的开立,因涉及支付服务首次建立,相关监管规定及行业自律规范均明确收单机构应当对特约商户实行实名制管理,①并对商户申请收单服务真实意愿负有实质性审核义务。② 对于未尽审核义务的法律后果,根据《最高人民法院关于审理银行卡民事纠纷案件若干问题的规定》(以下简

---

① 《银行卡收单业务管理办法》第 9 条规定:收单机构应当对特约商户实行实名制管理,严格审核特约商户的营业执照等证明文件,以及法定代表人或负责人有效身份证件等申请材料。中国支付清算协会《银行卡业务风险控制与安全管理指引》第 85 条第 1 款规定:收单机构应充分利用联网核查身份信息系统、人民银行征信系统、银行卡清算机构风险信息共享系统、全国企业信用信息公示系统等核查方式,核实商户法定代表人或负责人、授权经办人的个人身份,了解商户的经营背景、营业场所、经营范围、财务状况、资信等,必要时,要向公安部门、工商行政管理部门、商户开户行或其他单位进一步核实。

② 参见《中国人民银行有关部门负责人就〈中国人民银行关于加强支付受理终端及相关业务管理的通知〉答记者问》,载中国人民银行官网 2021 年 10 月 13 日,www. pbc. gov. cn/rmyh/3963412/3963426/4359553/index. html。

称《银行卡民事纠纷规定》)第9条的规定,发卡行未尽告知义务足以影响持卡人是否决定使用网络支付功能的,持卡人以其与发卡行未达成合意为由请求不承担使用该功能而导致网络盗刷的责任,法院应当支持,非银支付机构新开通网络支付业务的,参照此规则处理。[①] 也就是说,特约商户若与支付机构之间未达成开通支付业务的合意,可以不承担使用该支付业务而导致的盗刷责任。此外,支付行业协会也有类似规定,即《银行卡业务风险控制与安全管理指引》第86条,未充分落实商户资质审核义务而给收单机构自身或其他业务主体造成的风险及损失责任,由收单机构承担。[②] 本案中,杉某支付公司在开立POS机时未严格核实邱某某的职权范围和开户资料,将永某房地产公司商户联系人、财务联系人均设置为杉某支付公司工作人员,未按规定对永某房地产公司进行现场检查,存在过错,应认定未尽到审核义务。

但实际上,无论是有权还是无权代理,代为受领债权本身并不必然导致特约商户的损失,如杉某支付公司正确向永某房地产公司进行了结算,后者仍能取得购房人全部款项,故本案的重点应放在杉某支付公司违规设置结算账户的讨论上。第一,根据《银行卡收单业务管理办法》第29条的规定,收单机构应当建立特约商户收单银行结算账户设置和变更审核制度,严格审核设置和变更申请材料的真实性、有效性。特约商户的收单银行结算账户应当为其同名单位银行结算账户,或其指定的、与其存在合法资金管理关系的单位银行结算账户。特约商户为单位的,不得将其结算账户设置为个人账户,杉

---

① 《银行卡民事纠纷规定》第9条规定:发卡行在与持卡人订立银行卡合同或者新增网络支付业务时,未完全告知某一网络支付业务持卡人身份识别方式、交易验证方式、交易规则等足以影响持卡人决定是否使用该功能的内容,致使持卡人没有全面准确理解该功能,持卡人以其未与发卡行就相关网络支付条款达成合意为由请求不承担因使用该功能而导致网络盗刷责任的,人民法院应予支持,但持卡人对于网络盗刷具有过错的,应当承担相应过错责任。发卡行虽然未尽前述义务,但是有证据证明持卡人知道并理解该网络支付功能的,适用本规定第7条规定。非银行支付机构新增网络支付业务类型时,存在前款未完全履行告知义务情形,参照前款规定处理。

② 中国支付清算协会《银行卡业务风险控制与安全管理指引》第86条规定:收单机构应对特约商户实行实名制管理,严格审核特约商户的营业执照等证明文件,以及法定代表人或负责人有效身份证件等申请材料。……在审核中,收单机构应综合考虑本机构风险控制管理要求、对特约商户资信状况的掌握程度等因素,对不同性质的特约商户要求提供不同类型的证明文件和资料,且应确保相关证明文件及资料为特约商户真实意愿的表达。对因未充分落实商户资质审核义务而给收单机构自身或其他业务主体造成的风险及损失责任,由收单机构承担……

某支付公司违反该规定。第二,收单机构作为从事交易处理的支付机构,代收款后应向特约商户账户进行结算,而向邱某某结算的主要依据是邱某某伪造的账户授权书,故该结算行为系非基于永某房地产公司真实意思的资金转移,构成"非授权支付"。根据《中华人民共和国电子商务法》(以下简称《电子商务法》)第57条第2款的规定,未经授权的支付造成的损失,由电子支付服务提供者承担。

"非授权支付"从实质上来说,就是支付命令的欺诈,其典型表现是第三人以用户的名义向支付机构发出未经授权的指令,指示支付机构将资金划拨给未经授权人指定的账户。[①] 早期司法实践中,非授权支付侵害的是谁的资产、谁受到欺诈这一问题存在争议,之前观点认为账户资金的所有权为用户所有,所以资金减少是用户所有权受到侵害。而后随着对货币法律概念认识的加深,观点逐步统一为货币所有权随交付而转移,用户仅享有债权而非所有权。[②] 故非授权支付的直接后果是支付机构自身资产的减少。以借记卡非授权支付为例,用户将现金存入银行,资金所有权随之从用户转移给银行,若银行受欺诈向第三人进行了给付,除非存在表见代理的适用,否则对用户不发生法律效力。因此,用户仍可以向银行主张全额债权,并在银行拒付时请求其承担违约责任。该共识解决了非授权支付的举证责任分配,即一旦发生非授权支付,先是支付机构的所有权受到侵害,只有当支付机构证明其行为得到了本人的授权,才能将损失转嫁给用户承担。因此本案中,杉某支付公司主张永某房地产公司明知且放任邱某某以个人账户收款,但未能提交充分的证据予以证明,应承担举证不能的后果。

但是,非授权支付也不是由支付机构承担"全有或全无"的责任。具体分两种情况,第一,如果构成非授权支付,银行自担损失,但用户未对身份识别信息和交易验证信息尽到妥善保管义务具有过错,应基于与有过失承担部分责任。第二,如果不构成非授权支付,用户自担损失,亦可以基于支付机构未

---

① 参见深圳金融法庭课题组:《关于非银行支付机构网络支付法律问题的研究》,载最高人民法院民事审判第二庭编:《商事审判指导》2017年卷,人民法院出版社2019年版。

② 参见朱晓喆:《存款货币的权利归属与返还请求权——反思民法上货币"占有即所有"法则的司法运用》,载《法学研究》2018年第2期。

尽保障用卡安全义务,依过错程度请求其承担相应责任。因此,非授权支付的事实只是对直接受害人的确定,在非授权使用者作为终局责任人无法找到或丧失清偿能力的情况下,还需要结合双方过错程度分担损失。

(二)与非授权使用者责任的关系

无论在何种法律关系层面,认定受欺诈的是持卡人、特约商户还是支付机构,实际侵占资金的邱某某显然是终局责任人,故非授权支付通常同时存在"刑民交叉"的问题。对此,支付机构作为向公众提供金融服务的特许经营者,在提供支付服务获得收益的同时应当以更加安全的技术保障支付安全,发生非授权支付的,由其先于犯罪嫌疑人承担责任,符合制造风险者应防范风险的法理以及风险与收益相对等原则。① 并且,支付机构具有相较于用户更为强大的风险预防、控制和承受能力,有利于鼓励发卡行提供安全性更高的银行卡产品和服务,从源头上减少风险发生概率,防控金融风险,促进银行卡产业安全稳定发展。这一规则在我国《银行卡民事纠纷规定》对于伪卡盗刷的责任分配中亦有体现,即在发卡行和持卡人之间,适用无过错归责原则认定发卡行非授权支付的违约责任。② 域外也持相同立场,如欧盟《支付服务指令二》规定用户通知之后的非授权交易由支付服务提供者负全部责任,用户通知之前的非授权交易,除非用户存在故意或重大过失,否则无论损失额度多少,用户仅需负责50欧元的损失,剩余部分由支付服务提供者承担。③ 又如美国《电子资金转移法》(Electronic Funds Transfer Act)及《诚实借贷法》(Truth in Lending Act),亦规定用户知悉非授权交易后在规定期间内通知

---

① 美国大法官波斯纳(Posner)与罗森菲尔德(Rosenfield)对于合同风险负担曾提出"优势风险承担者"理论,意即优势风险承担者系合同关系中,最有能力让意外事故或不可抗力致合同无法履行的损失最小化的人,包括事前预防、事中损失降低,以及确保难以预见的剩余风险不再发生的能力,并由优势风险承担者负担风险发生所致损失。See Richard A. Posner & Andrew M. Rosenfield, *Impossibility and Related Doctrines in Contract Law: An Economic Analysis*, 6 J. LEGAL STUD. 83, 90-91 (1977).

② 参见《最高法民二庭负责人就〈银行卡规定〉答记者问》,载中华人民共和国最高人民法院官网2021年5月25日,http://www.court.gov.cn/zixun/xiangqing/304781.html。

③ DIRECTIVE (EU) 2015/2366 Article 72(2), 74(1).

的,责任上限为 50 美元。[①]

从两者关系来看,杉某支付公司是基于未授权支付的规定向永某房地产公司独立承担责任,与邱某某刑事责任的给付内容虽然不一致,但给付目的都是填补永某房地产公司的购房款损失,构成不真正连带责任关系。数个债务人基于不同的发生原因而偶然产生同一内容的给付,责任构成要件不相同,应当各自独立地对债权人负全部履行的义务,并因任一债务人的履行而使全体债务人的债务归于消灭。现没有证据证明邱某某已经向永某房地产公司实际履行了赔偿责任,故杉某支付公司不能要求减免自己的民事责任或要求永某房地产公司先行向邱某某主张责任。杉某支付公司承担责任后,可以向邱某某进行追偿。

四、基于"支付机构—用户"关系的类案审理思路

银行卡案件涉及主体较多,法律关系错综复杂,在涉及非授权支付的情况下,既有特约商户与持卡人之间的基础交易关系,又有支付机构与用户之间的受托支付关系,以及支付机构责任与非授权使用者责任的关系。对此,最高人民法院于 2021 年出台的《银行卡民事纠纷规定》主要解决了社会关切的银行卡盗刷问题,即对发卡行适用无过错归责原则的违约责任,对持卡人适用与有过错、减损义务的规定。该规则虽仅针对"付款端"非授权支付的责任分配,但基于《电子商务法》第 57 条第 2 款的统一解释,亦可以参照适用于"收款端",即发生收单机构与特约商户结算环节的非授权支付的,由收单机构承担责任,如果特约商户与有过失,应分担相应损失。据此可梳理涉支付业务案件基于"支付机构—用户"关系的类案审理思路。

第一,确定各参与主体之间的法律关系及请求权基础。第三方支付业务包括网络支付、预付卡发行与受理、银行卡收单等,虽然各具体业务流程不尽相同,但参与主体较为固定,主要涉及支付方、收款方、银行及第三方支付机构。从主体类型的划分来看,支付方的持卡人和收款方一般都是支付服务的

---

① EFTA, 15 U. S. C. A Article 1693.

用户,银行及第三方支付机构则是支付服务的提供者,在此基础上需具体审查支付机构在资金转移服务中的地位和作用,属于账户型还是网关型支付机构。此外,审理中需确定用户请求权的基础,如果成立委托支付的合同关系,用户可向支付机构主张合同履行请求权或违约责任请求权;如果用户根本未授权开通支付功能,可主张侵权损害赔偿责任。

第二,审查非授权支付的事实并正确分配举证责任。非授权支付的核心逻辑在于代理理论的运用,表见代理的判断是解决非授权支付由谁承担直接损失的关键问题,直接决定各方责任承担的先后顺序与责任分担的份额。在用户初步举证非授权支付的情况下,根据《银行卡民事纠纷规定》第4条第2款的规定,支付机构主张争议交易为用户本人交易或者其授权交易的,应当承担举证责任。如果支付行为不是用户合法授权行为,应由支付机构承担责任。

第三,审查各主体具体过错,合理确定责任分担比例。在确定是否构成非授权支付,并据此确定直接责任承担者之后,还涉及支付机构与用户之间分担损失的问题,主要是对过错责任适用的过程。如果用户在身份信息泄露导致损失发生、未及时通知导致损失扩大等方面具有过错,或者支付机构在未尽到审核义务和用卡安全义务等方面具有过错,应基于侵权的与有过失规则或合同的双方违约规则承担相应责任。

有限合伙份额关联交易未经登记不得对抗善意执行

——光某发展投资有限公司诉上海华某银行股份有限公司、第三人光某资本投资有限公司案外人执行异议之诉案*

王　鑫** 　陈思玮***

【裁判要旨】

本案系一起由有限合伙份额关联交易未变更登记而引发的执行异议之诉案件。法院认为,关联企业间转让有限合伙份额,对于交易条件的确定、交易进程的掌控相较于普通商事交易更为隐秘,若不以公示制度将关联交易彰显于外,将产生侵害善意债权人的道德风险。本案从关联交易的风险分配、执行标的性质、法益位阶、申请执行人的信赖利益保护等角度综合考量,认为未经登记的有限合伙份额为债权性质权利,并产生不优先于执行债权的效力,关联公司间有限合伙份额转让未及时办理工商变更登记,出让人的债权人因信赖登记权利外观申请保全并强制执行该有限合伙份额的,未登记的受让人无权主张排除强制执行。

---

* 本案入选2023年上海市高级人民法院参考性案例、2023年度上海法院"100个精品案例"、2023年度上海金融法院十大典型案例。

** 法学硕士,上海金融法院综合审判三庭庭长、二级高级法官。

*** 法学硕士,上海金融法院综合审判三庭法官助理、四级法官助理。

【案号】

一审:上海金融法院(2022)沪74民初728号

二审:上海市高级人民法院(2023)沪民终49号

【案情】

原告(案外异议人):光某发展投资有限公司(以下简称光某发展)

被告(申请执行人):上海华某银行股份有限公司(以下简称华某银行)

第三人(被执行人):光某资本投资有限公司(以下简称光某资本)

一、执行标的的关联交易情况

光某发展与光某资本均系光某证券全资子公司。2016年6月20日,光某资本通过其关联A基金发起成立有限合伙,执行事务合伙人为A基金,有限合伙人包括光某资本。2017年12月21日,光某资本与光某发展签订《转让协议》,约定光某资本有限合伙份额转让给光某发展,办理变更登记后,受让方成为合伙企业财产的合法出资者。光某发展于当日支付相应转让款10亿元。有限合伙企业执行事务合伙人就合伙人变更事项通知基金合伙人,并在内部合伙人登记册上完成合伙人变更登记。2018年9月3日,有限合伙收益分配给光某发展。2018年6月12日,执行事务合伙人向工商行政管理局沟通工商变更手续事宜,次日收到回复,要求尽快配合完善相关流程。后该有限合伙份额转让事宜一直未完成,至同年10月10日,该有限合伙份额被法院保全。

二、申请执行的债权依据

2016年2月25日,光某资本通过其全资子公司设立投资基金收购境外某体育媒体服务公司股权，华某银行通过信托认购该投资基金优先级份额，光某资本出具差额补足函，承诺对投资收益差额承担补足义务。因收购目标公司经营不佳触发基金约定的退出事件，2018 年 9 月 20 日，华某银行向上海金融法院提起诉讼要求光某资本履行差额补足义务。同年 10 月 10 日，根据华某银行的申请，上海金融法院保全了登记于光某资本名下的有限合伙份额。2020 年 7 月 31 日，上海金融法院判令光某资本向华某银行支付投资本金及收益。

2021 年 6 月 23 日，华某银行提出强制执行申请，光某发展提出执行异议，后被法院驳回。光某发展遂提起本案诉讼。

经审理，本案的争议焦点为：(1)光某发展对有限合伙份额享有何种权利；(2)未办理登记的有限合伙份额受让人的权利能否排除强制执行。

【审判】

上海金融法院于 2022 年 11 月 29 日作出(2022)沪 74 民初 728 号民事判决：驳回原告光某发展的诉讼请求。一审宣判后，光某发展依法提起上诉。上海市高级人民法院于 2023 年 5 月 8 日作出(2023)沪民终 49 号民事判决：驳回上诉，维持原判。

上海金融法院认为：关于光某发展对有限合伙份额享有何种权利，《中华人民共和国合伙企业法》(以下简称《合伙企业法》)第 63 条将有限合伙人资格取得的程序要求纳入当事人意思自治范畴，虽然本案中《转让协议》中特别约定以办理变更登记作为变更合伙人资格的前提，但从转让协议履行的情况看，光某发展就有限合伙份额享有的权利得到了其他合伙人的一致认可，且已经实际取得相应的合伙份额收益，当事人以实际履行行为变更了《转让协议》的约定，就合伙内部关系而言，光某发展已经取得相应合伙份额。但需要指出的是，光某发展受让的有限合伙份额源于合伙协议，权利性质系债权性权利，不当然具有普遍对世效力。光某发展无权在针对华某银行的外部诉讼中提出确认财产份额归其“所有”的诉讼请求。

虽然光某发展成为新的有限合伙人，但其对有限合伙份额享有的权利是否足以排除强制执行,需要根据不同当事人对同一执行标的物上所涉不同权利的类型、性质、效力以及权利背后的价值进行综合甄别和比较。首先,光某发展受让取得的有限合伙份额未经公示,权利性质系债权性权利,且也不涉及生存权等需要特殊保护的法益,未经登记的有限合伙份额不优先于执行债权。其次,商事外观主义信赖利益的保护范围主要针对的是交易中的相对人,但现行法律并未绝对排除其在执行领域的适用。依照原《中华人民共和国民法总则》第65条和第108条的规定,工商登记具有公信效力,企业内部存在的运行体制与其在登记机关公示的内容不相符时,对善意相对人不发生效力。在法律明确否定超标的查封,申请执行人为了实现对某项特定财产的查封冻结,必须放弃对其他财产查封冻结的情况下,如果对该查封冻结的信赖利益不予保护,对善意申请执行人显然有失公允。最后,从风险分配的角度,案涉合伙份额的转让系关联交易,由关联交易方而非善意第三人来承担未能及时办理工商变更登记的风险更为公平合理。关联企业之间进行合伙份额的转让,对于交易条件的确定、交易进程的掌控相较于普通的商事交易更为便利,对如何避免权利外观长期陷于"名实不符"而对交易安全造成潜在损害亦负有更高的注意义务。然而,本案中光某发展和光某资本在长达近1年的时间内未完成有限合伙份额的变更登记,由此产生的风险应当由关联交易方自行承担。

【评析】

执行异议之诉是对执行标的享有实体权利的案外人的执行救济制度,案外人对执行标的的实体权利是实现排除执行诉请的前提,但案外人享有执行标的的实体权利仅是排除强制执行的必要而非充分条件,若案外人主张的实体权利成立,但该实体权利尚不足以排除对系争标的物的执行,排除执行的请求也不能成立。[①] 在考量申请人对执行标的物享有的权利是否足以排除强制执行时,本案从执行标的性质、法益位阶比较、信赖利益保护、交易风险负

① 参见章武生、金殿军:《案外人异议之诉研究》,载《法学家》2010年第5期。

担等角度综合考量，保护了诚信当事人的正当利益。

一、权利位阶的考量：未经登记的有限合伙份额不优先于执行债权

执行异议之诉要求异议人必须对执行标的享有所有权或者其他足以阻止执行标的转让、交付的实体权利。① 学界对该类可排除执行的实体权利类型讨论甚多，通常认为基于物权的排他支配效力②，所有权、担保物权、用益物权等权利人较能排除申请执行人的执行请求，而对债权性质的权利是否具有排除执行的效力争议甚多。③ 债权为相对权，究其本质为向特定人请求为特定给付的给付请求权，对于债权债务关系内部而言，债权人并不具有排他性的支配权利；对于外部关系而言，债权因无公示手段而不为第三人知晓，不产生如同物权公示后对第三人的绝对效力，债权并不当然具有排除司法强制执行的效力。

在物权—债权两分的权利性质划分中，笔者认为，未经登记的有限合伙份额被认为是更偏向债权性质的权利，具体而言：第一，从有限合伙人的权能来说，我国《合伙企业法》的规定明显弱化有限合伙人的人合性，突出其资合性，有限合伙人无合伙事务执行权，不得对外代表有限合伙企业，即使丧失民事行为能力有限合伙人也不当然退伙。从有限合伙企业内部关系看，有限合伙人对有限合伙企业无经营管理之“实权”，同时也无普通合伙人的竞业限制之义务，有限合伙人的主要权利即利益分配请求权为债权性质权利。第二，从权利转让的要件上看，根据《合伙企业法》第 73 条之规定，有限合伙人可以按照合伙协议的约定向合伙人以外的人转让有限合伙份额，即有限合伙份额

---

① 根据《最高人民法院关于适用〈中华人民共和国民事诉讼法〉执行程序若干问题的解释》第 14 条的规定，案外人异议的事由是对执行标的主张所有权或者其他足以阻止执行标的转让、交付的实体权利。

② 参见吴光陆：《强制执行法》，台北，三民书局股份有限公司 2015 年版，第 228 页。

③ 参见肖建国：《〈民事诉讼法〉执行编修改的若干问题探讨以民事强制执行救济制度的适用为中心》，载《法律适用》2008 年第 4 期；汤维建、陈爱飞：《“足以排除强制执行民事权益”的类型化分析》，载《苏州大学学报(哲学社会科学版)》2018 年第 2 期。

之转让遵循意思自治原则,未规定公示程序作为法定生效要件,此亦更符合债权转让的特征。第三,从工商登记之对世效力来看,因有限合伙份额的转让未经工商变更登记,外部第三人无法获知有限合伙份额的真实权利人,未经登记的有限合伙份额不具有公示程序产生的公信力,不产生类似物权的对世效力,仅就有限合伙内部具有相对效力,故权利效力上更偏向债权之相对性而非物权之绝对性。

在有限合伙企业作为基金等金融产品的融资工具语境下,有限合伙份额的债权属性愈加凸显。有限合伙在组织形式上的资合特点、在权利性质上的债权属性以及税收政策上的优惠等特点契合了基金、信托等金融产品寻找融资工具的需求,有限合伙型基金被认为是兼具了公司型基金和契约型基金优劣势的平衡产物,成为目前设立基金产品的优选工具。通过信托形式的交易结构设计,有限合伙份额权益的实际享有人实为投资者,显然,有限合伙制基金并非以生产经营为设立目的,而是以投资约定标的、实现利润分配以及资金退出为目的,故有限合伙份额作为投融资结构的工具更加强化了其债权属性。本案合伙企业份额即属于基金产品工具,光某发展虽然自光某资本处受让取得有限合伙份额,但因未经工商登记公示,仅具有内部效力,不具备对抗善意第三人的效力。同时,该债权性权利亦不涉及生存权等需特殊保护的法益,光某发展享有的有限合伙份额并不当然优先于华某银行的执行债权。

二、关联交易的考量:关联交易方对利益冲突方负有注意义务

执行异议之诉涉及申请执行人信赖利益的保护和案外异议人对执行标的实体权利之间的利益冲突解决,考察案外异议人对执行标的享有的实体权利是否足以排除强制执行需坚持利益平衡原则,判断利益相关方之间风险控制与义务分配,合理保护善意第三人利益,从而使法律评价与风险负担相匹配,如此,司法裁判规则方具备指导市场主体规范行为的引导效果。因经济活动的复杂性,利益平衡的判断应当根据具体交易安排、交易主体关联性、主

观过错等情况予以分析。

关联交易虽本身属于正常市场交易行为,但由于关联公司之间的交易往往系同一利益目标下,由同一控制人安排进行,其交易逻辑不同于通常的商事交易,关联交易的对价和条件的正当性、公平性无市场竞争与交易机制的验证,或有侵害第三人利益的道德风险,法律法规对上市公司关联交易规定了信息披露的要求,使重大关联交易及时为市场所知。当关联交易与第三人利益产生冲突时,第三人无从得知关联交易的情况从而证明关联交易存在侵害第三人利益之嫌,而关联方对于交易条件的确定、交易进程的掌控更为便利,由关联交易方对交易的公平性进行证明并由其承担关联交易带来的风险更为合理。

对于有限合伙份额的关联交易,工商登记提供了具有公信力的权利归属情况披露工具,从风险分配的角度而言,关联交易方可利用工商变更登记便捷地将份额转让情况公示于外,从而取得对抗第三人的效力,而因关联交易造成的权利"名不符实"外观容易造成对第三人的误导,关联交易方对于如何避免权利外观长期陷于"名不符实"而对交易安全造成潜在损害负有更高的注意义务,故由关联交易方而非善意第三人来承担未能及时办理工商变更登记的风险更为合适。从利益冲突角度看,关联交易固然存在侵害第三人利益的可能,但该种侵害可能性只有在利益发生实质冲突时,方有法律介入进行利益衡量的必要,如关联交易导致债务人责任财产的不当减少致使债务人无法清偿自身债务时,关联交易与债权人的利益产生了实质冲突。从法律评价上考量,有限合伙份额的转让因未完成工商变更登记而不具备对外效力,若当然认可关联交易未完成工商登记也可对抗第三人,无疑将鼓励被执行人通过关联交易的安排,以签订内部转让协议方式,转移自身责任财产,逃避司法强制执行,此亦有损商事登记的公示公信力。

本案中,光某发展在有限合伙份额的转让交易可以借助工商登记的公示手段让第三人知晓权利真实状况的情况下,长期未办理案涉有限合伙份额的工商变更登记,致使有限合伙份额的登记状态与实际权利状态长期处于不一致的情况,而第三人基于对登记外观的信赖请求司法保全该部分份额,在申请人就该保全物申请强制执行的情况下,关联交易与第三人利益产生实质冲突。光某发展对“名不符实”的权利外观的形成具有一定过错,对权利登记于他人名下而导致的被强制执行的风险亦应当有所预期,在异议人的实体权利并未明显优先于执行债权,且异议人因关联交易对于错误外观的形成具有可归责性的情况下,由异议人承担标的物被司法强制执行的风险具有合理性。

三、善意执行保护的考量:申请执行人的合理信赖利益应当予以保护

申请执行人对执行标的的合理信赖,即对执行标的权属外观的信赖,是执行行为启动的基础,司法机关亦是通过标的物上权利外观的形式审查确定执行行为。而案外人向执行法院提出排除执行请求的实质是行使诉讼法上的形成权,该形成之诉法律效果为排除司法的强制执行行为,即意图达到变更法院所实施法律行为或者撤销法院所实施法律行为的法律效果,[①]这将使申请执行人的胜诉利益落空,故申请执行人对执行标的的信赖利益保护是执行异议之诉必须考量的因素。执行程序中,申请执行人对经工商登记的有限合伙份额商事外观具有一定信赖利益,该信赖一方面源于申请执行人基于善意执行理念对保全物在程序上的信赖,另一方面源于对经工商登记的权利外观的信赖。

第一,申请保全人基于善意执行理念对保全物具有程序上的信赖利益,执行标的之权利外观虽无实体法上维护交易安全之功能,但亦使善意的申请执行人产生信赖并遭受一定损失,故有必要对申请执行人程序法上的信赖利益予以保护。[②] 财产保全通过在程序上控制债务人的责任财产,确定法院的处置权从而保障债权人胜诉利益的实现,胜诉后的债权人对保全标的物具有

① 参见唐力:《案外人执行异议之诉的完善》,载《法学》2014年第7期。

② 参见肖建国、庄诗岳:《论案外人异议之诉中足以排除强制执行的民事权益——以虚假登记财产的执行为中心》,载《法律适用》2018年第15期。

一定范围内的优先受偿权①,债权人对保全标的物程序上的合理信赖应当予以保护。在法律规定明确否认超标的查封,②申请保全人或执行人为实现对某项特定财产的查封,必须放弃对其他财产的保全申请的情况下,如果对该查封的信赖利益不予保护,无疑对申请执行人有失公允,有悖于善意执行理念。

第二,基于工商登记权利外观的合理信赖应当受到保护。工商登记的公信力源于公权力的可信任性,以及交易安全的要求。交易相对方可根据登记公布的信息判断法人的履约能力、交易风险,工商登记"外观"如果不能为社会一般人所信赖,势必阻碍民商事交易的进行,危及交易秩序与安全,故企业内部登记与登记机关登记公示的内容不一致的,对善意相对人不发生效力。该规则背后的商事外观主义所保护的信赖利益范围虽通常认为仅限于交易中的相对人,但现行法律并未绝对排除其在执行领域的适用。也有观点认为,未经登记而无对抗力的物权,其不得对抗的善意第三人是指不知道或者不应知道物权变动的事实且对标的物享有正当利益的人,取得无对抗力的所有权的权利人,不得以其所有权对抗已申请法院对同一财产采取强制执行措施的普通债权人。③

本案中,案外异议人光某发展在签订有限合伙份额转让协议后至司法保全近1年的时间内,怠于办理案涉有限合伙份额的工商变更登记,致使有限合伙份额的登记状态与实质权利状态长期处于不一致的情况。华某银行基于工商登记的权利推定的信赖,就光某资本名下的有限合伙企业份额向法院申请财产保全,保全金额未超过诉请的债权范围,法院于2018年11月2日保全了上述份额。异议人光某发展作为光某资本的关联方,早于2018年12月便知晓有限合伙份额被司法保全事项,却并未积极推进异议申请,直至2021年10月8日才提出书面执行异议,进一步加深华某银行对可就保全标

---

① 《最高人民法院关于人民法院执行工作若干问题的规定(试行)》第55条第1款规定:"多份生效法律文书确定金钱给付内容的多个债权人分别对同一被执行人申请执行,各债权人对执行标的物均无担保物权的,按照执行法院采取执行措施的先后顺序受偿。"

② 《中华人民共和国民事诉讼法》第105条规定:"保全限于请求的范围,或者与本案有关的财物。"

③ 参见尹田、尹伊:《论对未经登记及登记不实财产的强制执行》,载《法律适用》2014年第10期。

的物价值强制执行而获清偿的信赖,致使华某银行未能及时变更标的物,导致强制执行之时光某资本已无其他财产可供执行偿还债务的后果,华某银行基于善意执行理念产生的对保全程序的信赖也应当予以保护。

综上所述,未经登记的有限合伙份额不具有对外效力,并不当然优先于执行债权,申请执行人对工商登记的权利外观的信赖以及对善意保全的信赖应当予以保护,而案涉有限合伙份额的关联交易仅具有形式上的合意性,关联交易方对“名不符实”的权利外观之形成有过错,对申请保全人的善意信赖观念之产生有误导,由其承担关联交易未经登记的风险更为妥当。

认可和执行案件中社会公共利益的认定标准

——国某某某商业银行股份有限公司与高某申请认可和执行我国台湾地区民事判决纠纷案*

许晓骁** 葛少帅***

【裁判要旨】

拒绝认可和执行之"社会公共利益"条件应作严格解释,通常仅包括认可和执行判决的结果直接违反社会公共利益。如果法院裁判认可交易行为效力,且裁判结果仅限于双方当事人之间,对裁判的认可和执行并不会涉及全体社会成员或社会不特定多数人利益,应认定为不属于损害社会公共利益的情形。

【案号】

上海金融法院(2021)沪74认台1号

【案情】

申请人:国某某某商业银行股份有限公司(以下简称国某某某银行)

---

* 本文入选2023年度上海金融法院十大典型案例。

** 法学硕士,上海金融法院申诉审查及审判监督庭副庭长。

*** 法学硕士,上海市黄浦区人民法院审判员,原上海金融法院综合审判三庭法官助理。

被申请人:高某

案外人A×××公司系注册于我国香港特别行政区的法人,负责人为本案被申请人高某。2014年,申请人国某某某银行与主债务人A×××公司签订国际掉期与衍生工具协会(International Swap and Derivatives Association, ISDA)主契约条款、程序条款等,进行"卖出美元兑换离岸人民币目标可赎回汇率选择权产品"交易。高某向国某某某银行出具保证书,约定由高某对主债务人A×××公司与国某某某银行进行的衍生性金融商品及结构型商品交易,以500万美元为限额在本金及其利息、违约金等方面,与主债务人承担连带清偿责任。

2014年1月17日、1月20日,A×××公司与国某某某银行分别进行了名目本金均为美元100万元、杠杆名目本金均为美元200万元的"卖出美元兑换离岸人民币目标可赎回汇率选择权产品"交易,根据比价结果,A×××公司应当给付国某某某银行美元259万余元,但A×××公司并未履行相应的责任。国某某某银行遂就与主债务人A×××公司之间的纠纷,根据双方之间约定的纠纷解决方式向我国台湾地区仲裁机构进行仲裁,并获得支持。

因主债务人A×××公司并未履行相应的仲裁裁决,故国某某某银行向我国台湾地区台北地方法院起诉高某,要求高某承担相应的保证责任。经过我国台湾地区两级法院审理,案件最终生效判决确定高某应当对A×××公司所负相应债务承担连带清偿责任。

案涉ISDA主契约条款、程序条款等的签订过程为:国某某某银行工作人员李某某前往上海市与高某会面,向主债务人及高某推介国某某某银行境外授信及金融交易业务,并交付开户、授信文件、ISDA主契约条款、程序条款等。高某(代表主债务人)签署上述文件后由李某某带回我国台湾地区,再经国某某某银行审核同意。案涉ISDA程序条款中约定,履行地为国某某某银行位于我国台湾地区台北市信义区之主营业场所。

后因高某并未履行我国台湾地区法院相关生效判决,故国某某某银行向高某住所地有管辖权法院,即上海金融法院,申请认可和执行民事判决。

上海金融法院审查过程中,被申请人高某辩称,国某某某银行未经批准非法从事金融衍生产品业务,且高某对外提供担保并未经有关部门批准登记，违反了外汇管理规定，案涉裁判文书的认可和执行将会损害社会公共利益。

【审判】

上海金融法院经审查后认为：第一，被申请人高某住所地为上海市，案涉纠纷为金融民商事纠纷，故依据《最高人民法院关于认可和执行台湾地区法院民事判决的规定》第4条第1款，以及《最高人民法院关于上海金融法院案件管辖的规定》第1条第6项的规定，本案属于上海金融法院管辖范围。第二，案涉我国台湾地区民事判决经过我国台湾地区台北地方法院一审，我国台湾地区高等法院二审，并已出具民事判决确定证明书，证明案涉判决已于2021年8月30日生效。第三，案涉我国台湾地区案件审理过程中，相关传票、诉状副本、出庭通知等材料，已经海峡交流基金会委托上海市松江区人民法院进行了送达。高某也委托我国台湾地区律师参加了诉讼。本案被申请人的诉讼权利已经得到适当行使，各方对此亦无争议，上海金融法院予以确认。第四，关于认可系争判决是否损害社会公共利益问题，案件审理过程中，被申请人高某主张本案申请人国某某某银行存在违反法律规定，在我国大陆开展非法金融衍生品业务以及案涉交易模式违反外汇管理强制性规定的情况，损害了社会公共利益，不应予以认可和执行。对此，上海金融法院所持观点如下。

一、关于国某某某银行是否属于非法开展金融衍生产品业务的问题

首先，从案涉金融衍生产品的交易主体分析，与国某某某银行签订ISDA主契约条款等，进行“卖出美元兑换离岸人民币目标可赎回汇率选择权商品”交易的对象是我国香港特别行政区法人A×××公司，高某仅系该公司法定代表人，该金融衍生产品的交易主体均为境外主体。

其次，从案涉ISDA主契约条款等的签订过程分析，因代表主债务人的

高某身处上海市,故国某某某银行工作人员李某某前往上海市向高某推介国某某某银行授信及金融交易业务,高某签署案涉ISDA主契约、程序性条款后,由李某某带回我国台湾地区,经国某某某银行同意后,主契约等方成立,故案涉ISDA主契约等最终成立地点亦不在我国大陆。

最后,从案涉ISDA协议的履行地分析,ISDA程序性条款约定了合同履行地为我国台湾地区台北市信义区之主营业地,被申请人高某称A×××公司仅为交易壳公司,未参与签署交易行为,不符合双方之间的约定,但高某并未提供证据加以证明。

综上,对被申请人高某辩称国某某某银行在我国大陆从事非法金融衍生产品业务,进而得出认可和执行本案所涉判决将会损害社会公共利益结论的主张,法院不予支持。

二、关于本案所涉的担保交易模式是否损害社会公共利益

被申请人高某称,未经国家有关部门批准或者登记对外担保的,担保合同无效。对此,拒绝认可和执行之"社会公共利益"条件应作严格解释,通常仅包括认可和执行判决的结果直接违反社会公共利益的情形。虽然本案涉及的是高某为其所实际控制的A×××公司所担保的事宜,但高某的担保行为仅为个案,系平等主体之间的民事法律关系,我国台湾地区法院就本案所涉纠纷作出的裁判效力仅限于当事人之间,对其效力的认可和执行并不会涉及全体社会成员或者社会不特定多数人的利益。故对被申请人此项主张,上海金融法院不予支持。

另外,上海金融法院依法对本案进行了审查,未发现存在违反"一个中国"等国家法律的基本原则或者损害社会公共利益的其他情况,且案件双方并未订有有效仲裁协议或存在案涉纠纷已经人民法院作出判决或者我国大陆的仲裁庭已作出仲裁裁决的情况。

上海金融法院依照《最高人民法院关于认可和执行台湾地区法院民事判决的规定》的相关内容对案件进行了审查,不存在其他不应认可和执行的情形,故作出裁定认可和执行我国台湾地区的相关判决。该裁定目前已经生效。

【评析】

本案系认可和执行我国台湾地区民事判决的案件(以下简称认可和执行案件),此类案件当事人争议焦点往往在于认可和执行相关民事判决是否会损害社会公共利益。根据本案中涉及的具体情形,本案双方主要争议的焦点,一是如何认定相关主体在我国大陆从事金融衍生产品业务,二是未经批准在我国大陆从事金融衍生品业务是否违反社会公共利益。《中华人民共和国期货和衍生品法》(以下简称《期货和衍生品法》)已于2022年8月1日起实施,该法律根据相关产品是否在场内交易的标准,将期货交易和衍生品交易分别予以规定。从《期货和衍生品法》的章节分析,该法律主要侧重于期货的相关规定,对衍生品交易的规定则较为简略。因此,本案的判决对构建衍生品交易的认定以及效力的评判规则具有一定的参考意义。

一、认可和执行案件中社会公共利益的认定标准

(一)违反社会公共利益不予认可的法理基础

认可和执行案件中,违反社会公共利益不予认可和执行制度,是公共秩序保留制度在此类型案件中的具体体现。通说认为,公共秩序保留制度的主要功能在于捍卫法院地的基本道德观念、法律根本原则或重大社会利益,使其免受境外法律适用的损害。[①] 公共秩序保留制度的功能主要表现为:作为法院审理涉外民事案件时排除境外法律适用以及拒绝承认境外判决的理由。[②]

公共秩序保留制度在我国法律规定中主要体现为对于承认和执行外国法院裁判、认可和执行我国港澳台地区法院裁判将会损害我国社会公共利益的规定。如我国《民事诉讼法》第300条规定,对违反我国社会公共利益的外

---

① 参见金彭年:《国际私法上的公共秩序研究》,载《法学研究》1999年第4期。

② 参见王艺:《外国判决承认中公共秩序保留的怪圈与突围——以一起跨国代孕案件为中心》,载《法商研究》2018年第1期。

国法院作出的发生法律效力的判决、裁定不予承认和执行。《最高人民法院关于认可和执行台湾地区法院民事判决的规定》第15条第2款规定:“认可该民事判决将违反一个中国原则等国家法律的基本原则或者损害社会公共利益的,人民法院应当裁定不予认可。”

(二)违反社会公共利益不予认可和执行的适用规则

针对公共秩序保留制度的具体适用,主要存在主观说和客观说两种不同的观点。主观说认为,只要境外法的适用与本地区公共秩序相抵触,就可以排除境外法的适用。例如,《日本法例》第30条规定:“应依外国法时如其规定违反公共秩序和善良风俗的,不予适用。”[①]客观说认为,法院在适用公共秩序保留制度时,不仅要看境外法的内容是否与本地区公共秩序相冲突,还要注意个案的适用结果。客观说又具体分为联系说和结果说。联系说主张境外法是否被排除适用,还要看个案与法院地的联系是否紧密。如果联系紧密,则排除境外法的适用;如果不紧密,则仍然应当适用境外法。结果说则认为,不仅要看境外法的内容或者规定是否与本地区公共秩序相冲突,更重要的是看适用境外法的结果是否危及法院地的公共秩序。[②] 通说认为,各国和地区法律制度不同,难免存在差异,动辄以境外法律规定与本地区不同而动用公共秩序保留制度,会导致大量适用法院地法的现象,不利于国际民商事案件的公平合理解决,也会导致报复,单纯以境外法的内容是否违反法院地的公共秩序来衡量,并不一定妥当。客观说中的结果说虽然操作上复杂一点,但更有利于公平合理地对待不同国家和地区的法律差异。更重要的是,境外法律规定不同,并不必然导致法院地的公共秩序受到实际损害。[③]

我国法律制度中对公共秩序保留制度采用的是客观说中的结果说。《最高人民法院关于认可和执行台湾地区法院民事判决的规定》理解与适用中明确,在判断有关我国台湾地区法院民事判决是否违反了一个中国等国家法律

---

① 张潇剑:《国际私法论》,北京大学出版社2004年版,第191页。

② 参见肖永平:《法理学视野下的冲突法》,高等教育出版社2008年版,第173页。

③ 参见林燕萍主编:《新编国际私法学》,北京大学出版社2021年版,第125~126页。

的基本原则或者损害社会公共利益时,应采用结果说,即只有在认可该判决的客观结果将导致危及国家法律基本原则或社会公共利益时方可适用。

(三)区际私法中社会公共利益的认定

我国法律制度中用社会公共利益一词指代公共秩序保留制度中的公共秩序。此外,英美普通法系国家一般采用公共政策(public policy)的概念,大陆法系国家则称公共秩序(order public)、保留条款(reservation clause)、排除条款等。① 一直以来,公共秩序并未有明确的定义,主要原因在于:(1)从社会公共利益的性质和功能来讲,它是一个主权国家为维护其基本的社会、经济、政治、法律、宗教、道德观念和准则而设置的最后一道"安全阀",这本身就要求这一概念具有较大的弹性。(2)社会公共利益具有明显的地域性。(3)社会公共利益具有明显的时间性。任何一个国家对社会公共利益的使用都不是一成不变的,国家都会根据国内、国际形势的发展变化,适时地对所保护的社会基本观念与准则作出调整。这种地域上的差异性和时间上的可变性,对社会公共利益概念的确定与应用,都会产生一定的影响。②

同样,在我国社会公共利益亦是一个相对概念,是特定时空的产物。不同社会的不同发展阶段,对公共利益的理解和认识可能会有所不同,公共利益的表现形式非常广泛,且是一个不断发展的概念。③ 虽然并未有部门对"社会公共利益"认定标准作出明确的界定,但最高人民法院在已有的案例中严格限制社会公共利益原则的运用,并通过个案的方式,明确了以下规则:(1)违反我国法律、行政法规和部门规章中的强制性规定不能完全等同于违反我国的社会公共利益;④(2)不能以仲裁实体结果是否公平合理作为认定

---

① 参见杜新丽:《论外国仲裁裁决在我国的承认与执行——兼论〈纽约公约〉在中国的适用》,载《比较法研究》2005 年第 4 期。

② 参见朱克鹏:《国际商事仲裁的法律适用》,法律出版社 1999 年版,第 294 页。

③ 参见高志宏:《公共利益观的当代法治意蕴及其实现路径》,载《政法论坛》2020 年第 2 期。

④ 参见《最高人民法院关于 ED&F 曼氏(香港)有限公司申请承认和执行伦敦糖业协会仲裁裁决案的复函》(〔2003〕民四他字第 3 号);《最高人民法院关于对海口中院不予承认和执行瑞典斯德哥尔摩商会仲裁院仲裁裁决请示的复函》(〔2001〕民四他字第 12 号)。

承认和执行仲裁裁决是否违反我国社会公共利益的标准;[①](3)只有承认和执行外国商事仲裁裁决将会导致违反我国法律基本原则、侵犯我国国家主权、危害国家及社会公共安全、违反善良风俗等危及我国根本社会公共利益情形的,才能援引社会公共利益事由予以拒绝承认和执行。[②] 因此,对于此类案件中社会公共利益的判断,更多需要承办法官在个案中进行具体认定。

同时,考虑到涉我国台湾地区民事判决的认可和执行案件,毕竟属于一国之内的区际私法问题,故在涉及我国台湾地区的认可和执行案件中应当采取更加谨慎的态度。在《最高人民法院关于认可和执行台湾地区仲裁裁决的规定》理解与适用中,最高人民法院进一步明确,海峡两岸在社会、经济制度等方面均存在较大差异,规定公共秩序条款固然可以起到“安全阀”的作用,但是认可和执行我国台湾地区仲裁裁决毕竟属于一国之内的区际司法协助,人民法院在司法实践中应当采取十分慎重的态度,严格限制公共秩序条款的适用。对此笔者认为,可以参照《最高人民法院关于内地与香港特别行政区法院相互认可和执行民商事案件判决的安排》第12条第2款的规定,将不予认可和执行的类型限定为认可和执行相关民事判决的结果将会明显违反社会公共利益的情形。

二、未经批准跨境从事金融衍生产品业务是否违反社会公共利益

(一)对跨境从事金融衍生产品业务的规制

金融衍生产品是基于基础金融工具(如货币、汇率、利率、股票指数等)的金融工具,它也是以传统金融产品为基础衍生出来的、作为买卖对象的金融产品,属于衍生品的一种。2022年4月通过的《期货和衍生品法》第3条明确,衍生品交易是指期货交易以外的,以互换合约、远期合约和非标准化期权

---

① 参见《最高人民法院关于GRD Minproc有限公司申请承认并执行瑞典斯德哥尔摩商会仲裁院仲裁裁决一案的请示的复函》([2008]民四他字第48号)。

② 参见《最高人民法院关于韦斯顿瓦克公司申请承认与执行英国仲裁裁决案的请示的复函》([2012]民四他字第12号)。

合约及其组合为交易标的的交易活动。

我国对期货和衍生产品跨境交易的规制，主要体现在《期货和衍生品法》和中国证券监督管理委员会（以下简称中国证监会）等机构制定的一系列规定中。《期货和衍生品法》主要从以下两个方面进行了规制：(1)明确了域外适用效力。其中第2条第2款规定了在我国境外的期货交易和衍生品交易及相关活动，扰乱境内市场秩序，损害境内交易者合法权益的，也适用该法。(2)对跨境交易作出明确规定。第118条规定了跨境直接接入服务注册制度；第120条明确了跨境期货经营机构的注册要求；第121条规定了境外驻华代表机构经营禁止；第122条规定了期货市场跨境营销、推介及招揽许可制度，为境外机构在境内直接或间接从事期货市场跨境营销、推介及招揽设置了行政许可等。

除《期货和衍生品法》外，根据《期货交易管理条例》的授权，中国证监会还制定了《境外交易者和境外经纪机构从事境内特定品种期货交易管理暂行办法》等规定，对境外机构从事境内期货交易进行了规制。

（二）未经批准从事金融衍生产品业务对社会公共利益的影响

我国对从事衍生产品交易业务采取审批制，《期货和衍生品法》第31条规定，金融机构开展衍生品交易业务，应当依法经过批准或者核准，履行交易者适当性管理义务，并应当遵守国家有关监督管理规定。《银行业金融机构衍生产品交易业务管理暂行办法》第6条第1款规定，“银行业金融机构开办衍生产品交易业务，应当经中国银监会批准，接受中国银监会的监督与检查”。我国相关法律法规中关于从事金融衍生产品业务的主体资格有明确的规定，故未经批准擅自从事衍生产品交易业务，应当认定为无效。

同时，《最高人民法院关于适用〈中华人民共和国涉外民事关系法律适用法〉若干问题的解释（一）》第8条规定：“有下列情形之一，涉及中华人民共和国社会公共利益、当事人不能通过约定排除适用、无需通过冲突规范指引而直接适用于涉外民事关系的法律、行政法规的规定，人民法院应当认定为涉外民事关系法律适用法第四条规定的强制性规定：……（四）涉及外汇管制等金融安全的……”从上述规定可知，涉及金融安全的，应当认定为涉及公共利益。我国相关法律法规之所以对期货和衍生品业务主体实行特许经营模式,正是基于保护境内投资者和维护金融秩序,保障金融安全的考量。从《期货和衍生品法》第2条域外适用效力的规定可知,在当前国际资本市场环境下,我国对金融安全问题正越发重视,威胁金融秩序和金融安全即损害了我国社会公共利益已成共识。若境外机构未经批准在境内从事金融衍生产品的业务,则应当认定为违反了我国社会公共利益,相关民事判决亦不能得到认可和执行。

三、未经批准跨境从事金融衍生产品业务的认定

(一)本案所涉金融衍生产品及相关行为的性质

本案中涉及的具体业务为"卖出美元兑换离岸人民币目标可赎回汇率选择权商品",该金融衍生产品属于典型的外汇掉期利率产品。所谓外汇掉期,是指交易双方约定以货币A交换一定数量的货币B,并以约定价格在未来的约定日期用货币B反向交换同样数量的货币A。国某某某银行与主债务人A×××公司通过ISDA协议签订进行交易的金融衍生产品本身正是外汇掉期利率产品。

但是案涉ISDA主协议的签订过程又具有特殊性。根据案件查明的事实,案涉ISDA主协议的签订过程为,国某某某银行工作人员来上海,向我国香港特别行政区法人A×××公司负责人高某推介案涉的金融衍生产品。就国某某某银行工作人员向A×××公司法定代表人高某推介案涉金融衍生产品行为本身的性质而言,属于推介、招揽行为。一般认为,经营一词的含义并不局限于买卖成交,成交仅是经营活动的一个阶段或者说是经营的成果。经营者对自己的产品宣传推介、向潜在的交易对手发出要约、招揽客户、协商交易规则等行为都属于经营的范畴。故向潜在客户推介金融衍生产品、招揽的行为属于从事金融衍生产品业务的行为。

虽然《期货和衍生品法》第122条规定的只是期货市场跨境营销、推介及招揽许可制度,但如上文所述,境外机构在境内从事金融市场营销、推介及招揽活动,也属于经营衍生产品的行为,亦应当经国务院期货监督管理机构批准。故

仍需要判断国某某某银行是否属于在我国大陆从事金融衍生产品业务。

(二)跨境推介、招揽行为的确定标准

对金融衍生产品的跨境推介、招揽行为,根据被推介及招揽的对象不同,具体而言,至少包括了两种情形,一种情形是境外机构在境内向境内主体进行推介及招揽活动,另一种情形是境外机构在境内向境外主体进行推介及招揽活动。《期货和衍生品法》第 122 条所指的行为属于上述哪种情形,抑或上述两种情形均属于第 122 条规制的范围,并未有相关规定予以明确。

一种观点认为,应当以地理位置为判断标准。只要境外机构在境内从事了期货市场营销、推介及招揽活动,就属于《期货和衍生品法》第 122 条规定的行为。另一种观点认为,不仅要考虑地理位置,还要考虑市场营销、推介及招揽活动的对象,即不仅要求市场营销、推介及招揽活动都发生在境内,而且被营销、推介及招揽的对象应当属于境内主体。

对此笔者赞同后一种观点,从第 122 条的立法目的分析,其主要目的是保护境内投资者的合法权益,维护境内金融市场的秩序和安全。如果被营销、推介及招揽的对象并非境内的主体,一般情形之下很难影响到国内金融秩序和安全。如果按照前一种观点,则可能因规制范围过大而导致不合理的结果。如在境外法人的负责人来境内旅游或从事其他业务的情形下,境外金融机构派人来境内向其推介相关金融衍生产品业务,如果此时认定属于上述第 122 条规定的情形,则导致境外主体不能在境内洽谈业务的结果,规制范围不合理,亦无必要。

(三)本案中当事人是否从事跨境金融衍生产品业务的确定

1. 从金融衍生产品交易合约的主体的角度

本案中双方交易的主体一方为我国香港特别行政区法人,一方为我国台湾地区银行机构,虽然被申请人高某是境内主体,但是高某在本案中仅作为我国香港特别行政区法人的负责人,对交易承担担保责任。案涉金融衍生产品业务交易的主体均为境外主体。

2. 从金融衍生产品交易合约的成立地和履行地的角度

案涉 ISDA 协议等先由高某代表我国香港特别行政区法人在上海签字盖章,然后由国某某某银行工作人员带回我国台湾地区,由申请人审核盖章后才生效,故应当以最后盖章的一方,即申请人所在地为合同签订地。从合同履行情况分析,案涉金融衍生产品合同的履行也约定在我国台湾地区。故主债务合同签订地和履行地均不在内地。

3. 从是否扰乱境内金融市场或者损害境内交易者合法权益的角度

案涉金融衍生产品与我国内地唯一的联系在于主债务人的负责人居住在上海。考虑到《期货和衍生品法》第 2 条境外适用的规定,还应当考虑案涉的交易是否扰乱境内的金融市场或者损害境内交易者的合法权益。本案中并未有相关证据材料显示存在上述情况,故本案中申请人所涉及的行为不能适用《期货和衍生品法》的相关规定。

综上,国某某某银行案涉行为并非在我国内地从事金融衍生产品业务的行为,故申请人对此的抗辩应当驳回。此外,需要注意的是,本案中国某某某银行要求高某承担责任的直接依据是高某对案外人的债务承担担保责任。有观点认为,只能对直接的法律关系进行认定,担保行为并不违反社会公共利益,故不应当继续审查被担保行为的效力。但如前文所述,在适用社会公共利益条款时,应当采用结果说,如果对案涉判决的认可和执行将会导致实际上认可了未经批准在境内从事金融衍生产品业务的效力,则这种情况下,也不应当对担保行为的判决进行认可和执行。因此,在本案中,申请人是否未经批准擅自在我国内地从事金融衍生产品的交易业务是必须审查的范围。

预测性信息重大差异民事责任的司法认定

——朱某诉北京宝某某软件股份有限公司证券虚假陈述责任纠纷案*

朱颖琦**　李瑶菲***

【裁判要旨】

上市公司提前披露的业绩预测信息与最终年报存在重大偏差，经法院审查不存在所依据的基本假设和选用的会计政策等编制基础明显不合理、对重要因素未作充分风险提示、未履行及时更正义务的情形的，上市公司不构成虚假陈述，不承担民事赔偿责任。

【案号】

上海金融法院(2022)沪74民初2814号

【案情】

原告：朱某

---

* 本案入选2023年度上海法院"100个精品案例"、2023年度上海金融法院十大典型案例。

** 法学硕士，上海金融法院综合审判一庭庭长。

*** 法学硕士，上海金融法院综合审判一庭法官助理。

被告:北京宝某某软件股份有限公司(以下简称宝某某公司)

原告朱某诉称:朱某看到科创板上市公司宝某某公司于2022年1月25日发布业绩预增公告后陆续交易该股票。随后,宝某某公司发布业绩快报公告确认财务数据及增长幅度均符合业绩预增公告中的预测数据。然而2022年4月15日,宝某某公司却发布更正公告,对此前的预测数据及初步核算数据进行了修正:净利润从同比增加约50%修正为同比下降约50%。该业绩修正的信息致使当日股票下跌20%。朱某认为宝某某公司发布的业绩预增公告、业绩快报公告中的财务数据不真实、不准确,已构成虚假陈述,且虚假陈述的内容具有重大性。同时,业绩预增公告中所披露的预测性信息不适用"安全港原则"。朱某请求法院判令宝某某公司赔偿投资损失共计47,972.03元。

被告宝某某公司辩称:宝某某公司发布的业绩预增公告、业绩快报公告等属于预测性信息,信息披露符合法律法规以及监管文件规定,并进行了充分的风险提示,不构成虚假陈述。

法院经审理查明:宝某某公司系一家科创板上市公司,原告系科创板的普通投资者。2021年,被告宝某某公司与恒某某某签订7份软件销售买卖合同,各版本一致。2021年3月~12月,恒某某某陆续出具到货签收证明。被告宝某某公司还提供2020年、2021年与其他经销商签订的软件销售合同、到货证明、记账凭证等证据,证明2020年、2021年的收入确认方式均为软件交付第二买家后确认收入。其中,部分合同收入确认时已全额开票,另有部分合同在收入确认时还未开具发票。

被告宝某某公司2020年年报第11节财务报告第3项关键审计事项收入确认的具体方法中载明,无须安装的软件产品在产品交付并经最终客户签收后确认收入。2021年年报载明收入确认的具体方法与2020年年报一致,无须安装的软件产品在产品已交付并经最终客户签收后确认收入。

2022年1月25日,被告宝某某公司发布业绩预增公告表示预计2021年度实现营业收入、归属于母公司所有者的净利润、归属于母公司所有者的扣除非经常性损益的净利润同比增加约50%~70%,并注明公告所载公司2021年度主要财务数据为初步核算数据,未经会计师事务所审计。2022年2

月25日，被告宝某某公司发布业绩快报公告，进一步披露了2021年度主要财务数据，变动幅度与业绩预增公告一致。该次公告中公司提示2021年度主要财务数据为初步核算数据，未经会计师事务所审计，具体准确数据以公司正式披露的经审计后的2021年年度报告为准，提请投资者注意投资风险。

2022年4月15日，被告宝某某公司发布更正公告对2021年业绩予以更正：预计2021年度归属于母公司所有者的净利润、归属于母公司所有者的扣除非经常性损益的净利润同比减少50%～70%，同时表示该次业绩预告未经注册会计师审计。公告中对业绩预告及业绩快报的修正原因进行说明：本次更正涉及公司与客户恒某某某在2021年签订的产品销售合同，合同总金额9952万元（含税）。考虑到2022年以来恒某某某的业务开展进度严重不达预期，原计划合同的执行进度推迟，恒某某某履约能力大幅下降，宝某某公司与会计师进行了充分沟通，最终基于谨慎性原则对前述9952万元合同的相关会计处理进行调整，决定调减2021年度营业收入8807.08万元。

2022年4月29日，宝某某公司对外发布2021年年度报告，披露业绩情况与更正公告一致。天某会计师事务所作为被告年审会计师事务所向公司出具的2020年度审计报告中软件销售的收入确认政策为“产品已交付并经最终客户签收后确认收入”，2021年度审计报告中的表述为“产品已交付并经客户签收后确认收入”。

更正公告披露后，中国证券监督管理委员会北京监管局、上海证券交易所认为宝某某公司未能审慎确认收入和利润，导致信息披露不准确，违反了《上市公司信息披露管理办法》《上市公司治理准则》《上海证券交易所科创板股票上市规则》，故分别对宝某某公司及相关人员等采取责令改正以及监管警示措施。

年审会计师事务所与宝某某公司独立董事、审计委员会委员之间曾分别于2021年12月、2022年2月、2022年4月进行沟通，其中，2022年2月24日审计师提交的财务审计情况说明中列明，经审计的关键财务指标中营业收入金额与业绩快报公告一致；2022年4月28日，宝某某公司独立董事针对天某会计师事务所参与业绩预告和快报的审计情况，是否对宝某某公司的收入确认原则提出异议，以及审计中谨慎性原则的使用等问题进行了沟通。审计师表示按照常规的收入确认方法是没有问题的,结合多种因素综合判断,恒某某某本身的营收和经营业绩没有达到预期,履约能力可能不是很好,和宝某某公司签的合同没有按照原来预期的进度来进行销售,考虑截止到2021年12月31日恒某某某的回款情况以及向下游销售产品的履约能力变差了,会计师基于谨慎性原则对这一订单没有确认收入。

【审判】

上海金融法院于2022年9月16日作出(2022)沪74民初2814号民事裁定:驳回管辖权异议。

【评析】

2019年新修订的《中华人民共和国证券法》及其司法解释,正式确立了证券市场信息披露义务人发布预测性信息受安全港原则保护。本案作为证券市场中涉科创板公司预测性信息虚假陈述责任的典型案例,对安全港原则的应用范围及司法审查进行了翔实、充分的论证,兼顾了保护信息披露义务人发布预测信息的积极性、减轻潜在诉讼风险,为预测性信息民事免责制度的确立提供了典型样本。下面结合本案的案情,对当前证券市场上财务预测信息与实际经营发生差异时是否承担虚假陈述民事赔偿责任的审查路径及认定进行分析。

一、证券市场预测性信息披露制度及实践现状分析

(一)《最高人民法院关于审理证券市场虚假陈述侵权民事赔偿案件的若干规定》(以下简称《虚假陈述若干规定》)确立预测性信息披露制度安全港原则

证券市场预测性信息与客观事件的确定性表述不同,通常属于具有不确定性的意见、预测和主观评价。信息披露制度在理论中可区分为强制披露和

自愿披露,两者的区别在于发行人是否可以自愿选择披露。预测性信息披露属于信息披露制度中相对特殊的一种披露义务,不是纯粹的强制披露,与定期报告、临时报告不同。但是因为发行人一旦决定披露预测信息,则对投资者投资决策和股价的影响非同小可,因此我国证券法律法规对预测信息披露的形式、程序、风险提示以及预测会计年度结束后对预测信息是否实现的监督,都具有强制性和法律上的可归责性。①

我国的预测性信息披露责任承担的原则性规定主要体现在《虚假陈述若干规定》第6条,②以及散见在证券监管领域部门规章、行政规范文件的特别规定中。③ 预测性信息的发布受到监管部门的严格监督,当随后的实际经营与预测信息发生一定偏离时往往会遭到行政监管措施,但这并非等同于发行人发布了虚假不实的预测性信息,也不意味着一定承担虚假陈述民事赔偿责任。因此,预测性信息有重大差异时是否承担虚假陈述责任的司法认定标准亟待确立,以向市场明确预测性信息民事免责的边界。

(二)存有重大差异预测性信息的保护价值

证券市场预测性信息披露制度源于美国,旨在保护发行人的安全港制度的确立经历了保护发行人还是保护投资者两种价值博弈的过程。20世纪40年代,美国证券交易委员会(The U. S. Securities and Exchange Commission, SEC)是禁止披露预测性信息的,以防止发行人通过夸大性陈述骗取投资者资金。然而,该政策遭到了多方批评,有观点认为此政策阻碍了管理人员向公众展示公司的实力,使公司失去了融资的机会,并且公司还有其他渠道散布资料。1973年,SEC改变政策准许自愿性披露预测性财务报表,并在随后

---

① 参见李国光主编、最高人民法院民事审判第二庭编著:《最高人民法院关于审理证券市场虚假陈述案件司法解释的理解与适用》,人民法院出版社2003年版,第181页。

② 《虚假陈述若干规定》第6条第1款规定:原告以信息披露文件中的盈利预测、发展规划等预测性信息与实际经营情况存在重大差异为由主张发行人实施虚假陈述的,人民法院不予支持,但有下列情形之一的除外:

(1)信息披露文件未对影响该预测实现的重要因素进行充分风险提示的;

(2)预测性信息所依据的基本假设、选用的会计政策等编制基础明显不合理的;

(3)预测性信息所依据的前提发生重大变化时,未及时履行更正义务的。

③ 例如,2021年5月1日起实施的《上市公司信息披露管理办法》。

20余年相继发布了《揭示预测经营业绩指南》《保护预测安全港规则》《私人证券诉讼改革法》《证券诉讼统一标准法》等法律鼓励预测性信息的披露并最终采纳了安全港规则,为发行人进行的符合特定要求的预测信息披露提供免责保护,以此鼓励预测性信息的披露。①

由此可见,预测信息对于证券市场的健康繁荣发展有着正向的积极作用,对于符合监管规定的预测性信息披露应当予以保护,使之不被追究法律责任。那么,如何区分发生重大差异的预测性信息与虚假记载、误导性陈述及重大遗漏的虚假陈述,往往成为该类案件主要争议焦点。

二、司法审查路径——基于《虚假陈述若干规定》第6条

(一)预测性信息的判断

一般认为,预测信息披露属于信息披露制度中相对特殊的一种披露义务,与定期报告等强制披露有所区别。本案的业绩预增公告、业绩快报公告的信息内容属于盈利性的预测,但同时根据当时有效的《上海证券交易所科创板股票上市规则(2020年12月修订)》第6条的规定,净利润与上年同期相比上升或下降50%以上,应在会计年度结束之日起1个月内进行业绩预告;上市公司预计不能在会计年度结束之日起2个月内披露年度报告的,应当在该会计年度结束之日起2个月内披露业绩快报。由此,宝某某公司系按照相关的监管规定,通过业绩预增公告和业绩快报公告对年度财务数据予以预先披露,此类披露的信息属于《虚假陈述若干规定》第6条所称"预测性信息"。

《虚假陈述若干规定》第6条第1款规定,原告以信息披露文件中的盈利预测、发展规划等预测性信息与实际经营情况存在重大差异为由主张发行人实施虚假陈述的,人民法院不予支持,但有下列情形之一的除外:第一,预测性信息所依据的基本假设、选用的会计政策等编制基础明显不合理的;第二,信息披露文件未对影响该预测实现的重要因素进行充分风险提示的;第三,

① 参见张保华:《上市公司预测性信息披露制度研究》,载《法律适用》2003年第4期。

预测性信息所依据的前提发生重大变化时,未及时履行更正义务的。该规定确立了预测性信息安全港原则,同时明确存在三个不受保护的例外。本案中,宝某某公司所披露的预测性信息与实际经营情况确实存在重大差异,业绩预增公告与业绩快报公告均预测公司上一年度归属于母公司所有者净利润同比增长约 50%,而实际披露的年报却显示前述数据同比下降约 50%。但要认定宝某某公司构成证券虚假陈述,还需从上述条文规定的三种除外情形进行判断。

(二)除外情形之一:会计编制基础的合理性审查

公司营业收入和净利润的信息所依据的会计编制基础是否明显不合理的判断需要结合合同权利义务、通常的会计处理原则、一般的操作惯例等会计处理进行审查。根据宝某某公司 2022 年 4 月发布的更正公告可知,前述两公告中涉及的财务数据与实际经营状况出现重大差异的主要原因是,2021 年宝某某公司与恒某某某签订的 7 份软件销售合同总计 9952 万元款项曾在两公告中被确认为公司营业收入,但在最终的年度报告中却被调减了 8807.08 万元。因此,该合同款项能否被确认为 2021 年的公司营业收入成为影响业绩数据的关键。首先,根据已查明的事实,系争软件销售合同的签约及履行均属实,并非不真实的交易。其次,宝某某公司在公布预测性财务数据时所依据的会计准则是财政部《企业会计准则第 14 号——收入》(2017 年修订),该准则第 2 章第 4 条规定了企业确认收入的整体原则,企业应当在履行了合同中的履约义务,即在客户取得相关商品控制权时确认收入。取得相关商品控制权,是指能够主导该商品的使用并从中获得几乎全部的经济利益。具体到各类合同中,能否确认收入系按照合同约定的权利义务、支付条款、履约情况等商业实质进行综合判断。本案的情形是,宝某某公司与其经销商恒某某某签订软件销售合同,合同明确约定销售标的为软件,软件的最终用户多为特定政企机关。销售合同还约定了合同价款,并约定卖方签约后 7 天交付货物,买方在卖方开具发票后一次性支付货款。宝某某公司系根据其交付货物、买方恒某某某签收货物的事实进行收入确认。就通常的会计处理而言,宝某某公司在编制财务报表时确认收入符合相应会计准则,宝某某公司也提供了上一年度同类销售合同在年度报表中的收入确认标准以印证此会计处理方式的一致性。

本案中原告朱某还进一步指出,案涉销售合同应在“最终用户”签收后确认收入,而非经销商签收后确认收入;同时由于合同约定交付的软件存在45天的试用期,客户还未实际取得相应商品控制权,不应确认收入。对此,从合同权利义务上看,宝某某公司与恒某某某签署的是买断型的销售合同,恒某某某虽为经销商而非最终用户,但其从宝某某公司处购买软件后即负有付款义务,不以实际销售为条件。从公司上一年度销售记录来看,宝某某公司也有与经销商签署销售合同的经历,也系以第一买方签收为原则确认收入。尽管公司年度报告中关于软件销售的收入确认原则写明系以“最终用户”签收确认收入,但从实际运行来看,这一“最终用户”的概念并未严格界定,存在解释空间。宝某某公司提交2020年、2021年的软件销售合同、收货确认单及记账凭证可以佐证,公司在收到经销商收货确认单时即确认收入,并非均需经实际用户确认,也无论开票与否。法院对公司年审会计师进行询问,其也有相应陈述。至于45天试用期临时许可,从商业实践来看不实质影响软件使用和所有权。

本案中,案涉销售合同被取消收入确认的原因主要是,审计师在进场审计后基于合同买方恒某某某的履约能力下降及合同回款不达预期,最终通过调查走访、出于审慎原则而决定不予确认收入。综合本案事实,案涉软件销售交易真实存在,宝某某公司在已按约交付软件、取得对应应收账款的情形下,根据合同权利义务、通常的会计处理原则、一般的操作惯例对合同收入予以确认,属于正常的会计处理,宝某某公司还提供证据证明之所以确认收入还综合考量了软件属性、最终用户的需求及能力、过往回款情况等商业预期。该处理虽被审计师以“审慎原则”予以调整,但本案不存在“所依据的会计编制基础明显不合理”的情况。

(三)除外情形之二:风险提示

如何判断业绩预增公告、业绩快报公告是否对影响该预测实现的重要因素进行充分风险提示,是否需要对不确定事项予以提示?本案中,原告认为对于金额高达9952万元销售合同存在履约不确定性,可能严重影响公司业绩数据实现的情况,宝某某公司在业绩预增公告、业绩快报公告中没有进行充分风险提示,从而导致原告投资者因信赖上述公告而作出投资决策。

对此,首先,宝某某公司在业绩预增公告、业绩快报公告中多处提示"年度主要财务数据仅为初步核算数据,未经会计师事务所审计,具体准确数据以公司正式披露的经审计后的2021年年度报告为准。提请投资者注意投资风险"。因此两份公告在整体上对于财务数据与审计后的数据可能存在差异作出过提示。其次,根据前文所述,系争财务数据变动的主要原因在于对案涉销售合同收入确认的会计处理不同,审计师出于更审慎原则,根据销售合同的履约情况进行了调减。从事实进展来看,两公告发布时,宝某某公司自身可能也并未预见到相应销售合同存在无法确认收入的风险。另外,由于本案财务数据的调整主要与会计处理有关,而这一会计处理变化,一方面,系根据客户履约能力和回款情况所作的动态调整,也与审计师审慎方面的考量有关;另一方面,对于同一事项的会计处理具有非唯一性,将系争营业收入直接调减也仅为会计处理中的一种,不排除存在其他会计调整的方式。在此情况下,认为宝某某公司应在两公告披露时将案涉销售合同的情况作为重要因素向社会公众进行特别提示,系对上市公司的过高要求,也不符合客观实际。

(四)除外情形之三:是否及时更正

当预测性信息所依据的前提发生重大变化时,是否及时履行更正义务?本案中,朱某认为,宝某某公司对经销商恒某某某履约不能的风险自身应有所了解,不必要"坐等"会计师的意见才进行调整,而直到2022年4月14日才发布更正公告,属于未及时履行更正义务。但是本案多份证据显示,年审会计师系于2022年1月进场审计,在进场后将软件销售收入作为重点指标进行考察,在处理恒某某某相关的销售合同时,会计师事务所通过协调取证、不断走访,获取其下游客户的订单等相关资料,其中由于涉及商业秘密时间上还有所耽搁,年审会计师通过最终的调查才最终决定调减收入,而其正式向被告宝某某公司提出修正的时间是2022年4月14日,公司收到后于2022年4月15日对外披露了更正公告,由此,应认为宝某某公司已及时履行了更正义务。

(五)发行人主观因素判断

预测性信息受安全港原则保护的原则之一是发行人真实地相信该预测内容,也就是法律所保护的是诚实善良的发行人。本案中可以体现宝某某公司为善良发行人的因素有两点:第一,业绩快报公告公布之前,宝某某公司曾于2022年2月24日召开董事会,并形成独立董事、审计委员会委员与主审会计师关于公司2021年审计情况说明会议纪要,天某会计师事务所于会前向公司提交财务审计情况说明,内称"现场审计工作自2022年1月4日至2022年2月25日……宝某某公司的营业收入主要来自软件销售及技术服务。2021年度,宝某某公司营业收入金额为28,791.03万元",该材料中列明公司财务数据,在"经审计的关键财务指标"一栏中"营业收入"数据也沿用了公司的数据28,791.03万元。由此可以认为,至少在业绩快报公告发布的前一天,宝某某公司董事会、审计单位等仍将系争销售合同的合同金额算入营业收入,并未有调减的意向。第二,在公司相关更正公告发布后,2022年4月28日,宝某某公司董事会召开会议,形成独立董事、审计委员会委员与主审会计师关于公司2021年审计进展之沟通纪要,纪要显示公司董事、独立董事对审计师调减数据的情况提出质询,审计师在会上解释了调减原因,并认可公司在发布两公告时的收入确认是合法合规的,发布业绩快报公告时曾与审计师沟通过。公司董事在沟通会上特别提及,"会计师事务所作为一个专业的机构,在此次业绩预告、快报事项发布之前,应该提醒公司恒某某某对应订单可能对公司2021年业绩产生的影响,或许可以避免这个事项对资本市场的巨大冲击"。从上述细节可以看出,宝某某公司当时自身也并未意识到相关销售合同在收入确认上存在的风险变化,属于善良发行人。

三、其他考量:科创板业绩预告准强制披露规定

我国预测性信息披露制度在法律司法解释层面作了原则性的自愿披露规定,同时在监管层面的行政规章、规范性文件中还有很多例外的强制披露

要求。比如,《上海证券交易所科创板股票上市规则(2020 年 12 月修订)》第 6 条规定,净利润与上年同期相比上升或下降 50% 以上,应在会计年度结束之日起 1 个月内进行业绩预告;上市公司预计不能在会计年度结束之日起 2 个月内披露年度报告的,应当在该会计年度结束之日起 2 个月内披露业绩快报。该规定从内容上看属于强制披露的范畴,本案业绩预告发布即属于此种情形。

宝某某公司属于科创板上市公司,虽然其发布的业绩预增公告和业绩快报公告确属预测性信息,但本质上该信息系交易所规则强制要求披露的"业绩预告",这与发行人主动进行未来盈利预测和发展规划的披露还有所差异,至少无法认定宝某某公司存在发布利好、诱导投资者买入的主观故意。综上所述,宝某某公司在业绩预增公告和业绩快报公告中披露的业绩信息虽与最终年报存在重大偏差,但其并不存在所依据的基本假设和选用的会计政策等编制基础明显不合理、对重要因素未作充分风险提示、未履行及时更正义务的情形,因此不构成虚假陈述。

全国首例投保机构代位追偿上市公司董监高案

——投服中心诉张某某、王某等损害公司利益责任纠纷案*

林晓镍**　孙　倩***　郑　彧****

【调解要旨】

上市公司对外承担虚假陈述民事责任后，持有上市公司股票的投保机构可依法提起股东派生诉讼，代位上市公司向负有责任的董事、监事、高级管理人员（以下简称董监高）等进行追偿。法院可在充分尊重当事人调解意愿的基础上，通过诉讼引导、法律释明等方式，厘清董监高和中介机构各自责任范围，推动投保机构发挥作用，通过调解方式一次性解决纠纷。

【案号】

上海金融法院（2021）沪74民初3158号

上海金融法院（2021）沪74民初4237号

---

* 本案入选新时代推动法治进程2023年度十大提名案件，2022年中国证监会投资者保护十大典型案例，金融监管总局、中国人民银行、中国证监会联合发布的金融消费者权益保护典型案例，长三角金融审判典型案例（2022～2023），2023年度上海金融法院十大典型案例。

** 法学博士，上海市高级人民法院党组成员、副院长，原上海金融法院党组成员、副院长。

*** 法学硕士，上海金融法院综合审判一庭三级高级法官。

**** 法学博士，华东政法大学国际金融法律学院教授。

【案情】

原告:中证中小投资者服务中心有限责任公司(以下简称投服中心)

被告:王某、王某某、洪某、张某某

上海大某某股份有限公司(以下简称大某某公司)系A股上市公司,因2013年年度报告存在虚增利润等信息披露违法行为,于2016年7月受到中国证券监督管理委员会(以下简称中国证监会)行政处罚,一并被处罚的还包括张某某、王某等时任董事、监事、高级管理人员共14人及承担年报审计工作的某会计师事务所等。此后,数千名投资者陆续以该虚假陈述行为造成其投资损失为由,对大某某公司及相关责任人提起证券虚假陈述责任纠纷诉讼。大某某公司根据生效民事判决向投资者支付赔偿款3.35亿元。

原告投服中心作为中国证监会依法设立的投资者保护机构,持有大某某公司100股股票。2021年4月3日,投服中心向大某某公司发送股东质询建议函,建议公司向相关责任人追偿,但大某某公司未采取相应措施。投服中心遂依据《中华人民共和国公司法》第151条及《中华人民共和国证券法》(以下简称《证券法》)新增的第94条的规定,于2021年9月8日以股东身份代表大某某公司向上海金融法院提起股东派生诉讼,即(2021)沪74民初3158号案。

2021年11月18日,大某某公司作为原告,以张某某、王某、王某某、洪某、郭某某为被告提起另案关联诉讼,即(2021)沪74民初4237号案,请求五被告支付其在证券虚假陈述责任纠纷系列案件中向投资者支付的民事赔偿款约3.25亿元,后变更诉请为3.35亿元。

考虑到两案诉请的事实和理由与证券虚假陈述责任纠纷系列案件密切相关,与证券欺诈连带责任的追偿法律关系相互关联,为查明案件事实,厘清各被告责任范围,法院依职权将中国证监会就相关虚假陈述行为进行行政处罚的其余董监高追加为案件第三人。

【调解】

因被告张某某(公司控股股东,时任公司董事长兼总经理)已全额向上市公司赔偿诉请损失,原告投服中心以全部诉讼请求均已实现为由,申请撤回起诉。上海金融法院裁定准予投服中心代表大某某公司诉董监高损害公司利益责任纠纷即(2021)沪74民初3158号一案撤诉。在上海金融法院的组织下,该案关联诉讼即大某某公司诉董监高损害公司利益责任纠纷即(2021)沪74民初4237号一案当庭调解,两案大某某公司获控股股东3.35亿元全额赔偿。

【评析】

在审理过程中,上海金融法院秉持一次解决纠纷、避免程序空转的原则,推动纠纷实质性化解。

首先,确立"一诉定纷争"的审理原则。尽管投服中心基于"追首恶"的目的,在起诉时仅将控股股东(兼时任董事长、总经理)、财务总监等4人列为被告,但如果简单判决该部分被告承担赔偿责任,可能导致连带责任人内部不断追偿下去的循环诉讼,因此,法院依职权将10余位签字董监高及审计机构均追加作为第三人。在全面衡量所有利害关系人过错和原因力的基础上,终局性地确定连带责任人的内部责任份额,避免当事人诉累。

其次,通过深挖矛盾根源以审促调。在依职权追加第三人后,法院向所有被告及第三人释明,需在本案中就其过错、原因力积极抗辩,并组织了3次庭前会议,通过诉讼引导、法律释明等方式,深挖矛盾根源,在厘清董监高和中介机构各自责任范围的基础上明晰法理,使得当事人充分认知诉讼风险。经过几轮协商,初步达成控股股东张某某向该公司全额赔付损失的调解意向。

最后,严格把关防止调解协议履行过程中产生二次争议。(1)从法律性质上判断能否调解。大某某公司因证券虚假陈述对外赔偿后,有权向控股股东、实际控制人、董监高追偿。因此从定性上看,双方协商由张某某全额支付该笔赔偿款符合法律规定。(2)从程序上审查调解方案是否经过公司有权机关决议。大某某公司提供了董事会同意调解的决议,经认定该决议合法有效。(3)从基础事实上查明公司主张的对外赔偿款是否属实。法院逐一审查3000余份生效民事判决书、实际付款凭证,在此基础上认定大某某公司所陈述的对中小投资者的赔偿款符合客观事实。

近年来,上市公司因证券欺诈被诉向投资者承担民事赔偿责任的案件大幅增多,但上市公司在履行赔偿责任后向董监高追偿的案件尚不多见。该案系全国首例由投资者保护机构根据《证券法》第94条新规提起的股东派生诉讼,也是上市公司因证券欺诈被判令承担民事赔偿责任后,全国首例由投资者保护机构代位提起的向公司董监高追偿的案件。在当前全面实行注册制改革的背景下,这起案件对于压实相关主体责任具有重要的示范意义。在上海金融法院的努力下,成功促使控股股东向公司全额赔偿损失,在我国资本市场中开了先河,起到了震慑"关键少数"的积极效果,有效地维护了中小投资者的合法权益。

中国法学会证券法学研究会会长郭锋教授点评本案时指出,这起全国首例投保机构股东派生诉讼案是2019年修订的《证券法》第94条创新性规定的首次实践,对于推动股票发行注册制走深走实、切实维护投资者权益、扎实稳妥化解风险、促进资本市场高质量发展具有重要示范作用。随着证券民事赔偿司法解释和裁判规则的逐步完善,全国各地不断涌现出大量中小投资者诉上市公司民事赔偿案件。但上市公司赔偿后再行追偿案件尚属罕见,客观上减轻了对上市公司侵权负有责任的大股东、实控人、董监高等主体的违法成本,使中小投资者可分配利益减少。2019年《证券法》赋予投资者保护机构提起股东派生诉讼的权利可突破公司法关于持股比例和持股期限的限制,为本案中投服中心进行股东派生诉讼扫清了障碍。本案也是上海金融法院在证券纠纷诉讼中坚持能动司法、发挥司法调解作用息讼止纷的成功案例。经调解,控股股东愿意向上市公司全额赔偿3.35亿元,实现纠纷一次性、实质化解决,既有效维护了中小投资者合法权益,又节省了各方当事人诉讼成本。在上市公司普遍存在股权集中现象的情况下,如何平衡大股东与中小投资者的利益关系、压实“关键少数”责任是证券监管面临的挑战。在该案示范下,发行人承担赔偿责任后向责任人追偿的案件必将增多,由此将进一步强化控股股东、实控人、董监高等关键人员对信息披露、公司治理、投资者权益保护的责任意识和法律意识,最终有助于提高上市公司质量、促进长期资本形成、提振投资者信心。

“非典型主动管理型信托”中受托管理人的义务范围及责任认定

——黑龙江鸡某农村商业银行股份有限公司诉中某信托股份有限公司营业信托纠纷案*

张文婷** 周 楠***

【裁判要旨】

在不同类型的信托业务中,受托人的义务范围和责任边界存在较大差异。对于非典型主动管理型信托,应以委托人和受托人约定的信托文件为依据,遵循信托法的精神,在个案中具体裁量受托人是否尽到了信义义务。对于受托人违反信义义务的,应审查受托人的过错行为与委托人损失之间的因果关系,并根据作用力大小判定受托人的责任比例。

【案号】

一审:上海金融法院(2022)沪74民初204号

二审:上海市高级人民法院(2023)沪民终523号

---

* 本案入选2023年度上海法院“100个精品文书”,2023年度上海金融法院十大典型案例。

** 法学硕士,上海市高级人民法院金融审判庭三级高级法官,原上海金融法院综合审判二庭三级高级法官。

*** 法学硕士,上海金融法院综合审判二庭法官助理。

【案情】

原告:黑龙江鸡某农村商业银行股份有限公司(以下简称鸡某农商行)

被告:中某信托股份有限公司(以下简称中某信托)

一、案涉信托计划设立阶段

2016年11月,中某信托出具的尽调报告载明,中国青某实业发展有限责任公司(以下简称中某实业公司)表示有意以其下属子公司北京黄某交易中心有限公司(以下简称北京黄某公司)的股权收益权进行融资,故中某信托另行设计该股权收益权模式,撰写本报告供风管委员会审议。第一部分"项目简介",载明中某信托拟发起设立"中某汇誉2016~107中青实业股权收益权投资集合资金信托计划"(以下简称中某汇誉信托计划),将募集的信托资金用于受让中某实业公司下属子公司北京黄某公司15%的股权收益权,信托计划到期时,中某实业公司按约定价格回购股权收益权。第二部分"投资标的分析",给出"北京黄某公司营业收入逐年稳步提高,净利润逐年增加,客户群体较优质,整体状况良好,对于其未来到期的各笔应付账款具备较强的偿还能力"的综合说明。第三部分"股权收益权转让/回购方情况分析",介绍了中某实业公司的基本信息以及财务状况,得出"公司回购的能力强,发生违约风险很小"的综合评价。第四部分"风险与防范措施",载明了本项目各类风险,认为从"中某实业公司近年财务报表及业务经营状况来看,信用状况良好,违约风险较低"。第五部分为中某信托收益分析。第六部分"项目评估结论"认为,"本信托计划风险可控,建议公司风管委员会审议并批准实施"。为完成上述尽调报告,中某信托获取了中某实业公司和北京黄某公司近年来由会计师事务所出具的审计报告、近期自行制作的财务报表、公司章程等材料,并查询两家公司涉诉和征信的情况。

2017年2月28日,中某信托(受托人)与鸡某农商行(委托人)签订《信托合同》,约定受托人按照相关法律法规的规定以及信托合同的约定管理中某汇誉信托计划，由受托人以受托人的名义管理、运用、处分信托财产，受托人违反信托文件规定的受托人职责时，按照信托法等法律法规、监管规定和信托文件的规定承担相关责任。委托人（受益人）保证其是能够识别、判断和承担信托计划相应风险的合格机构投资者。投资运作方式为，全体委托人指定受托人以自己的名义，将本信托项下的信托资金用于受让中某实业公司持有的目标股权收益权，并由中某实业公司按照约定回购目标股权收益权，受托人为此与中某实业公司签署《股权收益权转让与回购合同》，中某实业公司未按期足额支付任一期回购价款，受托人有权要求中某实业公司提前支付全部各期回购价款。《股权收益权转让与回购合同》存续期内，受托人行使合同权利时自行判断该等权利（包括但不限于要求中某实业公司提前履行回购义务等）可能对受益人利益构成实质影响的，则受托人应事先征询全体受益人的意见，根据全体受益人一致意见或根据受益人大会的决议内容行使合同权利。信息披露条款约定，信托计划发生信托财产可能遭受重大损失、中某实业公司的财务状况严重恶化等情形，受托人应当在获知有关情况后 3 个工作日内向受益人披露，并自披露之日起 7 个工作日内向受益人书面提出受托人采取的应对措施。信托计划风险揭示和承担条款，揭示了信托计划可能涉及违约风险（由于中某实业公司归还回购价款的资金源于中某实业公司本身，本信托主要风险源于中某实业公司的偿债风险，如果中某实业公司在信托期限内财务状况发生恶化或因其他主观或客观的情况而延期偿还或不偿还到期应偿还的回购价款，信托资金及预期收益将会延期偿付或无法偿付而发生损失）、股权收益权交易定价风险等，并载明受托人承诺将按照本信托合同约定处理信托事务，并谨慎管理信托财产，但受托人不承诺信托财产不受损失，亦不保证信托财产的最低收益。委托人的权利条款约定，受托人违反信托目的处分信托财产或者违背管理职责、处理信托事务不当致使信托财产受到损失的，委托人有权要求受托人恢复信托财产的原状或者予以赔偿。受托人的义务条款约定，为受益人的最大利益处理信托事务，恪尽职守、履行诚实、信用、谨慎、有效管理的义务。

同日，鸡某农商行认购第 2 期信托单位 2.2 亿份，认购资金 2.2 亿元，预期年化收益率为 6.8%。案涉信托计划第 2 期正式成立。

二、案涉信托计划实施阶段

中某信托于2017年7月4日向鸡某农商行发送信托项目贷/投检查报告,载明未发现影响对手交易履约的重大不利因素,已有联合资信AA+的预评级,综合而言,预计交易对手的违约可能性低。信托计划设立后至北京黄某公司违约前,中某信托按季度向鸡某农商行发送季度信托事务管理报告,均载明本信托计划目前尚未发现涉及诉讼或者损害信托财产、受益人利益的情形,回购方按时付息。

三、案涉信托计划违约阶段

2018年5月21日,有媒体公开报道,2018年5月4日,某信信托发起设立的"某信长天2号北京黄某贷款集合资金信托计划"因借款人北京黄某公司违约提前到期。同日,中某信托通过微信向鸡某农商行告知了上述情况,并提出初步建议安排。次日,中某信托向鸡某农商行发送正式报告披露上述违约事件。之后,根据鸡某农商行的指令,2018年6月25日,中某信托向中某实业公司发送提前回购通知函,要求中某实业公司在2018年7月13日前回购全部各期股权收益权并支付完毕全部应付未付款项。

2018年7月4日,中某信托发函询问鸡某农商行诉讼相关事宜。鸡某农商行同意授权中某信托采用诉讼方式处置本项目。中某信托遂于2018年8月1日起诉中某实业公司,上海市高级人民法院于2019年6月28日判决中某实业公司应向中某信托支付股权收益权回购价款本金、溢价款、违约金等费用。后中某信托申请执行,因中某实业公司名下暂无可供执行的财产,上海市第一中级人民法院于2020年1月14日依法终结本次执行程序。

2018~2020年,中某信托5次向鸡某农商行发送信托事务临时披露报告,报告诉讼案件进展情况、融资人情况、未来工作处置重点等事项。同时,中某信托按季度向鸡某农商行发送季度信托事务管理报告,汇报债权催收工作情况。中某信托还会同各方共同商讨债务清偿事宜,但均后续无果。

2021 年 12 月 2 日,中某信托向鸡某农商行发送信托事务临时披露报告称,公司在监管部门要求的自查工作中发现,本项目属于金融同业机构提供通道服务的业务,同时参照相关政府部门的认定,应归类为事务管理类信托。次日,就案涉信托计划是通道类业务还是主动管理型业务在微信群中展开争论,鸡某农商行认为案涉信托计划是主动管理型业务,中某信托方员工回复:"我理解:合同中各方权利义务没有变化,仅仅是金融数据统计口径的调整,公司继续按照合同履行受托管理职责。"

2022 年 9 月 30 日,上海银保监局向中某信托发送风险提示函,载明,此前监管发现,中某信托监管数据报送差错问题较为突出,存在将"中某汇誉信托计划"等实质承担事务管理职责项目作为主动管理类项目报送等行为,中某信托应在收到本风险提示函之日起 20 个工作日内,向上海银保监局报告整改落实措施。

四、其他查明事实

(一)中某实业公司涉讼信息

2017 年 3 月 14 日,中某实业公司在(2017)粤财保 3 号案件项下被查封、扣押、冻结价值约 4.4 亿元的财产,2017 年 4 月 6 日,因中某实业公司全部清偿得以解封,该两份文书公布于 2017 年 11 月。2017 年 9 月 12 日,(2017)京0101 民初 11387 号民事判决书判决中某实业公司向案外人支付股权转让款2500 万元及相应的违约金。中某实业公司不服上诉,二审法院于 2017 年 11月 29 日维持原判,该份文书公布于 2017 年 12 月。

(二)关于北京黄某公司财务数据

中某信托提供的由北京中某某会计师事务所出具的北京黄某公司 2016 年度审计报告载明,营业收入 53,172,908,276.52 元,营业利润 1,332,523,981.72元,净利润 1,056,783,604.10 元,资产总计 29,275,197,283.13 元,负债合计19,750,479,815.74 元,所有者权益合计 9,524,717,467.39 元。北京黄某公司编制的 2017 年 3 月的合并资产负债表、合并利润表显示,营业收入为 11,859,279,332.2 元,营业利润为 225,614,326.71 元,净利润为 177,154,541.46 元,资产总计 33,735,274,269.85 元,负债合计 24,020,104,215.92 元。

北交所在“北京黄某交易中心有限公司 27.16% 股权项目”中公布了北京黄某公司 2016 年年度审计报告及 2017 年第一季度财务报表。北京兴某会计师事务所出具的审计报告载明,2016 年度北京黄某公司营业收入 29,019,794,361.47 元,营业利润 21,390,417.38 元,净利润 14,172,840.64 元,资产总计 17,914,386,257.92 元,负债合计 17,653,297,737.04 元,所有者权益合计 261,088,520.88 元。北京黄某公司自行编制的 2017 年第一季度财务报表显示,营业收入为 3,365,552,232.97 元,营业利润为 -31,399,720.99 元,净利润为 -31,399,720.99 元,资产总计为 23,483,619,227.29 元,负债合计为 23,265,759,287.79 元。

中某实业公司违约事发后,鸡某农商行诉至法院,称通过多方面调查发现,尽调报告等相关证明文件中对于多处重要内容和事实的披露有频繁的错误和遗漏,尽调报告结论缺乏事实依据和专业的判断,中某信托运营管理信托资金期间风控合规严重缺失,未能及时采取止损措施,未尽到诚实、信用、谨慎、有效管理的受托人义务,违反了《中华人民共和国信托法》(以下简称《信托法》)的规定以及《信托合同》的约定,应当承担违约责任,赔偿给鸡某农商行造成的全部损失,据此请求判令:(1)中某信托赔付鸡某农商行认购资金损失 220,000,000 元;(2)中某信托赔付鸡某农商行预期收益损失 14,002,396.72元。

【审判】

一审初步审理阶段,上海金融法院认为,本案争议焦点为:(1)案涉信托的类型;(2)中某信托在项目成立至后期风险暴露过程中是否存在违约行为;(3)如中某信托需要承担违约赔偿责任,责任范围如何认定。

关于第一项争议焦点,上海金融法院认为,一方面,案涉信托不属于典型的通道类业务,理由如下。(1)根据尽调报告的内容,可知:①尽调报告由中某信托完成;②案涉信托计划的融资模式是由中某信托根据中某实业公司的用资需求和意向进行设计的;③尽调报告中无任何关于中某信托仅为委托人提供通道业务服务而无须承担主动管理职责的内容。(2)《信托合同》条款中明确约定,受托人应为受益人的最大利益处理信托事务,应恪尽职守,履行诚实、信用、谨慎、有效管理的义务,以及当信托财产可能遭受重大损失或中某实业公司的财务状况严重恶化时,受托人应当在3个工作日内履行披露义务等内容,上述义务设定不符合典型通道类信托业务的特征。(3)在案涉信托存续期间,中某信托按信托文件约定主动向鸡某农商行发送项目检查报告以及季度报告,这些行为在性质上应属于受托人履行的主动管理义务。另一方面,案涉信托亦与典型的主动管理型信托有所区别。受托人对信托财产的裁量权与控制权受到一定限制。例如,受托人在行使《股权收益权转让与回购合同》项下的权利时,应事先征询全体受益人的意见,根据全体受益人一致意见行使合同权利。

关于第二项争议焦点,上海金融法院认为,案涉信托属于非典型主动管理型信托,对于受托人的信义义务以及履行标准,应按照法定化的信义义务结合信托文件的约定具体认定。根据《中国银行业监督管理委员会办公厅关于信托公司风险监管的指导意见》《信托公司集合资金信托计划管理办法》的规定,虽然《信托合同》未对尽职调查作出约定,但信托机构仍负有对信托计划进行尽职调查的义务,并应对尽职报告的内容尽职履责。本案中,案涉信托为信用融资,信托机构应以更为严格的标准对融资人的财务数据进行审查。但对于涉及中某实业公司财务状况、还款能力等的核心数据,中某信托仅根据中某实业公司和北京黄某公司自己提供的此前年度的审计报告以及当年度未经审计的财务数据作出分析并得出结论,不符合"合理人"的判断标准,即不符合相同职业或行业中一个合格的且具有普遍谨慎的从业人员在相同或相似条件下所应采取的行为标准,亦不能因为该种普遍存在的懈怠而理所应当地认为整个行业本应当做到且有能力做到的相关行为标准随之整体下降,否则无异于鼓励行业主体放任风险放大,不利于金融行业的健康发展。同时,中某信托在运营管理信托产品的过程中,亦存在履约瑕疵。

关于第三项争议焦点,上海金融法院认为,首先,案涉《信托合同》已向鸡某农商行全面披露了信托产品的交易架构以及信托计划的风险,其中主要风险源于中某实业公司的偿债能力。其次,鸡某农商行作为专门金融机构和专业机构投资者,应对其中风险均属明知,且在信息获取能力、违约风险发现和防范能力等方面均与中某信托处于相似水准,因此,鸡某农商行在信托设立阶段亦欠缺谨慎,同样存在过失。

综上,鸡某农商行并非完全依赖尽调报告作出投资决策的,中某信托在尽调过程中以及信托计划管理过程中的履约瑕疵与鸡某农商行的损失存在一定因果关系,但所占比重较小,并非投资损失的主要原因。结合上述情况,上海金融法院酌定中某信托承担本金部分 10% 赔偿比例。

上海金融法院于 2023 年 3 月 23 日判决:(1)中某信托偿还鸡某农商行认购资金损失 22,000,000 元;(2)驳回鸡某农商行其余诉讼请求。

一审宣判后,鸡某农商行和中某信托均提起上诉。上海市高级人民法院二审认为,首先,一审判决既否定中某信托有关通道业务的主张,又认可与典型主动管理型信托有区别的观点,具有合理性,予以认可。其次,本案中,中某信托向鸡某农商行提供的季度信托事务管理报告中记载有“本信托计划目前尚未发现涉及诉讼或者损害信托财产、受益人利益的情形”,与中某实业公司涉讼的情况明显不符,中某信托未尽到审慎勤勉义务,既违反合同约定,又违反法定义务。如果中某信托能及时发现并向投资人告知涉诉情况,鸡某农商行就可能及时采取相应风险控制措施,以减少损失,故可以认定中某信托的未尽职的行为与投资者的投资损失间具有一定的因果关系。综合考量各种因素,一审法院的酌定责任比例具有合理性,上海市高级人民法院遂于 2023 年 9 月 8 日判决:驳回上诉,维持原判。

【评析】

一、信托机构信义义务的边界

(一)信义义务的核心内容

信义义务源于英美衡平法院在长年累月处理信托纠纷中逐渐形成的对

受托管理人行为标准的规制以及逐步建立的信托制度。信义关系是一方(受信人)对另一方(委信人)的重大实际利益运用自由裁量权的关系。[①] 投资者将自有资金单一或集合委托给管理人,管理人通过施展专业管理能力作出投资管理决策,为委托财产创造最大利益,投资者和管理人之间便形成了信义关系,[②]管理人在资产管理过程中负有信义义务。

信义关系的法律原则已逐渐形成信义法理论,系司法裁量信托机构是否谨慎勤勉标准的核心法理基础。委信人面临两项风险,一是受信人滥用委信人所交托的财产或权力,二是受信人可能未尽职履责。[③] 从而信义义务的核心内容包括忠实义务和注意义务(亦称谨慎勤勉义务)。为此,我国《信托法》第25条规定:“受托人应当遵守信托文件的规定,为受益人的最大利益处理信托事务。受托人管理信托财产,必须恪尽职守,履行诚实、信用、谨慎、有效管理的义务。”该条对受托人的义务和权限作出了原则性的规定,将《信托法》上以忠实义务和注意义务为核心的信义义务法定化,在这种意义上,违反信义义务在性质上更接近于侵权。但与侵权不同的是,这种法定化的义务中有部分可以通过约定的方式加以减轻。

关于忠实义务的具体含义,《信托法》第26条第1款规定:“受托人除依照本法规定取得报酬外,不得利用信托财产为自己谋取利益。”第28条第1款规定:“受托人不得将其固有财产与信托财产进行交易或者将不同委托人的信托财产进行相互交易,但信托文件另有规定或者经委托人或者受益人同意,并以公平的市场价格进行交易的除外。”由此可知,忠实义务要求受托人不得利用受托地位谋利或从事与受益人利益存在冲突的行为获利。

对于注意义务,《信托法》第25条仅作出笼统规定,未明确具体行为规范。比较法下,大陆法系语境下称为“善良管理人义务”;英美法系中,虽然信托法主要源于英国,但受托人的谨慎义务却以美国的“谨慎投资人规则”为典

---

① See Paul B. Miller, *A Theory of Fiduciary Liability*, 56 MCGILL L. J. 235, 262 (2011).

② 亦有学者认为,投资者与管理人之间是委托代理关系,信托合同是一种特殊的委托合同。

③ See Tamar Frankel, *Fiduciary Law*, Oxford University Press, 2011, p. 106.

范,[①]称为“谨慎投资者义务”。[②] 前者要求受托人处理信托财产时必须达到受托人所从事的职业或阶层应当普遍达到的专业标准和充分注意程度。后者指受托人应像一名谨慎的投资者处理自身投资事务那样管理受托财产,适用标准因受托人不同而不同:对于非职业受托人,仅以“普通谨慎商人”应有的谨慎和注意管理财产即可;对于职业受托人,因其不仅凭借自身专业知识为委托人提供有偿服务,且是为他人的利益提供投资服务,故不可以“普通谨慎商人”标准评价,而须以“专家”标准履行更高水平的谨慎义务。[③] 在侵权法上对“注意义务”通常采用“合理人”的判断标准,合理人是法律想象的产物,是一个抽象的人,被认为具有一般社会公众所公认和期待的理智和谨慎。[④] 若将“合理人”标准用于判断信托机构作为受托人的行为标准,则受托人应具有公众对专门从事资产管理业务机构所期待的专业知识和审慎。

(二)非典型主动管理型信托中信义义务的履行标准

1. 主动管理型信托与被动(事务)管理型信托

通常我们将信托业务分为主动管理型信托和被动(事务)管理型信托(亦称通道业务)。虽然《信托法》第30条[⑤]是针对“受托人的亲自执行义务以及例外情况下的转委托”进行规制的,但依据该条的条文内容并结合《信托法》第2条[⑥]对信托的定义,可以认为,就《信托法》的规范意义而言,不应该存在将通道业务认定为信托业务的问题,受托人对于信托财产所投项目的尽

---

① 参见姚朝兵:《美国信托法中的谨慎投资人规则研究》,法律出版社2016年版,第48页。

② 主要体现在美国法学会(American Law Institute)1992年正式发布的《信托法重述(三)》,美国统一州法全国委员会(The National Conference of Commissioners on Uniform State Laws)在《信托法重述(三)》基础上开始起草并于1994年发布《统一谨慎投资人法》(Uniform Prudent Investor Act)。

③ 参见杜明鸣:《我国信托机构善良管理义务认定标准研究》,载《石家庄学院学报》2018年第5期。

④ 参见刘洪华:《论注意义务在我国侵权法上的适用》,载《江汉大学学报(社会科学版)》2013年第5期。

⑤ 《信托法》第30条规定:受托人应当自己处理信托事务,但信托文件另有规定或者有不得已事由的,可以委托他人代为处理。受托人依法将信托事务委托他人代理的,应当对他人处理信托事务的行为承担责任。

⑥ 《信托法》第2条规定:本法所称信托,是指委托人基于对受托人的信任,将其财产权委托给受托人,由受托人按委托人的意愿以自己的名义,为受益人的利益或者特定目的,进行管理或者处分的行为。

职调查、信托产品的推广和销售、信托存续期间的事务管理、信托到期后的清算和收益分配等均应当负有全面管理的责任。但不可否认的是,在现实经济生活中,伴随着金融创新业务的迅猛发展,通道类业务确实在一段时期内客观存在。与主动管理型信托中信托公司可能承担产品设计、项目筛选、尽职调查、投资决策、实施和后续管理等主动管理责任不同,典型的通道类信托即被动(事务)管理型信托中,信托公司一般仅依法履行必须由信托公司或必须以信托公司名义履行的管理职责,包括账户管理、清算分配以及提供或出具必要文件以配合委托人管理信托财产等事务。通常认为,如果当事人在信托文件中约定,由委托人自主决定信托设立、信托财产运用对象、信托财产管理运用处分方式等事宜,并自行承担信托资产的风险管理责任和相应风险损失,受托人仅提供必要的事务协助或者服务,不承担主动管理职责,应当认定为通道业务。[①]

从信义关系角度看,通道类业务无法充分体现信托的积极管理功能和信托制度的价值;从监管实践看,通道业务中大量存在利用信托通道掩盖风险,规避资金投向、资产分类、拨备计提和资本占用等监管规定,或者通过信托通道将表内资产虚假出表等规避监管政策的现象。由此也产生了对通道业务的合法性的争议。为此,《中国人民银行、中国银行保险监督管理委员会、中国证券监督管理委员会、国家外汇管理局关于规范金融机构资产管理业务的指导意见》(以下简称《金融机构资管意见》)第 22 条第 1 款[②]明确禁止金融机构为其他金融机构的资产管理产品提供规避投资范围、杠杆约束等监管要求的通道服务。但考虑到《金融机构资管意见》实施前已客观存在大量的通道业务,为平稳过渡,《金融机构资管意见》同时明确按照"新老划断"原则进

---

① 《全国法院民商事审判工作会议纪要》第 93 条规定:当事人在信托文件中约定,委托人自主决定信托设立、信托财产运用对象、信托财产管理运用处分方式等事宜,自行承担信托资产的风险管理责任和相应风险损失,受托人仅提供必要的事务协助或者服务,不承担主动管理职责的,应当认定为通道业务。

② 《金融机构资管意见》第 22 条第 1 款规定:金融机构不得为其他金融机构的资产管理产品提供规避投资范围、杠杆约束等监管要求的通道服务。

行处理,并设置过渡期。① 在这一背景下,对于过渡期内旧存的通道业务,除非有其他无效事由,否则司法并不否定信托业务的效力。

2. 案涉信托系非典型主动管理型信托

具体到本案中,对照前述典型的通道类信托,即被动管理型信托的核心特征,案涉信托并不属于典型的通道类信托。第一,案涉《信托合同》、尽调报告中无任何关于中某信托仅为委托人鸡某农商行提供通道业务服务、中某信托对此无须承担主动管理职责的明确约定。第二,依据尽调报告,可以认定案涉信托计划的设立系中某信托根据中某实业公司的用资需求和意向进行设计,而非鸡某农商行自主决定设立。第三,涉案信托计划存续期间以及涉案信托计划出现风险后,中某信托的相关义务履行情况也已明显超出了仅提供信托通道服务的受托人所应承担的职责范围。

此外,案涉信托与典型的主动管理型信托又存在比较明显的区别,例如,中某信托和鸡某农商行签订的《信托合同》中约定,"《股权收益权转让与回购合同》存续期内,受托人行使合同权利时自行判断该等权利(包括但不限于要求中某实业公司提前履行回购义务等)可能对受益人利益构成实质影响的,则受托人应事先征询全体受益人的意见,根据全体受益人一致意见、或根据受益人大会的决议内容行使合同权利;当发生中某实业公司违反《股权收益权转让与回购合同》等情形时,受托人应根据受益人大会决议或全体受益人一致意见采取相应的处置措施"。从这一约定内容来看,受托人在重大事项处理时不得自行决定,需根据受益人意见行事。该等约定与主动管理型信托中受托人的职责不完全匹配,故本案所涉信托在性质上应当归属非典型的主动管理型信托。在此种信托业务类型中,如何界定受托人的义务范围就成为司法面临的难点问题,而这也是确定受托人应否对委托人的投资损失承担赔偿责任以及应在何种范围内承担赔偿责任的关键。

---

① 《金融机构资管意见》第29条规定:按照"新老划断"原则设置过渡期,确保平稳过渡。过渡期为本意见发布之日起至2020年年底。2020年,中国人民银行在其门户网站上发布《优化资管新规过渡期安排引导资管业务平稳转型》,表示考虑到2020年以来疫情对经济金融带来的冲击,《金融机构资管意见》过渡期延长至2021年年底。

3. 非典型主动管理型信托中受托人的义务履行标准

无论是主动管理型信托，还是被动(事务)管理型信托，抑或处于两者边界模糊地带的信托类型，既为信托业务，首先需遵循《信托法》规定的法定义务，①受托人为委托人最大程度忠实、谨慎地处理信托财产。其次，受托人在与委托人签署信托文件的过程中，部分法定信托义务可通过约定的方式予以增减。

同时，立法无法列举针对各种信托财产和信托事务的具体标准，故对于信托法律关系中受托人的行为是否构成对信义义务的违反，不可避免需要在个案中进行司法裁量。无论适用"善管义务"还是"谨慎投资人原则"抑或"合理人"判断标准，三者的实质均强调，信托机构的工作性质具有高度的专门性，投资能力远强于普通公众，并且在营业信托纠纷中，信托机构从事的均为有偿商事信托，注意义务标准也理应较高。对于信托产品的风险，信托机构作为专业金融机构更应当具备比普通公众更高的识别能力。② 因此，营业信托纠纷中，应着重审查其是否符合相同职业或行业中一个合格的且具有普通谨慎的从业人员在相同或相似条件下所应采取的行为标准。此处的同业，并不仅限于信托同业，也应当包括金融同业或与所管理的信托财产相关的资产管理机构。

二、非典型主动管理型信托中各阶段的信义义务

(一)尽职调查阶段的义务

司法实践中，对于委托人针对信托项目设立提出的质疑，受托人往往会提出，信托文件未约定受托人负有尽调义务，相关尽调报告仅是受托人为了了解融资项目和进行内部审批决策所用。而在信托计划成立之前受托人尚不负有《信托法》上的信义义务，仅负有基于民法诚实信用原则的先合同义

① 《信托法》第25条规定：受托人应当遵守信托文件的规定，为受益人的最大利益处理信托事务。受托人管理信托财产，必须恪尽职守，履行诚实、信用、谨慎、有效管理的义务。

② 参见韩天岚：《从司法裁判视角探索信托机构信义义务的边界》，载《法治实务》集刊2023年第2卷。

务,在无恶意磋商和故意隐瞒等违反诚实信用原则等的情况下,受托人不存在缔约过失行为,不应承担相应的责任。

如前所述,受托人的信义义务为法定义务,当事人的约定只能把受托人的行为义务具体化,但并不意味着受托人只承担约定的责任。即便相关信托文件中未对受托人应进行尽职调查以及尽调的标准作出明确约定,但2014年就已发布的《中国银行业监督管理委员会办公厅关于信托公司风险监管的指导意见》,[①]要求信托公司在事前、事中和事后应切实履行受托人职责,其中包括尽职调查尽责的要求。《信托公司集合资金信托计划管理办法》(中国银行业监督管理委员会令2009年第1号)第9条亦规定:"信托公司设立信托计划,事前应进行尽职调查,就可行性分析、合法性、风险评估、有无关联方交易等事项出具尽职调查报告。"《信托公司受托责任尽职指引》专门对尽职调查作了专章规定,其中第9条规定:"信托公司办理信托业务原则上应当制作项目的可行性研究报告,从交易结构、交易对手、风险控制措施等方面评估项目的可行性、合法合规性、关联方交易等事项。"

据此,对于非通道业务而言,信托公司在信托计划成立之前就已经负有信托法上的信义义务,除不得违反诚实信用原则进行恶意磋商和故意隐瞒之外,信托公司还应尽职履责,对设立的信托计划进行事前的尽职调查。若信托公司未尽职履责做好事前尽职调查,则可能因此承担相应的民事赔偿责任。如何认定信托公司尽调是否尽职,本文认为,应当以其他同行业包括原告等专业金融机构的普遍实践和判断为参照和判断标准,而不应苛求其超越行业认识程度的尽善尽美。如前文所述,应当参照同行业的管理能力,审查其是否符合相同职业或行业中一个合格的且具有普通谨慎的从业人员在相同或相似条件下所应采取的行为标准。但应当注意的是,此种参照仍然是以"合格"和"普通谨慎"为前提。如果全行业均在合格的标准线下,也不能认定受托人已经尽责。

具体到本案中,融资人中某实业公司是以股权收益权转让及回购为交易

---

① 《中国银行业监督管理委员会办公厅关于信托公司风险监管的指导意见》规定:信托公司应切实履行受托人职责,从产品设计、尽职调查、风险管控、产品营销、后续管理、信息披露和风险处置等环节入手,全方位、全过程、动态化加强尽职管理,做到勤勉尽责,降低合规、法律及操作风险。

架构，实质目的在于获得信用融资，该种交易模式下的资金安全与融资人的资信和财务状况直接相关，故相对于有担保的融资而言，应当以更为严格的标准对融资人的财务数据进行审查。而中某信托在制作尽调报告时，对于涉及中某实业公司财务状况是否健康、未来是否具有还款能力等的核心数据，包括中某实业公司的应收账款、应付账款、存货等真实财务状况，中某实业公司现有融资性负债情况以及中某实业公司进行生产经营产生的现金流、综合收益等，既未委托第三方专业机构出具复核的意见，又未自行对审计报告或财务报表中记载的重要项目和数据进行再查证，而是仅根据中某实业公司和北京黄某公司自己提供的此前年度的审计报告以及当年度未经审计的财务数据作出分析，这种在展业过程中未对交易对手提供的关乎投资决策的重要数据进行核查的履职行为，无论如何都不能认为是“合格”的，中某信托对此负有过错。

（二）管理阶段的信义义务

委托人和受托人通常在信托文件中对受托人在信托项目运营管理过程中的责任和义务进行详细约定，这些责任和义务成为具象化的信义义务内容，约定内容一般涉及以下几个方面：信托项目投资运作方式、预期收益、信托报酬、分配方式、受托人的权利和义务、委托人的权利和义务等。因此，实践中，主要从以下几个方面审查受托人是否履行了管理责任：(1)信托的真实性和合规性；(2)是否按照信托文件的约定处理信托事务，是否按照信托文件的约定对信托财产进行管理、运用；(3)是否按照信托文件的约定对信托产品进行后期项目管理，具体可包括是否建立了风险评估及相应管理制度、是否及时发现风险、是否按照合同约定及时采取了相应的风控措施，进而避免信托财产遭受损失；(4)是否按照法律法规的规定及信托文件的约定向委托人、受益人及时披露风险；(5)管理信托产品的过程中是否存在不当的关联交易。[①]

对于非典型主动管理型信托而言，受托人不享有主动管理型信托中受托

---

① 参见韩天岚：《从司法裁判视角探索信托机构信义义务的边界》，载《法治实务》集刊2023年第2卷。

人可基于受益人利益最大化角度全权处理信托财产以及制定投资决策的权利,而相较于被动(事务)管理型信托,受托人又不仅是完全被动听从委托人指令行事。因此在认定非典型主动管理型信托中受托人的履行标准时,需在结合信托法定化义务的前提下严格审查信托文件的约定,这也是实务中判定受托人是否履职尽责最容易发生争议之处。

具体到本案,受托人中某信托如约将投资款项投入信托产品中,在信托产品成立后的风险管控过程中,根据《信托合同》信息披露条款约定,信托计划发生信托财产可能遭受重大损失、中某实业公司的财务状况严重恶化等情况后3个工作日内向受益人披露,并自披露之日起7个工作日内向受益人书面提出受托人采取的应对措施。根据本案查明情况,中某实业公司在2017年3月被保全财产4.4亿元,在2017年11月被民事判决认定应偿还案外人股权转让款2500万元及相应违约金,彼时中某实业公司的融资能力、偿债能力的减弱已显露端倪,相关裁判文书均于2017年公布,而直至中某实业公司"暴雷"前,中某信托向鸡某农商行发送的季度信托事务管理报告仍显示,本信托计划目前尚未发现涉及诉讼或者损害信托财产、受益人利益的情形,回购方按时付息。由此可见,在这些涉讼信息均能通过开源信息查询的情况下,中某信托未能及时发现交易对手的涉讼情况,向受益人作了虚假报告,违背了信托文件约定的注意义务。

(三)清算阶段的信义义务

《信托公司集合资金信托计划管理办法》第31条规定:"信托计划终止,信托公司应当于终止后10个工作日内做出处理信托事务的清算报告,经审计后向受益人披露。信托文件约定清算报告不需要审计的,信托公司可以提交未经审计的清算报告。"第32条规定:"清算后的剩余信托财产,应当依照信托合同约定按受益人所持信托单位比例进行分配。分配方式可采取现金方式、维持信托终止时财产原状方式或者两者的混合方式。采取现金方式的,信托公司应当于信托计划文件约定的分配日前或者信托期满日前变现信托财产,并将现金存入受益人账户。采取维持信托终止时财产原状方式的,信托公司应于信托期满后的约定时间内,完成与受益人的财产转移手续。信托财产转移前,由信托公司负责保管。保管期间,信托公司不得运用该财产。保管期间的收益归属信托财产,发生的保管费用由被保管的信托财产承担。因受益人原因导致信托财产无法转移的,信托公司可以按照有关法律法规进行处理。”因此,如前所述,清算阶段的信托义务首先仍需围绕信托文件展开,审查的重点落在信托机构是否按照信托合同约定的时间、程序、方式进行清算和分配,是否存在不当侵占、运用信托财产等情形。

本案中,因中某实业公司已丧失还款能力,信托财产的清算与分配已然失去实际意义,故鸡某农商行通过信托文件的约定向中某信托主张违约责任,希冀从中获得部分损失补偿。

三、非典型主动管理型信托中对受托人违反信义义务的责任认定

首先,如前文所述,无论何种类型的信托,在审查作为专业金融机构的受托人是否履行了勤勉尽责义务时,均可以依托信托文件,从受托人在资产管理产品设立后,投资管理过程中的内部决策流程等审批材料,项目存续过程中的日常管理材料,项目清算和风险处置过程中的相关材料等方面予以考量,审查受托人是否尽了法定的和约定的勤勉尽责义务,并在此基础上确定责任承担。需要注意的是,受托人的管理责任基本为过错责任,即使客观上受托人的行为给信托财产造成损失,基于类似公司法上的“经营判断规则”的原理,①只要受托人尽到了相关的注意义务,受托人并不一定要承担责任。

其次,在确定责任承担的过程中,必须要考量受托人过错与投资人损失之间是否具有原因力,即应当反向考察受托人如果尽到了审慎勤勉义务,委托人的损失是否可以避免或者减少。有些信托法律关系中,受托人可能存在信息披露不及时、清算不及时等过错,但受托人的该等过失行为并不一定与

① 也称为商业判断规则,源于判例法国家。这一规则指的是,只要商业决策基于合理的信息,且并非不合理,即便后来发现这些决策对公司讲是灾难性的,作决策的管理人员也不会被追究责任。参见[美]理查德·D.弗里尔:《美国公司法》(第7版),崔焕鹏、施汉博译,法律出版社2021年版,第145页。

投资人的损失之间成立因果关系,如果有证据证明即便受托人及时进行信息披露或清算无延误,信托财产的损失也已既定产生,则不应判令受托人对委托人的损失承担赔偿责任。

最后,在确定受托人的失职行为与投资人损失之间是否具有因果关系后,还要考量受托人过错与投资人损失之间原因力的大小。考量的因素包括,委托人是否完全依赖受托人的专业知识作出投资决策,信托产品的主要风险来源以及受托人是否向委托人全面披露了涉案产品的交易架构和风险,委托人投入资金后在信托计划的存续过程中是否可以参与决策等。个案中基于产品的差异性、委托人身份的不同以及投资过程的具体差别,在认定责任比例时也需要结合个案的情况进行具体裁量。

具体到本案中,考虑的因素包括:第一,案涉信托的主要风险源于中某实业公司的偿债风险。中某信托已向鸡某农商行全面披露了涉案产品的交易架构及风险,《信托合同》风险揭示部分也载明,由于中某实业公司归还回购价款的资金源于中某实业公司本身,本信托主要风险源于中某实业公司的偿债风险,如果中某实业公司在信托期限内财务状况发生恶化或因其他主观或客观情况而延期偿还或不偿还到期应偿还的回购价款,信托资金及预期收益将会延期偿付或无法偿付而发生损失,而且案涉交易还存在"股权收益权交易定价风险"。第二,与依赖受托人运用专业技能收集信息并判断风险的普通投资者不同,本案委托人是一家商业银行,属于专业机构投资者。作为专业金融机构、机构投资者,鸡某农商行对股权收益权转让及回购的交易的上述风险应当知晓。对于涉案信托项目的投资方向和交易模式,其与中某信托具有同等的信息获取能力、数据分析能力以及风险判断能力。根据各方陈述的签约过程,鸡某农商行系从案外人处了解到了涉案信托项目后自行判断风险作出投资决策,而非受中某信托的推介,其在投资涉案信托项目之前已经自案外人处取得了完整的尽调报告,明确知悉报告中分析中某实业公司和北京黄某公司财务以及资信状况的数据来源,但对该尽调结论并未提出异议,亦未要求中某信托对相关财务数据做进一步查证,故中某信托在尽调过程中虽欠缺谨慎,但鸡某农商行并非完全依赖受托人的尽调报告作出投资决策,中某信托在尽调过程中以及信托计划管理过程中的履约瑕疵与鸡某农商行的损失虽存在一定因果关系,但所占比重较小,并非鸡某农商行产生投资损失的主要原因。基于以上考虑因素,针对本案非典型主动管理型信托,最终认定中某信托对鸡某农商行的投资损失应承担投资本金10%的次要责任。

结　语

无论何种类型的信托业务,受托人在处理信托事务时均需受法定化的信托义务的约束,在此基础上,可以通过信托文件具体化信托义务并对部分义务进行增减。在确认受托人确实存在违背信义义务的行为后,认定受托人是否承担赔偿责任时,首先,需衡量受托人的违约行为是否会造成损害信托财产的结果,即是否具有因果关系。其次,因为信义关系中双方存在信息和能力不对等、委托人对受托人具有信赖利益、受信赖的一方对受托事务管理有不同程度的裁量权和控制权,[①]需综合委托人(受益人)对受托人的依赖程度以及委托人自身对信托财产的裁量权和控制权等情况予以考量,即通过评判受托人违约行为对损害结果的作用力大小,以认定受托人的责任比例。故此,在处理营业信托纠纷中,根据个案情况审查信义义务的边界尤为关键。

① 参见赵廉慧:《论信义义务的法律性质》,载《北大法律评论》2020年第1期。

全国首例新三板做市交易证券虚假陈述责任案

——投资者诉行某信息科技股份有限公司证券虚假陈述责任纠纷案*

张娜娜**

【裁判要旨】

本案对新三板做市交易证券虚假陈述案件诸多疑难问题作出认定,主要包括:针对"推定信赖原则"能否在新三板做市交易虚假陈述案件中适用,本案依据证券价格是否反映了发行公司的重大信息,以及投资者是否因信赖证券价格而进行投资两条标准,确定了可以适用"推定信赖原则"。针对揭露日认定,本案从公众投资者的整体利益考量,而非基于对某个个体投资者利益的保护,从揭露行为内容及方式、新三板交易市场特点及市场反应等角度论证并确定以会计师事务所出具的非无保留意见公告之日作为揭露日。针对中介机构的责任比例确定,本案认为应当考虑新三板交易市场自身特点、责任主体职责分工、历史制度环境及成本与收益相匹配等因素。针对新三板市场的持续督导责任的边界,本案结合新三板市场持续督导制度的具体内容、持续督导期间长短,明确新三板市场主办券商与保荐人的身份存在本质差别,并认定新三板市场的持续督导不需要对财务数据进行实质审查的观点。

---

* 本案入选上海金融法院2023年度十大典型案例。

** 法学硕士,上海金融法院综合审判一庭三级高级法官。

【案号】

一审:上海金融法院(2021)沪 74 民初 1368 号

二审:上海市高级人民法院(2023)沪民终 699 号

【案情】

原告:李某某

被告:行某信息科技股份有限公司(以下简称行某信息)、国某证券股份有限公司(以下简称国某证券公司)、北京兴某会计师事务所(以下简称兴某会所)、德某上海律师事务所(以下简称德某律所)、上海申某资产评估有限公司(以下简称申某评估公司)、祝某某、庄某

2013 年 12 月 13 日,被告行某信息的股票在全国中小企业股份转让系统(新三板)挂牌公开转让。国某证券公司作为行某信息申请在股转系统公开转让的主办券商和推荐人,在挂牌推荐报告中明确:行某信息与国某证券公司签署了《推荐挂牌并持续督导协议书》,协议书约定由国某证券公司推荐行某信息挂牌,并为其提供持续督导服务。鉴于行某信息符合全国股份转让系统公司规定的挂牌条件,国某证券公司同意推荐行某信息的股票在全国股份转让系统挂牌。兴某会所在行某信息 2013 年申请挂牌时出具了财务报表审计报告(2011 年 1 月 1 日至 2013 年 6 月 30 日),此后还为行某信息 2013 年度至 2015 年度财务报告出具标准无保留意见的审计报告用于其在新三板市场的定期报告信息披露。德某律所为行某信息在新三板挂牌提供法律意见,申某评估公司为挂牌提供评估意见。

2017 年 5 月 16 日,国某证券公司发布关于行某信息未按时披露 2016 年年度报告的风险提示;2017 年 6 月 26 日,国某证券公司发布关于大额预付款不能收回的风险提示公告;2017 年 6 月 30 日,国某证券公司发布关于行某信息 2016 年年度报告相关的风险提示性公告。

2017 年 6 月 30 日,行某信息公告中某某某某会计师事务所(以下简称中

某某某某会所)(更换后的新审计机构)出具的关于行某信息2016年度非无保留意见审计报告的专项说明(以下简称非无保留意见专项说明),显示行某信息内控制度存在重大缺陷,大额资金支付缺乏有效监管,且针对中某(上海)贸易有限公司和上海臻某文化传播有限公司(以下简称臻某公司)等往来款项的商业实质通过函证程序和访谈程序无法查实。2017年5月2日至7月12日系行某信息停牌期间,2017年7月13日,复牌当日行某信息收盘价为0.35元/股,与停牌前2017年5月2日收盘股价0.95元相比,跌幅达63%,此后两交易日收盘股价分别为0.32元、0.36元。

2017年8月11日,被告行某信息董事会发布行某信息关于公司接受证监会调查的公告。当日,行某信息股票收盘价为0.31元,与8月10日收盘价持平,此后两交易日收盘价分别为0.29元、0.23元。

2019年4月2日,股转公司发布公告称自2019年4月8日起终止行某信息股票挂牌。

2021年5月,原告李某某因投资案涉行某信息股份发生亏损,将行某信息、庄某、祝某某以及相关中介机构一并诉至上海金融法院,要求七被告连带赔偿原告投资差额损失。

【审判】

上海金融法院于2023年6月30日作出(2021)沪74民初1368号民事判决:(1)被告行某信息应于判决生效之日起10日内向原告李某某赔偿投资差额损失1,850,039.01元;(2)被告祝某某对上述第1项中被告行某信息的付款义务在60%范围内承担连带责任;(3)被告庄某对上述第1项中被告行某信息的付款义务在2%范围内承担连带责任;(4)被告国某证券公司对上述第1项中被告行某信息的付款义务在20,211.54元范围内承担连带责任;(5)被告兴某会所对上述第1项中被告行某信息的付款义务在242,502.58元范围内承担连带责任;(6)驳回原告李某某的其余诉讼请求。

一审宣判后,兴某会所依法提起上诉。上海市高级人民法院于2023年11月15日作出(2023)沪民终699号判决,驳回上诉,维持原判。

【评析】

一、新三板市场虚假陈述的交易因果关系认定

投资者起诉证券虚假陈述相关主体承担赔偿责任的请求权基础系民事侵权，一般侵权行为的构成要件包括以下几个方面：有加害行为、有损害事实的存在、加害行为与损害事实之间有因果关系、行为人主观上有过错。从司法实践来看，针对有加害行为的要件，投资者在起诉时通常会提交证券监督部门的立案调查书、行政处罚决定书等材料证明虚假陈述行为存在，而对于有损害事实发生，投资者通过自己证券账户发生的损失也可直接证明，故各方对该两方面争议往往较少。但虚假陈述与投资损失之间的因果关系，以及相关主体的过错是证券虚假陈述纠纷争议最大的问题，其中因果关系的判断又是首先要解决的问题，毕竟如果不存在因果关系，或因果关系被切断，则后续侵权责任无从谈起。

按照投资交易行为与损失发生的时间顺序，虚假陈述的因果关系可以进一步分为交易因果关系和损失因果关系。交易因果关系侧重于投资者的投资决策与虚假陈述之间的因果关系，即投资者的交易决策的作出是不是因为信赖了虚假陈述；损失因果关系侧重于投资者的损失与虚假陈述之间的因果关系，即虚假陈述是否为投资者损失的直接原因。① 从两类因果关系的逻辑关系来看，交易因果关系若不成立，则无须判断损失因果关系是否成立，大陆法系中并不存在交易因果关系的概念，交易因果关系源自英美法，大抵对应大陆法中的责任成立因果关系，直接关系虚假陈述侵权责任是否成立。② 也因此，在证券虚假陈述纠纷中，交易因果关系是否成立不仅是当事人争议最大的问题，也是法院裁判的实质逻辑起点。

本案中，当事人各方对于“推定信赖原则”能否适用于新三板做市交易证

---

① 参见盛焕炜、朱川：《证券虚假陈述民事赔偿因果关系论》，载《法学》2003 年第 6 期。

② 参见姜帅：《机构投资者适用交易因果关系推定的注意义务要件研究——以中专金证案为中心》，载《投资者》2023 年第 3 期。

券虚假陈述案件,同样存在较大争议。原告认为,其是在虚假陈述实施日至揭露日期间买入股票,在揭露日之后卖出股票或持有至基准日,根据《最高人民法院关于审理证券市场虚假陈述侵权民事赔偿案件的若干规定》(以下简称《虚假陈述若干规定》)第11条的规定,应推定其投资损失与行某信息虚假陈述具有交易因果关系。各被告则认为新三板市场并非有效市场,故不能适用"推定信赖原则"推定因果关系,原告需证明交易因果关系。

《虚假陈述若干规定》关于交易因果关系的认定引入了市场欺诈理论,确定了"推定信赖原则":推定投资者在虚假陈述实施时至揭露时的交易,与虚假陈述具有交易因果关系。当事人各方争议是否采用的"推定信赖原则"缘起于"欺诈市场理论",是在美国证券欺诈司法实践中逐步发展出的理论和规则。美国联邦最高法院在贝塞思公司与莱文森案[①]中明确:"'欺诈市场理论'基于这样一种假设:在公开、发达的证券市场中,公司股票的价格由有关公司及其业务的可获得重大信息决定,因此误导性陈述将欺骗股票的购买者,哪怕使其不直接依赖于此。""当被告有虚假陈述或其他证券欺诈行为,而原告遭受了损失时,只要原告能够证明他有权信赖自己买进或卖出的证券的市场价格的真实性,就满足了证明自己是受到欺骗而实施了交易行为,他所受损害与被告虚假信息披露之间存在法律上因果关系的举证责任。"[②]

一般认为,"欺诈市场理论"的学理基础系"有效市场假说"。现代金融学之父尤金·法玛(Eugene F. Fama)提出了"有效市场假说",并将有效市场分为三种形式:强势(Strong-form)市场、半强势(Semi-strong-form)市场、弱势(Weak-form)市场。三类市场的区分主要依据证券价格对于证券相关信息的反映情况。[③] 虽然美国有关判例中,法院并未特别指出"欺诈市场理论"具体适用哪一类有效率市场,但从理论上讲,"欺诈市场理论"适用的市场条件只能是半强势有效市场,因为强势市场假定股票价格已充分反映了所有信息,包括未加以披露、虚假或扭曲的信息,因而无论被告是否披露虚假信息,

---

① See Basic, Inc. v. Levinson, 485 U. s. 224, 1988.

② 焦津洪:《"欺诈市场理论"研究》,载《中国法学》2003年第2期。

③ See Eugene F. Fama, *Efficient Capital Markets: A Review of Theory and Empirical Work*, Journal of Finance. 25(2), 1970, p. 383 – 417; James Cox et al., *Securities Regulation: Cases and Materials*, Wohers Kluwer Law and Business, 2013, p. 99 – 107.

证券市场的股价均不可能被歪曲。而在弱势市场上，股票价格只反映历史信息，而对现存公开信息并无充分的反映，因此无论被告是否有欺诈行为，都不足以影响股票价格，投资者均无权依赖股票的市场价格。[①]

很多学者认为，“推定信赖原则”适用的前提是证券市场系半强势有效市场。我国A股沪深两市的上市公司数量、流动市值、日均证券交易量等均蔚然可观，为“欺诈市场理论”的适用提供了适用基础，因此在司法实践中，对于A股市场证券虚假陈述的交易因果关系判断适用“推定信赖原则”已经成为较为统一的观点。但对于新三板市场虚假陈述的交易因果关系能否适用“推定信赖原则”，学界观点并不统一。有学者认为，新三板市场由于市场规模、做市商数量等，暂不能适用市场欺诈理论处理虚假陈述案件。[②] 也有些学者认为不能一概而论，市场本身是否有效其实并不重要，重要的是虚假陈述是否会影响到证券交易价格或者交易量。即使是非公开交易的市场或者流动性没有那么强的市场，只要能够证明虚假陈述影响了证券交易价格或者交易量，也就可以推定信赖。[③]

司法实践中的新三板市场证券虚假陈述案例较少，仅有的几件案例，也未明确分析新三板市场是否能够适用“推定信赖原则”。例如，在上海金融法院审理的上海德某资产管理有限公司诉北京兴某会计师事务所（特殊普通合伙）等证券虚假陈述责任纠纷案中，[④]该案虽然确定了新三板市场可以适用《中华人民共和国证券法》《虚假陈述若干规定》中有关证券虚假陈述的相关规定，但因为该案投资者买入股票的时点在虚假陈述揭露日之前，该案依此驳回了投资者的诉请，未对具体法律适用规则是否因新三板市场的特性而有所区别等问题作出认定。又如，在姚某钟与时某某集团股份有限公司、东某证券股份有限公司等证券虚假陈述责任纠纷案中，[⑤]法院认为，新三板市场属

---

① See Macey & Miller, *Good Finance, Bad Economics: An Analysis of the Fraud on the Market Theory*, 42 Stan. L. Rev. 1059(1990). 转引自焦津洪：《“欺诈市场理论”研究》，载《中国法学》2003年第2期。

② 参见樊健：《我国证券市场虚假陈述交易上因果关系的新问题》，载《中外法学》2016年第6期。

③ 参见耿利航：《欺诈市场理论反思》，载《法学研究》2020年第6期。

④ 参见上海金融法院民事判决书，(2018)沪74民初125号。

⑤ 参见辽宁省大连市中级人民法院民事判决书，(2019)辽02民初1795号。

于国家批准设立的其他证券市场,新三板市场流动性与主板市场虽存在差异,但不能因此否定其系全国性证券交易场所之属性,因此新三板市场发生的虚假陈述责任纠纷可适用《虚假陈述若干规定》。依据该规定中因果关系的相关条款,只要投资者证券买入时间符合《虚假陈述若干规定》的法定要求,即可推定交易因果关系的成立,无须证实虚假陈述是投资者买入证券的唯一原因,这说明判决采用了"推定信赖原则"认定交易因果关系,但对于深层次的原因未作分析。

本案中,当事人各方对于"推定信赖原则"能否适用于新三板做市交易证券虚假陈述案件,同样存在较大争议。原告认为,其是在虚假陈述实施日至揭露日期间买入股票,在揭露日之后卖出股票或持有至基准日,根据《虚假陈述若干规定》第11条的规定,应推定其投资损失与行某信息虚假陈述具有交易因果关系。各被告则认为新三板市场不能适用"推定信赖原则"推定因果关系。

各被告抗辩意见的逻辑进路是"推定信赖原则"适用的前提是证券市场属于半强势有效市场,新三板市场并非有效市场,也就不存在"推定信赖原则"适用的基础。虽然"推定信赖原则"缘起于"欺诈市场理论","欺诈市场理论"的学理基础是"有效市场假说",但该原则的出发点和内涵与"有效市场假说"并非完全吻合。"推定信赖原则"归根结底要解决的问题是,在集中竞价方式的交易中,证券买卖双方并非一对一的关系,证券欺诈行为人与不特定投资者之间的联系无法特定化等因素导致的投资者难以完成交易因果关系的证明,实质是对于证券欺诈案件中的举证责任衡平,毕竟举证责任的分配要考虑到当事人双方的举证能力,否则会导致实质上的不正义。与"欺诈市场理论"着重于分析证券市场的定价机制不同,"推定信赖原则"着眼于案件涉及的证券交易是否因信赖证券价格而发生,并非侧重于整体市场是否有效。换言之,在何种证券市场发生的证券交易,不是判断是否能够适用"推定信赖原则"的实质标准,该原则适用与否,应主要考量证券价格是否反映了发行公司的重大信息,以及投资者是否因信赖证券价格而进行投资。所以,即便在通说认为属于有效市场的A股市场中发生的交易,如果买卖双方系通过协议方式确定成交的证券交易,因缺少对证券价格信赖而作出投资决策的前提,也难以直接适用“推定信赖原则”。反之,即便在新三板市场等其他流动性较弱的市场发生的交易,也要视具体情况判断是否可适用“推定信赖原则”,而非一概不应适用。《虚假陈述若干规定》关于适用范围的规定也采纳了这种观点,其中第1条明确“信息披露义务人在证券交易场所发行、交易证券过程中实施虚假陈述引发的侵权民事赔偿案件,适用本规定。按照国务院规定设立的区域性股权市场中发生的虚假陈述侵权民事赔偿案件,可以参照适用本规定”。该规定并未将新三板等流动性较弱的市场排除在适用范围之外,其中关于交易因果关系的规定自然也应适用于新三板等市场。

故针对各被告的意见,判决认为,就本案具体情况而言,投资者系通过“做市方式”进行交易。《全国中小企业股份转让系统业务规则(试行)》(以下简称《股转系统业务规则(试行)》)第3.1.2条规定,股票转让可以采取协议方式、做市方式、竞价方式或其他中国证券监督管理委员会(以下简称中国证监会)批准的转让方式,经全国股份转让系统公司同意,挂牌股票可以转换转让方式。第3.1.3条又规定,挂牌股票采取协议转让方式的,全国股份转让系统公司同时提供集合竞价转让安排。《全国中小企业股份转让系统做市商做市业务管理规定(试行)》第2条规定,做市商是指在全国中小企业股份转让系统发布买卖双向报价,并在其报价数量范围内按其报价履行与投资者成交义务的证券公司或其他机构,可见做市方式系通过做市商双边报价并与投资者交易的一种交易方式。虽然做市商在与双边交易时处于交易相对方的地位,但其并非普通交易当事人,做市商作为证券中间商,处于交易组织者地位,在做市交易中,做市商基于其经验、专业等优势获取更多的信息并进行科学分析和处理,通过双向报价将与证券相关的信息反映在证券价格之中。很多学术研究表明,做市商交易制度在流动性方面不劣于竞价交易制度。而且,行某信息做市商较多,说明该公司获得市场认可,由此具有相当的流动性,这点从其成交量可见端倪。自2015年10月8日至2017年8月23日,行某信息共有412个交易日,日均成交量超过52万股,日均成交金额超过130万元。412个交易日中有388个交易日(占比约94%)的成交量超过5万股,336个交易日(占比约82%)的成交量超过10万股。这些数据甚至高于很多A股(集合竞价交易)的上市公司。这种情况下,行某信息的证券相关信息已经反映至证券价格之中,投资者同样基于信赖证券价格进行投资决策,可以适用“推定信赖原则”判断交易因果关系,原告通过做市方式进行交易,自实施日至揭露日期间买入并持有行某信息股票的投资行为应推定与案涉虚假陈述行为具有交易因果关系。

二、新三板市场证券虚假陈述的揭露日认定

在证券虚假陈述案件中,揭露日的判断对于适格原告的确认、因果关系的推定、投资者损失的计算等问题都有直接影响,也是司法实务中的难点和当事人的主要争议焦点之一。

本案中,双方当事人就揭露日的认定有两种意见,原告及被告国某证券公司认为,行某信息对外发布收到中国证监会调查通知书的公告日应认定为虚假陈述揭露日,因该通知明确中国证监会对其涉嫌信息披露违规进行立案调查,内容明确、权威,具有强烈的警示作用。其他被告则认为,应以2017年6月30日,即行某信息公告中某某某某会所发布非无保留意见专项说明之日期作为揭露日,因该日之后股价有明显跌幅。双方的意见涉及揭露日的认定标准问题。

虚假陈述被揭示的主要意义,在于使市场知悉虚假陈述所掩盖或扭曲的事实和信息真相,向市场发出警示信号,提醒投资者重新判断股票价值,挤压出虚假信息导致的股价泡沫,使股价回到真实价值。司法实务关于揭露日的认定标准经历了从“镜像原则”到“知悉原则”的发展历程。[①] 2003年2月实施的《最高人民法院关于审理证券市场因虚假陈述引发的民事赔偿案件的若干规定》第20条第2款规定,揭露日是指虚假陈述在全国性媒体上首次被公开揭露之日。该条规定确定了揭露日认定的“首次”“全国性媒体公开”“揭露”等要件,但对于何为首次,何为公开揭露等具体认定标准未予明确。2003年7月最高人民法院针对黑龙江省高级人民法院关于大庆联谊证券虚假陈述案中的相关问题作出《最高人民法院关于审理虚假陈述侵权纠纷案件有关

① 参见陈舒筠:《证券虚假陈述侵权行为因果关系的认定——基于三个时间点的认定为核心》,载《东南大学学报(哲学社会科学版)》2018年第2期。

问题的复函》，其中关于揭露日的认定，该复函指出："关于大某联谊揭露日、更正日的确定。1999 年 4 月 20 日，大某联谊仅就利润虚假、募集资金使用虚假等行为进行了自我更正，没有涉及发行阶段的虚假陈述行为。2000 年 4 月 27 日，中国证监会行政处罚公告后，大某联谊虚假发行的事实才首次得以公开披露。故原则同意你院关于大某联谊虚假陈述揭露日确定的第二种意见及处理方案。"该回复实质上以"镜像"规则作为判定"揭露"的标准，将行政处罚信息公开日认定为虚假陈述揭露日，毕竟只有行政处罚信息才能全面、完整、准确地揭露相关虚假陈述内容。之后一段时间，司法实践中多采用"镜像原则"确定揭露日。

但随着证券市场的发展，虚假陈述案件逐渐增多，学界逐渐发现将行政处罚信息公开日作为揭露日存在诸多不合理之处。证券虚假陈述行政案件的调查时间较长，从立案公告至正式行政处罚，少则几个月，长则几年，在这个过程中，虚假陈述的真相已经逐步被媒体报道、立案调查公告、中介机构公告等揭示，市场反应也逐步被消化，虚假陈述导致的股价泡沫逐步稀释，以"镜像原则"认定的揭露日将迟于真相泄露的时点，不能起到认定揭露日的作用。

2019 年出台的《全国法院民商事审判工作会议纪要》调整了虚假陈述的"镜像原则"标准，肯定揭露内容适用"知悉标准"，更强调"市场反应"的判断。该纪要第 84 条规定，"虚假陈述的揭露和更正，是指虚假陈述被市场所知悉、了解，其精确程度并不以'镜像规则'为必要，不要求达到全面、完整、准确的程度。原则上，只要交易市场对监管部门立案调查、权威媒体刊载的揭露文章等信息存在着明显的反应，对一方主张市场已经知悉虚假陈述的抗辩，人民法院依法予以支持"。2022 年修订的《虚假陈述若干规定》依照纪要的精神，从立法层面上确定了揭露日认定的"知悉标准"，其中第 8 条第 1 款规定："虚假陈述揭露日，是指虚假陈述在具有全国性影响的报刊、电台、电视台或监管部门网站、交易场所网站、主要门户网站、行业知名的自媒体等媒体上，首次被公开揭露并为证券市场知悉之日。"该条第 2 款明确了"知悉"的具体认定规则："人民法院应当根据公开交易市场对相关信息的反应等证据，判断投资者是否知悉了虚假陈述。"该条第 3 款又列举了一般应当认定为揭露日的日期为监管部门立案调查的信息公开之日、证券交易场所自律管理组织采取自律管理措施的信息公开之日等,但允许当事人提供证据予以反驳。新规之后的证券虚假陈述司法实践,对揭露日认定的思路呈现出更为合理的趋势,从形式上看日期的选择也更加多样化。有学者按照时间节点将其归纳为媒体报道日、行政监管措施信息公开日、立案调查信息公开日、行政处罚信息公开日以及年报、重大公告公开日等五大类。从揭露日的确定要件而言,通常也包括揭露时点、揭露形式、揭露内容、揭露后市场反应等。

本案系新三板市场证券虚假陈述案,除了涉及上述揭露日认定的一般要件,还涉及一个较为特别的问题,即市场类别的不同,是否影响揭露日的认定。《虚假陈述若干规定》对于揭露日的规定并未区分不同的市场,因此从法律适用的角度而言,新三板市场的揭露日认定理应适用上述标准,但市场类别的不同会影响揭露日要件是否满足的判断,如不同市场的准入主体不同,对于信息的接收和分析能力不同,影响到揭露内容是否充分地认定;又如,市场的流动性不同,对于信息的反应和消化节奏不同,影响到揭露后市场反应的认定,如此一来,在具体认定揭露日时,不得不考虑市场特点。

上海金融法院针对新三板市场揭露日的认定,提出应当考量揭露主体资格、揭露行为的内容及方式、市场特点及反应等因素,认定会计师事务所出具的非无保留意见专项说明公告之日即为虚假陈述揭露日。判决说理认为,首先,从揭示行为的内容来看,会计师事务所出具的非无保留意见专项说明指向明确,与行政处罚决定书内容具有一致性。(1)该专项说明披露了行某信息对中某贸易的大额预付款的往来款实质无法判断,也同时涉及行某信息子公司的收入确认问题,这与行政处罚决定书最终认定的行某信息“通过预付账款、资金往来等形式将资金划拨给中某贸易等公司,由中某贸易等公司根据行某信息的指令将资金划转给相关客户,相关客户再根据行某信息的指令将无真实业务背景的‘走账’资金支付给行某信息作为虚增营业收入的回款”以及“2016年行某信息子公司臻某公司在未实际提供服务的情况下确认对上海羽某广告传播有限公司收入”等内容,涉及的主体以及财务造假的方式具有一致性。(2)该专项说明确定对中某贸易的往来款总差额为1亿元以上,与行政处罚决定书认定的虚增收入总金额相差不大,虽无法一一对应,但从金额角度而言所揭示的风险程度相当。(3)该专项说明披露了行某信息内控制度存在重大缺陷,大额资金支付缺乏有效监管,说明行某信息整体内控制度存在问题,而不仅是2016年度的收入确认存在疑问,这与行政处罚决定书中认定行某信息长期存在财务造假等情形具有一致性。

其次,从揭示行为的主体资格及方式来看,该专项说明系行某信息在股转系统发布公告而揭示,公告发布的主体系挂牌公司,而且公告内容系专业审计机构中某某某某会所出具的非无保留意见专项说明,具有一定的专业性和权威性。该专项说明中,中某某某某会所发表的系"无法表示意见"的结论,依据《中国注册会计师审计准则第1502号——在审计报告中发表非无保留意见》以及应用指南的相关规定,审计报告的非无保留意见分为保留意见、否定意见和无法表示意见三种,如果无法获取充分、适当的审计证据以作为形成审计意见的基础,且导致发表非无保留意见的事项对财务报表产生或可能产生的影响"重大且具有广泛性",注册会计师应当发表无法表示意见。中某某某某会所发表"无法表示意见"的结论,说明其作为专业审计机构,认为行某信息的"大额预付款"以及"部分广告收入确认"问题对财务报表存在的影响"重大而且具有广泛性",该意见应足以对市场起到警示作用。

再次,从揭示后的市场反应来看,行某信息自2017年5月2日起至7月12日止处于停牌期,与此次停牌前日行某信息收盘股价0.95元相较,复牌后首日收盘股价为0.35元,首日跌幅即达到63%,后续股价也基本没有抬升。基于上海高金金融研究院的测算,停牌期间虽然有多个公告,但公司账户被查封,董事辞职等公告对股价波动影响不明显。在停牌期发生的多个事件中,最重要的是2017年6月26日国某证券公司发布的大额预付账款不能收回的风险提示公告、2017年6月30日中某某某某会所出具的非无保留意见专项说明以及2017年7月4日股转系统发布的关于对行某信息实施风险警示的公告;该3份公告均与案涉虚假陈述直接相关,其中中某某某某会所出具的非无保留意见专项说明内容最为全面细致,可见,非无保留意见专项说明披露后,市场反应强烈。此外,此次复牌之后,多家做市商陆续退出为行某信息做市,也印证了市场对该信息的反应剧烈。反观原告主张的揭露日即立案调查公告首日,行某信息股价较前一交易日日收盘价跌价一分,次日跌价两分,三日内跌幅较小,说明市场对该信息的反应轻微,也因为前期已经挤出部分虚假陈述产生的股价泡沫,此时股价已经处于低位,较难再大幅下跌。

最后,从新三板市场特点来看,新三板市场主要服务于创业型、创新型、成长型中小微企业,挂牌公司具有业绩波动大、投资风险相对较高的特点,也因此《全国中小企业股份转让系统投资者适当性管理细则(试行)》(2013年修改)对于新三板市场合格投资者的市场准入标准分为两类,其中机构投资者须为注册资本500万元人民币以上的法人机构或实缴出资总额500万元人民币以上的合伙企业;自然人投资者须本人名下前一交易日日终证券类资产市值500万元人民币以上且具有2年以上证券投资经验,或具有会计、金融、投资、财经等相关专业背景或培训经历。对于投资标的风险高、实施严格的投资者适当性制度,并有专业做市商参与做市的新三板市场,其对涉及挂牌公司财务数据重大信息的敏感度更高,合格投资者也理应对涉及财务数据的重大信息更为关注并识别风险,上述非无保留意见专项说明公告足以对新三板市场合格投资者起到警示作用。

此外,该案判决还认为揭露日的认定应考虑对证券市场健康发展的促进作用,明确指出:揭露日的认定应从公众投资者的整体利益考量,而非基于对某个个体投资者利益的保护。揭露日的选择,要着眼于理性投资者利益保护,保护虚假陈述行为的真正受害者,而非过度投机投资行为导致的损失。若案涉虚假陈述行为揭露日定为立案调查日,则会出现在证券服务机构不断发布重大风险警示信息之后,投资者罔顾风险继续买入的部分损失仍可获赔之情形,这不仅不利于证券服务机构作为“看门人”的作用发挥,亦不利于避免投资者过度投机,终非培育理性市场题中之义。

三、新三板市场证券虚假陈述的中介机构责任认定

受到证券交易本身的复杂性,虚假陈述参与和涉及主体的多样性,虚假陈述行为的隐蔽性等多种因素的影响,证券虚假陈述中的中介机构责任问题,一直是理论和实务界研究的热点和难点。本案中涉及的中介机构包括:主办券商、会计师事务所、律师事务所、评估机构,每类中介机构涉及虚假陈

述的阶段并不相同,导致责任划分更趋复杂。

中介机构与上市公司、实际控制人、董事、监事、高级管理人员这类负有直接披露义务的主体不同,其仅对自身出具的关于上市公司具体业务、财务情况的专业文件和报告负有担保义务,因此被视为广义上的信息披露义务人。[①] 排除中介机构与上市或者挂牌公司、实控人等恶意串通的极少数情形之外,中介机构的过错通常是没有尽到合理注意义务。注意义务系侵权法理论的法律概念,注意义务的引入,可将关注点由原先静态的权益之侵害,转至动态的行为人之合理行为。[②] 有学者采用侵权责任法基础理论中的"合理人"标准进行论证,认为中介机构在未尽到"合理人"注意义务情况下即存在过失,并且指出无论是"特别注意义务",还是"一般注意义务",本质上都是"一般注意义务",只是参照系不同。[③] 也有学者认为,可采纳美国的专家陈述与非专家陈述二分构造理论,即专业人员对于自己出具的专家陈述必须经过合理调查达到确信程度,对于非专家陈述不承担责任;非专家人士对于专家陈述若未发现明显异常则可以完全信赖,对于非专家陈述需要经过合理调查达到确信程度。[④]

判断中介机构是否尽到合理注意义务是从法理上认定其过错的核心基础,但从实践的角度而言,交易市场的不同,主体在虚假陈述中职责和分工的不同,也直接影响到相关主体过错大小的认定,而从更为宏观的角度分析,整体监管环境的变化、中介机构履职的成本和收益的衡量,也会影响到中介机构的责任划分。本案判决对于如何区分各方责任,实现过责相当,从不同角度提炼了四项原则。

一是要考虑交易市场的不同。主板市场、新三板市场以及其他各类市场,均各有特色,投资者准入门槛也有所不同。这就导致了相应的发行监管要求、中介机构作用有所不同,如新三板市场还形成了较有特色的做市商制

① 参见周友苏主编:《证券法新论》,法律出版社2020年版,第329页。

② 参见董春华:《论侵权法中注意义务的"一般性"》,载《中国政法大学学报》2020年第2期。

③ 参见陈洁:《证券虚假陈述中审验机构连带责任的厘清与修正》,载《中国法学》2021年第6期。

④ 参见郭雳:《证券市场中介机构的法律职责配置》,载《南京农业大学学报(社会科学版)》2011年第1期。

度等。在市场不尽相同情况下,法律适用之时不宜笼统对待,而应考虑制度差别与案件细节,以准确区分各方责任。二是要考虑职责分工的不同。在证券中介服务机构之间有职责分工的不同,如对与本专业相关的业务事项应当履行特别注意义务,对其他业务事项履行一般注意义务等。三是要考虑历史阶段的不同。我国证券市场的不断发展对参与者提出了更高的要求,因此对财务造假以及其他虚假陈述行为容忍度不断降低。在责任追究方面,无论是规则还是实务,都经历了从宽松到严格的过程。但虚假陈述事发之后,经过监管调查且追究民事责任时,往往经历较长时间,而此时责任认定的规则已经日益严格。故当较严格的规则事后适用到先前较为宽松阶段的行为之时,可能会出现各方责任较重的情形。因此需要以历史的眼光去看待与认定责任,适当考虑虚假陈述行为当时的立法、执法环境。四是要考虑成本、收益与手段。中介机构从事相关业务的收益较为固定,故需要考虑成本收益相匹配;而且中介机构调查权限有限,不能认为造假未被发现,就一律要求中介机构承担所有责任,认定责任需要结合相关的职业规范要求和行业通常做法。基于上述四项原则,该案判决对相关中介机构的责任进行了具体认定。

第一,关于主办券商的责任。判决依据《股转系统业务规则(试行)》的相关规定,认为该案中主办券商主要从事推荐股票挂牌和持续督导公司的业务,因两种业务的监管规范及履职标准均存在差别,故对其责任也分别认定。

首先,针对推荐股票挂牌业务阶段的责任承担。《虚假陈述若干规定》第17条第1款规定了保荐机构、承销机构等机构及其直接责任人员须证明提交的报告和意见书等应符合法律、行政法规、监管部门制定的规章和规范性文件、相关行业执业规范的要求,并对信息披露文件中的相关内容进行了审慎尽职调查;对其他证券服务机构出具专业意见的重要内容,应审慎核查,排除职业怀疑形成合理信赖。该条第2款规定,“在全国中小企业股份转让系统从事挂牌和定向发行推荐业务的证券公司,适用前款规定”。判决援引了该条规定,确定了新三板市场的主办券商同样应当适用上述规定内容认定在履职时是否存在过错,解决了法律适用的问题。

主办券商的自律监管机构股转公司发布的《全国中小企业股份转让系统主办券商尽职调查工作指引(试行)》对主办券商尽职调查的要求及具体内

容有明确规定，其中第 2 条规定："尽职调查是指主办券商遵循勤勉尽责、诚实守信原则，以形成有利于投资者做出投资决策的信息披露文件为目的，对公司进行调查，以有充分理由确信：（一）公司符合《全国中小企业股份转让系统业务规则（试行）》规定的挂牌条件；（二）公开转让说明书中所披露的信息真实、准确和完整。"第 4 条规定："项目小组的尽职调查可以在注册会计师、律师等外部专业人士意见的基础上进行，如果认为专业人士发表意见所基于的工作不够充分，或对专业人士的意见有疑义，项目小组应进行独立调查。项目小组在引用专业人士意见时，应对所引用的意见负责。"关于公司财务调查，第 24 条规定："通过与公司管理层及员工交谈，查阅公司规章制度等方法，调查公司是否建立会计核算体系、财务管理和风险控制等制度，确保公司财务报告真实可靠及行为合法合规。"第 32 条规定："根据经审计的财务报告，对公司收入、成本、费用的配比性进行分析性复核。通过分析公司收入、成本、费用的变动趋势、比例关系等，比较同行业其他公司的情况，评价公司收入与成本、费用、成本、费用与相关资产摊销等财务数据之间的配比或勾稽关系是否合理。对明显缺乏合理的配比或勾稽关系的事项，应要求公司管理层作出说明。"第 41 条第 1 款规定："调查公司收入的真实性、准确性、完整性和合理性。"这些规定构成了判断主办券商在尽职调查阶段是否勤勉尽责的法定注意义务内容。

但在本案中，根据国某证券公司提供的部分工作底稿，国某证券公司仅对相关合同、凭证及审计机构出具的审计报告等书面文件进行程序性核查，行某信息的财务报告并非毫无疑点，但未见国某证券公司有过分析性复核，国某证券公司亦未走访过行某信息主要上下游客户，判决认定其违反了相关法定注意义务，应对该阶段虚假陈述承担相应责任。

其次，针对挂牌公司的持续督导阶段的责任承担。判决明确，主办券商与保荐人并非同一性质的主体，依据各自不同的监管指引，其权利义务也不尽相同，考察主办券商的法律责任，尚需依据案涉虚假陈述发生时针对主办券商的监管指引确定其义务边界。本案虚假陈述发生于 2013 ~ 2016 年，故法院依照 2014 年的《全国中小企业股份转让系统主办券商持续督导工作指引（试行）》[以下简称《持续督导工作指引》（2014）]评判主办券商责任，判决从三个方面分析了主办券商无须承担该阶段责任的理由:(1)《持续督导工作指引》(2014)由股转公司发布并施行于 2014 年 10 月,彼时国某证券公司对行某信息的持续督导义务已持续近 1 年,在此之前对于持续督导尚无明确规定。根据该指引,主办券商在公司挂牌后承担的持续督导职责主要是督促、指导挂牌公司规范履行信息披露义务,并不需要在上市公司年度报告、审计报告披露过程中核查报告中的财务数据,也不需要在报告上签字盖章。这与公司挂牌过程中主办券商的尽职调查职责不同,主办券商无须对财务数据进行实质审查。(2)根据《持续督导工作指引》(2014)的相关规定,与主板、创业板、科创板或北交所等规定的几年督导期相比,主办券商对新三板市场的挂牌公司督导期自挂牌起至摘牌时,持续督导期间较长,若要求主办券商对挂牌公司持续督导期间的财务数据进行实质审查,也存在困难。(3)主办券商向股转公司提交的持续督导报告并不向公众公开,也不包含股票投资价值信息,通常不会对投资者交易决策产生影响。最终,判决综合在案证据,认定国某证券公司在发现行某信息未及时披露年报,公司存在大额预付款不能回收时,以及财务账目等风险时,均按规定对行某信息进行现场检查,并多次向投资者发布风险提示公告,履行了持续督导义务,对该阶段虚假陈述不承担责任。

第二,关于会计师事务所的责任。该案判决着重分析了会计师事务所在审计过程中违反相关行业规定的情况。首先,兴某会所未对审计函证获取过程保持控制,违反了审计准则。根据《中国注册会计师审计准则第 1312 号——函证》(2010 年修订)第 14 条的规定,当实施函证程序时,注册会计师应当对询证函保持控制,本案中行某信息营业收入的相关函证,以及对中某贸易等供应商的函证均系通过行某信息收发,函证程序存在重大缺陷,违反了相关审计准则,未能勤勉尽责。

其次,对于兴某会所关于即便实施规范函证程序也无法发现行某信息财务造假,以及其已经在审计过程中实施替代程序的抗辩意见,判决认为,函证程序的不规范让法院对于兴某会所的执业认真谨慎程度产生怀疑,而且根据

《中国注册会计师审计准则第1312号——函证》(2010年修订)第13条的规定,[①]替代审计程序应达到足以使会计师获取相关、可靠的审计证据的程度,而非仅从形式上完成固定程序。兴某会所在函证程序失范的情况下,对广告内容的确认未取得第三方相关监播报告,对主要广告客户未进行过访谈,也未对客户相关信息进行验证,其主要通过检查合同及期后回款等对收入确认进行判断,不足以证明所言替代程序足以获得相关、可靠的审计证据。综合以上两点,该案最终认定兴某会所存在不勤勉尽责之情形,应承担相应的责任。

第三,关于律师事务所和评估机构的责任。针对律师事务所的责任,判决认为,《律师事务所从事证券法律业务管理办法》(2007年)第14条规定:"律师在出具法律意见时,对与法律相关的业务事项应当履行法律专业人士特别的注意义务,对其他业务事项履行普通人一般的注意义务,其制作、出具的文件不得有虚假记载、误导性陈述或者重大遗漏。"本案中,德某律所引用审计报告中关于营业收入的内容,主要系审计业务事项,德某律所履行一般注意义务即可。本案中行某信息与相关客户本来具有业务关系,但后续没有继续履行,行某信息此种财务造假方式具有相当隐蔽性,德某律所在从事法律事务尽职调查时,已核实合同签章真实性;其提交的工作底稿显示了其在尽职调查过程中,就相关法律意见与行某信息及国某证券公司等进行了多次沟通,可以证明其已经尽到一般注意义务,故法院认定德某律所对案涉虚假陈述行为没有明显过错,对由此引起的投资者损失不承担赔偿责任。针对评估机构的责任,双方争议较小,判决直接依据评估基准日在行某信息首次虚假陈述行为之前,判定评估机构不承担责任。

① 《中国注册会计师审计准则第1312号——函证》(2010年修订)第13条规定:"如果认为函证很可能无效,注册会计师应当实施替代审计程序,获取相关、可靠的审计证据。"

股权收益权转让之担保功能的司法认定及实现路径

——华某信托有限责任公司诉上海协某某某投资有限公司其他合同纠纷案*

崔　婕**　杨　晖***

【裁判要旨】

股权收益是股东基于投资股权而享有的财产收益,因股权收益与股东的身份紧密相关且并非确定产生,因此法律并未将其单列为一项权利,也未明确股权收益权为可设定质押的权利。一般可通过以下两种方式实现其担保功能:一种途径是通过债权途径,即以合同约定让与担保,或者仅通过合同明确股权收益的担保功能,但并未成立让与担保。另一种途径是以担保物权方式,约定股权收益权的未来收益确定后便成立现金质押。本案通过综合考察股权收益权性质,收益权转让合同对价及收益风险、合同真实目的来判定股权收益权并非真正转让。在合同明确限制出让人随意处置股息红利,进行专户监管的情况下,股息红利实际用于担保受让人在转让合同项下的收益,进而确定《股权收益权转让合同》性质、股息红利的归属及担保功能,明确了股权收益权转让中的股息红利之担保功能及实现的司法认定标准。

---

* 本案入选上海金融法院2023年度十大典型案例。

** 法学博士,上海金融法院综合审判二庭副庭长、三级高级法官。

*** 法学博士,上海市崇明区人民法院商事庭法官,原上海金融法院申诉审查及审判监督庭法官助理。

【案号】

上海金融法院(2021)沪74民初2921号

【案情】

原告:华某信托有限责任公司(以下简称华某信托)

被告:上海协某某某投资有限公司(以下简称协某某某)

2017年11月,中国建某银行股份有限公司上海宝钢宝山支行(以下简称某行宝山支行)、协某某某均为委托人(受益人)分别认购信托计划A类信托单位(优先级)140,000万元,B类(劣后级)信托单位46,700万元。《华某—协某集合资金信托计划信托合同》(以下简称《集合资金信托合同》)约定,信托计划72个月,为事务管理类信托。受托人按照委托人的意愿,以受托人的名义,以信托计划资金受让协某某某持有的标的股权受益权。每日信托单位对应的固定信托报酬=当日信托单位存续份数×1元×0.1%/360。保管费的费率为0.05%每年。《集合资金信托合同》同时约定,若出现受托人以外交易对手违约,受托人仅根据委托人指令权人的指令行使法律法规规定或者信托文件约定的权利,全体委托人授权A类委托人作为委托人指令权人,就委托人决策保留事项对受托人下达委托人指令。

2017年11月,华某信托与协某某某签订《股权收益权转让合同》。信托计划以信托资金受让协某某某持有的标的股权(启某控股股份有限公司,以下简称启某控股)对应的股权收益权。协某某某自转让价款投放之日起定期向华某信托支付股权收益权维持费,按年化费率6.8%。信托成立满2年后,协某某某有权向华某信托回购标的股权收益权。行权费=A类委托人信托资金×实际标的股权收益权转让存续天数×0.1%/360。优先回购价款=14亿元-已提前注销的信托计划A类委托人信托份额。合同项下标的股权收益权包括但不限于以下权利:(1)标的股权的股息红利及在任何情形下的变现所得;(2)因送股、公积金转增、配股、拆分股权等而形成的派生股权的股息红利及变现所得;(3)若公司依法解散,则享有处置公司解散且清算后标的股权对应的公司财产的权利;(4)若协某某某根据法律、行政法规、规章的规定、司法机关的裁判或信托合同的约定,依法对外转让或以其他方式处置标的股权,则华某信托享有处置标的股权所获得的全部或部分收益的权利;(5)标的股权产生的其他收入。标的股权收益权所产生的全部财产性收益或权利,均为本合同所述转让之标的,在本合同约定转让期限内,协某某某不得对该收益权行使分配或处分权利,以确保标的之完整性,但经双方协商同意的除外。

关于超额收益:在信托合同有效期内,若标的股权已上市并流通,协某某某需向华某信托支付超额收益。协某某某全部抛售标的股权股票,以实际抛售股票的加权平均股价为基准价格,若基准价格大于 13.26 元/股,协某某某根据如下公式确定超额收益:[(基准价格 -13.26 元/股)×14,515.2 万股]×10%。协某某某未抛售,则以协某某某在收到华某信托书面通知函之日前 20 个交易日启某控股的平均股价(不满 20 个交易日按实际流通交易日计算平均股价)为基准价格,若基准价格大于 13.26 元/股,协某某某根据如下公式确定超额收益:[(基准价格 -13.26 元/股)×14,515.2 万股]×10%。

关于违约责任:若协某某某未按期足额将标的股权转让收入、股息红利、应支付的赔偿金等任何应付款项支付给华某信托,则协某某某除应立即支付该款项外,还应向华某信托支付迟延付款违约金,每日迟延付款违约金为应付而未付款项金额的日万分之三;若迟延付款违约金不足以弥补华某信托遭受的损失,还应赔偿华某信托因此而受到的损失的差额部分。

协某某某与华某信托、某行宝山支行签订《华某—协某集合资金信托计划差额补齐协议》(以下简称《差额补齐协议》)。协某某某为华某信托、某行宝山支行(A 类委托人信托资金)提供差额补齐义务。《差额补齐协议》约定,(1)为保障信托资金本金及收益安全,协某某某提供:差额补齐保证金义务(IPO 前),每股净资产低于预警线以下,协某某某应在 3 个工作日内将每股净资产差额补足保证金存入某行宝山支行指定账户;IPO 已上市且未流通,股价低于 10.77 元,协某某某应将差价作为保证金补足;IPO 已上市且流通,每股低于 10.77 元,直接平仓,信托计划终止。(2)若在信托终止时或在股权收益权转让期限届满时(包括提前到期)某行宝山支行在信托项下获取的本金及收益不足以覆盖：①某行宝山支行的信托资金本金及预期信托收益；②在《集合资金信托合同》有效期内，华某信托累计取得标的股权收益权所产生的全部财产性收益不足以兑付信托计划 A 类委托人信托资金预期信托利益、附加信托收益及信托财产相关费用。补齐金额为，“某行宝山支行信托本金 + 某行宝山支行按《集合资金信托合同》约定的预期收益 + 信托计划应付未付信托费用 + 按《股权收益权转让合同》约定的华某信托的附加信托收益 - 某行宝山支行在信托项下已实际分配的信托权益（含附加信托收益）”。（3）迟延补差，协某某某应支付每日万分之三的违约金。

2017 年 11 月 21 日，华某信托向协某某某支付股权收益权转让价款 1,867,000,000 元。2019 年 9 月 30 日，协某某某支付 1600 万元到协某某某开立在某行宝山支行的尾号 2816 监管账户。2020 年 3 月 23 日，15,972,348.61 元划转至华某信托，用于支付股权收益权维持费。

华某信托与协某某某签订《股权质押合同》，质押担保主债权为华某信托（甲方）、协某某某（乙方）签署的《差额补齐协议》形成的主债权。标的股权质押期间产生的收益，包括但不限于红利和其他收益等派生权益一并作为质押物。质押标的价值减少足以危害质权人权利的，出质人均有义务向质权人增加或者重新提供质权人认可的担保，质权人有权要求出质人恢复质押股权的价值或者提供与减少价值相当的担保。案外人重庆某某某创实业有限公司（以下简称某某某创）出具代偿承诺函，约定某某某创为协某某某在《差额补齐协议》项下的义务向华某信托承担连带担保责任。自然人吴某、陈某与协某某某签订《保证合同》，约定二人为协某某某在《差额补齐协议》项下的义务承担连带担保责任。某某某创与华某信托、某行宝山支行订立《受让与回购协议》，约定信托终止时（包括提前终止），某某某创的受让与回购义务条件同《差额补齐协议》约定的触发条件，受让与回购金额为，“某行宝山支行在信托项下委托的信托资金本金 + 信托预期收益 + 信托计划应付未付信托费用 + 按照《股权收益权转让合同》中约定的应归属于甲方的信托收益 - 某行宝山支行在信托项下已经实际分配的信托权益（含附加信托收益）”。

关于监管账户及股息红利分配情况：2017 年 9 月 27 日，协某某某与某行宝山支行签订《账户监管协议》约定，协某某某将标的股权的股息红利及信托计划差额补足保证金存入协某某某在某行宝山支行开立的尾号 2816 监管账户,该账户不开通电子银行及通兑,对外支付须经某行宝山支行审核同意,并加盖资金监管账户专用审核章。资金不得用于二级市场投资、涉房项目支出与某行宝山支行信贷政策禁止性行业。若协某某某违反上述约定,某行宝山支行有权要求协某某某限期纠正,并可要求协某某某包括但不限于提供相应担保、赔偿损失等。

华某信托、协某某某共同签订,拟向启某控股发送的关于股权分红款划付账户告知函载明:《股权收益权转让合同》约定,标的股权产生的股息红利均归属华某信托,若启某控股在转让期间分配标的股权红利,支付至尾号 2816 监管账户。

2017 年度启某控股股东会决议,2017 年度按 0.55 元每股分配股息红利,共计分配 39,916.80 万元。协某某某获分配利润 7983.36 万元。2020 年度股东会决议,协某某某获得分配利润 4.6 亿元。协某某某 2021 年 1 月的资产负债表显示应收股息红利期初、期末余额均为 539,833,600 元,但 2021 年 2 月 ~4 月的资产负债表均未见应收股息红利期末余额。

2021 年 10 月,华某信托向协某某某发送关于违反合同约定处理标的股权分红的违约提示函,载明截至 2020 年 12 月,启某控股应付协某某某股息红利约 5.3 亿元。协某某某违约处置股息红利。华某信托要求协某某某将股息红利转入尾号 2816 监管账户,金额合计 5.3 亿元。

华某信托诉请:(1)协某某某向华某信托支付标的股权分配的股利 539,833,600 元;(2)协某某某向华某信托支付因迟延支付股利产生的违约金 32,228,065.92 元(以 539,833,600 元为基数,按照日万分之三的标准,自 2021 年 2 月 1 日起暂计算至 2021 年 8 月 18 日,实际支付至付清之日止)。庭审中,华某信托提出备位诉请称:协某某某将已获标的股权股息红利 539,833,600 元支付至协某某某在某行宝山支行开立的尾号 2816 监管账户。协某某某无华某信托的指令不得处分该款项。

【审判】

上海金融法院于 2022 年 10 月 10 日作出(2021)沪 74 民初 2921 号民事

判决:协某某某向尾号2816监管账户支付539,833,600元;驳回华某信托的其余诉讼请求。一审判决后,双方均未上诉,该判决已生效。

法院生效判决针对以下几个问题进行了说明。

一、关于事务管理型信托受托人是否享有诉权

根据《中华人民共和国信托法》(以下简称《信托法》)第2条的规定及《集合资金信托合同》的约定,A类委托人某行宝山支行为信托计划全体委托人的委托人指令权人。某行宝山支行向法院出具书面意见,明确表示授权华某信托提起本案诉讼,因此根据《信托法》的规定及《集合资金信托合同》的约定,华某信托享有本案诉权。

二、关于股权收益权是否真正转让、诉争股息红利的归属

第一,华某信托在《股权收益权转让合同》项下对价是固定的股权收益权维持费以及包括超额收益在内的附加信托收益。显然固定的股权收益权维持费性质与基于股权收益权产生的不确定的股权收益性质并不相同。此外,合同还约定,协某某某不得对标的股权收益权行使分配或处分权利,以确保标的之完整性,但经双方协商同意的除外。可见,华某信托并非股权收益的所有权人,其支付转让价款的对价是依据向协某某某融出资金金额量化计算的本息收益而非股权收益。第二,华某信托的上述收益对价通过《差额补齐协议》加以保障,不承担股权收益风险。此外,针对协某某某上述差额补齐义务又安排股权受让回购、股权质押、保证等一系列增信措施。综合上述合同约定,华某信托在《股权收益权转让合同》项下的收益均获得保障,不承担任何股权收益权转让期间的风险。第三,华某信托、协某某某签订《股权收益权转让合同》的真实目的系以转让价款名义实现资金融通。根据现有证据,合同标的股权收益权的价值并未经过评估,且根据《受让与回购协议》,信托终止后,若某行宝山支行未按照《集合资金信托合同》约定获得全部收益,以及华某信托未按《股权收益权转让合同》约定获得全部附加信托收益及信托计

划相关费用,某某某创负有须无条件以固定价格回购诉争股权收益权的义务,且回购价格是某行宝山支行及华某信托的依约应收收益与实际获得收益的差额。可见协某某某系为获得资金融通,华某信托则为获得固定本息回报。第四,合同约定标的股权上市流通的部分超额收益归属信托财产,进一步证明华某信托并未真正受让股权收益权。

综上,华某信托虽通过《股权收益权转让合同》受让股权收益权,但在转让期间获得固定股权收益权维持费及包括部分超额收益在内的附加信托收益,并不承担标的股权价值变动以及股权收益(股息红利)是否产生的风险。华某信托的本位诉请主张股息红利归属华某信托,无事实与法律依据,不予支持。

三、诉争股息红利的功能认定及其实现

第一,根据双方当事人的约定,协某某某不能随意处置股息红利。同时,根据关于股权分红款划付账户告知函,华某信托、协某某某合意要求启某控股将股息红利支付到约定监管账户。该告知函虽未向启某控股实际发送,但由华某信托、协某某某共同盖章,应视为双方真实意思表示及合意结果。华某信托虽不是《账户监管协议》的签约方,但该协议是关于协某某某如何确保股权收益权完整,即股息红利划转至特定账户并限制使用用途的具体安排,实质是《股权收益权转让合同》实施的必要组成部分,协某某某理应遵守。且由于华某信托并非启某控股股东,无法直接向该公司主张权利,要实现股权收益的担保作用,本案双方约定以协某某某在某行宝山支行处开立监管账户,监管股息红利,对其处置该部分股权收益的权利进行限制。综上,双方当事人的该意思表示并无法定无效事由,合法有效。第二,诉争股息红利担保功能的认定及实现。诉争股息红利进入监管账户后的支出需经某行宝山支行审核同意,上述约定旨在督促协某某某如约履行《股权收益权转让合同》项下包括股权收益权维持费等对价的支付,以保障华某信托信托投资本金和收益维持在约定水平,最终担保某行宝山支行在案涉信托合同项下预期收益的实现。另外,本案华某信托、协某某某双方还另行签订《股权质押合同》,股息

红利作为股权的法定孳息,当然属于质押财产。如果案涉股权质押已进行登记,则质权依法成立,华某信托作为质权人亦可对诉争股利依法行使质权。至于协某某某主张的诉争股利支付至监管账户后及时抵扣债务的问题,根据法律规定,出质人请求质权人及时行使质权,质权人怠于行使权利造成出质人损害的,由质权人承担赔偿责任。

综上分析,本案系争《股权收益权转让合同》是无名合同。该合同系当事人真实意思表示,且不违反法律、行政法规的强制性规定,合法有效。现协某某违反约定,擅自将获得分配的股利处分,当然构成违约。华某信托备位诉请要求协某某某划转股息红利至监管账户,应予支持。

四、关于案涉股息红利金额如何确定

股息红利是股权的法定孳息。公司在盈利的情况下是否及如何向股东分配利润,属于商业判断和股东意思自治的范畴,股东分红只有经股东会决议分配后方实际发生并确定。因此,法定孳息虽是因法律关系所获得的收益,但其产生应是在收益确定之时,而不是法律关系确定之时。凡是归属股东的股权分红,只有在具体金额确定时,方具备《股权收益权转让合同》及《股权质押合同》约定的具有担保作用的股权的法定孳息状态,此时,协某某某应依约将该部分股息红利支付至监管账户。

【评析】

司法实践基本认可了股权收益权的买卖融资、质押融资、出让回购融资交易模式的法律效力。本案的特殊之处在于,争议焦点并非直接行使股权收益权回购权利,而是主张受让人实现其依据转让合同对股权收益权之股息红利的名义所有权或担保,这实际涉及以股权收益权进行融资担保的法律性质及其实现路径的探讨。通常这类交易纠纷焦点集中在对股权收益权是否真实买卖、担保功能如何认定及实现。对于争议焦点所涉及的股权收益权担保融资交易的相关法律问题,仍需结合市场实践及立法发展加以深入讨论。

一、股权收益权法律性质之分析

关于股权收益权转让中的股息红利之担保功能及实现的司法认定争议,首先源于股权收益权的法律性质至今并未在法律中加以明确规定,实践中存在股权收益权是物权还是债权的争论,进而影响金融交易中的股权收益权转让合同的法律定性。

(一)收益权的法律性质

通常理解,收益权依附于基础资产,但收益权不等同于基础资产;收益权不是一项独立的权利,是基础资产权利分化的部分权能;收益权是根据法律规定或者合同创设、基于基础资产而可能产生的经济利益,具有可转让性。根据权利形成的基础,收益权可区分为法定资产收益权,如自然资源收益权;基于特许经营权产生的资产收益权,如公路、桥梁、隧道收益权;基于当事人约定形成的资产收益权,如有限合伙份额收益权、票据收益权、保单收益权等。根据基础权利的性质,还可分为物权收益权,债权收益权,其他权利收益权。

收益权在我国法律体系中并无明确定位,法律性质亦无明确界定。在司法层面,《最高人民法院关于适用〈中华人民共和国民法典〉有关担保制度的解释》(以下简称《民法典担保解释》)第61条第4款规定:以基础设施和公用事业项目收益权、提供服务或者劳务产生的债权以及其他将有的应收账款出质,当事人为应收账款设立特定账户,发生法定或者约定的质权实现事由时,质权人请求就该特定账户内的款项优先受偿的,人民法院应予支持;特定账户内的款项不足以清偿债务或者未设立特定账户,质权人请求折价或者拍卖、变卖项目收益权等将有的应收账款,并以所得的价款优先受偿的,人民法院依法予以支持。该规定将部分不动产收益权纳入《中华人民共和国民法典》(以下简称《民法典》)“权利质押”范围。随着近年来收益权交易在金融市场中的活跃,相关金融监管文件已广泛承认和使用收益权这一概念,在不断加强收益权交易监管的同时,已普遍认可收益权作为金融交易标的的行业实践。

在收益权的法律性质无明确法律界定的情况下，应比照我国法律的相近规定进行分析。除物权法定外，我国法律对其他财产性权利并未禁止。若是物权收益权，权能与权利分离没有法律障碍，所有权人可将所有权的部分权能与所有权分离而单独转让，设立用益物权或者担保物权。若是债权收益权，其内部亦存在多项权能可以明确分辨，也可实现权能与权利的分离，通过合同实现收益权转让。

（二）股权收益权的法律性质

股权收益权是以公司股权作为基础资产，股东因直接投资公司而依法获取的投资收益，对标的股权享有其全部收益的权利，具有物权属性，是股权的法定孳息，是未来可能产生的收益。但在股权收益权转让合同项下，受让人获得的股权收益权是一种合同债权，是股东将其对标的股权的收益权能进行转让，受让人支付对价，获取标的股权可能产生的收益，其法律性质不属于法定的物权种类，而应为可分的债权权能之一。金融交易中，通过股权收益权转让合同将具有物权属性的股权收益权转换为债权属性的收益权，受让人取得标的股权收益权，出让人仍持有标的股权。

二、股权收益权融资担保之法律逻辑

股权收益权转让融资拓宽了股权融资的形式。实践中，以股权收益权融资，具体的交易架构不外乎以下几种形式：一是通过股权收益权的买卖融资（让与担保），二是以股权收益权质押进行担保融资，三是以股权收益权名义转让实现担保功能（非让与担保，如出让回购等）。上述融资形式从法律性质方面可以总结为两类：一是股权收益权债权形式融资担保，如股权收益权的买卖融资及名义转让担保；二是股权收益权的物权形式融资担保，如股权收益（权）质押。在实际交易中，上述分类也可能混合使用。如进行股权收益权担保融资，以合同约定股权收益权名义转让，但限制出让人（标的股权股东）处分股权收益权以担保受让人（投资人）本金及收益，受让人的合同对价以固定收益加浮动收益形式实现,同时安排回购、差额补齐、保证等增信措施。

(一)股权收益权真正转让的判断标准

如以股权收益权实现融资、担保之目的,对不同具体融资形式的法律性质的判断首先集中在对股权收益权转让合同法律性质的判断,即股权收益权是否真正转让。对此,应从受让人在该合同项下对价、收益风险承担、合同订立的真实目的来判定股权收益权是否真正转让,进而确定股权收益权转让合同性质、股息红利的归属及功能。

首先,股权收益权转让合同必须有效。以合同形式转让股权收益权,合同的法律效力没有瑕疵。若股权收益权转让合同无违反法律、行政法规的强制性规定及恶意串通损害国家、集体或第三人利益之情形,转让合同应为有效。

其次,判断是否真正受让股权收益权的所有权,应考察股权收益权转让合同目的、受让人支付的合同对价是否为转让标的的合理价值及实现方式、是否承担相应风险等因素。一是受让人通过转让合同获得标的股权收益,但不参与经营管理;二是转让合同约定合同履行期内,出让人必须保障股权收益权的完整性,不得随意处置股息红利等股权收益,同时,出让人还将标的股权质押给受让人,担保受让人投资本金及收益实现;三是股权收益权的转让对价非市场公允价值,系直接在受让人投资本金基础上增加固定比例的溢价;四是股权收益权转让合同通常还约定差额补齐、回购条款等,或通过另行签订差额补齐协议、回购协议、增信担保等措施保障受让人的投资本金及转让合同项下的收益得以全部实现,不承担买入标的股权收益权是否产生的风险。若同时符合上述情形,虽转让合同有效,但股权收益权转让并非股权收益权的实质转让,受让人并未真正取得股权收益权的所有权,不能主张股权收益当然归其所有。

本案中,华某信托、协某某某并无买卖股权收益权的真实意思表示,实质是华某信托将全部信托资金支付受让股权收益权价款,协某某某获得资金融通,而华某信托支付转让价款的对价是固定的信托收益及附加收益,并通过相应的回购,差额补足,保证,股权质押等一系列增信措施,保障华某信托收取股权收益权转让价款本金及收益。因此案涉股权收益权并非真正转让。

(二)股权收益权融资担保的不同法律性质及逻辑

若股权收益权非真正转让,则要进一步探讨以股权收益权实现融资担保具体形式的不同法律性质及其逻辑。

1. 以股权收益权融资担保的债权形式

在债权模式下,通过合同创设股权收益权,由融资人(出让人、股东)形式转让给投资人(受让人)。

在成立让与担保法律关系情形下,合同创设股权收益权并转让给投资人,投资人依转让合同取得股权的全部收益所有权。投资人可依据转让合同约定,要求融资人在投资期间所得股权收益置于投资人监管下,若投资无法收回,股权收益优先用于担保投资收益。通过这种股权收益权的买卖,将股东享有的依据股权请求分配股权收益的物权性质权利转化为,投资人享有的合同债权性质的,请求限制融资人(股东)处置股权收益。并自合同约定股权收益权回购(收购)无法依约进行,或者标的公司股权市值低于合同约定价格之下时,将投资人控制的股权收益用于实现转让合同约定的投资人支付的投资本金及固定收益。通常纠纷主要集中在投资人通过诉讼确认其对股权收益权的权属性质,即投资人对股权收益权的权利属性是所有权、担保物权或合同债权,要求处分股权收益用以实现投资本金和固定收益。

在合同设立担保功能情形下,投资人通过转让合同形式受让股权收益权,但并不直接控制、处置股权收益,仅通过限制融资人处分股权收益权用以担保融资。合同同时约定融资人(股东)无条件回购(收购)投资人的股权收益权,并以融资人(股东)或者第三方的差额补足及担保增信措施等保障投资人在转让合同项下的投资本金及固定收益。在此种以股权收益权进行的融资担保中,通常纠纷集中在投资人要求融资人(股东)或者第三方履行约定的回购(收购)、差额补足及担保义务。而本案纠纷特殊之处是投资人请求融资人(股东)实现对股权收益的监管,即控制股权收益权的现金收益(股息红利)。

2. 以股权收益权融资担保的物权形式

如前文分析,股权收益权是股东投资股权的风险收益,是基于股权未来可能产生的收益,与公司的经营状况息息相关,具有不确定性;此外股权收益的获取必须依赖股东的身份,股权收益的划转必须遵守公司利润分配的法律规定和公司章程的约定,因此行使股权收益权与一般的财产权利有所差别,因此,股权收益权尚不具备法定的可以作为质押的权利特征。目前的法律、行政法规亦未明确将其列为可以出质的财产权利。此外,以股权收益权直接进行权利质押,则面临权利担保设立的程序困难。股权收益权设立质押担保,权利的交付存在困难,公示登记尚未有法律规范。但如股权收益权已经实现,变成现金分红或资金收益,如公司明确分配给股东的股息红利,股东出售股权的现金收益,公司上市股票流通获得超额溢价收益等,此时股权收益权已经固定,可以参考金钱质押形式设定担保,以现金专户形式设立现金质押。根据《民法典担保解释》第61条第4款的规定,设定特定账户,将股权收益权的现金收益划入该账户,投资人控制该账户,并在合同约定的投资收益未实现时,对该账户内的款项优先受偿。

三、股权收益权的担保功能认定及实现思路

《民法典》第440条规定了可以设定质权的权利种类,其中并未列明股权收益权。虽股东享有的基于投资股权而产生的财产性收益是于法有据的,但从法律权利角度看,股权收益权尚未被立法明确为一种权利。股权收益可明确、可固定,具有流动性,具备进行担保的法律属性,通过当事人意思自治,以合同创设股权收益权融资担保,也未尝不可。但基于物权法定思路,因目前法律并未将股权收益权列为权利质押范畴,在司法实践中,一旦由此产生纠纷,将面临对股权收益(股息红利)担保功能认定及实现的法律逻辑思辨。《民法典》第467条第1款规定,"本法或者其他法律没有明文规定的合同,适用本编通则的规定,并可以参照适用本编或者其他法律最相类似合同的规定"。对于无名合同的性质认定,应比较最相类似的法律规定。关于股权收益权合同转让中的股息红利的功能认定及实现路径,要结合合同约定及股权收益权的法律特征进行综合判断。

（一）股权收益权担保功能的认定

如前文所述，以物权化方式固定担保功能时，若股权收益还未产生，则可依照未来应收账款质押之思路，进行权利质押登记，以明确股权收益权的担保功能；若股权收益（股息红利）已明确并固定，则可以按照现金质押法律规则设定担保。这种方式股权收益权直接设立担保物权，其担保法律性质可依法认定。

但以债权化方式固定担保功能时，是以转让合同明确设定担保功能，即成立非典型担保。通过转让合同将股权收益从股东权益中分离，以合同转让方式，实现股权收益权由融资人向投资人流转，一旦投资人的投资收益无法依约实现，则股权收益用于担保其投资收益的实现。综合前文分析，通过合同创设股权收益权的担保功能，必须首先确定受让人本意并非真正受让股权收益权。其次，转让合同限制出让人随意处分股权收益并确保股权收益权的完整性，转让合同约定或者另有其他协议约定股权收益用于担保受让人在《股权收益权转让合同》项下对价收益的实现。综合上述条件，可认定股权收益权在转让合同项下的担保功能。

（二）股息红利担保功能的实现

关于股息红利担保功能的实现，亦有物权和债权两种路径可供选择。一是担保物权实现路径。将股权包括股权收益在内设立质押，担保权人实现担保权利。以股权担保，根据《民法典》相关权利质押的第 440 条、第 443 条、第 445 条、第 446 条规定，要有效设立质权。要符合《民法典》第 436 条规定的质权实现方式，即质权人可以与出质人协议以质押财产折价，也可以就拍卖、变卖质押财产所得的价款优先受偿。质押财产折价或者变卖的，应当参照市场价格。若以股权现金收益进行质押，则可根据《民法典担保解释》第 61 条第 4 款的规定，以现金质押专户形式实现质权担保。

二是合同债权路径。通常是通过特定账户对股权收益的流转加以限制，以实现担保功能。《民法典担保解释》非典型担保的第 63 条规定，债权人与担保人订立担保合同，约定以法律、行政法规尚未规定可以担保的财产权利设立担保,当事人主张合同无效的,人民法院不予支持。当事人未在法定的登记机构依法进行登记,主张该担保具有物权效力的,人民法院不予支持。在股权收益权转让中,受让人并非股东,无法直接行使股权收益权,故只能通过另行合同安排,一是约定一部分股权收益直接归属受让人;二是通过合同权利实现担保目的。如限制出让人对股权收益权的直接支配权,通过特定监管账户控制出让人处分股息红利,用于担保受让人收益的实现。在此情况下,若投资人主张对监管账户资金直接行使优先受偿权,则要受限于其事先将该监管账户资金在法定公示登记机构进行担保权利登记。否则,只能行使合同债权,即实现合同上的担保功能,而非实现担保物权。

本案中,系争股息红利的功能为担保某行宝山支行(华某信托)在信托计划(《股权收益权转让合同》)项下约定收益的实现。华某信托并非标的公司股东,其通过《股权收益权转让合同》获得的股权收益权是一种合同债权,请求获取协某某某(股东)投资标的公司而获得的股权收益。华某信托主张实现股权收益权的担保功能,必须遵守《中华人民共和国公司法》(以下简称《公司法》)关于股东权利的相关规定。首先,华某信托不能直接请求标的公司将股息红利置于其控制之下,而必须通过监管账户实现对股息红利的控制权。其次,还可通过《股权质押合同》明确约定标的股权及其收益均用于担保某行宝山支行的预期信托收益等信托计划收益,进一步控制股权及其收益用于担保案涉交易合同履行。但由于华某信托并未将该监管账户资金进行公示登记,未取得担保物权,不可直接主张对该账户资金的优先受偿。

环顾市场及司法实践,关于股权收益权转让及担保融资的性质及实现争议,在信托依法成立后资金运用行为产生的纠纷中确系常见。在股权收益权转让交易中,通过无名合同形式,设定股权收益权的担保功能合法有效。对合同上的担保功能的认定及实现必须在《公司法》股东权利等相关规定及《民法典》等法律关于权利质押的相关规定框架下,充分尊重交易当事人意思自治及真实意思,进行司法判断,以达到维护市场稳定预期,实现纠纷各方利益平衡之目标。

首创“打包上拍、分拆竞买、价高优选”批量车位处置新模式

——中国长某资产管理股份有限公司上海市分公司申请执行亿某集团上海投资有限公司等金融借款合同纠纷案

杨现正*

【执行要旨】

对于批量住宅车位作为执行标的物，实践中因车位数量多、工作量大等一般采取整体拍卖的方式进行处置，故一直存在“法院卖不掉，业主买不起”的现象。针对批量住宅车位难以变价成交和住宅业主停车民生需求难以得到满足的双重痛点，本案通过创新处置规则和借助数字改革赋能，在全国范围内首创“打包上拍、分拆竞买、价优先选”的批量住宅车位处置新模式：一是通过开发处置模块将批量车位一次性上拍，极大减少了逐一拍卖的工作量；二是依照民法典关于住宅车位首先满足业主需要的规定，确保有竞买意愿的业主能够针对单一车位参与竞买；三是设定价优先选的竞买规则，赋予一定的溢价空间，实现车位变现价值的最大化。该处置新模式既有利于业主停车需求的充分保障，又有利于申请执行人债权的有效兑现，还有利于司法处置的高效推进，实现了多方共赢，为解决此类问题提供了可复制、可推广的经验。

---

* 法学硕士，上海金融法院执行局三级高级法官。

【案号】

执行:上海金融法院(2022)沪74执1020号

【案情】

申请执行人:中国长某资产管理股份有限公司上海市分公司

被执行人:亿某集团上海投资有限公司

中国长某资产管理股份有限公司上海市分公司与被执行人亿某集团上海投资有限公司、福建福某集团有限公司、潘某、陈某金融借款合同纠纷案,因被执行人均未按照执行通知指定的期限履行义务,故拟对被执行人名下的相关财产启动评估拍卖程序。经查,被执行人亿某集团上海投资有限公司名下共计有452个车位(包括住宅配套车位与商务办公楼配套车位),商务办公楼1栋等不动产,相关不动产被其他法院在先查封,因本案债权人对上述不动产享有抵押权,故经商请取得处置权。依据不动产登记部门提供的信息,上述共计452个车位中,规划不超过50%为住宅车位。案件执行过程中,上海金融法院收到部分业主申请,请求法院满足业主参与司法拍卖车位的诉求。

【执行】

上海金融法院拟对被执行人亿某集团上海投资有限公司名下共计452个车位(配套住宅车位与商业办公楼车位)与1栋商业办公楼等不动产启动网络司法拍卖程序。因被执行人作为开发商涉诉,相关车位与其他不动产均被法院在先查封,且本案申请执行人对上述抵押不动产享有抵押权,故小区业主均无法通过正常销售方式买受车位。在得知法院将对包括车位在内的不动产启动网络司法拍卖程序后,部分小区业主向法院了解如何参与司法拍卖的竞买。如果按照传统的处置模式,采取对全部不动产整体拍卖的方式,相关不动产的评估价格超过20亿元,小区业主的个体竞买诉求无法得到满足。为破解此类案件的处置难题，执行局将本案作为执行中的重点难题予以突破，利用周末时间到车位所在小区开展了专题调查，通过召开“线上 + 线下”业主代表沟通会议、现场“一对一”的“征询 + 咨询”、网上调查问卷等方式对全体业主参与竞买司法拍卖车位的意愿、心理价位进行了排摸，为最终确定投入拍卖的住宅车位数量提供了依据；同时借助数字改革赋能，与网络司法拍卖平台合作，开发了专门的种类物司法拍卖模块，能够实现对全部同质的种类物一次性打包上传，可以分拆竞买，批量成交的基本功能；同时借鉴大宗股票处置模式与车牌额度拍卖的方式，创设了“打包上拍、分拆竞买、价优先选”的住宅车位处置新模式，在限定竞买人为小区住宅业主，且拍卖车位数量与竞买人精准匹配的情况下，创造拍卖标的的竞买溢价空间，实现了申请执行人债权兑现、业主个体竞买诉求满足、被执行人权益保障的合理兼顾，多方共赢。最终，8 个子母车位全部溢价成交，普通车位溢价成交率 76%；全部成交价款共计 3493 万元；基于竞买需求与投入拍卖车位数量的精准匹配，拍卖成交率超过 80%，相关车位已经完成裁定送达与交付。

【评析】

一、业主对住宅车位优先权的实施规则

在开发商正常销售模式下，业主对于住宅车位享有优先权，但在法院强制执行程序中，小区业主对住宅车位享有优先权是否有法律依据，在司法拍卖程序中，小区业主的优先权如何实现，在司法实践中存在争议，操作规则也不统一。

（一）小区业主在司法拍卖程序中优先权的法律逻辑

开发商在处分住宅小区车位时，应受《中华人民共和国民法典》（以下简称《民法典》）第 276 条“首先满足业主的需要”和《最高人民法院关于审理建筑物区分所有权纠纷案件适用法律若干问题的解释》第 5 条“配置比例”的约

束。对于配置比例之内的车位应当优先向业主转让,并主动加以公示。[①] 在开发正常销售模式下,应优先向业主转让。司法拍卖程序系法院主导下对被执行人名下不动产采取的强制变价行为,因此从形式上看,与正常销售行为存在区别。但从实体法效果来看,竞买人取得拍卖标的物的所有权,仍然属于私法上因买卖而转移所有权的性质,故司法拍卖同时具有合同属性。[②] 因此,司法拍卖行为并不能当然排除权利人的优先权,司法拍卖程序的强制性体现在拍卖程序的启动、最终标的物交付等是在法院主导下进行的,缺乏债务人的意思表示,但对于竞买人而言,其出价参与竞买的行为与正常买卖的交易没有本质区别,因此在司法拍卖程序中,业主同样对所在小区车位享有优先权。

(二)业主对住宅车位优先权的实现路径

《民法典》规定了小区住宅车位应首先满足业主需要,优先向业主出租或销售。故在案件执行中,部分业主向法院主张,因业主对相关车位享有优先权,法院应将或只能将车位直接向业主进行销售,法院不应采取网络司法拍卖的方式予以变价。对于法院而言,执行工作的关键环节在于财产变现,财产变现的重要途径之一就是司法拍卖,[③]由于本案相关车位其上设定了抵押权,同时被法院查封,且相关车位没有公允的市场价格,直接向业主销售的方式无法律依据。[④] 对于本案而言,业主优先权的实现方式有以下两种:一是在司法拍卖中设定业主享有优先承租权;二是明确业主在司法拍卖程序中的优先购买权。但这两种方式对于保障小区业主的优先权均存在不足:优先承租权的兑现情况在很大程度上取决于车位产权人的意愿;而司法拍卖中的优先购买权,取决于成交价的高低,且本案中,因开发商涉诉,全部车位均被抵押

---

① 参见潘运华、詹宇雷:《处分住宅小区车位的法律限制》,载《福州大学学报(哲学社会科学版)》2022年第6期。

② 参见范春忠、张明杰:《司法拍卖中悔拍保证金的权利归属》,载《人民法院报》2023年2月22日,第7版。

③ 参见江必新、刘贵祥主编、最高人民法院执行局编:《最高人民法院关于人民法院网络司法拍卖若干问题的规定理解与适用》,中国法制出版社2017年版,第39页。

④ 即便执行标的有相对公允的市场价值,在司法实践中,法院基于规范执行权行使,对直接变卖也采取比较谨慎的态度。

与查封,全部业主的车位购买诉求均未满足,因此以上两种方式均无法实现对业主住宅车位的优先权的保障。

本案中,通过开展针对全体业主的专场拍卖的方式能够最大程度实现全体业主对住宅车位的优先权,即明确参与竞买主体限定为持有本小区住宅不动产的业主,并在拍卖前完成竞买资质的审核。

二、数字改革赋能:全新处置模块解决分拆处置难题

民事强制执行效率优先原则是民事强制执行权性质与功能的基本要求。[①] 按照原有的网络拍卖方式,网络司法拍卖平台只能做到一次发拍,一次竞价,一次成交。而对于本案而言,按照规划总车位的50%上限启动拍卖程序,则法院要发起256次拍卖行为,才能满足业主个体竞买的需求,这对法院来说意味着增加大量的工作内容,严重影响执行工作效率。为此,法院与网络司法拍卖平台密切配合,由其开发了能够实现“打包委托,分拆竞买”功能的全新处置模块,即法院对纳入本次拍卖范围的全部车位,一次性发起网络司法拍卖委托,网络司法拍卖平台根据法院投入拍卖的车位数量,确定拍卖竞价单元,所有业主均可以对其中的单一车位出价竞买,最终批量成交。通过数字改革赋能成功地解决了长期以来法院在处置批量财产程序中存在的司法处置效率与分拆处置需求的冲突,相关处置模块已经为全国其他法院使用。

三、创新拍卖方式保障当事人合法权益

住宅车位不仅关系到业主停车需求的满足,同时作为执行标的,只有追求价值变现的最大化,才能保障包括申请执行人与被执行人的合法权益。

(一)精准确定投放拍卖车位数量

法院投入拍卖的车位数量在很大程度上影响最终的成交价格,投入拍卖

① 参见陈刚:《略论执行的效率》,载中国法院网2004年1月15日,http://www.chinacourt.org/article/detail/2004/01/id/100578.shtml。

的车位数量与竞买需求差距太大,车位成交价格必然过高,反之会出现大批量的流拍,如何确定投入拍卖的车位数量是本次拍卖程序的重要问题。按照原有的模式,在发起网络司法拍卖程序前,拍卖标的数量就已经确定,本案中,由于规划仅限制了住宅车位的比例上限为50%,未明确住宅车位的具体数量,如何实现需求与供给的精准匹配是法院在本次网络司法拍卖程序中要解决的问题。最终法院创新性地采取了在拍卖公告中仅明确全部拍卖车位数量的上限,具体数量需要以实际缴纳保证金的人数来确定,通过这种创新性的方式,精准匹配车位竞买需求,确保了司法拍卖程序的成交率,也能保证实际参拍业主的竞买需求得到满足。

(二)创设价优先选的竞价规则

投放的车位数量与竞买需求完全匹配,按照传统拍卖模式,必然导致全部车位底价成交,这对于双方当事人的合法权益都会产生影响,从本质上也不属于司法拍卖行为,这与执行程序谋求拍卖标的物价值最大化的目标相冲突。为实现对业主优先权与当事人合法权益的衡平保护,法院根据出价高低来确定车位的位置的选择权,即从法律层面分析,法院拍卖的是车位选择权,依据出价高低,竞得顺位不同的车位选择权,最终在需求与投放数量精准匹配的情况下,创设溢价空间,确保了司法拍卖的价值追求。

结　　语

《民法典》明确规定了业主对住宅车位的优先权,如果按照法院对于大批量财产的处置一般采取整体处置的方式,业主的优先权无法实现,如何在司法拍卖程序中确保上述实体权利实现,降低法院执行工作压力,保护当事人的合法权益是需要解决的问题。通过数字改革赋能,解决分拆处置带来的工作量大幅增加,通过创设价优先选的竞价规则,在确保了需求全部满足的条件下创设溢价空间,实现了业主诉求与当事人权益的衡平保护。

以微信电邮等方式订立保险合同情境下双方真实意思表示及承保范围的认定

——惠某物流公司与平某保险上海分公司、平某保险公司财产保险合同纠纷案*

任静远**

【裁判要旨】

投保人和保险人通过微信、邮件等非直接面对面的方式就保险合同条款进行磋商的，应当对双方当事人的意思表示进行综合分析，明确其真实意思，进而确定险种等保险合同的主要权利义务关系。同时，在投保单上注明保险人已经就免责事项进行说明，投保人对此加盖公章确认，投保人还按照保险人要求提供了拟投保车辆牌照的情况下，应认定投保人认可保险人所确定的针对特定车辆的合同条款。在出险车辆并非双方约定的牌号，被保险人也并未按照保险合同相应条款约定及时向保险人就保险车辆变化及时提供报备条件的情况下，保险人有权拒赔。

【案号】

一审：上海市静安区人民法院（2020）沪0106民初10591号

---

* 本案入选《最高人民法院公报》2023年第8期。

** 法学博士，上海金融法院申诉审查及审判监督庭三级高级法官。

二审:上海金融法院(2021)沪 74 民终 368 号

【案情】

上诉人(原审原告):上海惠某物流有限公司(以下简称惠某物流)

被上诉人(原审被告):中国平某财产保险股份有限公司上海分公司(以下简称平某上海)

被上诉人(原审被告):中国平某财产保险股份有限公司(以下简称平某保险)

惠某物流与平某上海、平某保险缔约磋商过程中,惠某物流曾于 2018 年 3 月 22 日通过微信向平某上海员工(现已离职)发送《中国人民财产保险股份有限公司国内货物运输保险协议书》《国内水路、陆路货物运输保险条款(2009 版)》,该员工提示惠某物流,上述险种为货物运输险。同年 3 月 29 日、3 月 30 日,平某上海向惠某物流发送邮件,包括附件平某物流责任保险投保单,邮件载明:"承保条件与之前中保一致。烦请吴总审阅。另还需提供材料:1、营业执照复印件加盖公章。2、上海惠某物流有限公司名下车辆清单(车牌号即可)加盖公章。"后惠某物流将上述材料加盖公章后交付平某上海,其中平某物流责任保险投保单的"运输车辆"栏载明车辆类型为"普货",数量为"8",自有货运车辆清单中 8 个车牌号同上述案涉保险单特别约定部分载明的车牌信息一致。

2018 年 3 月 30 日,惠某物流向平某上海、平某保险投保平某物流责任保险,惠某物流为被保险人,保险期限自 2018 年 3 月 31 日起至 2019 年 3 月 30 日止。

平某物流责任保险投保单的"特别约定"部分载明"按协议规定",该投保单的"投保人声明"部分载明:"贵公司已向本人详细介绍了《平某物流责任保险条款》的内容及本投保申请书中的各项注意、说明及投保须知,并特别就该条款中有关保险责任、责任免除和投保人、被保险人义务的内容做了明确说明,本人接受上述内容,同意投保本保险。"原告在该投保单上盖章。《平某物流责任保险条款》约定:"在保险期间内,被保险人在经营物流业务过程中,由于下列原因造成物流货物本身的损失,……保险人按照本保险合同约定负责赔偿:……(二)运输工具发生碰撞、出轨、倾覆……"

保险单特别约定部分第25条、第26条载明:"本保单仅承保以下列明车牌号的承运车辆发生保险事故时的保险责任:如被保险人在保险期限内需要更换承运车辆,需提前1个工作日将承运车辆车牌号通过邮件向保险人进行申报,否则保险人不承担任何保险责任。车辆牌照:沪BK4049;沪BK4149;沪EG9626;沪EG1835;沪EK5116;沪EK5135;沪ET2383;沪EK1396。"惠某物流在收到保险单后,曾向平某上海了解退保流程,但未提出退保申请。

2018年6月8日,车辆号牌为冀JU9550的重型半挂牵引车在货运途中发生交通事故,致使惠某物流承运的货物受损,经江苏省连云港市交通警察支队高速公路二大队认定,事故车辆驾驶员负事故全部责任。惠某物流报案后,平某保险于同年6月21日委派公估人员进行查勘,确认受损货物数量,并于同年9月17日,以事故车辆未曾进行申报,保险责任不成立为由,向惠某物流出具拒赔通知书。惠某物流于同年11月24日委托案外人仁某保险公估(北京)有限公司对上述货物损失进行评估,该公司对货物定损金额为1,951,533.68元,协商赔付金额为1,828,444.32元,原告为此支付公估费4500元。审理中,惠某物流与平某上海确认货物损失金额为1,828,444.20元(未扣除货物残值)。案外人全某某某货运代理(中国)有限公司于2020年4月28日出具赔款证明,证明上述货物损失的协商赔付金额已分12期从惠某物流运费中扣除,且已扣除完毕。

惠某物流起诉请求平某上海、平某保险支付其保险金1,832,944.20元及利息损失1,988,758元。

【审判】

一审法院认为,本案争议焦点为:平某上海、平某保险能否以事故车辆并非保险单载明的承保车辆,或者惠某物流未按约定流程向保险公司申报更换承运车辆为由而予以拒赔。

首先,本案系争保险合同系各方真实意思表示,合法有效,各方理应恪守。就惠某物流认为平某上海允诺承保条件同“中保一致”的主张,根据案涉保险合同的缔约过程,邮件及微信往来记录均属于各方当事人缔约磋商过程的一部分,在此过程中不能排除其他新要约的作出,故并不能以此确认各方最终所形成的意思合意。在缔约过程中,平某上海前员工在收到惠某物流发送的《中国人民财产保险股份有限公司国内货物运输保险协议书》后即提示,该险种为货物运输险,而惠某物流正式向平某上海投保的是物流责任险,二者险种并不一致,惠某物流在经提示及收到投保单后并未提出异议。

故本案中,案涉投保单应理解为最后作出的要约,平某上海同意承保,保险合同即依法成立并生效。本案中,案涉投保单中载明运输普货车辆的数量为“8”,自有货运车辆清单亦载明了惠某物流名下8部车辆的牌照号,上述文件均经惠某物流盖章确认后提交,在该投保单的“特别约定”部分,载明“按协议规定”,且惠某物流在“投保人声明”部分盖章确认,保险公司已向其详细介绍了该投保申请书中的各项注意、说明及投保须知,惠某物流接受上述内容并同意投保。因此,惠某物流作出的上述意思表示真实,构成惠某物流向保险公司作出的要约,平某上海及平某保险亦未反对承保,故本案保险合同成立且合法有效。

其次,案涉保险单作为载明当事人各方约定的合同内容,具有法律约束力。根据该保险单的特别约定第25条、第26条的内容,平某上海及平某保险承保的保险责任以该约定中的8辆承运车辆为限,该些车辆的车牌信息与惠某物流提交的自有货运车辆清单一致,车辆数量亦与该清单及投保单载明的承运车辆数量一致,因此,本案并不存在投保单与保险单不一致的情形,惠某物流主张适用《最高人民法院关于适用〈中华人民共和国保险法〉若干问题的解释(二)》(以下简称《保险法司法解释二》)第14条无事实依据。

上述保险单同时约定,若惠某物流在保险期限内需要更换承运车辆,须提前1个工作日将承运车辆车牌号向保险公司申报,否则被告不承担保险责任。对上述特别约定第25条、第26条,应理解为保险人明确保险责任所作出的特别约定,并不属于免除保险人责任的条款。本案中,事故车辆既非平某上海所承保,惠某物流也未按特别约定要求予以提前申报,因此,保险公司拒赔符合合同约定,其相关辩称意见予以采纳。惠某物流虽主张其曾对保险单上述特别约定提出异议,但其未作出退保申请,亦可以视为自愿接受该特别约定的约束。

一审法院据此判决驳回惠某物流的全部诉请。惠某物流不服判决,向上海金融法院提起上诉。

上海金融法院二审认为,根据现有证据,上诉人加盖其单位公章的系平某物流责任保险投保单,该投保单约定了该投保单和平某物流责任保险条款均是保险合同的组成部分,该投保单投保人声明处载明保险人已经详细介绍了《平某物流责任保险条款》的内容等,并特别就该条款中有关保险责任、责任免除和投保人、被保险人义务的内容作了明确说明。根据查明的事实,上诉人公司自有货运车辆清单中所标识的 8 辆自有车辆牌照清单也系上诉人加盖其公章后所提供。

根据该投保单内容,平某上海出具了保险单。上诉人称双方在协商过程中被上诉人对保险条款等内容另有约定,但所举证据不足以显示证明该主张。另即使按照上诉人所主张,在被上诉人曾向其寄送了有关退保的材料后,其也并未向保险人明确提出退保申请的详细内容,据此应认定,上诉人与被上诉人的权利义务应当以双方最终签署的保险单为准,上诉人有关应当按照双方在缔约协商中的有关表示确定双方权利义务的观点,难以成立。

根据保单约定,被保险人在保险期限内需要更换承运车辆,须提前 1 个工作日将承运车辆车牌号通过邮件向保险人申报,否则保险人不承担任何保险责任。现上诉人申请保险理赔所涉及的车辆,并非上诉人所提供的自有货运车辆清单中所列的 8 辆车辆之一,上诉人也并未举证曾经向被上诉人报备过承运车辆将有所变更的情况,故被上诉人以出险车辆号牌不符合双方保单约定为由拒绝理赔,该理由可以支持。惠某物流的上诉请求难以成立,应予驳回;一审判决无误,应予维持。

综上,二审法院于 2021 年 6 月 25 日判决:驳回上诉,维持原判。

【评析】

本案中,法院需对以下争议问题进行认定:(1)通过微信、电邮等方式多次磋商情况下投保的真实意思;(2)保险单特别约定仅承保8辆牌号承运车辆这一条款性质。

一、投保人真实意图系与保险人签订物流责任险合同

本案中,惠某物流与平某保险系通过微信、电子邮件、书面确认等方式订立保险合同。在这一过程中,双方在事故发生后就惠某物流所投保险种为货运险或物流责任险发生争议。对此,应当根据意思表示的连续过程,以及投保单和保险单内容一致进行分析,同时,投保人投后的行为和交易的惯例也可以作为辅助的判断标准。

首先,从投保单和保险单一致性判断。根据本案中的事实,投保人惠某物流的工作人员发送的是《中国人民财产保险股份有限公司国内货物运输保险协议书》,保险人的员工对此提示投保人,上述保险为货运险。之后保险人向投保人发送邮件,包含附件平某物流责任保险投保单。之后,保险人单方面向投保人寄送了保险单。保险单首页载明被保险人名称:上海惠某物流有限公司,险种:物流责任险。双方往来邮件中提到了"承保条件与之前中保一致",但是向投保人所发送的邮件附件则是"平某物流责任保险投保单",同时还要求投保人提交加盖公章的营业执照复印件以及投保人名下车辆清单。惠某物流将投保单加盖公章,并将其名下8辆车辆的牌照号提交给保险人,保险人收到后向投保人惠某物流签发了保险单,所签发的保险单上的险种也明确注明是物流责任险。综合分析上述事实,按照"投保单、保险单涉及险种一致+投保人提供车辆清单"等证据综合分析,投保人和保险人意思表示一致,均认知投保人将要投保物流责任险,是清晰明确的。

其次,根据投保人投后行为和交易习惯判断。除上述意思表示外,还有两方面理由可以佐证投保人所投保的是责任险而非货运险。第一,能退保而不退保。一审、二审法院均认为,即使按照惠某物流的主张,在被上诉人向其寄送了有关退保的材料后,惠某物流也并未向保险人明确提出要求退保,证明投保人对保险公司最终寄送的保险单是认可的。第二,承运人在没有货主委托或者授权的情况下投保货运险与一般交易惯例不符。惠某物流本身并

非货物所有权人而是承运人,并不对所承运的货物享有所有权,其在投保时不具有基于所有人的身份而对货物享有的保险利益,除非在保险事故发生时取得保险利益,否则也无法索赔。因此,在没有货物所有人委托或者授权的情况下,承运人自行基于货主的身份投保货运险,并不符合作为承运人投保的习惯做法,作为被保险人也欠缺相应的保险利益。

此外,惠某物流上诉称,平某上海作出过"承保条件与之前中保一致"的表述,故应当认定保险人也认为投保险种为与之前相同的货运险,对这一主张应如何分析认识?分析惠某物流提供的《中国人民财产保险股份有限公司国内货物运输保险协议书》的相关内容可见,上述货运险保险费为144,000元,本保单单次赔偿限额300万元,累计赔偿限额600万元。而本案所涉的平某上海签发的物流责任险保险单中载明,"每次事故赔偿限额:运输途中限额为300万元,保单累计赔偿限额:运输途中限额为600万元,……保险费:144,000元"。本案所涉的物流责任险保险单中所确定的免赔额与《中国人民财产保险股份有限公司国内货物运输保险协议书》中的免赔率/额均一致。从保险实务而言,投保物流责任险的费率要高于货运险。因此,在本案中投保人以货运险的保费实际投保了物流责任险,从经济利益上考量更具有优势,因而更换了所投保的保险公司,从这个角度理解保险人的工作人员在邮件中作出的"承保条件与之前中保一致"的表述也是合乎情理,合乎逻辑的。

综上,本案中"投保+签发保单"的过程,符合《中华人民共和国保险法》(以下简称《保险法》)第13条有关保险合同成立和生效的规定,本案中投保人与保险人对于所投保险种认知一致,不存在投保单和保险单不一致的情形,[①]因此可以认定惠某物流与平某保险投保物流责任险依法成立并生效。

二、保险人仅对约定列明牌号的车辆出险予以赔偿

如前分析,投保人惠某物流和保险人平某保险之间真实的意思表示是投

① 如投保单与保险单出现不一致,根据《保险法司法解释二》第14条第1项的规定,以投保单为准。但不一致的情形系经保险人说明并经投保人同意的,以投保人签收的保险单或者其他保险凭证载明的内容为准。

保责任险。在此情况下,保险人应当承担的保险范围应当如何确定?进而,惠某物流主张其名下冀J牌车辆在货运途中发生交通事故,要求保险人予以赔偿依据是否充分,这取决于双方通过协商确定的保险范围,或者保险人援引格式免责条款予以拒赔。

首先,承保范围是指投保人和保险人双方商定的承担保险责任的范围。《保险法》第16条第7款规定,保险事故是指保险合同约定的保险责任范围内的事故。本案中,惠某物流在进行投保以及保险人在签发保险单过程中,均提到投保人名下车辆清单问题。惠某物流按照保险人的要求提供了其名下8辆自有货运车辆清单,并加盖了单位公章。投保人和保险人对于双方之间缔结的物流责任险项下,仅承保约定范围之内的自有车辆(或者在提前报备情况下新的牌照车辆)所发生的保险事故应当是明知的,意思表示也是一致的,均确认了保险事故的范围。

其次,从性质而言,格式条款系当事人为了重复使用而预先拟定,并在订立条款中未与合同相对方协商议定的条款,具有重复使用、预先订立、未与对方协商的特征。本案车辆牌照由被保险人惠某物流提供,合同条款系由双方商定,涉及8辆特定车辆牌照的特别约定条款也难以在其他物流公司投保单案例中适用。因此,特别约定部分中有关车辆牌照的条款应当认定为双方通过协商约定的承保范围和保险责任条款,而非格式免责条款。

最后,在上述法律视角之外,从保险业经营的实际情况来看,物流责任险属于道路运输承运人责任险的一种,所保障的对象为承运人,即在承运货物仓储、运输过程中,因保险合同列明的事故造成货物损失,依法需要由承运方进行赔偿时,由保险公司进行赔付,转移承运方的赔偿责任。相对于基于所有权作为保险利益的货运险而言,物流责任险不但费率高于货运险,出险后理赔的情况也较多,保险人对接受此类保险投保也比较慎重。为了清晰界定物流责任险理赔的范围和边界,保险人与被保险人通过合同约定承保范围也是实践中的常见做法。因此从法律角度和物流责任险的实际投保、理赔的客观情况双重角度进行分析,投保人(被保险人)和保险人通过约定承保车辆范围的方式确定保险责任,是符合法律逻辑和实际情况的。